高等学校新文科经管类课程思政系列教材

财务管理学概论

韦德洪　贾莹丹　王莉　编著

中国财经出版传媒集团
中国财政经济出版社

图书在版编目（CIP）数据

财务管理学概论／韦德洪，贾莹丹，王莉编著．--北京：中国财政经济出版社，2023.6

高等学校新文科经管类课程思政系列教材

ISBN 978-7-5223-2137-0

Ⅰ.①财… Ⅱ.①韦… ②贾… ③王… Ⅲ.①财务管理-高等学校-教材 Ⅳ.①F275

中国国家版本馆CIP数据核字（2023）第060738号

责任编辑：温彦君　　　　责任校对：胡永立
封面设计：陈宇琰　　　　责任印制：党　辉

财务管理学概论

CAIWU GUANLIXUE GAILUN

中国财政经济出版社 出版

URL：http：//www.cfeph.cn

E-mail：cfeph@cfeph.cn

社址：北京市海淀区阜成路甲28号　邮政编码：100142

营销中心电话：010-88191522

天猫网店：中国财政经济出版社旗舰店

网址：https：//zgczjjcbs.tmall.com

北京富生印刷厂印刷　各地新华书店经销

成品尺寸：185mm×260mm　16开　21印张　496 000字

2023年6月第1版　2023年6月北京第1次印刷

定价：69.00元

ISBN 978-7-5223-2137-0

（图书出现印装问题，本社负责调换，电话：010-88190548）

本社质量投诉电话：010-88190744

前言
Foreword

从财务管理实务出发编写一本包括主要财务管理行为在内的财务管理教科书，是我从事财务管理教学和研究36年来，特别是近20年来的夙愿。为什么会有这个夙愿？那是因为在我的认知中，财务管理实务中需要进行预测、决策、预算、核算、控制、分析、分配、审计、沟通、协调，但市场上的财务管理教材基本上都没有把这些行为全部纳入教材的内容框架，这让我不免产生一些遗憾。欣喜的是，这个夙愿今天终于得以实现，也算是对我36年来关于财务管理学科体系构成思考所做的一个总结。

一、本书的特色

（一）基于财务管理的客体、主体和行为，构建大财务管理学科体系

1. 根据《现代汉语词典》对“财”和“务”这两个字以及“财务”这个词的解释，财务是跟资产（资金，下同）有关的事情，财务管理管的就是那些跟资产有关的事情，财务管理的客体就是跟资产有关的事情。而跟资产有关的事情主要有三类，即资产取得、资产使用和资产保全的事情。所以，财务管理管的就是那些跟资产取得、资产使用和资产保全有关的事情。因此，从财务管理客体来看，财务管理学科应该包括资产取得管理学、资产使用管理学和资产保全管理学。

2. 由于财务管理的客体是那些跟资产取得、资产使用和资产保全有关的事情，因此，谁拥有或者控制着资产，谁就需要进行财务管理。纵观当今社会，任何一个法人和自然人都拥有或者控制着一定规模、一定形态的资产，因此，任何一个法人和自然人都需要进行财务管理，财务管理的主体就是社会上的各类法人和自然人。具体来说，国家是法人，行政事业单位是法人，公司（含金融性公司，下同）是法人，非营利组织是法人，家庭和个人是自然人，它们（他们）都是财务管理的主体。财务管理学科应该包括国家财务管理学（含国家财政管理学、国家税收管理学、国家金融管理学、国家外汇管理学等）、公众财务管理学（含社会保障基金管理学、住房公积金管理学等）、行政事业单位财务管理学、公司财务管理学、非营利组织财务管理学、家庭和个人财务管理学。

3. 在财务管理实践中，主要是通过实施预测、决策、预算、核算、控制、分配、分析、审计、沟通和协调这10种行为来管理的。其中，核算就是指会计确认、计量、记录和报告。沟通和协调的目的就是处理好各个利益相关者之间的权责利关系。因此，从财务管理行为来

看，财务管理学科应该包括财务管理学中的预测学、财务管理学中的决策学、财务管理学中的预算学、财务管理学中的会计学、财务管理学中的控制学、财务管理学中的分配学、财务管理学中的分析学、财务管理学中的审计学、财务管理学中的关系学。其中，财务管理学中的会计学包括政府会计学、公众会计学、公司会计学、非营利组织会计学、家庭和个人会计学；财务管理学中的会计学还可以划分为初级会计学、中级会计学、高级会计学；财务管理学中的会计学还可以派生出成本会计学、税务会计学、环境会计学等。

（二）按照财务管理的行为来编排本书的主体内容

本书以财务管理行为作为主体内容，分别阐述各种财务管理行为的基本理论和方法。除了第一章财务管理学总论和第二章资金时间价值外，其余九章分别为：第三章财务管理学中的预测学、第四章财务管理学中的决策学、第五章财务管理学中的预算学、第六章财务管理学中的会计学、第七章财务管理学中的控制学、第八章财务管理学中的分配学、第九章财务管理学中的分析学、第十章财务管理学中的审计学、第十一章财务管理学中的关系学。这样编排有助于读者清晰区分和精准了解各种财务管理行为的基本理论和方法。

（三）在部分章节的章末设计了思政思辨题或思政案例题

本书的每一章都统一采用以下编写体例：内容简介、学习目标、正文、复习思考题、课外作业题、思政思辨题或思政案例题。一是在章首介绍本章的主要内容和学习目标，便于读者快速了解本章的主要内容和明确本章的学习目标；二是在章末设计了复习思考题、课外作业题、思政思辨题或思政案例题，方便读者学完各章后既有复习思考的方向和课外练习的作业，又能结合各章内容思考、讨论相关思想政治问题，把课程思政的要求贯彻到本书的学习之中。

二、本书的编写分工

本书由韦德洪（广西大学）策划并设计各章节的内容，具体编写分工为：韦德洪编写第一章财务管理学总论、第二章资金时间价值、第三章财务管理学中的预测学、第四章财务管理学中的决策学、第五章财务管理学中的预算学、第七章财务管理学中的控制学、第九章财务管理学中的分析学，贾莹丹（广西大学）编写第六章财务管理学中的会计学、第十章财务管理学中的审计学，王莉（广西民族大学）编写第八章财务管理学中的分配学、第十一章财务管理学中的关系学。最后由韦德洪对全书进行审核定稿。

三、对使用本书作为教材者的建议

如果有高等学校选择本书作为财务管理学相关课程的教材，则作者有如下几点建议供参考。

（一）适用的专业

本书既适合高等学校经管类财会专业使用，也适合高等学校经管类非财会专业使用。经管类财会专业使用时，财务管理学中的会计学和财务管理中的审计学这两章可以不讲授。经管类非财会专业使用时，建议每一章都讲授。

（二）适用的课程

本书适合高等学校各个专业的《财务管理学》《财务管理学总论》《财务管理学概论》《财务管理学基础》《财务管理》等相关课程使用。

（三）学时的安排

根据各个学校培养目标、课程设置、学分分配、学时安排的差异，使用本书时的学时安排可以有32学时（2学分）、40学时（2.5学分）、48学时（3学分）、56学时（3.5学分）、64学时（4学分）共五个档次。不同学时档次下的教学内容由任课教师（或教师团队）根据专业的培养要求自主选择。

由于作者学识水平有限，书中观点恐有失偏颇，文字和数字亦恐有错漏。如是，敬请读者批评指正。此外，本书在编写的过程中参考了大量的纸质文献和电子文献，在此，特向文献的作者或机构致以诚挚的感谢！本书的出版得到了中国财政经济出版社樊清玉老师以及社内相关人员的鼎力相助，在此一并致以真诚的谢忱！

韦德洪

2023年5月

目录
Contents

第一章　财务管理学总论 …… (1)
【内容简介】 …… (1)
【学习目标】 …… (1)
第一节　财务管理的客体、主体和行为 …… (1)
第二节　财务管理学科的构成和地位 …… (3)
第三节　财务管理学的基础理论 …… (5)
第四节　财务管理“七·三论”和“11·12法则” …… (15)
【复习思考题】 …… (20)
【思政思辨题】 …… (21)

第二章　资金时间价值 …… (22)
【内容简介】 …… (22)
【学习目标】 …… (22)
第一节　资金时间价值概述 …… (22)
第二节　资金时间价值计算 …… (23)
第三节　名义利率与实际利率的换算 …… (33)
【复习思考题】 …… (34)
【课外作业题】 …… (34)

第三章　财务管理学中的预测学 …… (36)
【内容简介】 …… (36)
【学习目标】 …… (36)
第一节　财务预测概述 …… (36)
第二节　财务预测方法 …… (41)
【复习思考题】 …… (60)
【课外作业题】 …… (60)

第四章　财务管理学中的决策学 …… (62)
【内容简介】 …… (62)

【学习目标】 …… (62)
第一节 财务决策概述 …… (62)
第二节 筹资决策分析方法 …… (65)
第三节 投资决策分析方法 …… (84)
第四节 经营决策分析方法 …… (112)
【复习思考题】 …… (123)
【课外作业题】 …… (124)
【思政案例题】 …… (127)

第五章 财务管理学中的预算学 …… (130)
【内容简介】 …… (130)
【学习目标】 …… (130)
第一节 财务预算概述 …… (130)
第二节 财务预算的编制模式与编制起点 …… (139)
第三节 财务预算的编制方法 …… (144)
第四节 财务预算管理各环节的主要风险与应对措施 …… (151)
【复习思考题】 …… (156)
【课外作业题】 …… (157)
【思政思辨题】 …… (158)

第六章 财务管理学中的会计学 …… (159)
【内容简介】 …… (159)
【学习目标】 …… (159)
第一节 会计概述 …… (159)
第二节 会计信息质量要求 …… (165)
第三节 会计要素及其确认和计量 …… (168)
第四节 会计科目 …… (175)
第五节 会计信息载体 …… (181)
第六节 会计记账方法 …… (184)
【复习思考题】 …… (186)
【思政思辨题】 …… (187)

第七章 财务管理学中的控制学 …… (188)
【内容简介】 …… (188)
【学习目标】 …… (188)
第一节 财务控制概述 …… (188)
第二节 财务控制环境 …… (190)
第三节 财务控制活动 …… (194)
第四节 财务控制手段 …… (200)

第五节　行政事业单位财务控制 …………………………………………………… (203)
【复习思考题】 ……………………………………………………………………………… (208)
【思政案例题】 ……………………………………………………………………………… (208)

第八章　财务管理学中的分配学 ………………………………………………………… (212)
【内容简介】 ………………………………………………………………………………… (212)
【学习目标】 ………………………………………………………………………………… (212)
第一节　财务分配概述 ………………………………………………………………… (212)
第二节　公司职工薪酬分配 ……………………………………………………………… (216)
第三节　公司债权人利益分配 …………………………………………………………… (219)
第四节　公司政府利益分配 ……………………………………………………………… (220)
第五节　公司下游客户和社会公众利益分配 ………………………………………… (222)
第六节　公司股东利益分配 ……………………………………………………………… (224)
【复习思考题】 ……………………………………………………………………………… (230)
【思政思辨题】 ……………………………………………………………………………… (230)

第九章　财务管理学中的分析学 ………………………………………………………… (231)
【内容简介】 ………………………………………………………………………………… (231)
【学习目标】 ………………………………………………………………………………… (231)
第一节　财务分析的内容、方法和工具 ……………………………………………… (231)
第二节　财务分析方法和工具的基本应用 …………………………………………… (236)
【复习思考题】 ……………………………………………………………………………… (257)
【课外作业题】 ……………………………………………………………………………… (257)

第十章　财务管理学中的审计学 ………………………………………………………… (262)
【内容简介】 ………………………………………………………………………………… (262)
【学习目标】 ………………………………………………………………………………… (262)
第一节　审计概述 ……………………………………………………………………… (262)
第二节　审计目标 ……………………………………………………………………… (265)
第三节　审计计划 ……………………………………………………………………… (269)
第四节　审计执行 ……………………………………………………………………… (275)
第五节　审计证据 ……………………………………………………………………… (278)
第六节　审计抽样 ……………………………………………………………………… (281)
第七节　审计报告 ……………………………………………………………………… (285)
【复习思考题】 ……………………………………………………………………………… (290)
【思政思辨题】 ……………………………………………………………………………… (290)

第十一章　财务管理学中的关系学 ……………………………………………………… (291)
【内容简介】 ………………………………………………………………………………… (291)

【学习目标】 ………………………………………………………………………… (291)
第一节　财务关系概述 ……………………………………………………………… (291)
第二节　公司财务关系的管理 ……………………………………………………… (298)
【复习思考题】 ……………………………………………………………………… (300)
【思政思辨题】 ……………………………………………………………………… (300)

附表1：1元复利终值系数表 ……………………………………………………… (301)
附表2：1元复利现值系数表 ……………………………………………………… (306)
附表3：1元年金终值系数表 ……………………………………………………… (311)
附表4：1元年金现值系数表 ……………………………………………………… (316)

主要参考文献 ……………………………………………………………………… (321)

第一章

财务管理学总论

内容简介

本章主要介绍财务管理的客体、主体和行为，论述财务管理学科的构成和地位，介绍财务管理学的基础理论，阐述财务管理的“七·三论”和“11·12 法则”的内涵。

学习目标

通过本章的学习，要求了解财务管理的客体、主体和行为，了解财务管理学科的构成和它在整个管理学科中所处的地位，掌握财务管理学的基础理论，领会财务管理“七·三论”和“11·12 法则”的内涵。

第一节　财务管理的客体、主体和行为

在中国的大地上讨论财务管理的客体、主体和行为，必须紧密联系中国的文化背景、制度背景和管理实践。脱离中国的文化背景、制度背景和管理实践来讨论财务管理的客体、主体和行为，就无法构建具有中国特色的财务管理学科。

一、财务管理的客体

关于财务管理的客体，应该从汉字“财”和“务”的字义出发去加以认识。根据《现代汉语词典》（第 7 版，商务印书馆，2016，下同）的解释，“财”字有两种字义：一种是钱和物资的总称，另一种是姓；“务”字有五种字义：第一种是从事、致力，第二种是事情，第三种是旧时收税的关卡，第四种是务必，第五种是姓。而《现代汉语规范词典》（第 4 版，外语教学与研究出版社、语文出版社，2022，下同）对“财”字的解释只有一种字义，即“物资和货币的统称”；对“务”字的解释则有六种，即：第一种是从事、致力于，第二种是追求、谋求，第三种是必须、一定，第四种是事情，第五种是古代官署名，第六种是姓。综合这两部词典对“财”和“务”这两个汉字的解释，可以认为，财务就是“跟钱和物资有关的事情”，或者是“跟物资和货币有关的事情”。本书取前者的词义，即财务就是“跟钱和物资有关的事情”。此外，《现代汉语词典》给“财务”这个词所做的解释是

“机关、公司、团体等单位中，有关财产的管理或经营以及现金的出纳、保管、计算等事务”。《现代汉语规范词典》给“财务”这个词所做的解释是“企事业、机关等单位中，有关资金管理、经营以及现金出纳等方面的事务”。上述两个解释中有三个关键词值得关注，一是“事务”，说明《现代汉语词典》和《现代汉语规范词典》都认为财务是一种事情；二是“财产”，可以理解为“钱和物资的总称”中的“物资”；三是“现金”，可以理解为“钱和物资的总称”中的“钱”。可见，从汉字的字义、词义出发，应该把财务看作是“跟钱和物资有关的事情”。“钱”属于货币性资产，“物资”属于非货币性资产，货币性资产和非货币性资产合称为资产，而资产是资金的外在实物形态，资金是资产的内在价值形态，据此，可以更为简洁地把财务看作是跟资产（资金，下同）有关的事情，财务管理管的就是那些跟资产有关的事情，财务管理的客体就是跟资产有关的事情。而跟资产有关的事情主要有三类，即资产取得、资产使用和资产保全。所以，财务管理管的就是那些跟资产取得、资产使用和资产保全有关的事情。

以公司为例，跟资产取得、资产使用和资产保全有关的事情所引发的活动通常称为财务活动，主要包括筹资活动、投资活动和经营活动。从公司的生命周期来看，一般是先进行资金筹集，然后用筹集到的资金进行投资，投资完成后才开始经营。经营过程中还要不断地筹集资金和进行投资。经营活动中筹集资金，一般有四个方面的用途：一是对现有经营项目追加流动资产投资；二是对现有经营项目追加长期资产投资；三是对新增项目进行投资；四是偿还到期债务。因此，财务管理管的就是在筹资活动、投资活动和经营活动中发生的关于资产的取得、使用和保全的事情。

公司在筹资活动、投资活动和经营活动中发生的，关于资产取得、使用和保全的事情主要有哪些？筹资活动中主要有：定向募集资本金、发行股票、发行债券、借款、分红、还本付息，等等。投资活动中主要有：建造厂房、购买设备，购买股权、债券、基金，出售厂房、设备、股权、债券、基金，等等。经营活动中主要有：购买原材料、生产商品、销售商品、支付货款、收回货款、支付员工工资，等等。以上这些事情，都是财务管理需要管的事情，都是财务管理的客体。

二、财务管理的主体

由于财务管理的客体是那些跟资产取得、资产使用和资产保全有关的事情，因此，谁拥有或者控制着资产，谁就需要进行财务管理。纵观当今社会，任何一个法人和自然人都拥有或者控制着一定规模、一定形态的资产，因此，财务管理的主体就是社会上的各类法人和自然人。具体来说，国家是法人，国家需要进行财务管理，国家是一种类型的财务管理主体；行政事业单位是法人，行政事业单位需要进行财务管理，行政事业单位是一种类型的财务管理主体；公司（含金融性公司，下同）是法人，公司需要进行财务管理，公司是一种类型的财务管理主体；非营利组织是法人，非营利组织需要进行财务管理，非营利组织是一种类型的财务管理主体；家庭和个人是自然人（家庭是法人还是自然人尚存争议，本书不做讨论），家庭和个人需要进行财务管理，家庭和个人是一种类型的财务管理主体。综上所述，可以认为任何一个国家都需要进行财务管理，这个国家中的任何一个行政事业单位、公司、非营利组织、家庭和个人也都需要进行财务管理。财务管理的主体包括国家法人、行政事业单位法人、公司法人、非营利组织法人、家庭和个人自然人。

三、财务管理的行为

在财务管理实践中，主要是通过实施预测、决策、预算、核算、控制、分配、分析、审计、沟通和协调这10种行为来管理的，其中核算就是指会计确认、计量、记录和报告。以公司为例，财务预测主要包括资金需要量预测、收入预测、成本预测、利润预测、现金流量预测等。财务决策主要包括筹资决策、投资决策、经营决策等。财务预算主要包括经营预算、投资预算、筹资预算等。财务核算主要包括会计确认、计量、记录和报告等。财务控制主要包括经营活动控制、投资活动控制、筹资活动控制等。财务分析主要包括经营活动分析、投资活动分析、筹资活动分析等。财务分配主要包括薪酬分配、息税前利润分配、税前利润分配、税后利润分配等。财务审计主要包括财务收支审计、经济效益审计、经济责任审计、社会责任审计、环境资源审计等。财务沟通和协调主要是通过与财务管理主体内部和外部的各个利益相关者进行沟通，进而协调各自的利益关系，属于财务管理过程中对各个利益相关者的利益关系进行妥善处理的一种行为。

第二节　财务管理学科的构成和地位

一、财务管理学科的构成

财务管理学科的构成应该从财务管理主体、客体和行为三个方面来认识。

从财务管理主体来看，财务管理学科应该包括国家财务管理学（含国家财政管理学、国家税收管理学、国家金融管理学、国家外汇管理学等）、公众财务管理学（含社会保障基金管理学、住房公积金管理学等）、行政事业单位财务管理学、公司财务管理学、非营利组织财务管理学、家庭和个人财务管理学。其中，国家财务管理学、公众财务管理学属于宏观财务管理学，行政事业单位财务管理学、公司财务管理学、非营利组织财务管理学、家庭和个人财务管理学属于微观财务管理学。

从财务管理客体来看，财务管理学科应该包括资产取得管理学、资产使用管理学、资产保全管理学。其中，资产取得管理学主要是阐述各种财务管理主体如何对取得各种资产的过程进行管理（比如国家如何对取得各种国家资产的过程进行管理，公众资产管理机构如何对取得各种公众资产的过程进行管理，行政事业单位如何对取得各种行政事业资产的过程进行管理，公司如何对取得各种公司资产的过程进行管理，非营利组织如何对取得各种非营利性资产的过程进行管理，家庭和个人如何对取得各种家庭和个人资产的过程进行管理等），资产使用管理学主要是阐述各种财务管理主体如何对使用各种资产的过程进行管理，资产保全管理学主要是阐述各种财务管理主体如何对保全各种资产的过程进行管理。

从财务管理行为来看，财务管理学科应该包括财务预测学、财务决策学、财务预算学、财务会计学、财务控制学、财务分配学、财务分析学、财务审计学、财务关系学共九个学科。这九个学科的具体意思分别为财务管理学中的预测学、财务管理学中的决策学、财务管理学中的预算学、财务管理学中的会计学、财务管理学中的控制学、财务管理学中的分配学、财务管理学中的分析学、财务管理学中的审计学、财务管理学中的关系学。其中，财务管理学中的会计学包括政府会计学、公众会计学、公司会计学、非营利组织会计学、家庭和个人会计学；财务管理学中的会计学还可以划分为初级会计学、中级会计学、高级会计学；财务管理学中的会计学还可以派生出成本会计学、税务会计学、环境会计学等。

二、财务管理学科的地位

要恰当地、合理地安排财务管理的学科地位，就要先了解财务管理客体在生产要素构成中的地位，进而了解财务管理在生产要素管理中的地位。生产要素是指进行社会生产经营活动所需要的各种社会资源，主要包括劳动力、土地、资本、技术、信息等。其中，资本表现为实物形态和货币形态，实物形态就是本书前面所说的“钱和物资的总称”中的物资（即非货币性资产），如厂房、机器设备、原材料等；货币形态就是本书前面所说的“钱和物资的总称”中的钱（即货币性资产），如库存现金、银行存款等，它们都是财务管理的客体。可见，财务管理客体是五大生产要素之一。人类对社会生产经营活动的管理就是对生产要素的管理，财务管理是五大生产要素管理之一，因此，财务管理的学科地位应该与其在生产要素管理中的地位相匹配。

既然财务管理是五大生产要素管理之一，那么就应该至少相应建立劳动管理学、土地管理学、财务管理学、技术管理学、信息管理学这五大管理学科，并将它们并列设置为管理学门类下的一级学科。其中，财务管理学下设宏观财务管理学和微观财务管理学两个二级学科。

综合上述基于财务管理主体、客体和行为而构建的财务管理学科体系和基于生产要素管理而提出的财务管理学科地位的安排，本书构建的财务管理学科体系和安排的财务管理学科地位如表 1－1 所示。

表 1－1　　财务管理学科体系构成和学科地位安排

<table>
<tr><th>学科门类</th><th>一级学科</th><th>二级学科</th><th>三级学科</th><th>四级学科</th></tr>
<tr><td rowspan="6">管理学</td><td rowspan="6">财务管理学</td><td rowspan="2">宏观财务管理学</td><td>国家财务管理学（即国家资产取得、使用和保全管理学，含国家财政管理学、国家税收管理学、国家金融管理学、国家外汇管理学等）</td><td rowspan="6">财务管理学中的预测学
财务管理学中的决策学
财务管理学中的预算学
财务管理学中的会计学
财务管理学中的控制学
财务管理学中的分配学
财务管理学中的分析学
财务管理学中的审计学
财务管理学中的关系学</td></tr>
<tr><td>公众财务管理学（即公众资产取得、使用和保全管理学，含社会保障基金管理学、住房公积金管理学等）</td></tr>
<tr><td rowspan="4">微观财务管理学</td><td>行政事业单位财务管理学（即行政事业单位资产取得、使用和保全管理学）</td></tr>
<tr><td>公司财务管理学（即公司资产取得、使用和保全管理学）</td></tr>
<tr><td>非营利组织财务管理学（即非营利组织资产取得、使用和保全管理学）</td></tr>
<tr><td>家庭和个人财务管理学（即家庭和个人资产取得、使用和保全管理学）</td></tr>
</table>

续表

其中： （1）财务管理学中的会计学包括政府会计学、公众会计学、公司会计学、非营利组织会计学、家庭和个人会计学。 （2）财务管理学中的会计学可以划分为初级会计学、中级会计学、高级会计学。 （3）财务管理学中的会计学还可以派生出成本会计学、税务会计学、环境会计学等。

第三节　财务管理学的基础理论

一、财务管理学的理论结构

财务管理学的理论结构主要由财务管理理论的起点（财务管理环境）、财务管理理论的前提（财务管理假设）和财务管理理论的导向（财务管理目标）三个要素组成。

（一）财务管理理论的起点：财务管理环境

财务管理环境是财务管理理论研究的逻辑起点。财务管理环境是对财务管理活动有影响的一切内部和外部因素的总和，又可分为宏观环境和微观环境影响因素。从财务管理的发展历程来看，环境对财务管理目标、财务管理内容、财务管理原则和财务管理方法等具有决定作用。有什么样的环境，就会有什么样的财务管理目标、财务管理内容、财务管理原则和财务管理方法。在任何时候，财务管理问题的研究，都应该以客观环境为立足点和出发点。脱离了环境来研究财务管理理论，就是无源之水。因此，将财务管理环境确定为财务管理理论结构的起点是合理的。

（二）财务管理理论的前提：财务管理假设

财务管理假设是财务管理理论研究的前提。财务管理假设是人们利用已有的知识和成熟经验，根据财务活动的内在规律和内外环境的要求所提出的，具有一定事实依据的假定或设想。一般来说，某种理论体系的建立，大多数要通过假设、推理、实证等过程来实现。因此，要形成理论，都需要先根据特定环境和特定学科的规律性提出假设。财务管理假设应包括财务管理主体假设、持续经营假设、有效市场假设、资金增值假设、理性财务管理假设等。

（三）财务管理理论的导向：财务管理目标

财务管理目标是财务管理理论和实务的导向。它是在认真研究财务管理环境和已经确立的财务管理假设的基础上确定的，既对财务管理的内容、财务管理的原则和财务管理的方法等基本理论问题起导向作用，也对财务管理的通用业务理论和特殊业务理论起导向作用。不同的财务管理目标，必然产生不同的理论构成要素和不同的理论逻辑层次关系。在财务管理理论结构中，财务管理目标具有承上启下的作用，它是根据财务管理环境确立的，同时又会对财务管理的基本理论和应用理论产生影响。利润最大化、股东财富最大化、价值最大化、利益相关者的利益最大化等财务管理目标各有其优缺点。在中国的文化背景和制度背景下，财务管理目标的选择或确立，应当充分考虑或兼顾各种利益相关者的利益，不应过分地强调股东财富最大化。

二、财务管理的环境理论

财务管理环境是对财务管理主体的财务管理活动产生影响作用的内外部各种因素或条件的统称。环境构成了财务管理活动的客观条件。财务管理活动是在一定的环境下进行的，必然受到环境的影响。任何事物都是在一定的环境条件下存在和发展的，作为人类重要实践活动之一的财务管理活动也不例外。在财务管理活动中，财务管理主体需要不断地对财务管理环境进行审视和评估，并根据其所处的具体财务管理环境的特点，采取与之相适应的财务管理手段和方法，以实现财务管理的目标。

财务管理环境可以划分为外部环境和内部环境。其中，外部环境亦可称为宏观环境，主要包括政治环境、法律环境、经济环境、金融环境、科技环境、文化环境等；内部环境亦可称为微观环境，主要包括法人性质、业务活动类型、自然人特征等。

（一）财务管理的外部环境

1. 政治环境

财务管理的政治环境主要包括社会安定程度、政府制定的各种经济政策的稳定性及政府机构的管理水平、办事效率等。一个国家的政治环境会对各种财务管理主体的财务管理活动产生至关重要的影响，和平稳定的政治环境有利于各种财务管理主体开展财务管理活动。

2. 法律环境

财务管理的法律环境是指各种财务管理主体在开展财务管理活动时应遵守的法律、法规和规章，如公司法、证券法、金融法、证券交易法、经济合同法、会计法、审计法、财务管理制度、会计准则、税法等。国家管理各种财务管理主体开展财务管理活动的手段包括行政手段、经济手段和法律手段三种。随着改革开放的不断深化，行政手段逐步减少，而经济手段，特别是法律手段日益增多。通过法律手段把越来越多的财务管理活动的行为规范用法律的形式固定下来，以便于各种财务管理主体共同遵守。

3. 经济环境

财务管理的经济环境是指各种财务管理主体在开展财务管理活动时所面临的宏观经济状况，主要包括经济发展状况、政府的经济政策、通货膨胀和通货紧缩、金融市场、商品市场、技术市场、经理和劳动力市场等。经济环境对各种财务管理主体开展财务管理活动有着重大的影响。比如经济发展状况良好，各种财务管理主体的财务管理活动就会很活跃，效果也会很好；政府的经济政策是利好的，各种或某一种、某几种财务管理主体的财务管理活动就会取得较好的经济效益；金融市场、商品市场、技术市场、经理和劳动力市场很有效，各种财务管理主体就可以充分地、高效地获取各种财务管理资源。

4. 金融环境

财务管理的金融环境是指各种财务管理主体在开展财务管理活动时所面临的资金筹集和资金投放的外部环境，主要包括股票市场环境、债券市场环境、基金市场环境、信贷市场环境、期货市场环境等。金融环境严重地影响着各种财务管理主体的财务管理活动。比如股票市场环境、债券市场环境、基金市场环境、信贷市场环境、期货市场环境都很好的话，各种财务管理主体就可以拥有很多个筹资渠道、通过很多种筹资方式去筹集所需的资金，也可以拥有很多个投资类型、采取很多种投资方式把所筹集到的资金投放出去以获取资金增值。

5. 科技环境

财务管理的科技环境是指各种财务管理主体在开展财务管理活动时所面临的科学技术条件和水平。科技环境是对各种财务管理主体开展财务管理活动有着极为重要影响的因素之一。科学技术的发展一方面为管理理论的发展提供了强有力的支持，另一方面，科学技术的发展又为管理技术的更新提供了新的工具。管理从经验走向科学，科学技术的发展起到了极大的推动作用。例如，行为科学的发展为管理者分析员工的行为特点，以及运用合适的管理方法进行管理提供了重要的理论基础。运筹学的出现，为人们在有限的资源下实现最优的目标提供了决策的依据。而大数据、人工智能、移动互联网、云计算、物联网、区块链等新兴技术的出现和推广应用，则为智能财务管理、智慧财务管理的产生提供了技术支撑。

6. 文化环境

财务管理的文化环境是指各种财务管理主体在开展财务管理活动时所面临的在一种社会形态下已形成的信念、价值观念、宗教信仰、道德规范、审美观念以及世代相传的风俗习惯等被社会所公认的各种行为规范。文化环境所蕴含的因素主要有社会阶层、家庭结构、风俗习惯、宗教信仰、价值观念、消费习俗、审美观念等。在财务管理活动所面临的诸方面环境中，社会文化环境是较为特殊的，它不像其他环境因素那样显而易见与易于理解，却又无时不在地深刻影响着财务管理活动的发生。无数事例说明，无视社会文化环境的财务管理活动必然会处于被动甚至失败。例如，由于价值观念不同，使人们对周围事物的是非、善恶和重要性的评价不同；同一种款式的商品，甲民族认为是美的，乙民族也许认为是丑的；同一种色彩的商品，农村居民十分喜爱，城市居民却可能很少问津；同一种消费行为，在这方土地上是习以为常的，在另一方土地上则可能认为是不可思议的。再如，由于民风习俗、礼仪交往等方面的差异，往往影响到销售促进的内容与形式（如广告内容的设计），致使商务谈判的风格与技巧呈现出不同的特点。如此等等，无一不在深刻地影响着各种财务管理主体的财务管理活动。

以上这些外部环境主要是相对于微观财务管理主体（如机关事业法人、公司法人、非营利组织法人、家庭和个人）而言的。对国家法人来说，其财务管理的外部环境主要是指国际环境，包括国际政治、国际经济、国际军事、国际科技、国际文化、国际体育、国际医疗等。

（二）财务管理的内部环境

1. 国家法人的内部环境

国家法人是一种财务管理主体，其内部环境主要包括国家性质、国家制度、国家行政体制、执政党的性质和宗旨、执政党的使命等。

国家性质又称为国体，是由社会各阶级在国家中所处的地位来决定的。我国宪法总纲第一条规定，中华人民共和国是工人阶级领导的、以工农联盟为基础的人民民主专政的社会主义国家。这里人民民主专政就是国家的性质，即国体，其含义是中国共产党和中华人民共和国始终代表最广大人民的根本利益，可以使用专制的方法来对待敌对势力以维持人民民主政权。

国家制度包括国家政权的组织形式、国家结构形式、政党制度及选举制度等。由于国家的类型不同，或同一类型国家所处的具体历史条件不同，其政治制度也会有差异。按政权的组织形式分，有君主制、共和制、议会制和人民代表制；按中央和地方管理的权限分，有中央集权制和地方分权制等。中国实行人民代表大会制的政权组织形式和单一制的国家结构形式。

国家行政体制是指国家为了有效地执行宪法和法律、实现其管理职能而制定的有关国家行政机关的产生、权限、领导体制、活动规程等方面的准则。行政体制是国家政治制度的重要组成部分。国家行政体制的核心是各级各类行政机关职权的确定与划分。国家行政体制的载体是各级各类行政机构。没有一定的行政机构，行政职能就无法得以实施，行政机构设置不当，则会阻碍行政职能的有效贯彻和落实。

执政党的性质，比如，中国共产党的性质是中国工人阶级的先锋队，同时是中国人民和中华民族的先锋队，是中国特色社会主义事业的领导核心，代表中国先进生产力的发展要求，代表中国先进文化的前进方向，代表中国最广大人民的根本利益。中国共产党以马克思列宁主义、毛泽东思想、邓小平理论、“三个代表”重要思想、科学发展观、习近平新时代中国特色社会主义思想作为自己的行动指南。执政党的宗旨，比如中国共产党的宗旨是全心全意为人民服务。

执政党的使命，比如习近平总书记在中国共产党第二十次全国代表大会上做的报告指出：“从现在起，中国共产党的中心任务就是团结带领全国各族人民全面建成社会主义现代化强国、实现第二个百年奋斗目标，以中国式现代化全面推进中华民族伟大复兴。”

社会价值观，比如 2012 年 11 月 8 日，中国共产党第十八次全国代表大会报告中提出了“三个倡导”，即“倡导富强、民主、文明、和谐，倡导自由、平等、公正、法治，倡导爱国、敬业、诚信、友善，积极培育和践行社会主义核心价值观。”在社会主义核心价值观基本内容中，富强、民主、文明、和谐是国家层面的价值目标，自由、平等、公正、法治是社会层面的价值取向，爱国、敬业、诚信、友善是公民个人层面的价值准则。

以上这些内部环境都会极大地影响一个国家的财务管理活动。

2. 行政事业法人的内部环境

行政事业法人也是一种财务管理主体，其内部环境主要包括法人性质、机构设置、业务类型和特点、人员构成等。法人性质诸如是行政单位还是事业单位，如果是事业单位，是全额事业单位还是差额事业单位或自收自支事业单位。机构设置是指行政事业单位内部的组织机构设置。业务类型是指行政事业单位所开展的业务活动的类型，业务特点是指行政事业单位所开展的业务活动的特点，比如行政单位和事业单位的业务活动就属于两种不同的类型，高等学校和科研院所的业务活动就具有不同的特点等。人员构成是指行政事业单位内部的人员构成，包括性别构成、年龄构成、学历构成、职称构成、籍贯构成等。这些内部环境极大地影响着行政事业单位的财务管理活动。

3. 公司法人的内部环境

公司法人也是一种财务管理主体，其内部环境主要包括法人性质、机构设置、业务类型和特点、人员构成等。法人性质诸如是股份有限公司还是一般的有限责任公司或其他性质的公司，如果是股份有限公司，是上市公司还是非上市公司；是国有独资公司、国有控股公司还是民营公司等。机构设置是指公司内部的组织机构设置。业务类型是指公司所开展的业务活动的类型，业务特点是指公司所开展的业务活动的特点，比如工业公司与农业公司所开展的业务活动就属于不同的类型，同样是工业公司，化工公司和钢铁公司所开展的业务活动就具有不同的特点等。人员构成是指公司内部的人员构成，包括性别构成、年龄构成、学历构成、职称构成、籍贯构成等。这些内部环境极大地影响着公司的财务管理活动。非营利组织法人也是一种财务管理主体，其内部环境与行政事业法人、公司法人的内部环境相类似。

4. 家庭与个人的内部环境

家庭和个人都分别是一种财务管理主体。家庭的内部环境主要包括家庭成员数量、性别构成、年龄构成、学历构成、职业构成、收入水平、性格爱好、生活习惯、消费理念、为人处世态度等。个人的内部环境主要包括性别、年龄、学历、职业、收入水平、性格爱好、生活习惯、消费理念、为人处世态度等。这些内部环境对家庭和个人的财务管理活动产生着重大的影响。

三、财务管理的假设理论

财务管理的基本假设主要包括财务管理主体假设、持续经营假设、有效市场假设、资金增值假设、理性财务管理假设等。

（一）财务管理主体假设

财务管理主体假设是指一个财务管理主体的财务管理活动应该由这个财务管理主体内部的机构和人员独立决策和自主进行，其他财务管理主体不得干涉和干扰，但可以本着互利共赢的良好意愿通过协议的形式进行合作。比如，A 公司开展财务管理活动，应该由 A 公司的相关机构和人员独立决策和自主进行，B 公司不得干涉和干扰，但 A 公司和 B 公司可以本着互利共赢的良好意愿通过协议的形式合作开展某一项财务管理活动（如合作投资等）。财务管理主体假设明确了财务管理活动发生的空间范围（即发生在财务管理主体这个空间内），这样的假设有助于将一个财务管理主体的财务管理活动同另外一个财务管理主体的财务管理活动区分开来。

财务管理主体假设可以派生出自主财务管理假设，即各种财务管理主体在不违反中央和地方政府的相关法律法规、政策制度以及不违背各利益相关方所签署的契约的前提下可以自主地进行财务管理，其他财务管理主体不得干涉和干扰。自主财务管理假设赋予了财务管理主体在开展财务管理活动时的自主权，有利于明确财务管理主体在开展财务管理活动时的职责权限。

（二）持续经营假设

持续经营假设是指财务管理主体持续存在并且正常地开展生产经营活动或业务活动。只有假设财务管理主体持续存在并且正常地开展生产经营活动或业务活动，财务管理活动才能得以正常开展。比如，只有假设财务管理主体持续存在并且正常地开展生产经营活动或业务活动，才能按照一定的方法预测这个财务管理主体的收入、费用、成本、支出、利润、净收入、现金流量等，才能按照一定的方法对筹资活动、投资活动和经营活动进行决策、预算、核算、控制、分配、分析、审计等。在设定公司作为财务管理主体以后，就面临一个问题，这个公司能存在多久。如果一个财务管理主体一诞生就消亡，那财务管理活动也就不存在了。当然，提出持续经营假设，并不意味着一个财务管理主体就是永久持续经营的。现实中，一个财务管理主体总有消亡的那一天。比如，某个法人被撤消或者宣告破产，某个自然人死亡，等等。当一个财务管理主体消亡的时候，其所适用的财务管理原则和方法与持续经营时是不一样的。比如，当一家公司破产的时候，它会有三种处置办法，分别为破产和解、破产重整和破产清算，而这三种处置办法在持续经营期间是不适用或者不存在的。

持续经营假设可以派生出财务管理分期假设。按照财务管理分期假设，可以把一个财务管理主体持续不断的生产经营活动或业务活动人为地划分为一个一个等距或不等距的期间，以便分期对这个财务管理主体的财务状况、经营绩效或业务绩效、现金流量等进行分析、考核和评价。如果没有分期假设，就无法对一个财务管理主体的财务状况、经营绩效或业务绩效、现金流量等进行分析、考核和评价，也就无法知道这个财务管理主体的财务管理工作做得好还是不好以及好到什么水平、不好到什么程度。

（三）有效市场假设

有效市场假设是指财务管理所仰仗的资金市场是健全和有效的。只有在健全和有效的市场上，财务管理活动才能正常进行，财务管理理论体系才能建立。有效市场假设为财务管理主体开展财务管理活动奠定了理论前提。比如国家财务管理，只有在市场有效的假设前提下，才能编制好国家的财政预算，才能监督好国家财政预算的执行；比如公司财务管理，只有在市场有效的假设前提下，公司才能筹集到所需的资金并安全有效地把资金投放到投资项目或经营活动中，才能采购到所需的物资、生产出适销对路的商品、销售完所生产的商品并顺利取得货款；再如家庭和个人财务管理，只有在市场有效的假设前提下，家庭和个人才能凭借自己的脑力劳动或体力劳动合法地取得收入并合理地安排支出。

有效市场假设可以派生出市场公平假设，它是指财务管理主体所开展的财务管理活动都是在公平交易状态下进行的。比如公司这一类财务管理主体，在市场公平假设的前提下，每一家同类公司（比如在A股市场上市的公司）都可以公平地在市场上获取资金和进行商品交易。再如家庭和个人这一类财务管理主体，在市场公平假设的前提下，每一个家庭和个人都可以公平地在市场上获得劳动就业的机会。市场公平假设为财务管理主体对自己的筹资活动、投资活动和经营活动进行预测、决策、预算、核算、控制、分配、分析、审计等奠定了理论基础。

（四）资金增值假设

资金增值假设是指通过财务管理人员的有效管理，一个财务管理主体的资金价值是可以不断增加的。这一假设实际上明确了财务管理存在的现实意义。财务管理管的是那些跟资产有关的事情，而资产的价值形态就是资金，资金的实物形态就是资产，资产总额与资金总额永远都是相等的。资金的来源无外乎两个途径，即来源于财务管理主体的股权人提供和财务管理主体的债权人提供，因此，资金价值总额就等于财务管理主体的股权人提供的价值金额与债权人提供的价值金额的总和。如果资金不能增值，财务管理就失去了存在的意义。资金增值假设为各个财务管理主体积极、主动、有效地开展财务管理活动提供了动力源。如果没有资金增值假设，各个财务管理主体对开展财务管理活动就会变得消极懈怠，这将不利于微观主体和宏观主体的财富积累。比如公司财务管理，如果一家公司的资金不断贬值，那它的生产经营活动必将难以为继，其进行财务管理的信心和动力也必将严重不足。当然，提出资金增值假设，并不意味着现实中每一个财务管理主体的资金都是增值的。之所以提出资金增值假设，一是指明了财务管理存在的现实意义；二是为各个财务管理主体积极、主动、有效地开展财务管理活动提供了动力源。比如，一个人用自己的现金去购买股票，一定是假设这种投资行为能够使他的资金增值他才会去购买，没有这种假设，他就不会去购买。

资金增值假设可以派生出风险与报酬相匹配假设，即风险总是和报酬相匹配的，风险大的项目通常会有高的报酬，风险小的项目则会有低的报酬；或者高报酬的项目，其风险通常也大，低报酬的项目，其风险也会低。比如，购买国债的风险很小，因此其利率也很低；购买公司债的风险比购买国债的风险大，因此公司债的利率会比国债利率高；购买股票的风险比购买公司债的风险大，因此其预期收益率会比公司债的利率高，等等。风险与报酬相匹配假设实际上暗含着另外一项假设，即风险可计量假设。因为如果风险无法计量，财务管理人员不知道哪项投资风险大，哪项投资风险小，风险与报酬相匹配假设也就无从谈起。

（五）理性财务管理假设

理性财务管理假设是指从事财务管理工作的人员都是理性的，因而，他们的财务管理行为也是理性的。他们都会在众多的财务管理方案中选择最有利的方案。尽管现实中存在一部分非理性的财务管理人员，但从财务管理理论研究来看，只能假设所有的财务管理行为都是理性的，因为非理性的财务管理行为是没有规律的。没有规律的事情无法上升到理论的高度。

理性财务管理的第一个表现是财务管理是一种有目的的行为，即各种财务管理主体的财务管理活动都有一定的目标。比如，从国家层面上说，国家为了中央公司更好地参与国际市场竞争，通过兼并重组的方式打造了一大批诸如中国中车集团、中国宝武集团、中国船舶集团、中国物流集团等规模巨大、实力超强的中央公司。从公司层面上说，一些公司为了实现多元化经营、进入新领域、掌握新科技、占领新市场等目标，通常会实施并购行为去并购一些目标公司。从家庭和个人层面上说，有的家庭和个人为了购买住房而进行储蓄或按揭贷款；有的家庭和个人为了使自己的资金增值较快而进行投资，等等。

理性财务管理的第二个表现是财务管理人员会在众多可供选择的财务管理方案中选择一个最有利于财务管理目标实现的方案。

理性财务管理的第三个表现是当财务管理人员发现正在执行的方案是错误的方案时，都会及时采取措施进行纠正，以便使损失降至最低。

理性财务管理的第四个表现是财务管理人员都能总结和借鉴以往的工作经验，吸取和规避以往的工作教训，不断学习和运用新的理论、新的方法，使财务管理行为变得更加理性。

尽管理性财务管理假设存在上述四个方面的理性财务管理行为，但在现实中，仍然存在着很多非理性的财务管理行为。即使所有的财务管理行为都是理性的，也不一定完全导致理性的结果。因此，财务管理的理性行为只是一种假设，而不是事实。

理性财务管理假设可以派生出资金再投资假设，即假设各种财务管理主体有了闲置的资金或产生了资金的增值之后，都会用于再投资。换言之，任何一个财务管理主体的资金在任何时候都不会大量闲置。因为财务管理行为是理性的，因此，财务管理主体必然会为闲置的资金寻找到理性的投资途径。

四、财务管理的目标理论

（一）财务管理目标的层次

财务管理目标的层次是由财务管理的客体、主体和行为决定的。从财务管理客体来看，财务管理目标的层次可以分为总体目标（即管理那些跟资产有关的事情总体上要达到的目标）和具体目标（即管理那些跟资产的取得、使用和保全有关的这三类事情各自要达到的目标）。从财务管理主体来看，财务管理目标的层次可以分为总体目标（即一个财务管理主体开展财务管理活动总体上要达到的目标）、分部目标（即一个财务管理主体内部的各个事业部开展财务管理活动要达到的目标）和具体目标（即一个财务管理主体管理那些跟资产的取得、使用和保全有关的这三类事情各自要达到的目标）。从财务管理行为来看，财务管理目标可以分为财务预测目标、财务决策目标、财务预算目标、财务会计目标、财务控制目标、财务分配目标、财务分析目标、财务审计目标和财务关系目标。

（二）国家财务管理的总体目标

国家财务管理的总体目标是随着国家发展的不同历史时期而调整的。习近平总书记在中国共产党第二十次全国代表大会上做的报告指出："从现在起，中国共产党的中心任务就是团结带领全国各族人民全面建成社会主义现代化强国、实现第二个百年奋斗目标，以中国式现代化全面推进中华民族伟大复兴。"

"中国式现代化，是中国共产党领导的社会主义现代化，既有各国现代化的共同特征，更有基于自己国情的中国特色。中国式现代化是人口规模巨大的现代化，是全体人民共同富裕的现代化，是物质文明和精神文明相协调的现代化，是人与自然和谐共生的现代化，是走和平发展道路的现代化。"

"中国式现代化的本质要求是：坚持中国共产党领导，坚持中国特色社会主义，实现高质量发展，发展全过程人民民主，丰富人民精神世界，实现全体人民共同富裕，促进人与自然和谐共生，推动构建人类命运共同体，创造人类文明新形态。"

"全面建成社会主义现代化强国，总的战略安排是分两步走：从二〇二〇年到二〇三五年基本实现社会主义现代化；从二〇三五年到本世纪中叶把我国建成富强民主文明和谐美丽的社会主义现代化强国。未来五年是全面建设社会主义现代化国家开局起步的关键时期。"

（三）公众财务管理的总体目标

公众财务管理主要包括社会保障基金管理和住房公积金管理。其中，社会保障基金全称是"全国社会保障基金"，是指全国社会保障基金理事会负责管理的，由国有股减持划入资金及股权资产、中央财政拨入资金、经国务院批准以其他方式筹集的资金及其投资收益形成的由中央政府集中的社会保障基金。它包含五种概念，即社会保险基金、社会统筹基金、基本养老保险体系中的个人账户基金、公司补充保障基金（含公司补充养老保险基金、公司补充医疗保险）、全国社会保障基金。社会保障基金投资运作的基本原则是：在保证基金资产安全性、流动性的前提下，实现基金资产的增值。由此可以认为，社会保障基金管理的总体目标是实现基金资产的增值。

住房公积金是指国家机关和事业单位、国有企业、城镇集体企业、外商投资企业、城镇私营企业及其他城镇企业、民办非企业单位、社会团体及其在职职工，对等缴存的长期住房储金，主要用于职工购买、建造、翻建、大修、装修自住房或交纳房租。它具有保障性、互助性和长期性三个属性以及普遍性、强制性（政策性）、福利性和返还性四个特点。国务院发布的《住房公积金管理条例》（国务院第350号令）的第一条指出："为了加强对住房公积金的管理，维护住房公积金所有者的合法权益，促进城镇住房建设，提高城镇居民的居住水平，制定本条例。"由此可以认为，住房公积金管理的总体目标是维护住房公积金所有者的合法权益，促进城镇住房建设，提高城镇居民的居住水平。

（四）行政事业单位财务管理的总体目标

行政事业单位是行政单位和事业单位的合称。行政单位和事业单位是两种性质和功能不同的单位。行政单位是指进行国家行政管理、组织经济建设和文化建设、维护社会公共秩序的单位，主要包括国家权力机关、行政机关、司法机关、检察机关以及实行预算管理的其他机关、政党组织等。事业单位是指国家为了社会公益目的，由国家机关举办或者其他组织利用国有资产举办的，从事教育、科技、文化、卫生等活动的社会服务组织。

行政单位和事业单位的区别：一是内涵不同，行政单位是国家机关，而事业单位是实施政府某项公共服务的部门，是社会服务组织。二是担负的职责不同，行政单位负责对国家各项行政事务进行组织、管理和指挥，而事业单位是为了社会公益目的从事教育、文化、卫生、科技等活动。三是编制和工资待遇的来源不同，行政单位使用行政编制、由国家行政经费负担，事业单位使用事业编制，由国家事业经费负担。事业单位有全额拨款的，有差额拨款的，还有事业单位企业化管理的。行政单位人员的工资按公务员法由国家负担，而事业单位则根据不同的管理模式实行不同的待遇。行政单位和事业单位的共同点在于二者都属于公共部门，都为社会提供公共商品，都纳入财政收支管理的范围。

《行政单位财务规则》第一条提出："为了规范行政单位的财务行为，加强行政单位财务管理和监督，提高资金使用效益，保障行政单位工作任务的完成，制定本规则。"由此可以认为，行政单位财务管理的总体目标是提高资金使用效益，保障行政单位工作任务的完成。《事业单位财务规则》第一条提出："为了进一步规范事业单位的财务行为，加强事业单位财务管理和监督，提高资金使用效益，保障事业单位健康发展，制定本规则。"由此可以认为，事业单位财务管理的总体目标是提高资金使用效益，保障事业单位健康发展。

（五）公司财务管理的总体目标

公司财务管理的总体目标比较多元。常见的有净利润最大化、每股收益最大化、股东财富最大化、公司价值最大化、利益相关者利益最大化等。

1. 净利润最大化

净利润是收入减去成本费用（含所得税费用）后的余额，其所有权归属于股东，是股东财富的重要来源和组成部分。净利润最大化有利于实现股东财富最大化。但净利润最大化不等于现金流入最大化，因为净利润是根据权责发生制确认收入和成本费用之后计算出来的，有收入不一定能带来现金流入，有现金流入也不一定能确认收入。公司能够持续经营并发展壮大的基本前提是有充足的现金用于购买所需物资、支付薪酬、支付期间费用、归还债务、分红、投资等。因此，如果片面追求净利润最大化，就有可能忽视现金的流入，最终导致净利润最大化的公司也会发生经营困难甚至倒闭。

2. 每股收益最大化

每股收益是净利润除以流通在外的普通股股数所得的商数，是净利润的相对值，是股东每投入一股股本所赚得的净利润。每股收益反映了股东的投入产出水平，因此，每股收益最大化也是股东投入产出最大化，这一点比净利润最大化好。但与净利润最大化一样，每股收益最大化也不等于现金流入最大化，它也有着净利润最大化同样的缺点。

3. 股东财富最大化

股东财富，顾名思义，就是指公司总的财富中归属于股东所有的那部分财富。公司总的财富又称公司价值，它包括归属于债权人的财富（价值）和归属于股东的财富（价值）。股东财富等于公司总的财富（价值）减去归属于债权人的财富（价值）后的余额。股东财富的计量主要有账面价值法、市场价值法、未来现金流量折现法等。账面价值法计量下，股东财富等于账面上的净资产总额。市场价值法计量下，股东财富等于账面上净资产总额的市场价值，在上市公司中，股东财富就等于公司股票的总市值。未来现金流量折现法计量下，股东财富等于公司未来各年的营业现金净流量按照一个合适的折现率折算到现在所得的价值乘以（1－资产负债率）。追求股东财富最大化符合股东出资兴办公司的初衷，但在追求股东财富最大化的过程中不能忽视甚至损害债权人的财富以及其他利益相关者的利益。

4. 公司价值最大化

公司价值包括归属于债权人的价值和归属于股东的价值。公司价值的计量主要有账面价值法、市场价值法、未来现金流量折现法等。账面价值法计量下，公司价值等于账面上的资产总额。市场价值法计量下，公司价值等于账面上资产总额的市场价值，在上市公司中，公司价值就等于公司股票的总市值加上公司债务的总市值。未来现金流量折现法计量下，公司价值等于公司未来各年的营业现金净流量按照一个合适的折现率折算到现在所得的价值。追求公司价值最大化既考虑了股东财富的最大化，也考虑了债权人财富的最大化，是一个相对比较周全和公允的财务管理目标。

5. 利益相关者利益最大化

公司是一个利益相关者的集合体，里面有各种类型的利益相关者。公司的利益相关者主要有股东、高层管理人员、中层管理人员、基层员工、供应商、客户或消费者、银行等金融机构、政府有关部门和社会公众等。股东的利益主要体现在利润分配（分红）和对剩余财产的享有。高层管理人员、中层管理人员、基层员工的利益主要体现在薪酬和股权激励。供应商的利益主要体现在货款的及时支付。客户或消费者的利益主要体现在商品或劳务的质量和售后服务。银行等金融机构的利益主要体现在贷款的及时还本付息。政府有关部门的利益主要体现在税费的及时足额缴纳。社会公众的利益主要体现在环境的保护和治理。利益相关者利益最大化这个目标充分考虑了公司各种利益相关者的利益，符合我国社会主义核心价值观的要求，是公司财务管理最理想的总体目标。

（六）非营利组织财务管理的总体目标

非营利组织是指不以营利为目的的组织机构，它的目标通常是支持或处理个人关心或者公众关注的议题或事件。非营利组织所涉及的领域非常广，包括艺术、慈善、教育、学术、环保等。它同时具有非营利性、民间性、自治性、志愿性、非政治性、非宗教性等重要特征。常见的非营利组织主要有中国红十字会、国际环境保护组织协会、中华慈善总会、消费者权益保护协会、中国残疾人协会、华侨商会、作家协会、中国会计学会、中国审计学会等。

非营利组织财务管理的内容主要包括：预算管理，主要是通过单位预算的编制、审批和执行，对非营利组织的各项财务收支计划所进行的管理。收入管理，主要是对非营利组织的收入项目、范围、标准和收益分配等所进行的管理。支出管理，主要是对非营利组织的支出项目、范围、标准等所进行的管理。定员定额管理，主要是通过非营利组织的人员编制和支出定额的制定、执行和检查，对其人员配置、支出的分配和使用所进行的管理。结余及其分配管理，主要是对非营利组织的收支结余及其分配、使用所进行的管理。专用基金管理，主要是对专用基金的提取和使用所进行的管理。资产管理，主要是对非营利组织的各种资产、债权及其他有形和无形的财产权利所进行的管理。负债管理，主要是对非营利组织的借入款项、应付款项、暂存款项、应缴款项等所进行的管理。

根据非营利组织的非营利性、民间性、自治性、志愿性、非政治性、非宗教性等重要特征，可以认为，非营利组织财务管理的总体目标是提高资金使用效益，保证事业计划和工作任务的完成。

（七）家庭和个人财务管理的总体目标

根据2021年5月11日发布的第七次全国人口普查主要数据情况，全国共有家庭户49 416万户，家庭户人口为129 281万人；集体户2 853万户，集体户人口为11 897万人。全国人口共有141 178万人，其中0－14岁的人口占比为17.95%，15岁及其以上的人口占比为82.05%。家庭和个人财务管理的内容主要包括收入管理和支出管理，但不同的家庭和个人，他们的收入来源和支出去向是不完全相同的甚至有很大差别，因此，他们的财务管理总体目标也是有区别的。按照收入来源不同，可以把家庭和个人划分为三类，即：以工薪收入为主的家庭和个人（如公务员、企事业单位职工等）、以生产经营收入为主的家庭和个人（如种植户、养殖户、城乡工商业者等）、以投资收入为主的家庭和个人（如职业证券投资人及其家庭等）。按照支出去向不同，可以把家庭和个人划分为五类，即：以基本生活支出为主的家庭和个人（如低收入家庭和个人）、以教育支出为主的家庭和个人（如非义务教育负担比较重的家庭和个人）、以生产经营支出为主的家庭和个人（如种植户、养殖户、城乡工商业者等）、以享受支出为主的家庭和个人（如健身、旅游、医美等高消费的家庭和个人）、以投资支出为主的家庭和个人（如职业证券投资人及其家庭等）。

以基本生活支出为主的家庭和个人，其财务管理的总体目标应该是满足基本生活支出的需要。以教育支出为主的家庭和个人，其财务管理的总体目标应该是在满足基本生活支出需要的前提下能够享受到尽可能优质的非义务教育。以生产经营支出为主的家庭和个人，其财务管理的总体目标应该是在满足基本生活支出需要的前提下能够维持生产经营活动的正常开展。以享受支出为主的家庭和个人，其财务管理的总体目标应该是在满足基本生活支出需要的前提下能够使身心尽可能地愉悦。以投资支出为主的家庭和个人，其财务管理的总体目标应该是在满足基本生活支出需要的前提下能够使投资收益最大化。

第四节　财务管理“七·三论”和“11·12法则”

一、财务管理“七·三论”

韦德洪认为，所谓财务管理“七·三论”，是指财务管理的七个“三论”，即财务管理“三管论”“三无论”“三分论”“三控论”“三计论”“三看论”和“三防论”。

（一）财务管理“三管论”

财务管理“三管论”是指财务管理主要是管资产的取得、资产的使用和资产的保全三件事情，或者说是管筹资活动、投资活动和经营活动三项活动。

财务是什么？财务管理又是什么？根据《现代汉语词典》的解释：“财”是钱和物资的总称，“务”是事情。因此，财务就是“跟钱和物资有关的事情”，财务管理就是“对那些跟钱和物资有关的事情所进行的管理”。而所谓的“钱”就是货币性资产，所谓的“物资”就是非货币性资产，两者合称资产。所以，财务管理就是“对那些跟资产有关的事情所进行的管理”。可见，财务管理的客体就是“跟资产有关的事情”。

一个法人或自然人发生的跟资产有关的事情很多，可将这些事情划分为三大类，即资产的取得、资产的使用和资产的保全。因此，财务管理主要就是管资产的取得、资产的使用和资产的保全。这就是财务管理的“三管论”。

资产取得的渠道包括筹资活动、投资活动和经营活动。资产使用的途径包括筹资活动、投资活动和经营活动。资产保全的目标是保证资产取得和使用过程或者筹资活动、投资活动和经营活动所形成的存量资产的安全完整。其中：筹资活动主要包括股权筹资活动（含股权资金的取得、股份回购和利润分配）和债权筹资活动（含债权资金的取得和还本付息）等。投资活动主要包括长期投资和短期投资活动、对内投资和对外投资活动、股权投资和债权投资活动等。经营活动主要包括采购、生产、销售、研发等活动以及这些活动所形成的收入和利得、所发生的成本费用和损失等。因此，财务管理主要就是管筹资活动、投资活动和经营活动。这是财务管理“三管论”的另一种表达。

（二）财务管理“三无论”

财务管理“三无论”是指财务管理无处不在、无所不是、无人不做。它是由“三管论”派生出来的一个论点。

任何一个法人和自然人都有各自的资产，都会发生各自的跟资产有关的事情，因此都需要进行财务管理。财务管理无处不在！每一个人都应当树立并践行全民财务管理的观念。其中，法人主要包括国家、行政事业单位、企业、其他非营利组织等；自然人主要是指家庭和个人。因此，从财务管理的主体来看，财务管理应该包括国家财务管理、行政事业单位财务管理、企业（含金融企业）财务管理、其他非营利组织财务管理、家庭和个人财务管理、社会公众财务管理等。其中，国家财务管理主要包括国家财政管理、国家税收管理、国家金融管理、国家外汇管理等；社会公众财务管理主要包括社会保险基金管理、社会救助基金管理、社会慈善基金管理、住房公积金管理等。

一个财务管理主体内部，没有什么事情不跟资产有关，因此没有什么事情不是财务管理的事情。财务管理无所不是！每一个人都应当树立并践行全面财务管理的观念。

一个财务管理主体内部，没有什么人不在做着跟资产有关的事情，因此没有什么人不在做着财务的事情。财务管理无人不做！每一个人都应当树立并践行全员财务管理的观念。

综上所述，财务管理“三无论”又可称为“三全论”，即全民财务管理、全面财务管理和全员财务管理。

（三）财务管理“三分论”

财务管理“三分论”是指一个单位的高管层、财务部门和其他部门这三个机构及其人员，各自都要承担一部分财务管理责任、完成一部分财务管理工作。它是由“三无论”派生出来的一个论点。

根据财务管理“三无论”，一个单位的财务管理责任和工作，不只是财务部门及其人员的事情，而应当是全部机构及其人员的事情。那种认为财务管理责任和工作都只由财务部门来承担和完成的观点是极端错误的，坚持这种观点的人是绝对管不好财务的。因此，单位里的高管层、财务部门和其他职能部门及其人员都应当意识到自身的财务管理责任，完成好自身的财务管理工作。其中，高管层的财务管理责任或工作主要是制定或审定财务政策、进行重大财务规划或财务决策、协调和处理重大财务问题等。财务部门的财务管理责任或工作主要是进行日常的财务预测、决策、预算、核算、控制、分配、分析、审计、沟通和协调等。其他职能部门的财务管理责任或工作主要是与本部门工作职责有关的成本控制、风险控制和资产保全等。

（四）财务管理“三控论”

财务管理“三控论”是指日常的财务管理要重点控制现金、控制债权、控制存货。

现金断流，一剑封喉！一个单位如果没有效益，尚可苟延残喘，比如有的公司连年亏损还在继续经营；但如果没有现金，则残喘也苟延不了，比如有的公司资金链一旦断裂就马上倒闭。因此，财务管理的基本任务不是为单位创造效益，而是保证单位的现金不断流，即保证单位能够取得正常的现金流入，保证单位正常的业务支出能够有现金流出。此外，一个单位所发生的经济业务绝大多数都和现金的收支有关，把现金管好了，就相当于把绝大多数的经济业务管好了。因此日常的财务管理要重点控制现金。

债权过高，脖子架刀！一个单位如果应收账款等债权资产占比过高，表明自己的资金被债务人占用过多，资金回笼就可能很慢，很容易造成现金断流和资产损失，非常危险，因此，一定要控制应收账款等债权资产的占比，同时采取有效措施加速债权资金的回笼。

存货积压，脑袋搬家！一个单位的存货（商品或服务）如果长期积压卖不出去，势必会遭遇关门倒闭的命运，因此，必须准确把握市场的变化，生产经营适销对路的商品或服务，同时采取有效的措施严格控制存货的采购、生产、销售和仓储，保证存货的质量，提高存货的周转速度，降低存货的积压。

（五）财务管理“三计论”

财务管理“三计论”是指日常的财务管理要重点计算现金流量、计算成本费用、计算收入利润。

计算现金流量是在保证现金流量平衡的基础上重点关注经营活动现金净流量。所谓现金流量平衡，是指在保持最佳现金余额的基础上使现金流入量等于现金流出量。为何要重点关注经营活动现金净流量？那是因为只有经营活动现金净流量充足，单位才能有充足的自有现金用于投资、偿债或分红。一个单位如果没有充足的经营活动现金净流量，那么，投资、偿债、分红所需要的现金就需通过筹资活动来获得，那样势必会增加单位的筹资成本，降低单位的经济效益。

计算成本费用是在保证必要开支的基础上厉行节约。增收节支、开源节流、厉行节约等传统的理财观在当今的市场经济环境下固然值得坚持，但必要的开支也是必不可少的。投入产出理论、投资回报理论表明，没有必要的投入或投资，就不会有相应的产出或回报。因此，一个单位日常的财务管理必须保证单位必要的开支能够支付。

计算收入利润是在积极创造收入的基础上多获利润。因为“利润 = 收入 - 费用 + 利得 - 损失”，因此，一个单位要想获得更多的利润，必须一方面要努力创造收入，另一方面要在保证必要开支的基础上努力降低费用，同时要把握时机获取利得，控制风险减少损失。

（六）财务管理“三看论”

财务管理“三看论”是指日常的财务管理要重点看现金流量表、看资产负债表、看利润表。

看现金流量表，重点是看有没有充足的经营活动现金净流量，因为只有经营活动现金净流量充足，单位才可以减少对外筹资，从而降低筹资成本。

看资产负债表，重点是看净资产是否增加以及是什么原因导致净资产增加。净资产是归属于投资人的权益，净资产的增加意味着投资人的权益增加。而资产总额则是包含了投资人权益和债权人权益在内的总的权益。根据会计平衡公式，负债和净资产同时增加、负债增加额大于净资产减少额或者净资产增加额大于负债减少额这三种情况都会导致资产总额增加。看资产负债表如果仅仅看资产总额是否增加，就容易忽视负债增加额大于净资产减少额这种尽管资产总额增加、但净资产却减少的情况，从而使投资人权益减少的事实容易被掩盖起来。因此，看资产负债表必须重点看净资产是否增加。但净资产增加可能是由于公允价值变动、投资人增加投资以及单位实现净利润所致。而这三种原因导致的净资产增加，只有净利润导致的净资产增加才是正常的、可持续的，因此，看净资产的增加，重点是看是否因净利润而增加。

看利润表，重点是看营业活动和主营业务有没有利润。利润总额 = 营业利润 + 营业外收支净额。其中，营业利润 = 主营业务利润 + 其他业务利润 + 公允价值变动收益 + 投资收益。正常情况下，一个单位的利润总额应该主要来源于营业利润，而营业利润又应该主要来源于主营业务利润。只有主营业务和营业活动创造出更多的利润，这个单位才有竞争力和可持续发展的能力。因此，看利润表不能只看利润总额或净利润，而应该重点关注营业利润和主营业务利润。

（七）财务管理“三防论”

财务管理“三防论”是指日常的财务管理要注重防范错账乱账、防范贪污挪用、防范损失浪费。其中，防范错账乱账就是要严格按照会计准则的规定进行确认、计量、记录和报告，保证会计信息质量达到真实性、可靠性、完整性、相关性、明晰性、可比性、实质重于形式、重要性、谨慎性、及时性的要求。防范贪污挪用就是防范虚报冒领、截留和挪用公款等违法犯纪行为。防范损失浪费就是要求可靠保全资产、合理使用资产，防止失窃、毁损、变质、提前报废和过度使用等。

二、财务管理“11 · 12 法则”

韦德洪认为，所谓财务管理“11 · 12 法则”，是指财务管理要“树立并践行 10 种观念、牢记并活用 1 组口诀、掌握并善用 10 门技术、重视并理顺 2 个关系”。

（一）财务管理要树立并践行的 10 种观念

财务管理要树立并践行的 10 种观念是：全面财务管理观念、全员财务管理观念、资金时间价值观念、风险报酬匹配观念、现金重于利润观念、以人为本观念、社会责任观念、利益兼顾观念、战略服务观念、可持续发展观念。

“全面财务管理观念”要求任何一个财务管理主体都要把自身发生的任何一项经济活动看作是财务管理的事情，用财务管理的思维来管理每一项经济活动，让财务管理的触角延伸到每一项经济活动，让财务管理的制度约束到每一项经济活动，让财务管理的手段控制到每一项经济活动。

“全员财务管理观念”要求一个财务管理主体内部的每一个成员都要把自己所承担的每一项工作看作是财务管理的事情，用财务管理的思维来完成自己所承担的每一项工作，用财务管理的制度来约束自己所承担的每一项工作，用财务管理的手段来控制自己所承担的每一项工作。

“资金时间价值观念”要求一个财务管理主体在对自身发生的经济活动进行管理时，要注重资金的时间价值，讲求资金来源和运用的时效性。

“风险报酬匹配观念”要求一个财务管理主体在对自身发生的经济活动进行管理时，要注重风险与报酬之间的匹配关系，高风险应该追求高报酬，反过来，低报酬必须确保低风险。

“现金重于利润观念”要求一个财务管理主体在对自身发生的经济活动进行管理时，要更加注重现金的管理，而不能只关注利润，要把现金看得比利润还重要。

“以人为本观念”要求一个财务管理主体在对自身发生的经济活动进行管理时，要以人为本，在财务资源的配置上要关注人的物质利益和精神利益。

“社会责任观念”要求一个财务管理主体在对自身发生的经济活动进行管理时，要努力尽到应尽的社会责任，在财务资源的配置上要考虑社会责任的尽责要求。

“利益兼顾观念”要求一个财务管理主体在对自身发生的经济活动进行管理时，要兼顾各个利益相关者的利益，不能只追求某一个利益相关者的利益最大化。

“战略服务观念”要求一个财务管理主体的财务管理活动要服从于该主体的战略大局，服务于该主体的战略目标，从战略大局出发，促进战略目标的实现。

“可持续发展观念”要求一个财务管理主体在对自身发生的经济活动进行管理时，在财务资源的配置上要避免短期行为、短视眼光，切实保证所在主体的可持续发展。

（二）财务管理要牢记并活用的1组口诀

财务管理要牢记并活用的1组口诀是：无事不是财务，无人不做财务，领导更要财务；时间就是价值，风险必求收益；现金重于利润，收支互为前提；环境决定目标，目标指挥行动；行动需要决策，决策依赖预测；行动还需预算，预算必须控制；核算乃是基础，分配尤为重要，分析不可或缺；审计才能验证，沟通方可协调。

“无事不是财务，无人不做财务，领导更要财务”是指一个财务管理主体内部没有什么事情不是财务管理的事情，没有什么人不在做着财务管理的事情，作为领导，更要熟知和重视财务管理的事情。

“时间就是价值，风险必求收益”是指时间既可以增加价值，也可以减少价值，财务管理应该以追求价值增加为目标，注重时间因素对价值的影响，同时要追求与风险水平相匹配的收益，有多大的风险就应该追求多大的收益。

“现金重于利润，收支互为前提”是指现金比利润更重要，一个财务管理主体应该更加关注现金的管理，同时，收入和支出是互为前提的，没有足够的收入就没有充分的支出（投资），而没有必要的支出（或投资）也没有应得的回报（或收益）。

“环境决定目标，目标指挥行动”是指财务管理目标受到财务管理环境的制约，环境改变了，财务管理的目标就要适时调整。财务管理目标一旦确定了，财务管理的一切行动就要围绕着这个目标来展开。

“行动需要决策，决策依赖预测”是指财务管理的一切行动都必须慎重地做出决策，而正确的决策又依赖于科学的预测，因此，在做出财务决策之前必须进行科学的预测。

“行动还需预算，预算必须控制”是指财务管理的一切行动都必须在事前编制一个合理的预算，有了合理的预算就必须严格控制，只有严格控制，才能保证预算目标的实现。

“核算乃是基础，分配尤为重要，分析不可或缺”是指财务核算（即会计确认、计量、记录和报告）是财务管理的重要基础，财务分配（即经济利益在各个利益相关者之间分配）也是一项非常重要的财务管理工作，财务分析（亦即经济活动分析）更是不能缺少的。

“审计才能验证，沟通方可协调”是指财务管理必须借助审计手段，只有通过严格的审计，才能验证财务管理活动的合法性、合规性、合理性、经济性、效率性和效果性，同时，只有通过和各个利益相关者进行有效的沟通，才能协调好各个利益相关者之间的利益冲突，兼顾好各个利益相关者之间的利益。

（三）财务管理要掌握并善用的10门技术

财务管理要掌握并善用的10门技术是：财务预测技术、财务决策技术、财务预算技术、财务核算技术、财务控制技术、财务分析技术、财务分配技术、财务审计技术、财务沟通技术、财务协调技术。

财务预测技术主要包括收入预测（含销量预测、价格预测、销售收入预测等）技术、成本费用预测技术、利润预测技术、现金流量预测技术等。财务决策技术主要包括经营决策（含采购决策、生产决策、销售决策等）技术、投资决策技术、筹资决策技术等。财务预算技术主要包括经营预算技术、投资预算技术、筹资预算技术等。财务核算技术主要包括会计确认、计量、记录和报告技术等。财务控制技术主要包括经营活动控制技术、投资活动控制技术、筹资活动控制技术等。财务分析技术主要包括经营活动分析技术、投资活动分析技术、筹资活动分析技术等。财务分配技术主要包括薪酬分配技术、息税前利润分配技术、税前利润分配技术、税后利润分配技术等。财务审计技术主要包括财务收支审计技术、经济效益审计技术、经济责任审计技术、社会责任审计技术、环境资源审计技术等。财务沟通与协调技术主要包括心理测度技术、语言表达技术、谈话谈判技术、为人处世技术等。

（四）财务管理要重视并理顺的2个关系

财务管理要重视并理顺的2个关系是：组织内部各个利益相关者之间的利益关系以及组织同外部各个利益相关者之间的利益关系。前者如投资者与经营者之间的利益关系，投资者与投资者之间的利益关系，经营者与经营者之间的利益关系，经营者与员工之间的利益关系，员工与员工之间的利益关系。后者如组织同债权人之间的利益关系，组织同客户或者消费者之间的利益关系，组织同政府有关部门之间的利益关系，组织同周边居民之间的利益关系，组织同整个社会公众之间的利益关系。重视并理顺这两个关系首先要把财务管理的目标确定为利益相关者的利益有效兼顾，不能片面强调股东财富最大化或企业价值最大化；其次要坚持以人为本观念、社会责任观念、利益兼顾观念和可持续发展观念，使投资者、经营者、员工、债权人、客户或者消费者、政府有关部门、周边居民以及整个社会公众的利益都得到有效兼顾，才能实现组织的可持续发展目标。

复习思考题

1. 财务管理的客体是什么？主体有哪些？行为又有哪些？
2. 从财务管理的主体、客体和行为来看，财务管理学科分别包含哪些学科？
3. 社会生产要素主要包括哪几个要素？如何理解财务管理客体是五大生产要素之一？
4. 财务管理学科体系如何构成？学科地位如何安排？

5. 财务管理的理论结构主要由哪几个要素组成？

6. 财务管理理论的起点是什么？前提是什么？导向又是什么？

7. 财务管理的外部环境和内部环境分别包括哪些主要的环境？

8. 财务管理的基本假设主要包括哪些假设？

9. 各种财务管理主体的财务管理目标分别是什么？

10. 财务管理“七·三论”是指哪七个“三论”？

11. 财务管理要树立并践行哪10种观念？

12. 财务管理要牢记并活用哪一组口诀？

13. 财务管理要掌握并善用哪10门技术？

14. 财务管理要重视并理顺哪两个关系？

思政思辨题

1. 在处理财务管理学科体系的构建与学科地位的安排这个问题上，怎样才能做到深深扎根于中国特色社会主义的土壤？

2. 中国的国家财务管理所面临的外部环境和内部环境分别是指哪些环境？

3. 国有和国有控股的公司，财务管理目标不能单纯追求净利润最大化、每股收益最大化或者股东财富最大化，那么，民营公司可以吗？

第二章

资金时间价值

内容简介

本章主要介绍资金时间价值的概念、性质、形式、用途和复利终值、复利现值、年金终值、年金现值的计算方法以及名义利率与实际利率的换算方法。

学习目标

学习本章的学习，要求了解资金时间价值的概念、性质、形式、用途，掌握复利终值、复利现值、各种年金终值和年金现值的计算方法，掌握名义利率与实际利率的换算方法。

第一节　资金时间价值概述

一、资金时间价值的概念

资金时间价值，又称为货币时间价值。在没有风险和没有通货膨胀的条件下，今天 1 元钱的价值要大于一年后的 1 元钱的价值。股东投资 1 元钱，就牺牲了当时使用或消费这 1 元钱的机会或权利，按牺牲时间计算的这种牺牲的代价或报酬，就叫作时间价值。

在发达的商品经济条件下，商品流通的形式是 G—W—G′。其中，$G' = G + \Delta G$，即 G 等于原预付货币额加上一个增值额。马克思指出："作为资本的货币的流通本身就是目的，因为只有在这个不断更新的运动中才有价值的增值。如果把它从流通中取出来，那它就凝固为贮藏货币，即使藏到世界末日，也不会增加分毫。"因此，资金时间价值的实质是资金周转使用后的增值额，即资金经历一段时间的投资和再投资后所增加的价值，或者是指一定量的资金随着时间的推移而增加的价值。

设一定量资金当前的价值为现值（用 P 来表示）、未来某一时点的价值为终值（用 F 来表示），则资金时间价值（用 I 来表示）为：

$$资金时间价值 = 终值 - 现值$$

或 $$I = F - P$$

二、资金时间价值的性质

资金时间价值是资金在再生产过程中产生的增值额，这里所说的再生产过程是指在无风险和无通货膨胀状态下的再生产过程。不同的资金，其在再生产过程中所产生的增值额是不同的，资金时间价值不是指某一个单位或个人的资金在其自身的再生产过程中所产生的增值额，而是指整个社会资金在社会再生产过程中所产生的增值额，因此，资金时间价值实质上是社会平均利润或者称为社会平均报酬（即利息）。

三、资金时间价值的形式

资金时间价值可以用绝对数的形式来表示，也可以用相对数的形式来表示。绝对数即时间价值额是资金在生产经营过程中带来的真实增值额；相对数是增值额占原始投资额的百分率，从量上看是在没有风险和没有通货膨胀条件下的社会平均利润率或平均报酬率（即利息率）。由于绝对数不如相对数更具有可比性，所以，除非有特别说明，否则，一般情况下，资金时间价值都是用相对数（即利息率）来表示。

四、资金时间价值的用途

由公式“资金时间价值（I）＝终值（F）－现值（P）”可得：终值（F）＝现值（P）＋资金时间价值（I），现值（P）＝终值（F）－资金时间价值（I）。由此可见，资金时间价值可以用于计算资金的终值和现值。

由公式“现值（P）＋资金时间价值（I）＝终值（F）”可知，等量的现值加不等量的时间价值，就会等于不等量的终值。因此，资金时间价值还可以用来衡量不同时空条件下的社会平均利润率（或社会平均报酬率）以及同一时空条件下不同资金的投资利润率（或投资报酬率）。

第二节　资金时间价值计算

一、现金流量图

在财务管理中，要进行正确的投资决策或筹资决策，就必须弄清楚在不同时点上收到或付出的资金价值之间的数量关系。为了简单明了地反映资金发生的时间、大小，常用现金流量图来表示，如图 2－1 所示。

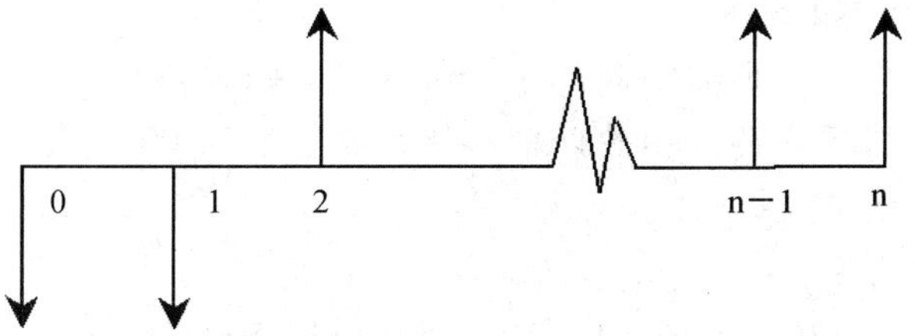

图 2－1　现金流量示意图

在现金流量图上，横轴表示一个从0开始到n的时间序列，轴上每一个刻度表示一个计息期（可以是年、半年、季、月等）。零点是时间序列的起点，表示第一个计息期的期初。1至n指该期期末，也是下一期的期初。垂直线表示不同时点的现金流量，箭头向上表示现金流入，箭头向下表示现金流出。

通常，把现值记为P，终值记为F，年金记为A，它们的含义是：

现值（P）：表示资金发生在（或折算为）某一时间序列起点时的价值如图2－2中的A所示；

终值（F）：表示资金发生在（或折算为）某一时间序列终点时的价值如图2－2中的B所示；

年金（A）：表示资金发生在（或折算为）某一时间序列各期期末的等额现金序列的价值如图2－2中的C所示。

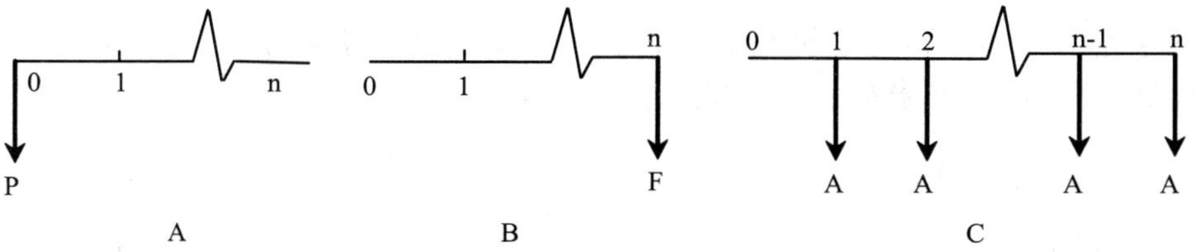

图2－2 资金时间价值示意图

二、单利条件下资金时间价值的计算

所谓单利，是计算利息的一种方法，就是只有本金才计算利息，而本金在上一期所产生的利息不加入下一期的本金来计算利息。这里的本金，是指债权人借给债务人以收取利息的原始金额。利息是指债务人支付给债权人的超过本金部分的金额。

（一）单利终值的计算

单利终值的现金流量图如图2－3所示。

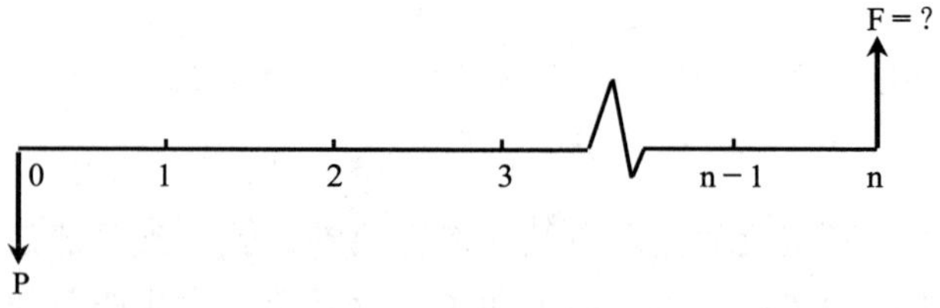

图2－3 单利终值示意图

单利终值的计算公式如下：

$$F = P + P \times i \times n = P \times (1 + i \times n)$$

【例2－1】 假设小张现在购买一种以单利计息的债券10 000元，年利率为7%，5年期，则到期的本利和为多少？

计算过程和结果如下：

$F = P \times (1 + i \times n) = 10\ 000 \times (1 + 7\% \times 5) = 13\ 500$（元）

（二）单利现值的计算

单利现值的现金流量图如图 2－4 所示。

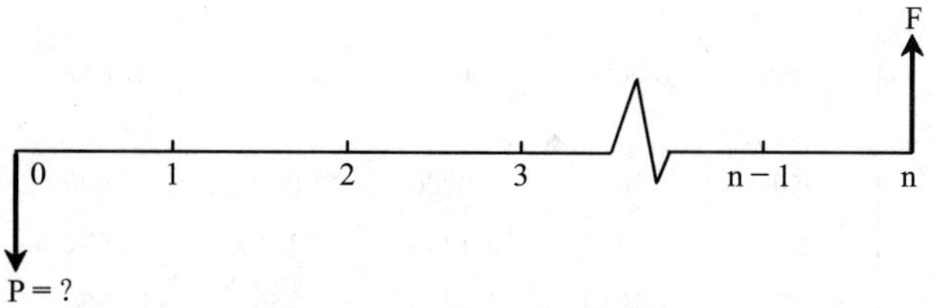

图 2－4 单利现值示意图

单利现值的计算公式如下：

$$P=F\times(1+i\times n)^{-1}$$

【例 2－2】 小李希望在 4 年后从银行取得本利和 10 000 元，银行年利率为 7%，在单利计息的方式下，小张现在应存入银行多少钱？

计算过程和结果如下：

$P=F\times(1+i\times n)^{-1}=10\,000\times(1+7\%\times4)^{-1}=7\,812.5$（元）

三、复利条件下资金时间价值的计算

所谓复利，是计算利息的另一种方法，就是不仅本金要计算利息，而且本金在上一期所产生的利息也要加入下一期的本金一起计算利息，即通常所说的“利滚利”。

（一）复利终值的计算

复利终值又称复利未来值，是指在复利计息的条件下若干期后包括本金和利息在内的未来价值，也称本利和。复利终值的计算是已知现值求终值。

复利终值的现金流量图如图 2－5 所示。

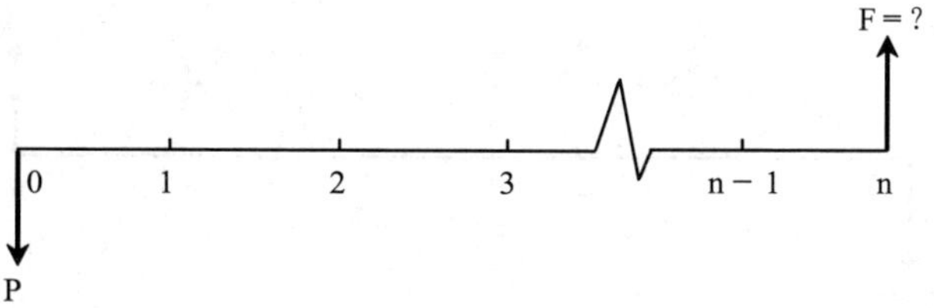

图 2－5 复利终值示意图

复利终值的计算公式如下：

$$F=P\times(1+i)^n$$

【例 2－3】 老刘于年初将 1 000 元存入银行，年利率为 8%，在复利计息的条件下，则第 5 年年末的本利和是多少？

计算过程和结果如下：

由公式得 $F=P\times(1+i)^n=1\,000\times(1+8\%)^5=1\,469.3$（元）

为了计算方便，通常将 $(1+i)^n$ 根据不同的 i 和 n 编成一张表（复利终值系数表），它表示 1 元现值在利率为 i、计息期为 n 时的终值，表 2－1 是其简表。$(1+i)^n$ 叫复利终值系

数，记作（F/P，i，n）。则上述复利终值的计算公式可记为 F = P ×（F/P，i，n）。

表 2－1　　1 元复利终值系数表

计息期(n) \ 利息率(i)	5.00%	6.00%	7.00%	8.00%	9.00%	10.00%
1	1.0500	1.0600	1.0700	1.0800	1.0900	1.1000
2	1.1025	1.1236	1.1449	1.1664	1.1881	1.2100
3	1.1576	1.1910	1.2250	1.2597	1.2950	1.3310
4	1.2155	1.2625	1.3108	1.3605	1.4116	1.4641
5	1.2763	1.3382	1.4026	1.4693	1.5386	1.6105
6	1.3401	1.4185	1.5007	1.5869	1.6671	1.7716
7	1.4071	1.5036	1.6058	1.7138	1.8280	1.9487
8	1.4775	1.5938	1.7182	1.8509	1.9926	2.1436

(F/P, 8%, 5)

【例 2－3】 可查表计算如下：

F = P ×（F/P，i，n）= P ×（F/P，8%，5）= 1 000 × 1.4693 = 1 469.3（元）

从复利终值系数表中可以看到，复利终值系数都大于 1，即（F/P，i，n）>1，且随着 i 和 n 的增加而增大。

（二）复利现值的计算

复利现值是指在复利计息的条件下若干期内包括本金和利息在内的现在价值。复利现值的计算是已知终值求现值，也叫折现（或贴现），在折现时所用的利息率也叫折现率（或贴现率）。

复利现值的现金流量图如图 2－6 所示。

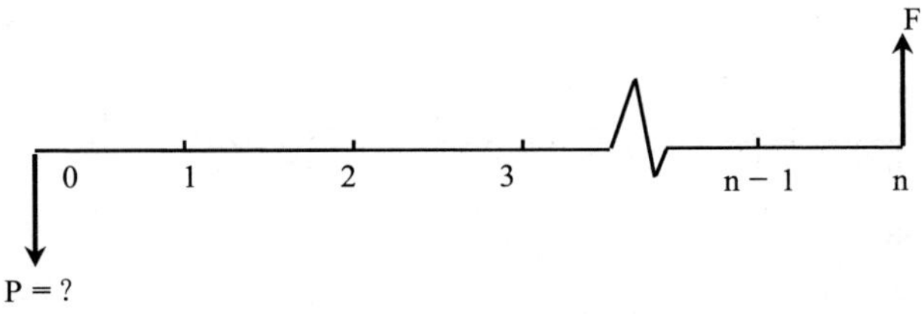

图 2－6　复利现值示意图

复利现值的计算公式如下：

$$P = F \times (1+i)^{-n}$$

【例 2－4】 某人 4 年后需要资金 50 000 元用于开拓新的业务，银行年利率为 7%，则其现在应存入多少资金？

计算过程和结果如下：

$P = F \times (1+i)^{-n} = 50\ 000 \times (1+7\%)^{-4} = 38\ 144.7$（元）

为了计算方便，通常将 $(1+i)^{-n}$ 根据不同的 i 和 n 编成一张表（复利现值系数表），它表示 n 个计息期后 1 元终值在利率为 i 时的现值，表 2－2 是其简表。$(1+i)^{-n}$ 叫复利现值系数，记作（P/F，i，n）。则上述复利现值的计算公式可记为 P = F ×（P/F，i，n）。

表 2 - 2　　1 元复利现值系数表

计息期(n) \ 贴现率(i)	5.00%	6.00%	7.00%	8.00%	9.00%	10.00%
1	0.9524	0.9434	0.9346	0.9259	0.9174	0.9091
2	0.9070	0.8900	0.8734	0.8573	0.8417	0.8264
3	0.8638	0.8396	0.8163	0.7938	0.7722	0.7513
4	0.8227	0.7921	0.7629	0.7350	0.7084	0.6830
5	0.7835	0.7473	0.7130	0.6806	0.6499	0.6209
6	0.7462	0.7050	0.6663	0.6302	0.5963	0.5645
7	0.7107	0.6651	0.6227	0.5835	0.5470	0.5132
8	0.6768	0.6274	0.5820	0.5403	0.5019	0.4665

(P/F, 7%, 4)

【例 2 - 4】可查表计算如下：

P = F ×（P/F，i，n）= F ×（P/F，7%，4）= 50 000 × 0.7629 = 38 145（元）

从复利现值系数表中可以看到，复利现值系数都小于 1，即（P/F，i，n）< 1，且随着 i 和 n 的增加而减小。

上述复利终值和复利现值的计算公式中都涉及四个变量，即 P，F，i，n。如果已知四个变量中的任何三个，就可求出第四个变量。

【例 2 - 5】小张有 2 000 元想存入银行，并期望最终得到 3 000 元，银行年利率为 8%，则应存多少年？

计算过程和结果如下：

3 000 = 2 000 ×（F/P，8%，n）

复利终值系数（F/P，8%，n）= 3 000/2 000 = 1.5

查复利终值系数表，在 i = 8% 项下寻找 1.5，最接近的值为（F/P，8%，5）= 1.4693

所以 n≈6，即小张应存 6 年才可得到 3 000 元。

【例 2 - 6】某公司拟开发一个新项目，初始投资为 300 000 元，预期在 5 年后收回资金 550 000 元，则该项目的投资报酬率是多少？

计算过程和结果如下：

300 000 = 550 000 ×（P/F，i，5）

复利现值系数（P/F，i，5）= 300 000/550 000 = 0.5455

查复利现值系数表，在 n = 5 项下寻找 0.5455，最接近的值为（P/F，12%，5）= 0.5674，（P/F，14%，5）= 0.5194。可知 i 应在 12% ~ 14% 之间。

可用插值法求出 i，如见图 2 - 7 所示。

利用相似三角形对应边成比例的关系，有：

$$\frac{14\% - i}{14\% - 12\%} = \frac{0.5194 - 0.5455}{0.5194 - 0.5674}$$

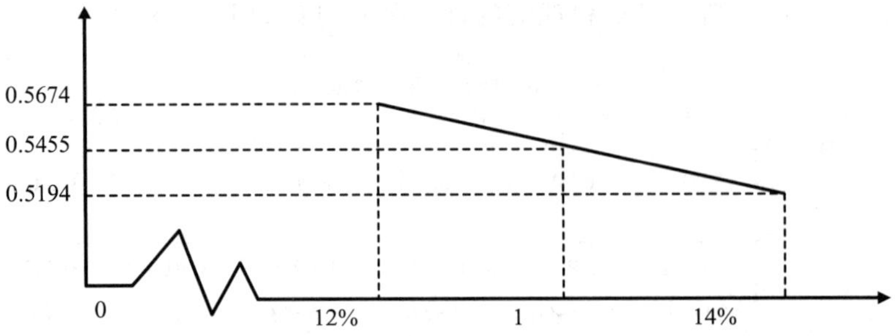

图 2-7 插值法示意图

计算得 $i = 14\% - \frac{0.0261}{0.048} \times (14\% - 12\%) = 14\% - 0.0109 = 12.91\%$

即该项目的投资报酬率为 12.91%。

(三) 复利年金终值和现值的计算

年金是指一定时期内定期、连续、多次等额收付的款项。如折旧、保险费、分期付款赊购、分期偿还贷款、分期支付工程款等。年金按收付时间的不同可分为普通年金(或后付年金)、先付年金(或即付年金)、递延年金和永续年金。复利年金终值是指一定时期内定期、连续、多次收付的款项在复利计息的条件下所得到的未来某一个时点的价值总和。复利年金现值是指一定时期内定期、连续、多次收付的款项在复利计息的条件下所得到的现在时点的价值总和。

1. 普通年金终值和现值的计算

普通年金是指每期期末收付的年金。假设某人租住一间房子，他与房主约定租住一年，每个月的月末支付当月租金 1 000 元，这时，每月月末支付的 1 000 元就是普通年金，也叫后付年金。

(1) 普通年金终值的计算。普通年金终值的现金流量图如图 2-8 所示。

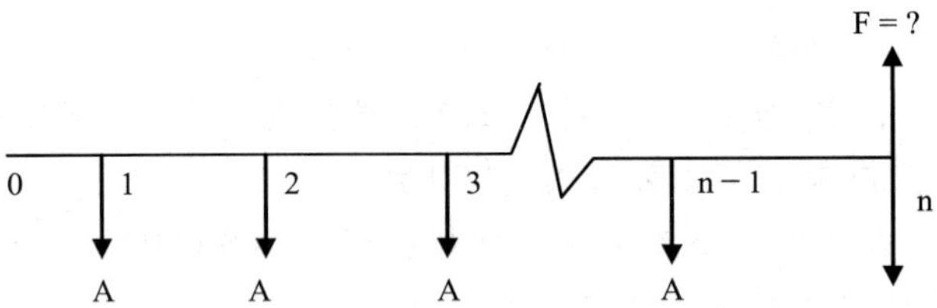

图 2-8 普通年金终值示意图

普通年金终值的计算公式如下：

$$F = A \cdot \frac{(1+i)^n - 1}{i}$$

【例 2-7】 某人连续 3 年每年年末在银行存入 3 000 元，存款年利率为 9%，则第 3 年年末的年金终值(本利和)是多少?

计算过程和结果如下：

$$F = 3\ 000 \times \frac{(1+9\%)^3 - 1}{9\%} = 3\ 000 \times 3.2781 = 9\ 834.3 \text{（元）}$$

为了计算方便，通常将$\frac{(1+i)^n-1}{i}$根据不同的 i 和 n 编成一张表（年金终值系数表），它表示普通年金为 1 元，利率为 i，经过 n 个计息期的年金终值，表 2－3 是其简表。$\frac{(1+i)^n-1}{i}$叫作年金终值系数，记作（F/A，i，n）。则上述普通年金终值的计算公式可记为 F＝A×（F/A，i，n）。

表 2－3　　　　1 元年金终值系数表

计息期(n) ＼ 利息率(i)	5.00%	6.00%	7.00%	8.00%	9.00%	10.00%
1	1.0000	1.0000	1.0000	1.0000	1.0000	1.0000
2	2.0500	2.0600	2.0700	2.0800	2.0900	2.1000
3	3.1525	3.1836	3.2149	3.2464	3.2781	3.3100
4	4.3101	4.3746	4.4399	4.5061	4.5731	4.6410
5	5.5256	5.6371	5.7507	5.8666	5.9847	6.1051
6	6.8019	6.9753	7.1533	7.3359	7.5233	7.7156
7	8.1420	8.3938	8.6540	8.9228	9.2004	9.4872
8	9.5491	9.8975	10.260	10.637	11.028	11.436

（F/A, 9%, 3）

【例 2－7】 可查表计算如下：

F＝A×（F/A，i，n）＝A×（F/A，9%，3）＝3 000×3.2781＝9 834.3（元）

【例 2－8】 小王现在每年年末在银行存入等额资金，希望在 4 年后买一辆价值 20 万元的汽车，银行年利率为 9%，则小王每年年末应存入多少钱？

计算过程和结果如下：

$$200\ 000 = A \times \frac{(1+9\%)^4-1}{9\%}$$

查年金终值系数表得$\frac{(1+9\%)^4-1}{9\%}=4.5731$，

则 A＝200 000÷4.5731＝43 734（元），即小王每年年末应存入 43 734 元。

从年金终值系数表中可以看到，年金终值系数都大于或等于 n，即（F/A，i，n）≥n（当 n＝1 时等号成立），且随着 i 和 n 的增加而增大。

（2）普通年金现值的计算。普通年金现值的现金流量图如图 2－9 所示。

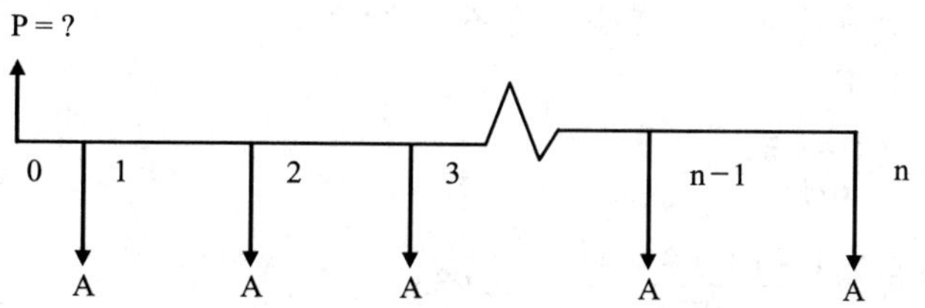

图 2－9　普通年金现值示意图

普通年金现值的计算公式如下：

$$P = A \cdot \frac{1-(1+i)^{-n}}{i}$$

【例 2 -9】 某人租了一套房子，租期 4 年，每年租金 8 000 元，年末付租。现在想在第一年年初到银行开设一个专项账户，每年年末直接从该账户将房租转出，银行存款年利率是 8%，则这个专项账户的开户金额应该是多少？

计算过程和结果如下：

$$P = A \cdot \frac{1-(1+i)^{-n}}{i} = 8\ 000 \times \frac{1-(1+8\%)^{-4}}{8\%} = 8\ 000 \times 3.3121 = 26\ 496.8\text{（元）}$$

即这个专项账户开户时至少要存入 26 496.8 元。

为了计算方便，通常将$\frac{1-(1+i)^{-n}}{i}$根据不同的 i 和 n 编成一张表（年金现值系数表），它表示普通年金为 1 元，利率为 i，经过 n 个计息期的年金现值，表 2 - 4 是其简表。$\frac{1-(1+i)^{-n}}{i}$叫作年金现值系数，记作（P/A，i，n）。则普通年金现值的计算公式可记为 P = A ×（P/A，i，n）。

【例 2 -9】可查表计算如下：

P = A ×（P/A，i，n）= A ×（P/A，9%，3）= 8 000 × 3.3121 = 26 496.8（元）

表 2 -4　　1 元年金现值系数表

计息期(n) \ 贴现率(i)	5.00%	6.00%	7.00%	8.00%	9.00%	10.00%
1	0.9524	0.9434	0.9346	0.9259	0.9174	0.9091
2	1.8594	1.8334	1.8080	1.7833	1.7591	1.7355
3	2.7232	2.6730	2.6243	2.5771	2.5313	2.4869
4	3.5460	3.4651	3.3872	3.3121	3.2397	3.1699
5	4.3295	4.2124	4.1002	3.9927	3.8897	3.7908
6	5.0757	4.9173	4.7665	4.6229	4.4859	4.3553
7	5.7864	5.5824	5.3893	5.2064	5.0330	4.8684
8	6.4632	6.2098	5.9713	5.7466	5.5348	5.3349

（P/A，8%，4）

【例 2 -10】 某公司以 9% 的年利率借款 300 000 元开发新商品，该商品的生命周期是 7 年，则该公司每年至少应收回多少资金才能不亏本？

计算过程和结果如下：

$$300\ 000 = A \times \frac{1-(1+9\%)^{-7}}{9\%}$$

查年金现值系数表得$\frac{1-(1+9\%)^{-7}}{9\%} = 5.033$，

则 A = 300 000 ÷ 5.033 = 59 606.60（元），即该公司每年至少要收回 59 606.60 元才不亏本。

从年金现值系数表中可以看到，年金现值系数都小于 n，即（P/A，i，n）＜n，且随着 i 的增大而变小，随着 n 的增大而增大。

2. 先付年金终值和现值的计算

先付年金是指每期期初收付的年金。假设某人租住一间房子，他与房主约定租住一年，每个月的月初支付当月租金 1 000 元，这时，每月月初支付的 1 000 元就是先付年金。

（1）先付年金终值的计算。先付年金终值的现金流量图如图 2－10 所示。

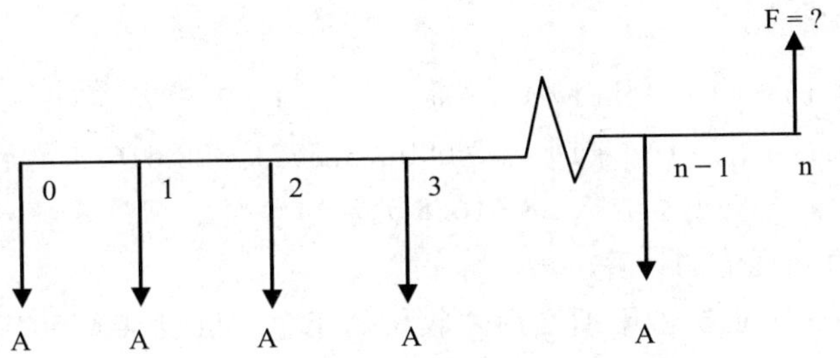

图 2－10　先付年金终值示意图

先付年金终值的计算公式如下：

$$F = A \cdot \left[\frac{(1+i)^{n+1}-1}{i}-1\right] = A \cdot [(F/A,\ i,\ n+1)-1]$$

式中的$\left[\frac{(1+i)^{n+1}-1}{i}-1\right]$是先付年金终值系数，记作［（F/A，i，n＋1）－1］。它和普通年金终值系数相比，期数加 1，而系数减 1，可利用“年金终值系数表”查得（n＋1）期的值，减去 1 后就可得出先付年金终值系数。

【例 2－11】 某人连续 3 年每年年初在银行存入 3 000 元，存款年利率为 9%，则第 3 年年末的年金终值是多少？

计算过程和结果如下：

［（F/A，i，n＋1）－1］＝（F/A，9%，4）－1＝4.5731－1＝3.5731

F＝A·［（F/A，i，n＋1）－1］＝3 000×3.5731＝10 719.3（元）

（2）先付年金现值的计算。先付年金现值的现金流量图如图 2－11 所示。

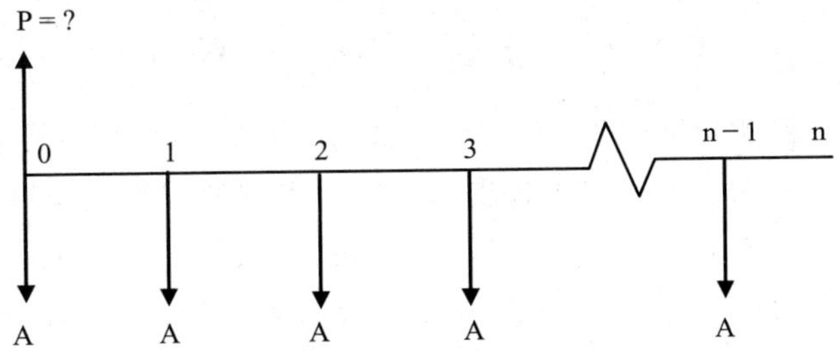

图 2－11　先付年金现值示意图

先付年金现值的计算公式如下：

$$P = A \cdot \left[\frac{1-(1+i)^{-(n-1)}}{i}+1\right] = A \cdot [(P/A,\ i,\ n-1)+1]$$

式中的$\left[\frac{1-(1+i)^{-(n-1)}}{i}+1\right]$是先付年金现值系数，记作［P/A，i，n－1）＋1］。它和普通年金现值系数相比，期数减1，而系数加1，可利用“年金现值系数表”查得（n－1）期的值，加上1后得出先付年金现值系数。

【例2－12】 某人租了一套房子，租期4年，年租金8 000元，年初付租。现在想在第一年年初到银行开设一个专项账户，每年年初直接从该账户将房租转出，银行存款年利率是8%，则该专项账户的开户金额应该是多少？

计算过程和结果如下：

［（P/A，i，n－1）＋1］＝（P/A，8%，3）＋1＝2.5771＋1＝3.5771

P＝A·［（P/A，in，－1）＋1］＝8 000×3.5771＝28 616.8（元）

即该专项账户开户时最少应存入28 616.8元。

3. 递延年金终值和现值的计算

递延年金是指在距离现在若干期之后才收付的年金。假设某人5年之后才退休，退休之后每个月都可以领取等额的退休金，站在现在这个时间点上看，他5年后每月领取的退休金就是递延年金。递延年金的现金流量图如图2－12所示。

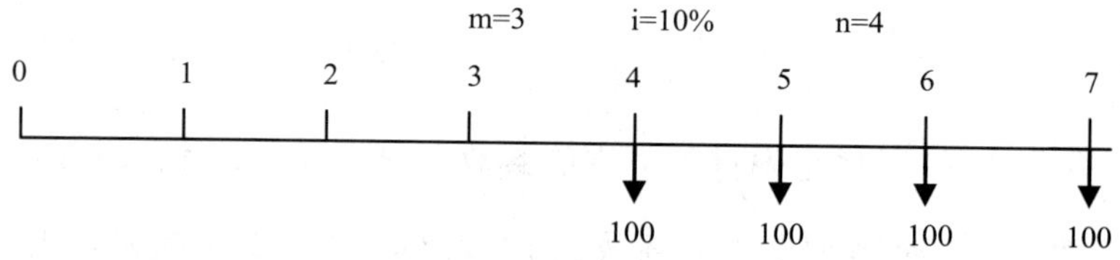

图2－12 递延年金现金流量示意图

（1）递延年金终值的计算。递延年金的递延期不影响递延年金终值的计算，可以参照普通年金终值的计算方法来计算递延年金终值。

（2）递延年金现值的计算。递延年金现值的计算受递延期的影响，计算方法有两种：

第一种方法，是把递延年金视为n期普通年金，求出递延期末的现值，然后再按照复利现值的办法将这个递延期末的现值计算为第一期期初的现值，即可得到递延年金现值。计算公式如下：

$$P=A\times(P/A,i,n)\times\frac{1}{(1+i)^m}\text{或者}=A\times(P/A,i,n)\times(P/F,i,m)$$

第二种方法，是假设递延期也发生年金，先求出（m＋n）期的年金现值，然后，扣除实际并未发生年金的递延期（m）的年金现值，即可得到递延年金现值。计算公式如下：

$$P=A\times(P/A,i,m+n)-A\times(P/A,i,m)$$

【例2－13】 某公司拟投资一个项目，筹集的资金需一次投入。该项目的筹建期为3年，建成投产后预计寿命期为7年，每年获得收益40万元，公司要求的投资报酬率为14%，问该项目至少需要筹集多少资金？

计算过程和结果如下：

按第一种方法计算：

P＝40×(P/A,14%,7)×(P/F,14%,3)＝40×4.2882×0.6750＝115.78（万元）

按第二种方法计算：

$P = 40 \times (P/A, 14\%, 10) - 40 \times (P/A, 14\%, 3)$

$= 40 \times 5.2161 - 40 \times 2.3216 = 208.641 - 92.864 = 115.78$（万元）

即欲投资该项目至少需要筹集115.78万元资金。

4. 永续年金终值和现值的计算

永续年金是指收付期n无法可靠预知，只要收付的责任和义务不解除，收付就要无限期地进行下去的年金，比如一个人每个月领取的退休金就是永续年金，因为人们无法可靠预知某个人的寿命。这时，一般认为n趋于无穷大。

永续年金的现金流量图如图2－13所示。

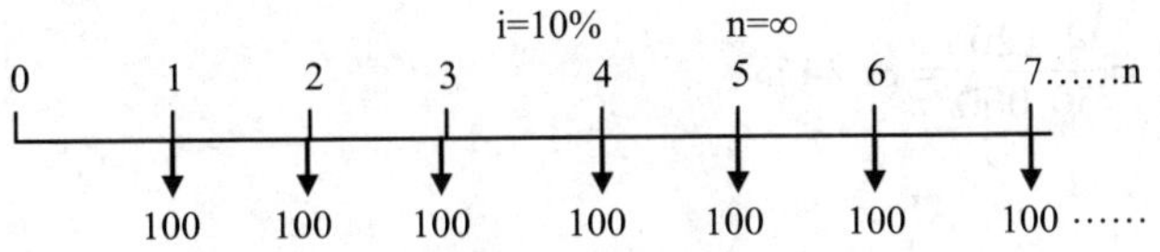

图2－13　永续年金现金流量示意图

（1）永续年金终值的计算。由普通年金终值的计算公式 $F = A \cdot \frac{(1+i)^n - 1}{i}$ 可知，当n趋于无穷大时，年金终值系数也趋于无穷大，故永续年金终值趋于无穷大，无法计算出确切值。

（2）永续年金现值的计算。由普通年金现值的计算公式 $P = A \cdot \frac{1-(1+i)^{-n}}{i}$ 可知，当n趋于无穷大时，年金现值系数趋于1，所以永续年金现值就等于A/i，即：

$$P = A \cdot \frac{1-(1+i)^{-n}}{i} = A/i$$

【例2－14】 某科技公司为激励员工，拟设立一项永久性奖励基金，计划每年颁发10 000元，若银行存款年利率为10%，则该项基金应存入银行多少钱？

计算过程和结果如下：

$P = 10\ 000 \times \frac{1}{10\%} = 100\ 000$（元）

第三节　名义利率与实际利率的换算

利率通常是指年利率，但复利的计息期不一定都是以年为单位，有时候会以半年、季、月为计息单位。这时把给出的年利率叫作名义利率，而把相当于一年复利M次的利率叫作实际利率。

设名义利率为r，一年复利M次，实际利率为i，实际利率与名义利率之间的关系是：

$$i = \left(1 + \frac{r}{M}\right)^M - 1$$

【例 2-15】 某人从一家金融机构贷款 50 000 元，年利率（即名义利率）为 8%，每季复利计息一次，则实际利率是多少？

计算过程和结果如下：

$$i=\left(1+\frac{r}{M}\right)^{M}-1=\left(1+\frac{8\%}{4}\right)^{4}-1=8.24\%$$

即该笔贷款的实际利率为 8.24%。

实际利率也可以用以下方法计算，其结果是一样的。

假设该笔贷款的期限为一年，每季复利计息一次，一年就计息 4 次，则：

$$\text{一年后的本利和}=50\,000\times\left(1+\frac{8\%}{4}\right)^{4}=50\,000\times1.0824=54\,120\ (\text{元})$$

$$\text{实际利率}=\frac{\text{利息}}{\text{本金}}=\frac{4\,120}{50\,000}=8.24\%$$

复习思考题

1. 什么是资金时间价值？它的性质是什么？形式有哪些？用途是什么？
2. 资金时间价值的计算为什么要采用复利计算方法？
3. 什么是复利现值和复利终值？它们如何计算？
4. 什么是年金？什么是普通年金、先付年金、递延年金和永续年金？
5. 什么是普通年金现值和普通年金终值？它们如何计算？
6. 什么是先付年金现值和先付年金终值？它们如何计算？
7. 什么是递延年金现值和递延年金终值？它们如何计算？
8. 什么是永续年金现值和永续年金终值？它们如何计算？
9. 什么是名义利率和实际利率？它们之间如何换算？

课外作业题

1. 某人将 10 000 元（现值）存入银行，年利率（资金时间价值）为 10%，复利计息（计算），每年计息一次，问 5 年（计算期）后本利和（终值）为多少？

2. 某人现有 10 000 元（现值），在银行存款利率（资金时间价值）为多少的情况下，10 年（计算期）后本利和能有 20 000 元（终值）？

3. 某人将 10 000 元（现值）存入银行，年利率（资金时间价值）为 10%，复利计息（计算），每年计息两次。问 5 年（计算期）后本利和（终值）为多少？

4. 某公司计划现在存入一笔钱以便 4 年后能进行一次设备维修，预计共需维修费 250 000元，若银行存款年利率为 8%，问该公司现在应存入多少元才能在 4 年后支付这笔费用？

5. 某公司 5 年后需要偿还一笔借款，本息合计 100 万元，该公司为了保证到期能偿还这笔债务，计划从现在起每年年末存入银行一笔钱，设立偿债基金，若银行存款年利率为10%，问每年应存入多少元，才能保证到期能够偿还这笔债务？

6. 某人计划现在存入一笔钱，以便让自己在外地读书的孩子在未来3年内每年年末能够领取10 000元作为次年的生活费，若银行年利率为3%，问现在应存入多少元？

7. 某公司出租一间仓库，每年年初可收到租金1 000元，若银行存款年利率为10%，5年后该公司获得租金的本利和为多少？

8. 某人分期付款购买汽车一部，合同约定每年年初需付款40 000元，5年内付清，若银行年利率为10%，该部汽车相当于现在一次性付款多少元？

9. 某公司拟购置一处房产，房主提出两种付款方案：(1) 从现在起，每年年初支付20万元，连续支付10次，共200万元。(2) 从第4年开始，每年年初支付25万元，连续支付10年，共250万元。假设该公司的资金成本率（资金时间价值）为10%，问该公司应选择哪种付款方案？

10. 某人现年55岁，从现在起，每月月初都可以从社保机构领取600元养老金，若银行长期贷款年利率为6%，问此人在有生之年领取的养老金的现值为多少？

11. 某人购买一项保险，从零岁起每年年末支付500元保费，连续支付30年；从60岁起每年年末从保险公司领取12 000元补偿金。若银行长期贷款年利率为6%，问两项年金谁的现值大？

第三章

财务管理学中的预测学

内容简介

本章主要介绍预测及其与决策和预算的关系、财务预测的概念及特点、财务预测的内容、财务预测的原则、财务预测的步骤和财务预测的方法。其中，财务预测的方法重点介绍因果关系预测法、时间序列预测法和本量利分析预测法。

学习目标

通过本章的学习，要求了解预测及其与决策和预算的关系、财务预测的概念及特点、财务预测的内容、财务预测的原则、财务预测的步骤和财务预测的方法，重点掌握财务预测方法中的因果关系预测法、时间序列预测法和本量利分析预测法。

第一节　财务预测概述

一、预测及其与决策、预算的关系

（一）预测的概念

预测是指根据已知事件推测未知事件的一种行为。从认识论的观点来看，预测是人类探索未来的一种认识活动，它是认识主体对于认识客体未来发展的一种预先的反映。预测主要包括预测主体、信息资料、预测手段和方法、预测对象和预测结果五个要素。

1. 预测主体。预测主体是指预测的实施者或参与者。预测主体通常包括预测机构及其预测人员。比如，财务预测的主体通常是财务管理主体内部的财务管理部门和相关的预测人员。但有些不代表任何机构的个人对一些未知事件进行预测，这时，预测的主体就仅仅是指预测人员。比如，投资者出于自己个人做投资决策的需要，对一家上市公司的未来盈利情况做出预测，预测主体就仅仅是这个投资者。在某些情况下，预测主体既是预测参加者，又是被预测的对象，如人口预测。

2. 信息资料。信息资料是人们据以说明或判断未来事件的依据，包括收集到的背景资料、统计数据、动态情报以及预测者的经验和认识。信息资料中的经验和认识是预测者经验的积累，背景资料、统计数据则反映客观真实的程度，对预测有重大影响。预测质量高低，预测结果是否可靠，与人们所掌握的信息资料密切相关。信息资料为预测提供了基础，如果对事物的过去和现状一无所知，就很难做出有根据的预测。预测的对象越复杂，所需要的信息资料就越多。为了做出科学合理的预测，必须尽可能多地获得与预测对象有关的信息资料。

3. 预测手段和方法。这是影响预测质量的一个重要因素，假设、推理、计算、统计和数理统计等，都被不同程度地作为预测方法和手段来运用。掌握科学知识的多寡，手段和方法的运用是否恰当，是决定一项预测是否科学合理的关键。科学合理的预测，是人们利用所掌握的科学知识、科学方法和科学手段所做出的预测。反之，人们在不能获得足够的科学知识，也没有掌握必要的科学方法和科学手段的情况下所做出的预测，往往不是科学合理的预测。

4. 预测对象。预测对象即未来事件。作为预测概念中的未来事件，是指目前尚未发生的事件，即随机事件。如电视机的零售价格可能降低，也可能不降低，所以电视机的零售价格是个随机事件。财务预测的对象是财务管理活动中目前尚未发生的事件，如资金的需要量、成本的发生额、销售的数量、利润的发生额等。人们所要预测的不是事物的历史和现状，而是它的未来，尽管事物的未来离不开它的历史和现状，但由于事物的历史和现状已为人们所知，用不着人们去预测。

5. 预测结果。预测是通过预测结果体现出来的，没有预测结果的预测并不是预测。预测活动的目的是要利用所获得的预测结果为决策和计划服务。如果没有预测结果，预测就不能成立，更谈不上为决策和计划提供依据。

（二）预测与决策、预算的关系

1. 预测是决策的前提。如果没有科学的预测，就没有科学的决策。预测侧重于对事物进行科学的分析，找出事物演变的规律及今后发展的趋势，并提出各种可能的方案，为决策提供有分析的科学依据。决策主要是在预测的基础上，发挥决策者的智慧，从备选方案中选择最佳方案。

2. 预测为预算提供科学的编制依据。预算是为了达到预期目标而对未来事项进行安排的过程，预算是预测和决策的产物，同时为决策的实现在时间上作了安排。预测主要是进行科学的分析，所提供的是对决策有用的信息。而预算则侧重于科学安排，所提供的是执行方案。

3. 预测在决策之前，预算在决策之后。预测是为决策服务的，因此它发生在决策之前；而预算是为决策提供执行方案的，因此它发生在决策之后。由于预测发生在决策和预算之前，因此它必须服从于决策、预算等更高层次管理活动的需求，必须按决策、预算的需求开展工作，预测人员必须与决策人员、预算人员密切联系、紧密配合，才能使预测发挥出更好的作用。

二、财务预测的概念及特点

（一）财务预测的概念

财务预测是指运用科学的理论和方法，依据过去和现在的有关资料，对财务管理主体未来各项财务管理活动的发展变动趋势及其结果进行预先推测和判断。

财务预测的主体是财务管理主体内部的财务管理部门和相关的预测人员。这里所说的“相关的预测人员”并不仅仅包括财务管理人员，还包括与财务预测活动有关的其他人员，比如采购人员、生产人员、销售人员、研发人员等。因为财务预测活动是一项综合性很强的活动，它需要很多方面的信息资料，而这些信息资料很多都不掌握在财务管理部门或财务管理人员手中。比如物资采购方面的信息资料大多掌握在采购人员手中，商品销售方面的信息资料大多掌握在销售人员手中，等等。

（二）财务预测的特点

1. 近似性。所谓近似性，是指财务预测的结果大多是近似值。这是因为一个财务管理主体的财务管理活动是复杂多变的，财务预测人员不可能对未来不确定性因素做出准确的判断，而且在预测的过程中所使用的方法、所建立的数学模型也不一定完全适合于所预测的对象。此外，就预测而言，预测时间越长，对那些影响预测结果准确性的未来不确定性因素的认识就越困难，预测误差就会越大。因此，财务预测具有近似性。

2. 超前性。财务预测是对财务管理活动的未来发展趋势的预先推测和判断，因而能够突破财务管理活动的现实规定和历史界限，合乎逻辑地推测未来，描述现实中尚不存在的财务管理活动状况，使财务管理活动所获知的未来发展状况和结果走在了现实的前面。财务预测的这种超前性，对于克服财务管理中的盲目性具有重大意义。

3. 灵活性。财务预测的具体内容非常广泛，预测方法和预测目标都有较大的灵活性。预测什么，如何预测以及达到什么目的，可以根据实际需要和条件确定。财务预测的这一特点取决于两点：一是财务预测主要为决策、计划服务，一般不涉及利润分配；二是财务预测的方法很多且约束性较小，有较大的选择余地。

4. 科学性。财务预测是建立在现代科学基础上的科学预测而不是凭经验和直觉的预测。这是因为财务管理主体的各项财务管理活动受到内外部多种因素如经济、科技、社会以及自然等的影响，各种因素之间的相互作用极为复杂，要从中找出内在的本质的联系，在偶然中发现必然，对未来做出预测，就要求把预测建立在科学的基础之上。

5. 技术性。财务预测将会越来越多地使用现代技术手段。财务预测所应用的数学模型、原始和派生数据之多，以及信息资料收集、整理、计算的工作量之大都是难以想象的，有些复杂模型用人工计算需要很大的工作量才能完成。随着计算机技术的日新月异，各种应用软件的推陈出新，财务预测的技术性越发显现。

正确认识财务预测的特点，可以避免因对财务预测认识不足而妨碍预测的研究应用。不加分析地怀疑和否定预测结果，将使计划和决策没有足够的依据；绝对相信预测结果，又会使实际工作缺乏弹性和灵活，过分苛求预测的精确度，则是不够客观和现实的要求。事实上，只要预测有较充足的依据，达到一定的精确度，就可以用于指导实际工作。

三、财务预测的内容

不同的财务管理主体，财务预测的内容是有差异的。比如，国家财务管理，财务预测的内容包括国内生产总值预测、财政收入预测、城乡居民人均可支配收入预测、社会消费品零售总额预测、居民储蓄存款总额预测等。公众财务管理，财务预测的内容包括社会保障基金、住房公积金的收入、支出和收益的预测等。行政事业单位财务管理，财务预测的内容包括收入、支出、结余的预测等。公司财务管理，财务预测的内容包括资产总额、长期资产总额、负债总额、长期负债总额、净资产总额、股本总额、长期资金总额、营业收入总额、平均资产总额、营业利润总额、净利润总额、经营活动现金流入量、经营活动现金流出量、经营活动现金净流入量、投资活动现金流入量、投资活动现金流出量、投资活动现金净流出量、筹资活动现金流入量、筹资活动现金流出量、筹资活动现金净流入量、投资对筹资的需求量等众多财务指标的预测。非营利组织财务管理，财务预测的内容包括收入、支出、结余的预测等。家庭和个人财务管理，财务预测的内容包括收入、支出、结余的预测等。不管是哪一种财务管理主体，其收入、支出、成本、费用等众多财务指标的预测都需要进行明细预测才能满足管理的要求。比如，一家跨国、跨地区、多元化经营的公司，其营业收入的预测还要按照国外、国内，省外、省内，不同行业等多个维度来进行明细预测。一个支出多元化的家庭或个人，其支出的预测还要按照基本生活支出、教育支出、生产经营支出、享受支出、投资支出等若干个子项目进行明细预测。

四、财务预测的原则

（一）重要性原则

财务预测的重要性原则是指对重要的财务指标要科学、严谨、精准地进行预测，而对那些不重要的财务指标则可以不做预测或只做大概的预测。不管是哪一种财务管理主体，都有很多大大小小的财务指标，在进行财务预测时没有必要对每一个财务指标都进行科学、严谨、精准的预测。

（二）客观性原则

财务预测的客观性原则是指财务预测所依据的基础数据或信息资料必须是客观真实的，而不能是主观虚假的。只有根据客观真实的基础数据或信息资料做出的预测结果才能对财务决策、财务预算有用，才能确保财务决策正确有效、财务预算科学合理。如果根据主观虚假的基础数据或信息资料来做预测，得出的结果会误导财务决策和财务预算，导致财务决策失误、财务预算失准，其后果是不言而喻的。

（三）科学性原则

财务预测的科学性是指财务预测必须讲求科学，一是预测步骤要有科学性，二是预测方法要有科学性。财务管理活动过程中客观规律的存在，为财务管理活动进行科学预测提供了可能。人们对财务管理活动发展的未来可以进行预测，是因为财务管理活动的发展是有规律的。只有了解并遵循这种规律，按照科学的预测步骤、采用科学的预测方法进行预测，才能保证预测结果的质量。

（四）经济性原则

财务预测的经济性原则是指财务预测要控制预测成本，尽可能以最低的预测成本取得最满意的预测结果。财务预测作为财务管理的一种行为或手段，在实施过程中是需要发生一定成本的，包括人力成本、物力成本、财力成本、时间成本甚至机会成本。如果不顾成本地去做一项财务预测，其结果未必让人满意。就算预测结果能够让人满意，其投入产出比也不划算。所以，财务预测一定要讲求经济性。

五、财务预测的步骤

财务预测的步骤是指在具体进行财务预测时所需要经过的环节及其先后顺序。通常情况下，财务预测需要按以下步骤进行。

（一）确定预测对象和预测目标

进行财务预测要先明确预测的对象和目标。确定预测的对象就是从管理的需要出发，紧密联系实际需要与可能，确定对什么进行预测。确定预测的目标就是要明确预测所要达到的目的，即预测要解决的问题。由于预测的对象和目标不同，所收集的资料、选择的方法和预测工作的具体安排也不同。只有先确定预测的对象及目标，才能确定所收集资料的范围和所选择方法的适用性，才能制定具体的工作安排，使预测工作有序地进行。

（二）分析选择影响预测对象的因素

预测对象的发展变化受到很多因素的影响，因此，在确定预测对象之后、选择预测方法之前，需要寻找、分析影响预测对象发展变化的各种因素，并尽可能利用历史数据或其他信息资料，找到几个影响预测对象发展变化的主要因素，然后重点分析判断这几个主要因素分别发生一定程度的变动时对预测对象发展变化所能够产生的影响程度，以评估它们对预测结果的影响。比如，对公司营业收入的预测，需要先找到影响公司营业收入发生变化的各种因素，通过利用历史数据或其他信息资料，发现影响公司营业收入发生变化的主要因素有价格、销量和商品结构（或称业务结构），然后重点分析判断价格、销量和商品结构分别发生一定程度的变动时对营业收入的影响程度，以评估价格、销量、商品结构变动对营业收入预测结果的影响程度。

（三）收集和整理预测所需的信息资料

进行财务预测需要掌握大量的信息资料，没有相关的、可靠的、详实的信息资料，财务预测就无法达到预设的效果。信息资料的收集和整理要围绕预测对象和预测目标以及影响预测对象的因素来展开。比如，对一个家庭或个人的收入进行预测，就要收集和整理这个家庭或个人收入的历史资料，了解这个家庭或个人过往的收入构成、收入的影响因素以及收入构成及其影响因素未来可能发生的变化。只有收集和整理好这些信息资料，才能考虑选择什么方法、采用什么模型来进行预测。

（四）选择预测方法和建立预测模型

收集和整理好相关的、可靠的、详实的信息资料之后，就要选择预测方法和建立预测模型，这是预测能否达到预想效果的关键步骤。预测方法有很多，不同的预测方法所建立的预测模型一般都不同，甚至同一种预测方法都可以建立不同的预测模型。预测方法的选择和预测模型的建立需要考虑预测对象和预测目标的要求以及信息资料的相关性、可靠性和详实程度。因为预测方法很多，预测模型也可以变化，每一种预测方法和预测模型都有其适用的范围和条件，选择某一种预测方法或建立某一个预测模型，必须认真考察预测对象、预测目标和已经收集、整理好的信息资料是否属于这种预测方法和这个预测模型的适用范围，是否具备这种预测方法和这个预测模型的适用条件。只有这样，才有可能使预测结果达到预想的状态。

（五）检验与修正预测结果

根据预测对象和预测目标的要求以及信息资料的相关性、可靠性和详实程度选择预测方法、建立预测模型并得出初步的预测结果之后，要对这个初步的预测结果进行检验和修正。检验和修正的具体办法可以分三个步骤来进行：第一步，选择另外两种相类似的预测方法并建立相应的预测模型，利用同样的信息资料对预测对象和预测目标依次做出预测，并逐个比较它们的预测结果与初步预测结果之间的差异；第二步，同时用这三种预测方法及其相应的预测模型对历史时期进行检验，看哪一种预测方法及其相应的预测模型的检验结果最接近历史时期的实际值；第三步，比较分析上述三种预测方法及其相应的预测模型对历史时期进行检验所得到的结果，并结合定性判断修正初步预测的结果，把它确定为本次预测的最终结果。

（六）编制财务预测报告

对初步预测结果进行修正并把它确定为本次预测的最终结果后，就要编制财务预测报告送达相关部门和领导作为财务决策、财务预算的参考依据。财务预测报告的主要内容应该包括（但不限于）预测对象、预测目标、预测机构、预测人员、预测原则、预测方法及其选择理由、预测模型及其建立依据、预测过程及其详细步骤、预测结果及其可靠性分析等。

第二节　财务预测方法

财务预测方法有很多种，大致可以分为定性预测法和定量预测法。定性预测法是指由熟悉预测对象具体情况的专家根据过去的经验进行分析、判断，提出预测意见，再通过一定的形式进行综合，然后对预测结果做出主观判断的一种预测方法。定性预测法主要是在缺乏完备的量化资料或主要因素难以进行定量分析的条件下采用，如市场调查法、判断分析法、集合意见法、特尔菲法等都属于定性预测法。

定量预测法是指根据过去和现在的比较完备的量化资料，运用一定的数学方法进行科学的加工处理，借以充分揭示有关财务指标之间的规律性联系，并利用一定的数学模型计算出预测结果的一种预测方法。根据财务现象之间的依存关系，定量预测法可以大致分为三类，即因果关系预测法、时间序列预测法和其他定量预测法。本书重点介绍因果关系预测法、时间序列预测法和本量利分析预测法。

一、因果关系预测法

在财务管理活动中，各种财务指标之间常常存在着各种各样的因果关系，因果关系预测法就是利用财务指标之间的这种因果关系来建立预测模型，进而计算出预测结果的一种定量预测法。因果关系预测法主要包括一元线性回归预测法、多元线性回归预测法和非线性回归预测法。本书主要介绍一元线性回归预测法和多元线性回归预测法。因果关系预测法被广泛应用于销售预测、资金需要量预测、成本预测等财务预测活动中。

（一）一元线性回归预测法

1. 回归方程

在财务预测中，经常需要分析影响某一财务现象的主要因素，并研究这些主要因素与该财务现象之间的关系。如影响成本的因素非常多，但在众多因素中，产量是最重要的因素，我们往往需要研究产量这一因素与成本之间的关系；影响汽车轮胎销售量的因素很多，如汽车的销售量、国民生产总值、个人可支配收入、相关行业的商品销售量、商品质量、广告推销费等，但主要是汽车的销售量；装饰材料销售商的收入受到新房建筑面积与居民收入水平及商品质量的影响等，但新房建筑面积是主要因素。

上面的例子都是研究两个变量之间的关系，它们有一个共同点，即两个变量之间有着密切的关系。也就是说，如果自变量和因变量对应的散点图大致呈现直线型，或计算出的相关系数具有显著的线性关系，则可以用一元线性回归预测法进行预测。

一元线性回归预测模型的数学表达式是一元线性回归方程。

设 y 为因变量，即被影响的因素；x 为自变量，即最主要的影响因素，且 x 和 y 之间存在线性关系，此时，可以用下面的公式来模拟 x 与 y 之间的这种线性关系：

$y_i = \beta_0 + \beta_1 x_i + \varepsilon_i$（其中 i = 1，2，…，n）

上式称为一元线性回归模型，也称为总体回归模型。β_0 和 β_1 为模型参数，而 ε_i 为随机变量误差项。在现实中，不能指望 y 完全地线性依赖于 x，y 的取值除受 x 的影响外，还受其他各种可能因素无法确定的或者说是随机的影响，因此，在回归模型中加上一个随机变量误差项 ε_i 是符合实际情况的，它代表了包含在 y_i 中但不能被 x 与 y 之间的线性关系所解释的变异性。假设随机变量误差项 ε_i 满足以下条件：

（1）ε_i 是均值或期望值为零的随机变量，即 $E(\varepsilon_i) = 0$；

（2）ε_i 的方差是相等的，即 $\sigma_{\varepsilon 1}^2 = \sigma_{\varepsilon 2}^2 = \cdots = \sigma_{\varepsilon i}^2 = \sigma^2$；

（3）ε_i 服从正态分布；

（4）ε_i 相互独立。

由于 $E(\varepsilon_i) = 0$，则：

$$E(y_i) = \beta_0 + \beta_1 x_i \text{（其中 } i = 1, 2, \cdots, n\text{）}$$

上式称为一元线性回归方程，也称为总体回归方程，它表明 y_i 的期望值 $E(y_i)$ 是 x_i 的线性函数。如果 β_0 和 β_1 是已知的，那么对于总体中的任意给定的 x 值，就可以依据方程求出对应的 y 的期望值，但总体中的 β_0 和 β_1 通常是未知的。

2. 估计回归方程

现实的解决方法，就是如何根据所获得的样本数据，正确地估计公式 $E(y_i) = \beta_0 + \beta_1 x_i$ 中的参数 β_0 和 β_1。

根据一组已知的样本数据对（y_i，x_i）（其中 i = 1，2，3，…，n）建立利用样本得到的一元线性回归方程，它是对总体回归方程的一个估计。

$$\hat{y} = a + bx$$

式中，$\hat{y}$ 表示因变量 y 的估计理论值，x 为自变量的实际值，a、b 为待定参数，其中 a 是直线方程的截距，b 是斜率。a 是当 x 为 0 时 y 的估计值，b 是当 x 每增加一个单位时，y 的增加数，b 也叫回归系数。如果根据样本数据将 a 和 b 计算出来，就可以得到估计的回归方程，估计回归方程是进行财务预测的依据。

3. 最小平方法

虽然 x 与 y 之间有直线趋势存在，但并不是一一对应的。每一个实际观察的 y_i（i = 1，2，3，…，n）与 x_i（i = 1，2，3，…，n）经回归方程估计的 $\hat{y}_i$ 值（即直线上的点）或多或少都存在一定的差距。这些差距可以用（$y_i - \hat{y}_i$）来表示，称为估计误差或残差，以 e_i 表示，则有：

$$e_i = y_i - \hat{y}_i$$

要使估计的回归方程比较理想，就应该使这些估计误差尽量小，也就是使估计误差的平方和最小。数理统计证明，用最小平方法配合的直线最理想，最具有代表性，因此计算 a 与 b 时常用最小平方法。

设估计误差的平方和为 Q 达到最小，即：

$$Q = \sum_{i=1}^{n} e_i^2 = \sum_{i=1}^{n} (y - \hat{y}_i)^2 \text{为最小值}$$

对 Q 求关于 a 和 b 的偏导数，并令其等于零，可以得到：

$$a = \frac{\sum y - b\sum x}{n}$$

$$b = \frac{n\sum xy - \sum x\sum y}{n\sum x^2 - (\sum x)^2}$$

通过上面两个公式分别计算出 a 和 b 的值，就可以利用估计的回归方程进行财务预测。为了减少 a 的误差，b 的取值应该尽量保持四位小数。

4. 一元线性回归预测法应用步骤

利用一元线性回归预测法进行财务预测，一般要经过以下步骤：

第一步：根据预测目标确定预测对象，即确定因变量 y。

第二步：找出影响 y 的主要因素，即在影响 y 的众多因素中，选出一个最主要的影响因素，作为 y 的解释变量 x。

第三步：收集完整准确的 x 与 y 的资料，且对资料进行加工、整理，去掉能找出原因的异常值后，作为样本观察值。

第四步：确定模型的数学形式并拟定理论模型中待估参数的理论期望值。

第五步：进行参数估计，并建立一元线性回归模型。

第六步：一元线性回归模型的检验。

第七步：根据模型进行预测。

下面通过举例来说明一元线性回归预测法的应用步骤。

【例 3－1】 甲公司凭经验以及通过对过去较长时期的历史资料进行分析和研究，发现影响制造费用变动的因素有直接人工小时和机器小时等，公司经理想利用一元线性回归预测法对未来年度的制造费用进行预测。预测过程和结果如下：

第一步：根据公司经理的要求，把年度制造费用总额确定为预测对象，即因变量 y 为年度制造费用总额。

第二步：在影响制造费用的众多因素中，根据经验可以确定主要因素是直接人工小时，用 x 表示。

第三步：收集最近若干年度的年度制造费用总额 y 与直接人工小时 x 的资料，如表 3－1 所示。

表 3－1　　甲公司 2019—2023 年制造费用与直接人工数据表

年份	2019 年	2020 年	2021 年	2022 年	2023 年
直接人工小时	26 000	15 000	18 500	21 000	20 000
制造费用（元）	3 200	2 100	2 700	3 100	2 900

第四步：确定模型的数学形式。因为本例采用的是一元线性回归预测法，所以，模型的数学形式为：

$$y = a + bx$$

其中：y 为因变量（即制造费用总额），a 等于 y 轴截距，b 等于回归线的斜率，x 为自变量（即直接人工小时）。

第五步：利用最小平方法对 a 和 b 这两个参数进行估计，并建立一元线性回归模型。

根据 $a = \frac{\sum y - b\sum x}{n}$ 和 $b = \frac{n\sum xy - \sum x\sum y}{n\sum x^2 - (\sum x)^2}$，利用表 3－1 的数据计算出相关数据，如表 3－2 所示。

表 3－2　　估计 a 和 b 两个参数所需要的相关数据计算表

年份	y	x	xy	x^2	y^2
2019 年	3 200	26 000	83 200 000	676 000 000	10 240 000
2020 年	2 100	15 000	31 500 000	225 000 000	4 410 000
2021 年	2 700	18 500	49 950 000	342 250 000	7 290 000
2022 年	3 100	21 000	65 100 000	441 000 000	9 610 000
2023 年	2 900	20 000	58 000 000	400 000 000	8 410 000
Σ	14 000	100 500	287 750 000	2 084 250 000	39 960 000

将表 3－2 的有关数据代入 a、b 参数的计算公式，得：

$$b = \frac{n\sum xy - \sum x\sum y}{n\sum x^2 - (\sum x)^2} = \frac{5 \times 287\ 750\ 000 - 100\ 500 \times 14\ 000}{5 \times 2\ 084\ 250\ 000 - (100\ 500)^2} = 0.0989\text{（元）}$$

$$a = \frac{\sum y - b\sum x}{n} = \frac{14\ 000 - 0.0989 \times 100\ 500}{5} \approx 812\text{（元）}$$

根据以上计算结果建立一元线性回归模型为：$y = 812 + 0.0989x$

第六步：一元线性回归模型的检验。建立了一元线性回归模型后，它能否客观揭示因变量和自变量之间的关系，能否进行预测，还要通过检验才能确定。通常情况下，财务预测必须通过两级检验，即经济意义检验和统计学检验 。

经济意义检验主要检验模型参数估计量在经济意义上的合理性。方法是将模型参数的估计量与预先拟定的理论期望值进行比较，包括参数估计量的符号、大小、相互之间的关系，以判断其合理性。

本例中，从以上所建立的一元线性回归模型可知：a＝812，b＝0.0989，它们的经济意义是：当没有直接人工小时发生时，制造费用发生额为 812 元；当每增加一个直接人工小时时，制造费用将增加 0.0989 元。

统计学检验主要有相关检验（R 检验）、t 检验和拟合优度检验。本例只进行相关检验（R 检验）和拟合优度检验。

相关检验即通过计算相关系数来判断变量之间的紧密程度。本例的相关系数根据表 3－2 的数据计算如下：

$$R = \frac{n\sum xy - \sum x \sum y}{\sqrt{[n\sum x^2 - (\sum x)^2][n\sum y^2 - (\sum y)^2]}}$$

$$= \frac{5 \times 287\ 750\ 000 - 100\ 500 \times 14\ 000}{\sqrt{[5 \times 2\ 084\ 250\ 000 - (100\ 500)^2][5 \times 39\ 960\ 000 - (14\ 000)^2]}}$$

$$= 0.909$$

R 为 0.909 表明存在显著线性关系，因此可以认定因变量和自变量之间的关系是紧密的，是可以利用一元线性回归模型 $y = 812 + 0.0989x$ 来预测的。

拟合优度检验（R^2 检验）是指对样本回归直线与观察值之间拟合程度的检验，指标是判定系数 R^2。判定系数（R^2）是直接衡量回归效果的一个指标。它测量了可由自变量解释的因变量方差的比重。$R^2 = 1$，说明全部样本观测值均在估计的回归直线上，观测值 y 与回归值 $\hat{y}$ 完全拟合，R^2 越接近 1，拟合程度越好；反之越差。

相关系数与判定系数存在以下关系：即判定系数是相关系数的平方。但两者的作用不同。R^2 是对变量 y 与 x 作回归分析得出的，用来衡量拟合优度。而相关系数是对 y 与 x 作相关分析得出的，用来判定 y 与 x 的相关程度。本例的判定系数为：$R^2 = 0.909^2 \approx 0.83$，表明 83% 的制造费用变动可由回归方程解释。

第七步：根据所建立的一元线性回归模型进行预测。假设有可靠信息表明 2024 年的直接人工为 19 000 小时，即 $x = 19\ 000$，那么，2024 年该公司的制造费用总额预测值为：$y = 812 + 0.0989 \times 19\ 000 \approx 2\ 691$（元）。

（二）多元线性回归预测法

1. 回归方程

多元线性回归是一元线性回归理论方法的推广，在许多实际问题中，预测对象 Y 可能同时与两个或两个以上的自变量有关，它们都对因变量产生影响。多元线性回归所讨论的正是因变量 Y 与两个或两个以上自变量 X_1，X_2，…，X_P 的线性依赖关系，利用多元线性回归预测法有时会比一元线性回归预测法得到更准确可靠的预测结果。

设预测对象为 Y（即因变量），相关影响因素为自变量，共有 p 个自变量，即 X_1，X_2，…，X_p。因变量 Y 与各自变量存在如下的线性关系：

$$Y_i = \beta_0 + \beta_1 X_{1i} + \beta_2 X_{2i} + \cdots + \beta_p X_{pi} + \varepsilon_i，其中\ i = 1,\ 2,\ \cdots,\ n$$

上述模型称为多元线性回归模型，其中 β_0，β_1，β_2，…，β_p 为总体模型的参数，它们决定了因变量 Y 与自变量 X_1，X_2，…，X_P 线性关系的具体形式。模型中 Y 的取值 Y_i 由两部分组成，一部分是 p 个自变量的线性函数 $\beta_0 + \beta_1 X_{1i} + \beta_2 X_{2i} + \cdots + \beta_P X_{pi}$，另一部分是误差项随机变量 ε_i。ε_i 同样代表了除模型中选定的 p 个自变量之外的其余的未知因素对 Y_i 的影响。

多元线性回归预测与一元线性回归预测是一样的。先要确定模型参数的具体数值，从而确定因变量与自变量之间的线性关系的具体形式。仍然假设：

（1）ε_i 是均值或期望值为零的随机变量，即 $E(\varepsilon_i) = 0$；

（2）ε_i 的方差是相等的即 $\sigma_{\varepsilon 1}^2 = \sigma_{\varepsilon 2}^2 = \cdots = \sigma_{\varepsilon i}^2 = \sigma^2$；

（3）ε_i 服从正态分布；

（4）ε_i 相互独立。

由于 $E(\varepsilon_i) = 0$，所以对公式 $Y_i = \beta_0 + \beta_1 X_{1i} + \beta_2 X_{2i} + \cdots + \beta_p X_{pi} + \varepsilon_i$ 两边同时取数学期

望，可以得到：

$$E(Y_i)=\beta_0+\beta_1X_{1i}+\beta_2X_{2i}+\cdots+\beta_pX_{Pi}$$

上面这个方程称为多元线性回归方程，也是总体回归方程，它表明 Y_i 的期望值 $E(Y_i)$ 是依赖于 X_1，X_2，…，X_p 呈线性变化。

2. 估计回归方程

多元线性回归方程中未知的参数 β_0，β_1，β_2，…，β_p的估计方法与一元线性回归的估计方法原理一样，即根据一组已知的样本数据对 y_i 和 x_i（其中 $i=1$，2，3，…，n）建立利用样本得到的回归方程：

$$\hat{y}=a+b_1x_1+b_2x_2+\cdots+b_px_p$$

在这个回归方程中，$\hat{y}$ 表示因变量 y 的估计理论值，x 为自变量的实际值，a 和 b_1，b_2，…，b_p 为待定参数。a 是多元线性回归方程的截距，代表当 x_1，x_2，…，x_p 为 0 时 y 的估计值，b_1，b_2，…，b_p 是各自变量的斜率，分别表示方程中其余自变量保持不变时，y 随着对应的自变量的一个单位的增加而发生的增量。如果某一自变量的斜率为零，则表明该自变量与因变量之间没有线性关系。

假设以下是根据制造费用与直接人工小时和机器工作小时的关系建立的二元线性回归方程：

$$\hat{y}=200+0.05x_1+0.03x_2$$

其中：$\hat{y}$ 代表制造费用，单位为元；x_1 代表直接人工小时；x_2 代表机器工作小时。

回归方程中 x_1 的系数 0.05 的含义是：在机器工作小时保持不变的情况下，每增加一个直接人工小时，制造费用将增加 0.05 元；x_2 的系数 0.03 的含义是：在直接人工小时保持不变的情况下，每增加一个机器工作小时，制造费用将增加 0.03 元。

3. 最小平方法

在多元线性回归分析中，因变量与自变量之间是否具有线性关系，只能凭主观来判断，即我们必须给出因变量与自变量之间存在线性关系的假设。由此可见，多元线性回归分析比一元线性回归分析要抽象和复杂得多。在此以二元线性回归分析为例，说明利用最小平方法估计多元线性回归方程的原理。拟合二元线性回归方程的方法仍采用最小平方法，即要求达到 $\sum\limits_{i=1}^{n}(y_i-\hat{y}_i)^2$ 最小的原则，即：

$Q=\sum\limits_{i=1}^{n}(y_i-\hat{y}_i)^2=\sum\limits_{i=1}^{n}[y_i-(a+b_1x_{1i}+b_2x_{2i})]^2$ 为最小值。根据微积分的极值原理，当 Q 对 a、b_1、b_2的偏导数均为零时，Q 可以取得最小值。于是有：

$$\frac{\partial Q}{\partial b_0}=2\sum(y_i-a-b_1x_{1i}-b_2x_{2i})(-1)=0$$

$$\frac{\partial Q}{\partial b_1}=2\sum(y_i-a-b_1x_{1i}-b_2x_{2i})(-x_{1i})=0$$

$$\frac{\partial Q}{\partial b_2}=2\sum(y_i-a-b_1x_{1i}-b_2x_{2i})(-x_{2i})=0$$

整理后得到计算参数 a、b_1 和 b_2 的方程组如下：

$$\sum y=na+b_1\sum x_1+b_2\sum x_2$$

$$\sum x_1y = a\sum x_1 + b_1\sum x_1^2 + b_2\sum x_1x_2$$

$$\sum x_2y = a\sum x_2 + b_2\sum x_2^2 + b_1\sum x_1x_2$$

【例 3-2】 沿用【例 3-1】的资料，假设甲公司对制造费用的预测采用二元线性回归预测法，预测人员选用直接人工小时和机器工作小时作为影响制造费用的主要因素。直接人工小时用 x_1 表示，机器工作小时用 x_2 表示，并整理得到五个年度关于 x_1，x_2 和 y 的数据，如表 3-3 所示。假设 2024 年的直接人工小时为 28 000，机器工作小时为 52 000，请预测 2024 年的制造费用总额。

表 3-3　　甲公司 2019—2023 年制造费用、直接人工小时和机器工作小时数据表

年份	制造费用 y（元）	直接人工小时 x_1	机器工作小时 x_2
2019 年	3 200	26 000	50 000
2020 年	2 100	15 000	34 000
2021 年	2 700	18 500	40 000
2022 年	3 100	21 000	45 000
2023 年	2 900	20 000	40 000
合计	14 000	100 500	209 000

预测过程和结果如下：

第一步：设二元线性回归的估计方程为：

$$\hat{y} = a + b_1x_1 + b_2x_2$$

式中：$\hat{y}$ 表示因变量即制造费用的估计值，a 为 y 轴截距，b_1 为直接人工小时的斜率，b_2 为机器工作小时的斜率，x_1 为直接人工小时，x_2 为机器工作小时。

第二步：根据表 3-3 的资料列表计算 x_1^2、x_2^2、x_1x_2、x_1y 和 x_2y，如表 3-4 所示。

表 3-4　　计算 a、b_1、b_2 所需的有关数据计算表

年份	x_1^2	x_2^2	x_1x_2	x_1y	x_2y
2019 年	676 000 000	2 500 000 000	1 300 000 000	83 200 000	160 000 000
2020 年	225 000 000	1 156 000 000	510 000 000	31 500 000	71 400 000
2021 年	342 250 000	1 600 000 000	740 000 000	49 950 000	108 000 000
2022 年	441 000 000	2 025 000 000	945 000 000	65 100 000	139 500 000
2023 年	400 000 000	1 600 000 000	800 000 000	58 000 000	116 000 000
合计	2 084 250 000	8 881 000 000	4 295 000 000	287 750 000	594 900 000

第三步：将表 3-3 和表 3-4 的有关数据代入以下方程组：

$$\sum y = na + b_1\sum x_1 + b_2\sum x_2$$

$$\sum x_1y = a\sum x_1 + b_1\sum x_1^2 + b_2\sum x_1x_2$$

$$\sum x_2y = a\sum x_2 + b_2\sum x_2^2 + b_1\sum x_1x_2$$

得到计算 a、b_1 和 b_2 的方程组如下：

$$14\,000 = 5a + 100\,500b_1 + 209\,000b_2$$

$$287\,750\,000 = 100\,500a + 2\,084\,250\,000b_1 + 4\,295\,000\,000b_2$$

$$594\,900\,000 = 209\,000a + 4\,295\,000\,000b_1 + 8\,881\,000\,000b_2$$

第四步：解上面这个方程组，得到：$a = 107.26$，$b_1 = 0.0152$，$b_2 = 0.0571$。

则估计的回归方程为：$\hat{y} = 107.26 + 0.0152x_1 + 0.0571x_2$

从方程可知：$a = 107.26$，$b_1 = 0.0152$，$b_2 = 0.0571$，它们的经济意义是：在保持机器工作小时不变的前提下，每增加一个直接人工小时，制造费用总额将增加0.0152元；在保持直接人工小时不变的前提下，每增加一个机器工作小时，制造费用总额将增加0.0571元。y与x_1和x_2均按同方向变动，b_1和b_2均大于0是合理的。

第五步：对回归方程进行检验。

第四步所得到的回归方程描述了制造费用与直接人工小时和机器工作小时的相互联系。能否作为制造费用的预测模型，还要看回归方程的统计检验如何。判断二元线性回归方程回归效果的好坏，通常采用方差分析的方法，方差分析的结果判定系数R^2可用以下公式计算：

$$R^2 = 1 - \frac{\sum (y - \hat{y})^2}{\sum (y - \bar{y})^2}$$

欲计算R^2，必须先列表计算公式中的$\sum (y - \hat{y})^2$和$\sum (y - \bar{y})^2$，$\sum (y - \hat{y})^2$和$\sum (y - \bar{y})^2$的计算见表3-5。

表3-5　　计算R^2所需要的相关数据计算表

y	$\hat{y}$	$y-\bar{y}$	$(y-\bar{y})^2$	$y-\hat{y}$	$(y-\hat{y})^2$
3 200	3 357.993	400	160 000	-157.993	24 961.79
2 100	2 277.014	-700	490 000	-177.014	31 333.96
2 700	2 672.879	-100	10 000	27.121	735.55
3 100	2 996.431	300	90 000	103.569	10 726.54
2 900	2 996.431	100	10 000	-96.431	9 298.94
Σ=14 000	Σ=14 004.99	Σ=0	Σ=760 000	Σ=-300.748	Σ=77 056.78

（注：$\bar{y} = \frac{14\,000}{5} = 2\,800$）

$$R^2 = 1 - \frac{\sum (y - \hat{y})^2}{\sum (y - \bar{y})^2}$$

$$= 1 - \frac{77\,056.78}{760\,000}$$

$$= 0.8986$$

$$R = 0.9479$$

从结果来看，$R^2 = 0.8986$表明回归方程拟合程度较高，因此，该公司制造费用的预测模型可以确定为：

$$y = 107.26 + 0.0152x_1 + 0.0571x_2$$

当2024年的直接人工小时为28 000，机器工作小时为52 000时，则2024年的制造费用总额预测如下：

$$\begin{aligned} y &= 107.26 + 0.0152x_1 + 0.0571x_2 \\ &= 107.26 + 0.0152 \times 28\,000 + 0.0571 \times 52\,000 \\ &\approx 3\,502\ (\text{元}) \end{aligned}$$

结果表明，当2024年的直接人工小时为28 000，机器工作小时为52 000时，其制造费用总额的预测结果为3 502元。此外，我们发现【例3-2】中的相关系数为0.9479，而【例3-1】中的相关系数为0.909，这意味着把变量 x_2 机器工作小时包含进方程以后，会使回归效果更好。

二、时间序列预测法

时间序列预测法是指以预测对象在一个时间序列内的发展变化趋势为依据，运用一定的数学方法来预测紧挨着这个时间序列之后的一段时间里预测对象发展变化结果的一种预测方法。时间序列预测法主要有：简单递推预测法、简单算术平均数预测法、加权算术平均数预测法、移动平均数预测法、趋势平均数预测法、指数平滑预测法、直线趋势预测法、季节指数预测法等。这类预测方法一般适用于客观规律变动不大的短期、中期预测，常常被用于销售预测、成本预测等。

（一）时间序列的概念

时间序列是指把预测对象在过去的不同时间的数值按时间先后顺序排列所形成的数列。在财务管理活动中，只要财务管理主体存续了足够的时间，它就会形成各种财务指标的时间序列。如表3-6、表3-7、表3-8和表3-9所示都是时间序列。

表3-6　某单位2019—2023年各年事业支出情况表　单位：万元

年份	2019年	2020年	2021年	2022年	2023年
事业支出	5 100	5 300	5 600	5 800	6 200

表3-7　某公司2019—2023年各年净利润情况表　单位：亿元

年份	2019年	2020年	2021年	2022年	2023年
净利润	220	180	160	150	130

表3-8　某人2023年1—12月的薪酬收入表　单位：千元

月份	1	2	3	4	5	6	7	8	9	10	11	12
收入	8.5	8.6	8.5	8.5	8.6	8.5	8.6	8.5	8.6	8.5	8.5	8.6

表3-9　某公司2019—2023年各年营业收入情况表　单位：亿元

年份	2019年	2020年	2021年	2022年	2023年
营业收入	800	1 000	750	1 100	900

（二）时间序列的构成要素

从表3－6、表3－7、表3－8和表3－9中的时间序列可以看出，时间序列由四个基本要素组成：一是指标名称，如薪酬收入、净利润、事业支出等；二是计量单位，如元、千元、万元、亿元等；三是指标数值，可以是绝对数，也可以是相对数或平均数；四是时间，可以是年、季、月、日或其他，时间可长可短。把某一个标明计量单位的指标数值按照发生的时间先后顺序排列起来就构成了时间序列。

（三）时间序列的类型

按照时间序列中指标数值的变化情况可以将时间序列划分为上升型时间序列、下降型时间序列、稳定型时间序列和波浪型时间序列四种。

1. 上升型时间序列，又称增长型时间序列，是指序列中的指标数值持续上升或持续增长的时间序列，如表3－6中的时间序列。这种类型的时间序列，其特点就是指标数值持续上升或持续增长，在坐标图中表现为上升的直线或折线。

2. 下降型时间序列，又称降低型时间序列，是指序列中的指标数值持续下降或持续降低的时间序列，如表3－7中的时间序列。这种类型的时间序列，其特点就是指标数值持续下降或持续降低，在坐标图中表现为下降的直线或折线。

3. 稳定型时间序列，又称平稳型时间序列，是指序列中的指标数值持续稳定或持续平稳（即指标数值不发生变化或只发生微弱变化）的时间序列，如表3－8中的时间序列。这种类型的时间序列，其特点就是指标数值不发生变化或只发生微弱变化，在坐标图中表现为水平的直线或微弱折线。

4. 波浪型时间序列，又称波动型时间序列，是指序列中的指标数值持续发生明显波动的时间序列，如表3－9中的时间序列。这种类型的时间序列，其特点就是指标数值持续发生明显波动，在坐标图中表现为明显的波浪线。

（四）简单递推预测法

简单递推预测法是用第t期的观察值作为第t＋1期的预测值。假设某公司某商品6月份的销售量为90件，则可以预测7月份的销售量仍为90件。这种预测方法是假设第t＋1期的变量值相对于第t期没有变化，它是一种最简单的预测法。当时间序列属于稳定型时间序列时，可用这种方法进行预测。

简单递推预测法的优点是需要的数据很少，只需要最近一期的观察值即可，而且方法简单，无须进行复杂的计算，也很好理解。缺点是只考虑了最近一期的观察值对预测值的影响，而且赋予它的权数为100%，没有考虑其他因素对预测值的影响，所以它的适用范围比较小。

（五）简单算术平均数预测法

简单算术平均数预测法是以过去T期观察值的简单算术平均数作为T＋1期的预测值的一种预测方法。

因为简单递推预测法只考虑了最近一期的观察值对预测值的影响，但现实中并非如此，所以在预测时不仅要考虑最近一期的观察值，同时还应该考虑以前各期的观察值对预测值的影响。把以前若干期的观察值考虑在内的最简单的预测方法就是简单算术平均数预测法。简单算术平均数预测法把过去若干期的观察值的简单算术平均数作为下一期的预测值。设X_1，X_2，X_3，…，X_n为各期的观察值，则简单算术平均数预测模型为：

$$\overline{X} = \frac{\sum_{i=1}^{n} X_i}{n}$$

式中：$\overline{X}$ 表示预测值，X_i 为第 i 期的观察值，n 表示观察值的个数。

【例 3－3】 某公司甲商品 2023 年 1—6 月的销售量分别是：1 050 件、1 080 件、1 020 件、1 070 件、1 060 件、1 090 件。根据这些数据采用简单算术平均数预测法预测 2023 年 7 月该公司甲商品的销售量。

预测过程和结果如下：

$$\overline{X} = \frac{1\ 050 + 1\ 080 + 1\ 020 + 1\ 070 + 1\ 060 + 1\ 090}{6} \approx 1\ 062\ (件)$$

根据简单算术平均数预测法的计算结果，2023 年 7 月该公司甲商品销售量的预测值为 1 062件。

简单算术平均数预测法的优点是计算简便。当预测对象无显著长期趋势变动和季节变动时，采用此法其预测结果大致可以令人满意。其缺点是将较远的历史数据对预测值的影响和较近的历史数据对预测值的影响看作同等的重要。通常来说，较近的历史数据对预测值的影响要大于较远的历史数据对预测值的影响。简单算术平均数预测法忽视了这一点，因此它的预测结果可能会有较大偏差。为了克服这个缺点，就需要用到加权算术平均数预测法。

（六）加权算术平均数预测法

加权算术平均数预测法是按照距离预测期的远近程度给历史数据赋予不同的权数，距离越近赋予权数越大，反之则越小，然后把计算所得的加权算术平均数作为预测期的预测值。

设 $X_1, X_2, X_3, \cdots, X_n$ 为各期的观察值，对每个数值估计相应的权数，分别表示为：W_1，$W_2, W_3, \cdots, W_n$，权数之和应该等于 1，即 $\sum_{t=1}^{n} W_t = 1$，则加权算术平均数的计算公式为：

$$\overline{X} = \frac{\sum_{t=1}^{n} W_t X_t}{\sum_{t=1}^{n} W_t}$$

式中：$\overline{X}$ 为加权算术平均数，X_t 为第 t 期的观察值，W_t为第 t 期的观察值的权数。

【例 3－4】 沿用【例 3－3】的数据，并设各期销售量的权数分别为 0.1、0.1、0.15、0.2、0.2 和 0.25，用加权算术平均数预测法预测 2023 年 7 月的销售量。

预测过程和结果如下：

$$\overline{X} = \frac{\sum_{t=1}^{n} W_t \overline{X}_t}{\sum_{t=1}^{n} W_t}$$

$$= \frac{0.1 \times 1\ 050 + 0.1 \times 1\ 080 + 0.15 \times 1\ 020 + \times 0.2 \times 1\ 070 + 0.2 \times 1\ 060 + 0.25 \times 1\ 090}{0.1 + 0.1 + 0.15 + 0.2 + 0.2 + 0.25}$$

$$\approx 1\ 065\ (件)$$

预测结果显示，该公司甲商品 2023 年 7 月的销售量预测值为 1 065 件。

（七）移动平均数预测法

移动平均数预测法是用预测对象的一组最近的实际数值（观察值）来预测未来一期或几期内该预测对象的预测值的一种方法。移动平均数预测法适用于即期预测。当预测对象既不快速增长也不快速下降，且不存在季节性因素时，移动平均数预测法能有效地消除预测中的随机波动，是非常有用的。移动平均数预测法根据预测时使用的各个观察值的权重不同，可以分为移动简单算术平均数预测法和移动加权算术平均数预测法。

移动平均数预测法是一种简单平滑预测技术，它的基本思想是：根据时间序列的数值逐项推移，依次计算包含一定项数的序时平均值，以反映预测对象的长期趋势。因此，当时间序列的数值由于受周期变动和随机波动的影响，起伏较大，不易显示出预测对象的发展趋势时，使用移动平均数预测法可以消除这些因素的影响，显示出预测对象的发展方向与趋势（即趋势线），然后依趋势线分析预测序列的长期趋势。

1. 移动简单算术平均数预测法

移动简单算术平均数预测法是假设时间序列中的各个数值（观察值）的权重都相等，其计算公式如下：

$$y_t = (x_{t-1} + x_{t-2} + x_{t-3} + \cdots + x_{t-n}) / n$$

式中，y_t 为下一期的预测值，n 为移动平均的时期数，x_{t-1} 为前一期实际值，x_{t-2}，x_{t-3} 和 x_{t-n} 分别表示前两期、前三期直至前 n 期的实际值。

移动简单算术平均数预测法是指在掌握 n 期实际值（观察值）的基础上，按照事先确定的移动平均时期数（m）逐期计算 m 期的简单算术平均数，并以最后一个 m 期的简单算术平均数作为预测期预测值的一种方法。

【例 3-5】 假设某公司 2023 年 1—7 月份的营业收入分别为 900 万元、1 120 万元、998 万元、1 100 万元、1 085 万元、1 200 万元、1 000 万元。当移动平均时期数 m 为 3 时，预测该公司 2023 年 8—12 月份和 2024 年 1 月份各月的营业收入。

预测过程和结果如表 3-10 所示：

表 3-10　　移动简单算术平均数预测法下某公司 2023 年 8—12 月营业收入预测表

单位：万元

月份	营业收入	3 期移动简单算术平均
(1)	(2)	(3)
1	900	
2	1 120	
3	998	1 006
4	1 100	1 073
5	1 085	1 061
6	1 200	1 128
7	1 000	1 095
8	预测值 1 095	1 098
9	预测值 1 098	1 064
10	预测值 1 064	1 086
11	预测值 1 086	1 083
12	预测值 1 083	1 078

表中第（3）栏计算如下（为简便起见，计算结果按四舍五入原则取整数）：

3 月份对应的 1 006 =（900 +1 120 +998）/3

4 月份对应的 1 073 =（1 120 +998 +1 100）/3

5 月份对应的 1 061 =（998 +1 100 +1 085）/3

6 月份对应的 1 128 =（1 100 +1 085 +1 200）/3

7 月份对应的 1 095 =（1 000 +1 200 +1 085）/3

8 月份对应的 1 098 =（1 200 +1 000 +1 095）/3

9 月份对应的 1 064 =（1 000 +1 095 +1 098）/3

10 月份对应的 1 086 =（1 095 +1 098 +1 064）/3

11 月份对应的 1 083 =（1 098 +1 064 +1 086）/3

12 月份对应的 1 078 =（1 064 +1 086 +1 083）/3

由以上计算结果可知，按 3 期移动简单算术平均预测法进行预测，该公司 2023 年 8—12 月份和 2024 年 1 月份各月的营业收入预测值依次为 1 095 万元、1 098 万元、1 064 万元、1 086万元、1 083 万元、1 078 万元。

这种方法是把第 t 期的移动简单算术平均数作为第 t +1 期的预测值。当 m = n 时，全部历史数据的简单算术平均数为第 t +1 期的预测值。可见，简单递推预测法及简单算术平均数预测法是移动简单算术平均数预测法的特例。

2. 移动加权算术平均数预测法

移动加权算术平均数预测法是根据最近数期的观察值，按其距离预测期的远近分别赋予权重，计算其加权算术平均数，并将该加权算术平均数作为预测期预测值的一种预测方法。正常情况下，距离预测期越近的观察值，所赋予的权重应该越大，反之则应该越小。用以加权的全部观察值的权重之和必须等于 1。

【例 3 –6】 沿用【例 3 –5】的资料，当移动平均时期数 m 为 3，距离预测期远近的权重分别为 0. 2、0. 3、0. 5 时，预测该公司 2023 年 8—12 月份和 2024 年 1 月份各月的营业收入。

预测过程和结果如表 3 –11 所示：

表 3 –11　　移动加权算术平均数预测法下

某公司 2023 年 8—12 月营业收入预测表

单位：万元

月份	营业收入	3 期移动简单算术平均
（1）	（2）	（3）
1	900	
2	1 120	
3	998	1 015
4	1 100	1 073
5	1 085	1 072
6	1 200	1 146
7	1 000	1 103
8	预测值 1 103	1 092

续表

月份	营业收入	3期移动简单算术平均
(1)	(2)	(3)
9	预测值1 092	1 077
10	预测值1 077	1 087
11	预测值1 087	1 085
12	预测值1 085	1 084

表中第（3）栏计算如下（为简便起见，计算结果按四舍五入原则取整数）：

3月份对应的1 015 =（900 ×0.2 +1 120 ×0.3 +998 ×0.5）

4月份对应的1 073 =（1 120 ×0.2 +998 ×0.3 +1 100 ×0.5）

5月份对应的1 072 =（998 ×0.2 +1 100 ×0.3 +1 085 ×0.5）

6月份对应的1 146 =（1 100 ×0.2 +1 085 ×0.3 +1 200 ×0.5）

7月份对应的1 077 =（1 085 ×0.2 +1 200 ×0.3 +1 000 ×0.5）

8月份对应的1 092 =（1 200 ×0.2 +1 000 ×0.3 +1 103 ×0.5）

9月份对应的1 077 =（1 000 ×0.2 +1 103 ×0.3 +1 092 ×0.5）

10月份对应的1 087 =（1 103 ×0.2 +1 092 ×0.3 +1 077 ×0.5）

11月份对应的1 085 =（1 092 ×0.2 +1 077 ×0.3 +1 087 ×0.5）

12月份对应的1 084 =（1 077 ×0.2 +1 087 ×0.3 +1 085 ×0.5）

由以上计算结果可知，按3期移动加权算术平均数预测法进行预测，当3期的观察值按远近程度分别赋予0.2、0.3、0.5的权重时，该公司2023年8—12月份和2024年1月份各月的营业收入预测值依次为1 103万元、1 092万元、1 077万元、1 087万元、1 085万元、1 084万元。

在使用移动加权算术平均数预测法进行预测时，影响预测精度的因素有两个：一是移动平均时期数m的大小，二是用以移动平均的观察值的权重大小。在实际应用中，应该尽量做到误差最小，精度最高。移动加权算术平均数预测法考虑了用以移动平均的观察值的距离远近对预测结果的影响，但权重的赋予带有一定的主观性，这将会使预测结果也带有一定的主观性。

（八）指数平滑预测法

指数平滑预测法是财务预测中常用的一种方法。简单算术平均数预测法是对时间序列的过去数据一个不漏地全部加以同等利用；移动平均数预测法则不考虑较远时期的数据，并在移动加权算术平均数预测法中给予近期数据更大的权重；而指数平滑预测法则兼容了简单算术平均数预测法和移动平均数预测法的优点，不舍弃过去的数据，但是仅给予逐渐减弱的影响程度，即随着数据的远离，赋予其逐渐收敛为零的权数。也就是说，指数平滑预测法是在移动平均数预测法的基础上发展起来的一种时间序列预测法，它是通过计算指数平滑值，配合一定的时间序列预测模型对预测对象的未来进行预测。其原理是任一期的指数平滑值都是本期实际观察值与前一期指数平滑值的加权平均值。指数平滑预测法适用于无趋势、无季节性变动的平稳时间序列的短期预测。

1. 指数平滑预测法的模型

指数平滑预测法的基本模型如下：

$$F_{t+1}=\alpha y_t+(1-\alpha)F_t$$

其中：F_{t+1}为第 t+1 期时间序列的预测值，F_t 为第 t 期时间序列的预测值，y_t 为第 t 期时间序列的观察值，α 为平滑系数（$0\leqslant\alpha\leqslant1$）。

上述基本模型显示，第 t+1 期的预测值是第 t 期时间序列的观察值和第 t 期时间序列的预测值的加权平均数。第 t 期时间序列的观察值的权数为 α，第 t 期时间序列的预测值的权数为 1－α。这里只需要确定一个权数即可，不必像移动加权算术平均数预测法那样需要确定每一个观察值的权数。

2. 平滑系数的确定

选好平滑系数 α 非常重要，因为它的取值对平滑效果影响很大，α 越小平滑效果越显著，反之则越不显著。α 的取值大小决定了在平滑预测中起作用的观察值项数的多少。当 α 的取值较大时，各观察值权数的递减速度很快，因此在平滑预测中起作用的观察值的项数就较少；而当 α 的取值较小时，各观察值权数的递减速度很慢，因此在平滑预测中起作用的观察值的项数就较多。

鉴于此，当观察值的项数较少时，平滑系数可取值大些；当观察值的项数较多时，平滑系数可取值小些。

3. 初始预测值的确定

因为当 t=1 时，F_1 即初始预测值是不存在的，所以必须由预测者自己确定。初始预测值的确定方法通常有以下两种：

（1）当观察期大于 15 时，以第一期的观察值作为初始值，即 $F_1=y_1$。

（2）当观察期小于 15 时，可以取最初几期观察值的简单算术平均值作为初始值，比如取最初 3 期观察值的简单算术平均值作为初始值，即 $F_1=(y_1+y_2+y_3)/3$。

初始预测值确定得是否恰当，直接关系到预测结果及平滑系数 α 的选择。表 3－12 列举了当 α 取不同的值时，递推 n 期初始预测值的权数变化情况。从表中数值可以看出：当递推期数确定时，α 取值越小，初始预测值的权数就越大；反之，α 取值越大，初始预测值的权数就越小。比如，当递推期数为 3 时，α=0.1 的初始预测值的权数是 0.7290；α=0.3 的初始预测值的权数却只有 0.3430。同时，当 α 取值确定时，递推期数越短，初始预测值的权数就越大；反之，递推期数越长，初始预测值的权数就越小。比如，当 α 取值为 0.5 时，递推期数为 2 的初始预测值的权数为 0.250000，而递推期数为 3 的初始预测值的权数只有 0.125000。因此，如果对所选用的初始预测值的正确性有怀疑，而且用来进行指数平滑预测的时间序列的时期数较少时，应当选择较大的 α 值，以便减少初始预测值的影响；相反，如果认为初始预测值选得正确，或者对初始预测值的正确性虽然没有太大的把握，但是用于进行指数平滑预测的时间数列的时期数较多，则可以考虑选择较小的 α 值。

表 3－12　　α 取不同的值时初始预测值的权数变化表

递推期数	α 取不同的值时初始预测值的权数				
	α=0.1	α=0.3	α=0.5	α=0.7	α=0.9
1	0.9000	0.7000	0.500000	0.300000	0.1000000
2	0.8100	0.4900	0.250000	0.090000	0.0100000

续表

递推期数	α 取不同的值时初始预测值的权数				
	α = 0.1	α = 0.3	α = 0.5	α = 0.7	α = 0.9
3	0.7290	0.3430	0.125000	0.027000	0.0010000
4	0.6561	0.2401	0.062500	0.008100	0.0001000
5	0.5905	0.1681	0.031250	0.002430	0.0000100
6	0.5314	0.1176	0.015625	0.000729	0.0000010
7	0.4783	0.0824	0.007813	0.000219	0.0000001
8	0.4305	0.0576	0.003906	0.000066	0.0000000
9	0.3874	0.0404	0.001953	0.000020	0.0000000
10	0.3487	0.0282	0.000977	0.000006	0.0000000

【例 3－7】 某公司 2023 年 1—6 月份乙商品的销量依次为 120 件、100 件、110 件、90 件、95 件和 100 件，试用指数平滑预测法，当取 $\alpha = 0.3$ 时，预测该公司 2023 年 7 月份乙商品的销量。

预测过程和结果如下：

根据模型 $F_{t+1} = \alpha y_t + (1-\alpha) F_t$ 来预测该公司 2023 年 7 月份乙商品的销量，取 $\alpha = 0.3$，取初始预测值为 (120 + 100 + 110) /3 = 110 (件)，预测结果如表 3－13 所示。

表 3－13　　某公司 2023 年 7 月份乙商品销量预测表　　（计量单位：件，取整数）

月份	实际销量	α × 上期观察值	(1－α) × 上期预测值	本期平滑预测值
(1)	(2)	(3)	(4)	(5) = (3) + (4)
1	120	—	—	110
2	100	36	77	113
3	110	30	79	109
4	90	33	76	109
5	95	27	76	103
6	100	29	72	101
7	—	30	71	101

由表 3－13 可知，该公司 2023 年 7 月份乙商品的销量预测数为 101 件。

4. 指数平滑预测法的优缺点

(1) 优点：第一，它只需确定一个权数，即最近时期观察值的权数，其他时期观察值的权数可以自动推算出来，而且观察值离预测时期越远时，其权数也变得越小；第二，需要收集准备的观察值很少，只需要前一期的实际值及前一期的预测值作为观察值（当没有前一期的预测值时则按照前面介绍的初始预测值的确定方法来确定）。

(2) 缺点：一是指数平滑预测法不适用于带趋势和具有明显季节性变动的时间序列的预测；二是确定平滑系数及初始预测值带有一定的主观性。

三、本量利分析预测法

（一）本量利分析预测法的基本含义

本量利是成本、业务量和利润的简称。本量利分析预测法是通过分析成本、业务量和利润之间的内在联系，在已知其他因素数值的基础上，利用成本、业务量和利润之间的这种内在联系来预测某一个未知因素的数值的一种预测方法。

本量利分析预测法在现实中有着非常广泛的应用，它可以用来预测保本销售量、保本销售额、保利销售量、保利销售额，还可以用来预测保本、保利销售单价，保本、保利单位变动成本，以及保本、保利固定成本等。

（二）本量利分析预测法需要使用的几个概念

1. 变动成本和固定成本

一个财务管理主体在一定会计期间发生的成本项目是很多的。按照成本发生额与业务量（如产量、销售量等）之间的关系，可把成本分为变动成本和固定成本两类。变动成本是指在一定会计期间和一定业务量范围内成本发生额大小与业务量大小成正比的那些成本，如商品成本中的原材料成本、绩效与产量挂钩的直接人工成本等。固定成本是指在一定会计期间和一定业务量范围内成本发生额大小与业务量大小基本没有关系的那些成本，如商品成本中的固定资产折旧、无形资产摊销等。变动成本除以业务量就得到单位变动成本。因为变动成本的大小与业务量的大小成正比，所以，单位变动成本的大小一般不随业务量大小的变动而变动。固定成本除以业务量就得到单位固定成本。因为固定成本的大小是固定的，它不随业务量大小的变动而变动，所以，单位固定成本就会随着业务量的增大而变小，也会随着业务量的减小而变大。

2. 销售量、销售单价和销售收入

销售量即一定会计期间销售商品的数量，简称销量。销售单价就是单位商品的销售价格，简称单价，比如一袋 500 克的食盐售价 3.5 元。销售收入就是实现销售的商品所确认的收入，它等于销售量与销售单价的乘积。当销售量增加、销售单价提高时，销售收入就会增加；当销售量减少、销售单价降低时，销售收入就会减少；当销售量不变、销售单价提高或者销售量增加、销售单价不变时，销售收入都会增加；当销售量减少、销售单价提高或者销售量增加、销售单价降低时，销售收入有可能会增加、也有可能会减少。

3. 营业利润、单位边际贡献、边际贡献总额和边际贡献率

营业利润是指销售收入减去变动成本和固定成本后的余额，从这个意义上说，它又可以叫作销售利润。单位边际贡献是指每增加一个单位的销量对营业利润所做出的贡献，它等于单价减去单位变动成本后的余额。边际贡献总额是单位边际贡献乘以增加的销量后得到的乘积，也是销售收入减去变动成本后的余额。因此，营业利润也可以等于边际贡献总额减去固定成本总额。边际贡献率是单位边际贡献与销售单价的比率，或者是边际贡献总额与销售收入的比率。

（三）本量利分析预测法的基本假设

1. 成本划分假设

本量利分析预测法要用到变动成本、固定成本等相关概念，因此，需要假设一个财务管理主体的全部成本必须能够而且已经准确地划分为变动成本和固定成本。

2. 相关范围及线性假设

假定在相关范围内，销售单价、变动成本和固定成本都保持不变，业务量是影响销售收入和成本的唯一因素。因此，假设在一定期间和一定业务量范围内，成本函数表现为线性方程，成本和销售收入分别表现为一条直线。虽然在市场经济条件下，销售单价、单位变动成本和固定成本不可能一成不变。比如，市场竞争可能会要求销售方降价销售，销售大量商品要给购货方一定的商业折扣，这样，销售收入成为非线性的；同样，变动成本也可能是非线性的，在采购材料时供货方也常常会给予一定的价格优惠；固定成本在一定范围内保持不变，这也是一种理论上的假定。但是，只要以上因素在一定范围内变动不大，该相关范围及线性假设就具有一定的参考价值。

3. 产销平衡和品种结构稳定假设

假定一个财务管理主体在只生产一种商品的条件下，生产出来的商品总是可以找到市场，可以实现产销平衡的；假定一个财务管理主体在生产多种商品的条件下，不仅生产出来的商品能找到市场，实现产销平衡，而且每种商品的销售额占全部商品销售额的比重不会发生变化。该假设可以使分析预测人员更加把注意力放到价格、成本以及业务量对营业利润的影响上。

4. 目标利润假设

在本量利分析预测法中，需要假设营业外收支净额为零，利润总额即为营业利润。这主要是因为营业利润与成本、业务量的关系比较密切，而营业外收支净额跟成本、业务量几乎没有任何关系的缘故。同时还要假设目标利润是可以事先设定的。

尽管以上各种假设客观上使本量利分析预测的结果与实际情况有一定的出入，但这并不能否认本量利分析预测法的价值。设定各种假设后，就可以十分便利地使用简单的数学模型或图形来揭示成本、业务量和利润之间联系的规律性。

（四）本量利分析预测法的基本模型与派生模型

本量利分析预测法所要考虑的相关因素主要包括固定成本（用 a 表示）、单位变动成本（用 b 表示）、销售量（用 x 表示）、销售单价（用 p 表示）、销售收入（用 px 表示）、单位边际贡献（用 cm 表示）、边际贡献总额（用 Tcm 表示）、边际贡献率（用 cmR 表示）和营业利润（用 P 表示）等。这些变量之间的关系可用以下模型进行反映。

利润(P) = 销售收入 - 总成本 = px - (a + bx)

= 销售收入 - 变动成本 - 固定成本

= 销售单价 × 销售量 - 单位变动成本 × 销售量 - 固定成本 = px - bx - a

= (销售单价 - 单位变动成本) × 销售量 - 固定成本 = (p - b)x - a

= 单位边际贡献 × 销售量 - 固定成本 = cmx - a

= 边际贡献总额 - 固定成本 = Tcm - a

= 销售收入 × 边际贡献率 - 固定成本 = pxcmR - a

以上这些模型都是本量利分析预测法的基本模型。在这些模型中，利润、销售量、销售单价、单位变动成本和固定成本这五个变量，只要给定其中四个变量的值，就可以计算出另一个变量的值。这就为利用本量利分析预测法预测这五个变量的未来提供了可能。对上述基本模型进行数学移项，可得到如下四个派生的预测模型。

$$销售量(x)=\frac{固定成本+利润}{销售单价-单位变动成本}=\frac{a+P}{p-b}$$

$$销售单价(p)=\frac{固定成本+利润}{销售量}+单位变动成本=\frac{a+P}{x}+b$$

$$单位变动成本(b)=销售单价-\frac{固定成本+利润}{销售量}=p-\frac{a+P}{x}$$

$$固定成本(a)=(销售单价-单位变动成本)\times 销售量-利润=(p-b)x-P$$

【例3-8】 假设某经营户只经营丙商品，销售单价为100元，单位变动成本为60元，每月固定成本为25 000元。要求：

（1）假如本月计划销售量为1 200件，试预测本月的利润；

（2）假如本月计划实现利润30 000元，试预测本月的销售量；

（3）假如本月计划销售量为1 200件，且要实现利润30 000元，试预测本月的销售单价；

（4）假如本月计划销售量为1 200件，且要实现利润30 000元，试预测本月的单位变动成本；

（5）假如本月计划销售量为1 200件，且要实现利润30 000元，试预测本月的固定成本；

（6）假如本月计划销售量为1 200件，试预测本月的边际贡献总额，并计算该经营户丙商品的边际贡献率。

预测过程和结果如下：

将上述有关数据分别代入本量利分析预测法的基本模型和派生模型，得：

（1）本月利润预测数 $=(p-b)x-a$

$=(100-60)\times 1\ 200-25\ 000=23\ 000$（元）

（2）本月销售量预测数 $=\dfrac{a+P}{p-b}=\dfrac{25\ 000+30\ 000}{100-60}=1\ 375$（件）

（3）本月销售单价预测数 $=\dfrac{a+P}{x}+b=\dfrac{25\ 000+30\ 000}{1\ 200}+60\approx 105.83$（元）

（4）本月单位变动成本预测数 $=p-\dfrac{a+P}{x}$

$=100-\dfrac{25\ 000+30\ 000}{1\ 200}\approx 54.17$（元）

（5）本月固定成本预测数 $=(p-b)x-P$

$=(100-60)\times 1\ 200-30\ 000=18\ 000$（元）

（6）本月边际贡献总额预测数 =（销售单价 - 单位变动成本）×销售量

$=(p-b)x=(100-60)\times 1\ 200$

$=48\ 000$（元）

丙商品边际贡献率 cmR =（销售单价 - 单位变动成本）/销售单价

$=(p-b)/p=(100-60)/100=40\%$

或者 = 边际贡献总额/销售收入

$=48\ 000/100\times 1\ 200=40\%$

复习思考题

1. 什么是预测？它与决策、预算之间是什么关系？
2. 什么是财务预测？它有哪些特点？
3. 财务预测要遵循哪些原则？
4. 财务预测要按照哪些步骤进行？
5. 什么是因果关系预测法、时间序列预测法、本量利分析预测法？
6. 因果关系预测法主要包括哪些具体的方法？
7. 一元线性回归预测法通常要经历哪些步骤？
8. 多元线性回归预测法通常要经历哪些步骤？
9. 时间序列预测法主要包括哪些具体的方法？
10. 本量利分析预测法需要做哪些基本假设？
11. 本量利分析预测法的基本模型是什么？派生模型有哪些？

课外作业题

1. 某公司2019—2023年制造费用总额y与直接人工小时x之间的数据如表3－14所示。

表3－14　某公司2019—2023年制造费用总额与直接人工小时数据表

年份	2019年	2020年	2021年	2022年	2023年
直接人工小时	25 000	18 000	22 000	28 000	30 000
制造费用（元）	3 000	2 300	2 700	3 200	3 300

假设该公司2024年的直接人工小时为3 500小时，请根据上述资料采用一元线性回归预测法预测该公司2024年的制造费用总额。

2. 假设某公司对制造费用的预测采用二元线性回归预测法。根据历史资料分析，该公司制造费用总额主要受到直接人工小时和机器工作小时的影响。直接人工小时用x_1表示，机器工作小时用x_2表示，预测人员整理得到最近五个年度的制造费用总额y与直接人工小时x_1、机器工作小时x_2之间的相关数据如表3－15所示。假设该公司2024年的直接人工小时为28 000，机器工作小时为52 000，请预测其2024年的制造费用总额。

表3－15　某公司2019—2023年制造费用总额、直接人工小时和机器工作小时数据表

年份	制造费用总额y（万元）	直接人工小时x_1	机器工作小时x_2
2019年	3 000	20 000	52 000
2020年	2 700	18 000	48 000

续表

年份	制造费用总额 y（万元）	直接人工小时 x_1	机器工作小时 x_2
2021 年	3 200	21 000	53 000
2022 年	3 400	22 000	54 000
2023 年	3 700	24 000	55 000
合计	16 000	105 000	262 000

3. 某公司 2023 年 1—7 月份的营业收入分别为 5 000 万元、5 600 万元、6 000 万元、6 300万元、6 100 万元、6 200 万元、6 600 万元。当移动平均时期数 m 为 3 时，请预测该公司 2023 年 8—12 月份和 2024 年 1 月份各月的营业收入。

4. 某公司 2023 年 1—6 月份甲商品的销量依次为 1 200 件、1 250 件、1 300 件、1 220 件、1 240 件和 1 300 件，试用指数平滑预测法，当取 $\alpha = 0.3$ 时，预测该公司 2023 年 7 月份甲商品的销量。

5. 某经营户只销售乙商品，销售单价为 800 元，单位变动成本为 600 元，每月固定成本为 200 000 元。要求：

（1）假如本月计划销售量为 1 200 件，试预测本月的利润；

（2）假如本月计划实现利润 50 000 元，试预测本月的销售量；

（3）假如本月计划销售量为 1 200 件，且要实现利润 50 000 元，试预测本月的销售单价；

（4）假如本月计划销售量为 1 200 件，且要实现利润 50 000 元，试预测本月的单位变动成本；

（5）假如本月计划销售量为 1 200 件，且要实现利润 50 000 元，试预测本月的固定成本；

（6）假如本月计划销售量为 1 200 件，试预测本月的边际贡献总额，并计算该经营户乙商品的边际贡献率。

第四章

财务管理学中的决策学

内容简介

本章主要介绍财务决策的概念、内容和特点，阐述筹资决策分析、投资决策分析和经营决策分析的理论与方法。

学习目标

通过本章的学习，要求了解财务决策的概念、内容和特点，掌握筹资决策分析、投资决策分析和经营决策分析的理论与方法。

第一节　财务决策概述

一、财务决策的概念

根据《现代汉语词典》的解释，决策是“制定方针、策略或方法”。正如本书第一章所述，财务管理管的就是那些跟资产取得、资产使用和资产保全有关的事情。因此，从字面意义上来理解，财务决策就是“对那些跟资产取得、资产使用和资产保全有关的事情制定行事的方针、策略或方法”。可见，财务决策是一个宽泛的概念，凡是与那些跟资产取得、资产使用和资产保全有关的事情的确定，都属于财务决策的范畴。具体到公司的财务管理活动，财务决策是公司对其合法拥有或依法控制的资产在取得、使用和保全过程中所发生的事情制定行事的方针、策略或方法，是公司按照财务管理目标的要求，在财务预测的基础上，制定和评价财务管理活动方案，并从若干个可以选择的财务管理活动方案中选择最满意方案的过程。财务决策是公司决策的一部分，是公司财务管理的重要环节，在财务预测的基础上所进行的财务决策，是编制财务预算、进行财务控制的基础。

二、财务决策的内容

财务管理的客体是跟资产的取得、使用和保全有关的事情，因此，财务决策的内容可以分为三大类，即资产取得的决策、资产使用的决策和资产保全的决策。以公司为例，跟资产取得、资产使用和资产保全有关的事情所引发的活动通常称为财务活动，主要包括筹资活动、投资活动和经营活动。而且，从公司的生命周期来看，一般是先进行资金筹集，然后用筹集到的资金进行投资，投资完成后才开始经营。经营过程中还要不断地筹集资金和进行投资。因此，公司财务决策的内容主要包括筹资决策、投资决策和经营决策。

1. 筹资决策。在《现代汉语词典》中，“筹资”就是筹集资金。一个财务管理主体无论从事什么行业、开展什么活动，都必须首先筹集资金。以公司为例，公司为了实现其目标，就需要开展生产经营活动，而开展生产经营活动的前提条件就是具有一定数量的资金。因此，筹集资金是组建公司和开展生产经营活动的前提。公司筹集资金的渠道，一是吸收公司股东投入的资本金，也叫股权资金；二是向外举债，形成公司的负债，也叫债权资金或债务资金。公司筹资决策的主要内容就是确定筹资目标，确定筹资规模，列出可供选择的筹资方式，计算各种可能的筹资方式的资金成本，分析各种可能的筹资方式的筹资风险，根据筹资目标选择最佳的筹资方案。

2. 投资决策。《现代汉语词典》认为，“投资”这个词可以作动词，也可以作名词。作动词时，投资是指为了达到一定目的而投入资金，如投资办公司、投资办学校、投资一亿元等。作名词时，投资是指为达到一定目的而投入的资金，如办学校投资、办公司投资、一亿元投资等。在投资决策中，投资一词作动词用，因此，投资决策就是为达到一定目的而投入资金的决策。以公司为例，投资决策需要做的事情很多，主要包括确定投资目标、选择投资方向、选择投资类型、选择投资形式、选择投资战略、确定投资规模、预测现金流量、评估投资效益、分析投资风险、选择投资方案等。

3. 经营决策。《现代汉语词典》认为，“经营”是指筹划、组织并管理。以公司为例，经营就是公司对自己所从事的业务活动进行筹划、组织和管理。在制造业中，公司的经营活动主要包括采购活动、生产活动、销售活动、研发活动和分配活动，为筹划、组织和管理这些活动，公司需要足够的现金。因此，公司经营决策主要就是指采购活动决策、生产活动决策、销售活动决策、研发活动决策、分配活动决策和现金管理决策等。

三、财务决策的特点

（一）目标性

任何决策必须首先确定要达到的目标，目标是在未来特定时限内完成任务程度的标志。公司财务决策是具有明确目标的活动，即为实现公司财务管理总体目标而进行的活动。公司财务管理的目标包括利润最大化、每股收益最大化、股东财富最大化、公司价值最大化、利益相关者利益最大化等。不同类型的公司，其财务管理的目标可能各不相同，但无论公司财务管理的目标是什么，财务决策都应该以财务管理的目标为出发点，财务管理的目标是公司制定、评价和比较未来活动方案的标准，也是检查未来活动效果的依据。

（二）可行性

决策是事情发生之前或人们采取行动之前的一种预先分析和选择。财务决策的目的就是指导未来的经济活动。任何经济活动都需要利用一定资源。如果缺乏必要的人力、财力、物力和技术条件，理论上非常完善的方案只能是空中楼阁。因此，财务决策方案的拟定和选择，不仅要考虑采取某种方案的目标，还要注意其实施条件的限制。具体而言，就是财务决策要根据财务管理主体的实际需要与可能，量力而行，要冷静地、全面地分析和考察财务管理主体的实际情况及外部市场条件，做出符合财务管理主体实际需要的实事求是的结论。例如，筹资决策时对今后偿还能力的考虑，投资决策时对市场需求和投资效益的估计和评价等，这都是决策可行性要求在具体决策活动中的体现。

（三）选择性

财务决策的实质就是在分析比较诸多财务方案的基础上择优选用。没有选择就没有决策。要有所选择，就必须提供可以相互替代的多种方案。实际上，为实现同样的财务管理目标，可以有多种不同的方案。而这些方案在资源的要求、可能出现的结果以及风险程度等方面均有所不同。财务管理主体所要做的就是如何根据自身事先确定的目标，经过系统的分析和综合，提出各种不同的方案、途径和方法，然后进行比较、选择。有时很难找到一个统一的标准，有的这方面优于对方，另一方面却劣于对方，反之亦然。这就需要决策者多动脑筋，寻找优势，以实现综合评估，在综合评估的基础上再选择最佳方案。选择不仅是必须的，也是必要的。

（四）相对最优性

财务决策选择方案的原则是最优原则。根据理性经济人的假设，决策就是在一定条件下寻找并确定优化目标和优化方案。不追求优化的决策毫无意义。因此，财务决策总是在若干个有价值的方案中做出最优选择。当然，最优原则是指相对最优而不是绝对最优。绝对最优的决策往往只是理论上的方案，因为它要求决策者了解与财务管理主体活动有关的全部信息，能够正确辨识全部信息的有用性，了解其价值，据此制定出没有疏漏的行动方案，并能够准确地计算出每个方案在未来的执行结果。显然，一个财务管理主体很难具备以上所有的条件。因此，根据目前的认识确定未来的行动总有一定的风险，也就是说，各行动方案在未来的实施结果通常是不确定的。在方案的数量有限、执行结果不可确定的条件下，决策者难以做出最优选择，只能根据已知的全部条件，加上自身的认识进行主观判断，做出相对最优的选择。

（五）过程性

财务决策是一个过程，而非瞬间的行动。财务决策的过程性特点可以从两方面去理解：

1. 每一项财务决策都是一个过程。具体而言，是指从决策目标的确定到决策方案的拟定、评价和选择，财务决策本身就包含了许多工作，由众多人员参与。例如，对于公司的固定资产投资决策，就不能简单地把它看成对备选方案的选择。要想获得相对最优的选择，就必须事先拟定出多个备选方案，只有在分析、评价、比较各备选方案优劣的基础上，才可能得出最满意的选择；而要拟定备选方案，就要首先确定要达到的目标，并在目标的指引下收集资料，做出各种可行性预测等。这一系列的活动构成了一个过程。

2. 每一项财务决策都不是一项单独决策，而是一系列决策的有机组合。通过决策，财务管理主体不仅要选择业务活动的内容和方向，还要决定如何组织业务活动的展开，同时还要决定资金如何筹措，结构如何调整，人事如何安排等。还以上述固定资产投资决策为例，公司对其固定资产的投资决策往往是以下一系列财务决策的组合：是否投资该固定资产？如何筹集投资该固定资产所需的资金？用什么样的方式筹集资金？固定资产投资对公司流动资产的占用和商品生产有何影响？如何安排生产人员？等等。可见，只有当这一系列的具体决策已经制定，并与财务管理目标相一致时，才能认为相关的财务决策已经形成。

（六）动态性

财务决策的动态性是与过程性相联系的。财务决策不仅是一个过程，而且是一个不断循环的过程，作为过程，财务决策是动态的。一项财务决策，只有在满足一定条件下，在一定时间范围内作出并得到执行才是有效的，情况的变化通常会使财务决策失效，而财务决策所面临的各种情况又通常是不断变化的，因此，决策者必须监视和研究这些变化，随时调整并修正决策的方案，实现动态决策。例如，对于公司的固定资产投资决策，在确定初始投资方案后，随着公司内外部环境条件的变化，原先所选择的方案有可能不是最优方案了，这时就需要根据变化了的内外部环境条件来不断调整优化投资方案，以使其达到动态最优。

第二节　筹资决策分析方法

筹资决策分析过程需要做的事情很多，主要包括确定筹资目标、确定筹资规模、列出可供选择的筹资方式、计算资金成本、分析筹资风险、选择筹资方案等。

一、确定筹资目标

任何一个财务管理主体筹集资金都必须事先明确它的用途，即筹集这笔资金拿来做什么或用到哪里去。但确定筹资目标并不是指明确筹集资金的用途，而是指确定筹集到资金并投入使用之后希望达到的财务效果。在筹资决策过程中，决策者必须首先明确筹资目标，因为筹资目标不一样，筹资决策分析方法就不一样，最终选择的筹资方案也不一样。比如，一个刚入职场不久的人，需要购买一套住房供结婚居住。假设他有三种可能的筹资方案：第一种，自己出首付款，以后每月从薪酬收入中支付月供，这种筹资方案的财务效果就是自己每月的薪酬实际收入减少，生活可能会比较拮据，但他不影响父母的生活，也不欠别人的人情；第二种，父母全资一次性购买，这种筹资方案的财务效果就是自己的生活质量不受影响，但却可能严重地影响了父母今后的生活质量；第三种，父母给一点、自己出一点、亲戚朋友借一点，凑够全资一次性购买，这种筹资方案的财务效果就是既可能影响了父母今后的生活质量，自己每月还得存钱归还亲戚朋友，而且还欠了亲戚朋友的人情。如果他选择的筹资目标（财务效果）是宁可自己的生活拮据一点，也不影响父母今后的生活质量，更不欠亲戚朋友的人情，那他就会选择第一种筹资方案，即自己出首付，以后每月自己付月供。如果他选择的筹资目标（财务效果）是第二种或第三种，那他就会相应地选择第二种或者第三种筹资方案。可见，确定筹资目标对选择筹资方案非常重要。再如一家公司，如果它选择的筹资目标（财务效果）是降低财务风险，那它就不应该采取负债筹资的方案；如果它选择的筹资目标（财务效果）是每股收益最大化，那它就应该采取负债筹资的方案。因此，在筹资决策过程中，决策者必须首先明确筹资目标。

以公司为例，筹资目标通常有以下几种：一是追求资金成本最低，二是追求每股收益最大，三是追求公司价值最大，四是追求财务风险最小。

二、确定筹资规模

筹资规模有狭义和广义两种解释。狭义的筹资规模仅指公司需要从外部筹集的资金数额；广义的筹资规模包括公司需要从外部筹集的资金数额和需要从内部筹集的资金数额。

确定筹资规模首先是确定广义的筹资规模，然后扣除内部可筹集的数额后即可确定狭义的筹资规模（亦即需要从外部筹集的资金数额）。比如前面讲到的那个刚入职场不久的人，他需要购买一套住房供结婚居住，经过到几个楼盘考察，他选中了其中一个楼盘的一套110平方米的住房，总成交价为132万元，他要购买这套住房就要筹集132万元，这是广义的筹资规模。经盘点自己的积蓄，自己只能拿出20万元，这时，他需要对外筹集的资金数额就是112万元，这是狭义的筹资规模。再如一家公司想要建造一栋厂房，工程预算总造价为3 000万元，这是广义的筹资规模；公司自有资金只能拿出2 000万元，其余1 000万元需要向银行贷款解决，这是狭义的筹资规模。

三、列出可供选择的筹资方式

不同的财务管理主体可以选择的筹资方式不完全相同，甚至有比较大的差别。比如，国家的筹资方式主要有征收税费、发行国债等，行政机关的筹资方式主要依靠财政拨款，事业单位的筹资方式主要有财政拨款、事业收入、借款等，家庭和个人的筹资方式主要有工薪收入、经营收入、借款等。以公司为例，不同性质、不同类型、不同行业、不同规模甚至不同发展阶段的公司，它们可供选择的筹资方式都不完全一样。目前，在我国的资本市场上，可供选择的筹资方式大致可以分为三类，即股权筹资方式、债权筹资方式和期权筹资方式。

（一）股权筹资方式

股权筹资方式是指筹资者筹集到资金后，资金提供者就拥有了筹资者的股权的一种筹资方式。它具体包括非股份公司吸收投资者直接投资、股份公司非公开直接发行普通股（如采取发起设立的方式设立股份公司和引入战略投资者）、股份公司公开直接发行普通股（如采取募集设立的方式设立股份公司）、首次公开发行普通股并上市交易（简称IPO）、上市后增发普通股、股份公司发行优先股、利用留存收益等。

1. 非股份公司吸收投资者直接投资

非股份公司主要指依据《中华人民共和国公司法》（以下简称《公司法》）登记注册的有限责任公司。《公司法》规定，有限责任公司由50个以下股东出资设立。有限责任公司设立时采用股东非公开直接投资入股的方式筹集股权资金。

2. 股份公司发行普通股筹资

普通股是股票的主要种类，它是相对于优先股而言的。我国股份公司发行的普通股，面值通常为1元。《公司法》规定，设立股份有限公司，应当有2人以上200人以下为发起人，其中须有半数以上的发起人在中国境内有住所。股份有限公司的设立，可以采取发起设立或者募集设立的方式。发起设立，是指由发起人认购公司应发行的全部股份而设立公司。募集设立，是指由发起人认购公司应发行股份的一部分（一般不能少于公司股份总数的35%），其余股份向社会公开募集或者向特定对象募集而设立公司。股票发行价格可以等于票面金额，也可以超过票面金额，但不得低于票面金额。股票发行分为首次发行和再次发行两种。

3. 股份公司发行优先股筹资

优先股是一种特殊种类的股票，与普通股相比，它的优先主要体现在两个方面：一是可以比普通股优先分配股息，二是可以比普通股优先分配剩余财产。优先股的种类比较多。按照发行人是否可以赎回来划分，优先股可以分为可赎回优先股（即发行人可以有条件地赎回）和不可赎回优先股（即发行人不能赎回）；按照是否可以转换成普通股来划分，优先股可以分为可转换优先股（即可以转换成普通股）和不可转换优先股（即不能转换成普通股）；等等。

4. 利用留存收益

公司的留存收益主要包括其他综合收益、专项储备、盈余公积和未分配利润。这些留存收益的权益归属于股东，股东本应该分配拿走，但按照《公司法》和其他相关法规的规定以及公司持续经营的需要，它们又要留在公司里让公司继续使用，这就相当于公司从股东手上得到了一笔资金来使用。

（二）债权筹资方式

债权筹资方式是指筹资者筹集到资金后，资金提供者就拥有了筹资者的债权的一种筹资方式，由于它是负债筹集资金，因此又可以叫作负债筹资方式或债务筹资方式。它主要有借款、发行债券或票据、典当、租赁、赊购等。

1. 借款

公司可以向银行、财务公司、小额贷款公司等金融机构或其他组织和个人借款。借款分为信用借款、抵押借款和质押借款。其中，质押借款除了传统的质押借款以外，近几年资本市场上广泛推出了存货质押借款和股权质押借款。存货质押借款又称金融仓储，是指融资公司将自有或者第三人（经物权人同意）具有合法所有权的库存货物（原材料、半成品、产成品）存入物流机构仓库中，并以物流机构出具的仓单或直接利用存货为质押标的，从金融机构取得借款的活动。物流机构在质押期间对质押物进行监管，并承担质押物短少、毁损、灭失的赔偿责任。股权质押借款是指按《担保法》规定的质押方式以借款人或第三人持有的股权作为质物向商业银行、政策性银行等金融机构以及其他财务管理主体取得的借款。这里所说的借款人或第三人是出质人。股权包括出质人持有的股份有限公司股权或有限责任公司股权。

2. 发行债券或票据

公司可以通过发行公司债券来筹集资金。《公司法》规定，公司债券是指公司依照法定程序发行、约定在一定期限还本付息的有价证券。公司发行公司债券应当符合《中华人民共和国证券法》（以下简称《证券法》）规定的发行条件。《证券法》规定，公开发行公司债券，应当符合下列条件：（1）具备健全且运行良好的组织机构；（2）最近三年平均可分配利润足以支付公司债券一年的利息；（3）国务院规定的其他条件。公开发行公司债券筹集的资金，必须按照公司债券募集办法所列资金用途使用；改变资金用途，必须经债券持有人会议作出决议。公开发行公司债券筹集的资金，不得用于弥补亏损和非生产性支出。

公司还可以通过发行票据来筹集资金。票据主要指短期融资券和中期票据。这两种票据都是发行人通过加入中国银行间市场交易商协会后在该协会的市场上发行的资金筹集工具。中国银行间市场交易商协会是银行间债券市场、拆借市场、票据市场、外汇市场和黄金市场参与者共同的自律组织，协会业务主管单位为中国人民银行。协会经国务院同意、民政部批准，于2007年9月3日成立，为全国性的非营利性社会团体法人，其业务主管部门为中国人民银行。协会会员包括单位会员和个人会员，银行间债券市场、拆借市场、外汇市场、票据市场和黄金市场的参与者、中介机构及相关领域的从业人员和专家学者均可自愿申请成为协会会员。协会单位会员涵盖政策性银行、商业银行、信用社、保险公司、证券公司、信托公司、投资基金、财务公司、信用评级公司、大中型工商企业等各类金融机构和非金融机构。

3. 典当、租赁、赊购

典当是指当户将其动产、财产权利作为当物质押或者将其房地产作为当物抵押给典当行，交付一定比例费用，取得当金，并在约定期限内支付当金利息、偿还当金、赎回当物的行为。从这个定义就可以判断，典当是一种债权筹资方式。经营性租赁虽然在很多情况下都是先支付租金然后才能使用租赁物，但自从租赁合同（或协议）生效之日起，租赁方就产生了租期结束要归还租赁物的义务，因此，经营性租赁属于债权筹资方式。而融资租赁，又称金融租赁或财务租赁，是指出租人根据承租人对租赁物件的特定要求和对供货人的选择，出资向供货人购买租赁物件，并租给承租人使用，承租人则分期向出租人支付租金，在租赁期内租赁物件的所有权属于出租人所有，承租人拥有租赁物件的使用权。融资租赁也是债权筹资方式。赊购是在没有支付货款的情况下就取得物资（资金）的使用权，将来要在约定的时间偿还货款，因此，它是典型的债权筹资方式。

（三）期权筹资方式

期权筹资方式是指筹资者筹集到资金后，资金提供者就拥有了筹资者的期权的一种筹资方式。常见的期权筹资方式主要有可转换债券、可交换债券和永续债。

可转换债券简称可转债，是指债券持有人可以在发行时约定的时间按照约定的价格将债券转换成公司的普通股票的债券。这种债券一旦发行成功，就赋予了持有人转换或不转换的选择权。如果债券持有人不想转换，则可以继续持有债券，直到偿还期满时收取本金和利息，或者在流通市场出售变现。如果持有人看好发债公司股票增值潜力，在宽限期之后可以行使转换权，按照预定转换价格将债券转换成股票，发债公司不得拒绝。

可交换债券全称为“可交换他公司股票的债券”，是指上市公司的股东通过抵押其持有的股票给托管机构进而发行的公司债券。该债券的持有人在将来的某个时期内，能按照债券发行时约定的条件用持有的债券换取发债人抵押的上市公司股权。可交换债券是一种内嵌期权的金融衍生品，严格地说是可转换债券的一个特殊品种。

永续债又称无期债券，是指没有明确的到期时间或者期限非常长（一般超过30年）的债券。永续债券一般以3年或5年为一个计价周期，在一个计价周期内，该债券的利率锁定为一个固定水平，发行人按该利率水平向投资者支付利息。在债券的每个计价周期末，发行人有权选择是否将债券赎回。永续债也被称为“债券中的股票”，因为永续债发行人不仅没有固定的还本期限，同时在永续债的每个付息日，发行人也可以自行选择将当期利息以及已经递延的所有利息推迟至下一个付息日支付，且不受任何递延支付利息次数的限制，亦不被视为违约行为。由此可见，永续债的期权是掌握在发行人手中的。但发行人行使期权时会受到相关条款的制约，比如利率跳升条款，即一个付息周期结束后发行人如果不赎回债权，则下一个付息周期的利率就会有较大幅度的跳升；再如限制分红条款，即发行人在没有全部付清递延利息及其孳息之前，不得向股东分红，不得减少注册资本，不得向偿付顺序劣后于永续债的证券进行任何形式的偿付，而且递延利息要按照当期票面利率复利计息，有的永续债还对利息递延设置了罚息。

四、计算资金成本

（一）资金成本的构成

资金成本是财务管理主体为了筹集和使用资金而导致的现金流出，它主要由两项费用构成，一项是筹资费用，另一项是用资费用。

1. 筹资费用

筹资费用是指在筹资过程中，为取得资金的使用权而发生的现金流出。比如，某人向亲戚借款 5 000 元，亲戚嘱咐他来家里取，他去亲戚家取钱时，买了一只烧鸭和一瓶酒带去，共花费 70 元，这 70 元就是他为了取得这笔借款而导致的现金流出，是他这次筹资的筹资费用。再如，公司首次公开发行股票并上市交易（简称 IPO）发生的中介费用包括承销保荐费用、审计费用、法律费用、信息披露费用以及其他费用，这些费用就是公司 IPO 的主要筹资费用。据大象君统计，2022 年 1 月 1 日到 6 月 17 日，中国内地 A 股新上市公司共有 155 家，其中，创业板 64 家，科创板 50 家，主板 24 家，北交所 17 家，它们的发行费用如表 4－1 所示。

表 4－1　　中国内地 A 股新上市 155 家公司发行费用表

数值	首发募资额（亿元）	承销保荐费用（万元）	审计费用（万元）	法律费用（万元）	信息披露费用（万元）	其他费用（万元）
中位数	9.60	6 478.78	981.43	519.69	457.08	60.25
平均数	18.78	8 295.41	1 060.04	554.23	439.18	75.86
最高值	519.81	54 060.42	7 016.46	2 434.86	647.00	1 032.72
最低值	0.94	607.55	66.04	53.77	4.72	0.00

数据来源：大象投资顾问、大象研究院。

表 4－1 中，155 家公司平均每家公司募资 18.78 亿元，平均每家公司发生发行费用 1.04 亿元，平均每家公司的发行费用率为 5.54%。公司上市的筹资费用除了上述这些发行费用之外，还会发生税务成本、社保成本、上市筹备费用、高级管理人员报酬等。

税务成本。公司在上市过程中要聘请注册会计师规范公司以往的会计处理，保证公司的会计信息质量达到上市要求，这就有可能发现公司以往的会计处理中有处理不当从而造成少缴税款的情况。一旦发现这种情况，公司就要补缴税款甚至还要缴纳滞纳金和罚款。

社保成本。在劳动密集型公司，往往存在劳动用工不规范的问题。比如降低社保基数、少报用工人数、以综合保险代替城镇社保、少计加班工资、少计节假日工资等。发审委对于公司劳动用工的规范要求异常严格，因此，拟上市公司一般均会因此付出更高的社保成本。

上市筹备费用。上市筹备工作是一个系统工程，不仅需要各个职能部门按照上市公司的规范性要求提升管理水平，还要求组建一个专业的上市筹备工作团队对整个上市筹备工作进行组织与协调。因此，上市筹备费用对于公司来讲，也是必须考虑的成本因素。上市筹备费用主要包括上市筹备工作团队以及各部门为加强管理而新增的人力成本，公司治理、制度规范、流程再造培训费用，为加强内部控制规范而新增的管理成本等。

高级管理人员报酬。公司在筹备上市的过程中，为了满足公司治理的要求，不得不安排更多的董事、监事和高级管理人员，从而造成更多的高级管理人员报酬支出。

2. 用资费用

用资费用是指在取得资金使用权之后，因持续使用所筹集到的资金而发生的现金流出。

以债权筹资方式筹集到的资金，筹资者要持续使用，就要按照约定的时间、利率、方式给资金提供者（债权人）支付利息，到了约定的还本日期还要归还本金。支付利息和归还本金所导致的现金流出就是债权筹资方式的用资费用。

以股权筹资方式筹集到的资金，筹资者要持续使用，就要按照公司章程的约定和股东大会的决议给资金提供者（股东）分配利润（分红）。分配利润（分红）所导致的现金流出就是股权筹资方式的用资费用。通过证券交易所发行债券、股票或其他融资工具的，用资费用还包括证券交易所每年收取的管理费。

以期权筹资方式筹集到的资金，期权拥有人行权之前，用资费用的构成与以债权筹资方式筹集到的资金的用资费用相一致；期权拥有人行权之后，用资费用的构成与以股权筹资方式筹集到的资金的用资费用相一致。但永续债终究是“债”，不管发行人行不行使赎回权或利息递延权，其用资费用的构成都与以债权筹资方式筹集到的资金的用资费用相同。

据21世纪经济2020年12月24日报道，2020年10月23日，据Qeubee数据，华为完成首次境内发债，中期票据“19华为MTN001”票面利率3.48%，全场认购倍数3.08倍，边际倍数35.5倍。根据申购说明，“19华为MTN001”债务融资工具期限为3年，发行规模为30亿元，申购区间为3.30%～3.90%。此前，联合资信评级对华为投资控股有限公司的主体长期信用评级、中票评级均为AAA，评级展望稳定。基于对公司主体长期信用状况以及本期中期票据偿还能力的综合评估，联合资信认为，公司主体偿债风险极小，本期中期票据的偿还能力极强，违约风险极低。

据每日经济新闻2022年4月2日报道，2022年4月2日，华为2021年度股东分红方案正式出炉，总分红614亿元，惠及华为超13万名员工。日前，华为披露了2021年年报，全年实现营业收入6 368亿元，净利润同比增长75.9%至1 137亿元。分红614亿元，这也意味着华为的分红比例高达54%。华为2021年年报显示，华为投资控股有限公司是100%由员工持有的民营企业，股东为华为投资控股有限公司工会委员会和任正非。公司通过工会实行员工持股计划，员工持股计划参与人数为131 507人（截至2021年12月31日），参与人均为公司在职员工或退休保留人员。这意味着华为超过13万名员工将能够参与此次华为的年度分红计划，人均分红近47万元。以华为2021年年底19.5万名总员工计算，目前华为员工持股人数占比达到67.4%。

华为公司上述发债后的还本付息和分红所导致的现金流出都属于用资费用。

（二）资金成本的计算原理

计算资金成本时，通常将筹资费用从筹资总额中扣除。筹资总额扣除筹资费用后的余额称为筹资净额（即公司实际可使用的资金数额）。资金成本的计算是以筹资净额为基础来进行的。

不同方式、不同笔数筹集到的资金，其资金成本一般都不同，因此，资金成本的计算需要分别计算单项资金的成本和全部资金的加权平均成本。其中，单项资金成本的计算采用未来现金流量折现法，即把取得该项资金使用权之后因使用该项资金而发生的现金流出量都折为现值，得到一个现值总和，能够使这个现值总和正好等于该项资金的筹资净额的那个折现率，就是该项资金的成本率。全部资金加权平均成本的计算是以各单项资金数额占全部资金总额的比重为权重对各单项资金成本进行加权而计算的。本书将介绍债权资金成本和股权资金成本的计算方法，至于期权资金，由于它行权前是“债”，行权后是“股”（永续债行权前后都是“债”），因此，不再单独介绍期权资金成本的计算方法。

（三）债权资金成本的计算方法

债权资金成本主要由筹资费用、用资费用这两项费用构成。其中，用资费用是指支付利息和偿还本金所导致的现金流出。需要明确的是，支付的利息可以在所得税前扣除，所以，支付利息所导致的现金流出量应该是抵消所得税支出后的税后现金流出量。设 I 为支付利息所导致的现金流出量，T 为所得税税率，则支付利息所导致的现金流出量抵消所得税支出后的税后现金流出量即为：$I\times(1-T)$。假设某公司支付了 100 万元利息，在收入和其他成本费用不变的情况下，它的应纳税所得额就会减少 100 万元，当所得税税率为 25% 时，它就可以因支付这笔利息而少交 25 万元的所得税，那么，它的抵消所得税支出后的税后现金流出量（即实际的利息负担）就是 $100\times(1-25\%)=75$（万元）或 $100-25=75$（万元）。这就是利息抵税的基本原理。债权资金成本计算的标准公式如下：

$$P\times(1-f)=\sum_{t=1}^{n}\frac{I_t\times(1-T)+B_t}{(1+K)^t}$$

式中，P 为债权筹资总额，f 为筹资费用率，$P\times(1-f)$ 为筹资净额，I_t 为第 t 期的利息支出，T 为所得税税率，B_t 为第 t 期偿还的本金，K 为该项债权资金的成本率，n 为该项债权的偿还期限。

由债权资金成本计算的标准公式可知，在筹资总额、筹资费用率、偿还期限和所得税税率已经确定的情况下，债权资金成本 K 的大小就取决于还本付息的方式。因为还本付息方式不同，各期支付的本金和利息就不同，所导致的现金流出量也不同，最后计算出来的折现率（即资金成本率）也不同。常见的还本付息方式主要有期满一次还本付息，分期付息、期满还本，分期还本付息，年金形式还本付息等。

【例 4-1】 某公司计划向银行借款 300 万元，偿还期限为 3 年，年利率为 8%，筹资费用为 2 万元。假设有四种还本付息方式，如表 4-2 所示，试计算这四种还本付息方式下的资金成本。

表 4-2　　某公司借款四种可能的还本付息方式　　单位：万元

序号	偿还方式	第 1 年年末还款	第 2 年年末还款	第 3 年年末还款	还款总额
1	期满一次还本付息	0	0	本金 300 利息 72	372
2	分期付息期满还本	利息 24	利息 24	本金 300 利息 24	372
3	分期还本付息	本金 100 利息 24	本金 100 利息 16	本金 100 利息 8	348
4	年金形式还本付息	本息合计 124	本息合计 124	本息合计 124	372

计算过程和结果如下：

1. 设方式 1 的资金成本为 K_1，则有：

$$300-2=\frac{72\times(1-25\%)+300}{(1+K_1)^3}$$

对上式进行移项，得：

$$\frac{1}{(1+K_1)^3}=\frac{298}{354}=0.8418$$

查复利现值系数表可知，当 $K_1=5\%$ 时，3 年的复利现值系数为 0.8638，当 $K_1=6\%$ 时，3 年的复利现值系数为 0.8396，由此可以判断，3 年复利现值系数为 0.8418 时所对应的折现率必定介于 5% ~6%，这时，用内插法即可求出 K_1 的值。

$$\frac{K_1-5\%}{0.8418-0.8638}=\frac{6\%-5\%}{0.8396-0.8638}$$

$$K_1=5\%+\frac{0.8418-0.8638}{0.8396-0.8638}\times(6\%-5\%)=5.91\%$$

计算结果表明，当采用期满一次还本付息的方式偿还时，这笔借款的资金成本为 5.91%。

2. 设方式 2 的资金成本为 K_2，则有：

$$300-2=24\times(1-25\%)\times\frac{1-(1+K_2)^{-3}}{K_2}+\frac{300}{(1+K_2)^3}$$

$$298=18\times\frac{1-(1+K_2)^{-3}}{K_2}+\frac{300}{(1+K_2)^3}$$

当 $K_2=6\%$ 时，等式右边值为 300，大于 298；

当 $K_2=7\%$ 时，等式右边值为 292，小于 298，则：

$$\frac{K_2-6\%}{298-300}=\frac{7\%-6\%}{292-300}$$

$$K_2=6\%+\frac{298-300}{292-300}\times(7\%-6\%)=6.25\%$$

计算结果表明，当采用分期付息、期满还本的方式偿还时，这笔借款的资金成本为 6.25%。

3. 设方式 3 的资金成本为 K_3，则有：

$$300-2=100\times\frac{1-(1+K_3)^{-3}}{K_3}+\frac{24\times(1-25\%)}{(1+K_3)^1}+\frac{16\times(1-25\%)}{(1+K_3)^2}+\frac{8\times(1-25\%)}{(1+K_3)^3}$$

$$298=100\times\frac{1-(1+K_3)^{-3}}{K_3}+\frac{18}{(1+K_3)^1}+\frac{12}{(1+K_3)^2}+\frac{6}{(1+K_3)^3}$$

当 $K_3=6\%$ 时，等式右边值为 300，大于 298；

当 $K_3=7\%$ 时，等式右边值为 295，小于 298，则：

$$\frac{K_3-6\%}{298-300}=\frac{7\%-6\%}{295-300}$$

$$K_3 = 6\% + \frac{298 - 300}{295 - 300} \times (7\% - 6\%) = 6.40\%$$

计算结果表明，当采用分期还本付息的方式偿还时，这笔借款的资金成本为6.40%。

4. 设方式4的资金成本为K_4，当每年偿还124万元时，需要先计算出这笔借款的实际利率。设这笔借款的实际利率为i，则有：

$$124 \times \frac{1 - (1+i)^{-3}}{i} = 300，则：\frac{1 - (1+i)^{-3}}{i} = \frac{300}{124} = 2.4194$$

查年金现值系数表，当i=11%时，3年的年金现值系数为2.4437；当i=12%时，3年的年金现值系数为2.4018。由此可以判断，所求的实际利率i必定大于11%而小于12%，用内插法计算，得到i=11.58%。即当每年偿还124万元时，这笔借款的实际利率达到11.58%。然后按照这个实际利率将每年所偿还的124万元都分解为本金和利息，得到表4-3的数据。

表4-3　　某公司每年偿还124万元的本息分解表　　单位：万元

年份	年初本金	年末偿还金额	其中偿还利息	其中偿还本金	年末剩余本金
1	300	124	34.74	89.26	210.74
2	210.74	124	24.40	99.60	111.14
3	111.14	124	12.86	111.14	0
合计	—	372	72	300	—

表中利息和本金的计算方法如下：

第1年偿还的利息=300×11.58%=34.74（万元），偿还的本金=124-34.74=89.26（万元）

第2年偿还的利息=210.74×11.58%=24.40（万元），偿还的本金=124-24.40=99.60（万元）

第3年偿还的利息=111.14×11.58%=12.87（万元）（注：表中之所以取12.86，是为了抹平因四舍五入造成的误差），偿还的本金=124-12.86=111.14（万元）。

将每年偿还的124万元分解为本金和利息，一是便于会计入账，因为在账务处理上，本金和利息所适用的会计科目是不一样的；二是便于计算资金成本，因为利息是可以抵税的，必须把抵税前的利息负担调整为抵税后真实的利息负担才能准确地计算资金成本。以表4-3的数据为依据，计算方式4的资金成本如下：

$$300 - 2 = \frac{89.26 + 34.74 \times (1 - 25\%)}{(1+K_4)^1} + \frac{99.6 + 24.4 \times (1 - 25\%)}{(1+K_4)^2} + \frac{111.14 + 12.86 \times (1 - 25\%)}{(1+K_4)^3}$$

通过试算，当$K_4 = 9\%$时，上式右边的值正好等于298，说明当每年等额偿还124万元时，这笔借款的资金成本为9%。

现将四种偿还方式下的资金成本计算结果列表比较，如表4-4所示。

表 4-4　　某公司借款四种可能的还本付息方式下的资金成本比较表　　单位：万元

序号	偿还方式	第1年年末还款	第2年年末还款	第3年年末还款	还款总额	资金成本
1	期满一次还本付息			本金300 利息72	372	5.91%
2	分期付息期满还本	利息24	利息24	本金300 利息24	372	6.25%
3	分期还本付息	本金100 利息24	本金100 利息16	本金100 利息8	348	6.40%
4	年金形式还本付息	本息合计124	本息合计124	本息合计124	372	9.00%

由表 4-4 可以看出，还本付息导致的现金流出越靠前，资金成本就会越大；反之，资金成本就会越小。如果一笔借款的偿还时间很长乃至趋于无穷，而且是期满一次还本付息，那么这笔借款的资金成本也就趋于零了。

本例中，第 4 种偿还方式即每年等额偿还 124 万元其实是一个陷阱。借款本金 300 万元，年利率 8%，期限 3 年，如果是期满一次还本付息，三年的利息合计是 72 万元，还款总额是 372 万元。现改为每年等额偿还本息，每年的偿还金额就是 372 ÷ 3 = 124（万元）。这里就是陷阱了！如果财务管理知识学得不精，看不出这里的陷阱，这样还款就吃大亏了。

采用年金的形式偿还时，每年的还本付息金额应该根据借款合同签订时的市场利率（实际利率）按照年金现值的计算公式来计算。设借款合同签订时的市场利率 i = 8.20%，每年等额偿还的金额为 A，则有：

$$A \times \frac{1-(1+8.20\%)^{-3}}{8.20\%}=300，则：A=300 \div \frac{1-(1+8.20\%)^{-3}}{8.20\%}$$

查年金现值系数表，当 i = 8% 时，3 年的年金现值系数为 2.5771；当 i = 9% 时，3 年的年金现值系数为 2.5313；这两个年金现值系数之差 = 2.5771 − 2.5313 = 0.0458，则当 i = 8.20% 时，3 年的年金现值系数 = 2.5771 − 0.2 × 0.0458 = 2.56794。这时，每年等额偿还的金额 A = 300 ÷ 2.56794 ≈ 117（万元）（四舍五入取整数），这才是公平公正的三年每年等额偿还的金额。

（四）股权资金成本的计算方法

股权资金成本也主要由筹资费用、用资费用这两项费用构成。其中，用资费用是指分配利润（分红）所导致的现金流出。需要明确的是，分配利润（分红）是在确认了所得税费用之后才发生的行为，它所导致的现金流出量本身就是所得税后的现金流出量。这是股权资金成本与债权资金成本在计算上的区别之一。股权资金成本计算的标准公式如下：

$$P \times (1-f) = \sum_{t=1}^{n} \frac{D_t}{(1+K)^t}$$

式中，P 为每股发行价，f 为发行费用率，P ×（1 − f）为每股筹资净额，D_t 为取得股权资金使用权之后第 t 年的每股股利，K 为该项股权资金的成本率，n 为股利支付期数（n→∞）。

从上述公式可以看到，由于股权资金不得退股，使用股权资金而发生的现金流出只有取得股权资金使用权之后每年支付的股利，因此，股权资金成本的计算结果受公司的股利分配政策影响很大。当公司预计的股利分配政策不一样时，股权资金成本的计算结果也不一样。现实中，公司的股利分配政策是复杂多变的，任何机构或个人都无法准确预知一家公司未来的股利分配结果，因此，利用上述公式计算一家公司的股权资金成本，必须对复杂多变的股利分配政策做出假设。常见的假设有以下三种。

1. 假设一家公司未来永远采取固定不变的股利政策，这时，每年的每股股利就是一个恒定的 D，则股权资金成本计算的标准公式就可以修正为以下公式：

$$P \times (1-f) = \sum_{t=1}^{n} \frac{D}{(1+K)^t}$$

这时，每年固定不变的每股股利 D 就是一个永续年金，而永续年金现值恰好等于年金除以折现率，这时就会有：

$$P \times (1-f) = \frac{D}{K}$$

$$K = \frac{D}{P \times (1-f)}$$

即股权资金成本等于每年固定不变的每股股利 D 除以每股筹资净额。

2. 假设一家公司未来永远采取股利逐年定速增长的政策，则股权资金成本计算的标准公式就可以修正为以下公式：

$$P \times (1-f) = \sum_{t=1}^{n} \frac{D_0 \times (1+g)^t}{(1+K)^t}$$

式中，D_0 为公司本次筹集股权资金前最后一期的每股股利，g 为公司本次筹集股权资金后预计每股股利的逐年定速增长率，其他字母的含义与前述相同。

对上式进行数学化简后，得到股权资金成本 K 的计算公式如下：

$$K = \frac{D_0 \times (1+g)}{P \times (1-f)} + g\text{，或者 } K = \frac{D_1}{P \times (1-f)} + g$$

式中，D_1 为公司本次筹集股权资金后首期的每股股利，其他字母的含义如前所述。

3. 假设一家公司未来永远采取股利逐年变速增长的政策，则股权资金成本计算的标准公式就可以修正为以下公式：

$$P \times (1-f) = \sum_{t=1}^{n} \frac{D_{t-1} \times (1+g_t)}{(1+K)^t}$$

式中，D_{t-1}为第 t 年前一年（即 t－1 年）的每股股利，g_t 为第 t 年的每股股利相对于 D_{t-1}而言的增长率，其他字母的含义如前述。

当 $n \to \infty$ 时，上式无解，利用上式是无法求出 K 的。因此，我们必须再假设公司的每股股利在一个较短的有限年限（用 m 表示，如 m＝3 或 5 等）内逐年变速增长，而在该有限年限之后（即 m＋1 年之后）则每年的每股股利都固定在一个水平上或者定速增长。当 m＋1 年之后每年的每股股利都固定在一个水平上时，可利用下式求出股权资金成本。

$$P \times (1-f) = \sum_{t=1}^{m} \frac{D_{t-1} \times (1+g_t)}{(1+K)^t} + \frac{D_{m+1}}{K} \times \frac{1}{(1+K)^m}$$

当 m+1 年之后每年的每股股利定速增长时，可利用下式求出股权资金成本。

$$P \times (1-f) = \sum_{t=1}^{m} \frac{D_{t-1} \times (1+g_t)}{(1+K)^t} + \frac{D_{m+1}}{K-g_{m+1}} \times \frac{1}{(1+K)^m}$$

式中，D_{m+1}为第 m+1 年的每股股利，g_{m+1}为第 m 年以后股利逐年定速增长率，其他字母的含义如前述。

【例 4-2】 某公司 2023 年 10 月份成功发行了一批新股票，每股发行价为 20 元，发行费用率为 8%，发行前最后一期股利是每股 2 元。假设该公司从 2024 年起有可能实行以下三种股利政策中的某一种政策，试分别计算这三种可能的股利政策下的股权资金成本。

(1) 从 2024 年起继续实行每股 2 元的股利政策直至永远。

(2) 从 2024 年起，每年的每股股利在 2 元的基础上逐年增长 10%。

(3) 2024 年至 2026 年每股股利分别为 2 元、2.1 元、2.3 元，从 2027 年起每年的每股股利都固定在 2.5 元。

计算过程和结果如下：

(1) 从 2024 年起继续实行每股 2 元的股利政策直至永远，则股权资金成本计算如下：

$$K = \frac{D}{P \times (1-f)} = \frac{2}{20 \times (1-8\%)} = 10.87\%$$

(2) 从 2024 年起，每年的每股股利在 2 元的基础上逐年增长 10%，则股权资金成本计算如下：

$$K = \frac{D_0 \times (1+g)}{P \times (1-f)} + g = \frac{2 \times (1+10\%)}{20 \times (1-8\%)} + 10\% = 11.96\%$$

(3) 2024 年至 2026 年每股股利分别为 2.1 元、2.2 元、2.3 元，从 2027 年起每年的每股股利都固定在 2.5 元，则股权资金成本计算如下：

$$P \times (1-f) = \sum_{t=1}^{m} \frac{D_{t-1} \times (1+g_t)}{(1+K)^t} + \frac{D_{m+1}}{K} \times \frac{1}{(1+K)^m}$$

$$20 \times (1-8\%) = \frac{2.1}{(1+K)^1} + \frac{2.2}{(1+K)^2} + \frac{2.3}{(1+K)^3} + \frac{2.5}{K} \times \frac{1}{(1+3)^3}$$

对上式进行试算，当 K=20% 时，等式右边值为 19.1，大于等式左边值；当 K=25% 时，等式右边值为 17.1，小于等式左边值。由此可以判断，所求的 K 必定是介于 20%～25%。用内插法计算得 K=21.75%。计算过程如下：

$$\frac{K-20\%}{18.4-19.1} = \frac{25\%-20\%}{17.1-19.1}$$

$$K = 20\% + \frac{18.4-19.1}{17.1-19.1} \times (25\%-20\%) = 21.75\%$$

在以上三种假设条件下，虽然把股权资金成本计算出来了，但是，现实中这三种假设根本不存在，没有人能够准确预见到一家公司未来将如何分配利润。因此，利用未来现金流量折现法来计算股权资金的成本缺乏现实基础，实践中不具有操作性。为此，有人提出利用“无风险报酬率+风险报酬率=投资者期望报酬率”中的投资者期望报酬率作为股权资金的成本，但投资者期望报酬率并不等于投资者实际报酬率，现实中，长期不给股东分配利润的公司并不少见，用投资者期望报酬率作为股权资金的成本并不符合实际。因此，现实中是无法准确计算股权资金成本的，为了体现股权资金成本的存在，可以用官方发布的 5—10 年期的长期贷款利率来代替股权资金成本。

五、分析筹资风险

筹资风险包括筹资过程风险和筹资结果风险。筹资过程风险是指各种筹资方式在实施过程中所存在的不确定性。比如意向投资人最终不愿意出资、股票或者债券发行失败、借款谈判失败等。这种风险的分析通常采用定性分析的方法来进行，如分析筹资者自身的条件是否达到证券发行机构或监管机构以及资金提供者所要求的条件。筹资结果风险是指资金筹集到位后所形成的财务风险。这种风险的分析通常采用定量分析的方法来进行，即通过计算财务杠杆系数来进行。

（一）财务杠杆作用及其产生的原因

财务杠杆作用是指息税前利润（EBIT）的变动引起每股收益（EPS）发生更大幅度的变动的财务现象，或者是指每股收益（EPS）变动幅度大于息税前利润（EBIT）变动幅度的财务现象。

为了讨论这种财务现象发生的原因，请先看以下公式：

$$EPS = \frac{(EBIT - I) \times (1 - T)}{N}$$

式中，EPS 为普通股每股收益，EBIT 为息税前利润，I 为债权资金的利息支出，T 为所得税税率，N 为发行在外的普通股股数。

在上式中，所得税税率 T 是由国家税收法规规定的，一般保持长期稳定，可以视作数学上的常量。发行在外的普通股股数 N 受《公司法》和其他相关法规的约束，大多数情况下也长期保持不变，也可以视为数学上的常量。当 T 和 N 都是常量时，$(1-T)/N$ 也是常量。这时，如果利息 I 为零，则每股收益（EPS）就等于息税前利润（EBIT）乘以一个常量，根据数学原理，这时每股收益（EPS）的变动幅度与息税前利润（EBIT）的变动幅度就是相等的，就不存在以上所说的财务杠杆作用；但如果利息 I 不为零，则每股收益（EPS）就等于息税前利润（EBIT）减去利息 I 后再乘以一个常量，这就必然导致每股收益（EPS）的变动幅度大于息税前利润（EBIT）的变动幅度，产生了以上所说的财务杠杆作用。可见，财务杠杆作用的产生是由于公司存在利息费用，而利息费用的发生是因为公司有负债（严格地说是有带息的负债），因此，财务杠杆作用是由负债而引起的。

由于财务杠杆作用是由负债而引起的，因此，在资产（资金）规模既定的情况下，资产负债率越高，财务杠杆作用就越大；反之，资产负债率越低，财务杠杆作用就越小；当资产负债率为零时，财务杠杆作用也完全消失。而资产负债率的高低直接受到筹资方式的影响：股权筹资方式可使资产负债率降低，债权筹资方式会导致资产负债率上升。

（二）财务杠杆作用的正反两方面表现

正面作用：因为负债的存在，息税前利润的增长就会带动每股收益以更大的幅度增长。因此，当息税前利润率大于债务利率时，增加债务有助于提高每股收益。

负面作用：因为负债的存在，息税前利润的下跌就会带动每股收益以更大的幅度下跌。因此，当息税前利润率小于债务利率时，增加债务必然会降低每股收益。

【例 4-3】 张三发现了一个商机，投资 100 元，可获得 20 元的息税前利润，即息税前利润率为 20%。但他自己只有 60 元，凭他一个人的资金是做不成这单生意的。这时，如果他很想做成这单生意，他有两个筹资方案可以选择：一是邀请一个人合伙，出资40元；二是向一个人借款40元，利率10%。试分析这两个不同筹资方案下的财务杠杆作用。

分析过程和结果如下：

当息税前利润率为20%、借款利率为10%时，张三两种筹资方案的每股收益计算如表4－5所示。

表4－5　　息税前利润率为20%、借款利率为10%的情况下张三两种筹资方案的每股收益计算表

单位：元

<table>
<tr><th>筹资方案</th><th>资金总额</th><th colspan="2">资金来源</th><th>张三资产负债率</th><th>息税前利润</th><th>息税前利润归属</th><th>每股税前收益</th></tr>
<tr><td rowspan="2">邀人合伙</td><td rowspan="2">100</td><td>张三</td><td>60</td><td rowspan="2">0</td><td rowspan="2">20</td><td>12</td><td>0.2</td></tr>
<tr><td>合伙人</td><td>40</td><td>8</td><td>0.2</td></tr>
<tr><td rowspan="2">向人借钱</td><td rowspan="2">100</td><td>张三</td><td>60</td><td rowspan="2">40%</td><td rowspan="2">20</td><td>16</td><td>0.27</td></tr>
<tr><td>债权人</td><td>40</td><td>4</td><td>0.10</td></tr>
</table>

由表4－5可以看到，当张三的资产负债率为零时，他的每股税前收益为0.2元，而当张三的资产负债率为40%时，他的每股税前收益为0.27元，大于0.2元，每股多出的0.07元是负债带来的，属于财务杠杆效益。

当息税前利润率为30%、借款利率为10%时，张三两种筹资方案的每股收益计算如表4－6所示。

表4－6　　息税前利润率为30%、借款利率为10%的情况下张三两种筹资方案的每股收益计算表

单位：元

<table>
<tr><th>筹资方案</th><th>资金总额</th><th colspan="2">资金来源</th><th>张三资产负债率</th><th>息税前利润</th><th>息税前利润归属</th><th>每股税前收益</th></tr>
<tr><td rowspan="2">邀人合伙</td><td rowspan="2">100</td><td>张三</td><td>60</td><td rowspan="2">0</td><td rowspan="2">30</td><td>18</td><td>0.3</td></tr>
<tr><td>合伙人</td><td>40</td><td>12</td><td>0.3</td></tr>
<tr><td rowspan="2">向人借钱</td><td rowspan="2">100</td><td>张三</td><td>60</td><td rowspan="2">40%</td><td rowspan="2">30</td><td>26</td><td>0.43</td></tr>
<tr><td>债权人</td><td>40</td><td>4</td><td>0.10</td></tr>
</table>

由表4－6可知，当息税前利润由20元提高到30元，增长幅度为50%时，邀人合伙这个筹资方案下张三的每股税前收益由0.2元提高到0.3元，增长幅度为50%，即每股税前收益增长的幅度与息税前利润增长的幅度是相等的，这个时候没有财务杠杆作用，因为他的资产负债率为零。而向人借钱这个筹资方案下张三的每股税前收益则由0.27元提高到0.43元，增长幅度为59.26%，即每股税前收益增长的幅度大于息税前利润增长的幅度，这个时候就存在财务杠杆作用，因为他的资产负债率为40%。这是息税前利润增长的情况下有财务杠杆作用和没有财务杠杆作用引起每股收益增长的区别，当息税前利润下降时，有财务杠杆作用和没有财务杠杆作用引起每股收益下降也同样有这种区别。

本例中，张三向人借钱做这单生意所得到的每股收益之所以大于邀人合伙做这单生意所得到的每股收益，是因为息税前利润率20%大于借款利率10%。如果借款利率大于息税前利润率，结果就会正好相反。现假设借款利率为30%，在息税前利润仍然为20元（即息税前利润率为20%）的情况下，两种筹资方案的每股收益计算结果如表4－7所示。

表4－7 息税前利润率为20%、借款利率为30%的情况下张三两种筹资方案的每股收益计算表

单位：元

筹资方案	资金总额	资金来源		张三资产负债率	息税前利润	息税前利润归属	每股税前收益
邀人合伙	100	张三	60	0	20	12	0.2
		合伙人	40			8	0.2
向人借钱	100	张三	60	40%	20	8	0.13
		债权人	40			12	0.30

由表4－7可知，当息税前利润率为20%、借款利率为30%时，张三采取向人借款的筹资方案每股收益仅为0.13元，而采取邀人合伙的筹资方案每股收益则有0.20元。由此印证了前述的一个原理：当息税前利润率大于债务利率时，增加债务有助于提高每股收益；而当息税前利润率小于债务利率时，增加债务必然会降低每股收益。

（三）财务杠杆作用大小的衡量：财务杠杆系数

财务杠杆作用的大小一般是用财务杠杆系数来衡量，财务杠杆系数越大，财务杠杆作用就越大；反之就越小。而财务杠杆作用越大，说明资产负债率相对较高，还本付息的潜在风险也相对较大；同时，财务杠杆作用越大，说明息税前利润的变动引起每股收益的变动幅度就越大，因此，财务风险也越大。

财务杠杆系数是每股收益的变动幅度与息税前利润的变动幅度的比值，它表示息税前利润的变动引起每股收益变动的倍数。财务杠杆系数（DFL）可用以下公式计算：

$$DFL = \frac{EBIT}{EBIT - I} = \frac{EBIT - I + I}{EBIT - I} = 1 + \frac{I}{EBIT - I}$$

$$\text{财务杠杆系数} = \frac{\text{息税前利润}}{\text{息税前利润} - \text{利息费用}}$$

$$\text{财务杠杆系数} = \frac{\text{息税前利润} - \text{利息费用} + \text{利息费用}}{\text{息税前利润} - \text{利息费用}} = 1 + \frac{\text{利息费用}}{\text{税前利润}}$$

公式中，在息税前利润已经确定的情况下，利息费用越大，财务杠杆系数就越大，财务风险也越大；当利息费用为零时，财务杠杆系数正好等于1，财务杠杆作用也为零。在上述表4－5中，如果张三采取邀人合伙的方式筹集资金，那他的财务杠杆系数就是1，没有财务杠杆作用，但如果他采取向人借钱的方式筹资，则财务杠杆系数＝20/（20－4）＝1.25。

六、选择筹资方案

选择筹资方案的过程，就是根据事先确定的筹资目标来选择筹资方案优劣的评价标准，然后选择一个最能符合筹资目标要求的筹资方案作为最终确定的筹资方案。由于不同的筹资方案会导致不同的资金来源，而不同来源的资金会形成不同的资金结构，所以，选择筹资方案的过程实际上也是选择资金结构的过程，或者说筹资决策过程实际上就是资金结构决策过程。

（一）资金结构的概念

资金是资产的价值形态，资产是资金的实物形态，两者在金额上永远是相等的。基于这个观点，本书在第一章所论述的财务是“跟资产有关的事情”，财务管理是管那些“跟资产有关的事情”这些观点，也可以表述为财务是“跟资金有关的事情”，财务管理是管那些“跟资金有关的事情”。

根据“资产 = 负债 + 所有者权益”这个会计恒等式，可得“资金 = 债权资金 + 股权资金”这个财务恒等式。

债权资金是指以负债的形式从债权人那里取得的资金，主要包括短期借款、应付款项等流动负债取得的资金以及长期借款、应付债券等长期负债取得的资金。股权资金是指投资人提供的资金，主要包括股本（或实收资本）、资本公积、盈余公积和未分配利润，其中，盈余公积和未分配利润合称留存收益。

资金结构是指各项或各类资金在资金总额或某类资金总额中的构成情况，比如各项资金占资金总额的比重、各项资金占某类资金总额的比重、各类资金占资金总额的比重、各小类资金占某大类资金总额的比重等，都属于资金结构的范畴。资金结构与前述财务杠杆作用及财务风险有着直接的联系，在资金规模既定的情况下，资产负债率越高，财务杠杆作用和财务风险就越大；反之，资产负债率越低，财务杠杆作用和财务风险就越小；当资产负债率为零时，财务杠杆作用和财务风险也完全消失。

（二）筹资决策（资金结构决策）分析方法

前已述及，公司的筹资目标通常有追求资金成本最低、追求每股收益最大、追求公司价值最大、追求财务风险最小这四种。那么，这四种筹资目标所对应的筹资方案优劣的评价标准就依次为资金成本最低、每股收益最大、公司价值最大、财务风险最小，由此而派生出了四种筹资决策（资金结构决策）分析方法，即比较资金成本法、比较每股收益法、比较公司价值法、比较财务风险法。

1. 比较资金成本法

比较资金成本法是指公司在进行筹资决策分析时，通过比较不同筹资方案下的综合资金成本的高低，确定综合资金成本最低的那个筹资方案作为最优的筹资方案。这种方法通常是在公司把资金成本最低作为筹资目标的情况下采用。

2. 比较每股收益法

比较每股收益法是指公司在进行筹资决策分析时，通过比较不同筹资方案下的每股收益的大小，确定每股收益最大的那个筹资方案作为最优的筹资方案。这种方法通常是在公司把每股收益最大作为筹资目标的情况下采用。

3. 比较公司价值法

比较公司价值法是指公司在进行筹资决策分析时，通过比较不同筹资方案下的公司价值的大小，确定公司价值最大的那个筹资方案作为最优的筹资方案。这种方法通常是在公司把公司价值最大作为筹资目标的情况下采用。

4. 比较财务风险法

比较财务风险法是指公司在进行筹资决策分析时，通过比较不同筹资方案下的财务风险的大小，确定财务风险最小的那个筹资方案作为最优的筹资方案。这种方法是在公司把财务风险最小作为筹资目标的情况下采用的。

当公司预计的息税前利润不变时，债权资金比例越小，财务杠杆作用也越小，财务风险也越小。如果公司单纯从财务风险最小这个角度去进行筹资决策，那它所获得的财务杠杆效益也最小。这不符合股权人正常的投资心理。因此，采用比较财务风险法进行筹资决策分析，通常只有在公司的财务状况、经营成果和现金流量恶化的情况下适用。如果公司的财务状况、经营成果和现金流量较为正常，应采用比较资金成本法、比较每股收益法或者比较公司价值法来作出筹资决策，决策时适度地考虑财务风险因素就可以了。

【例4-4】 如日股份有限公司是在原如日有限责任公司的基础上由5个发起人共同发起、采用募集设立方式组建的拟上市公司。公司设计的资金总额（即投资总额）为100 000万元，预计组建后每年的息税前收益为15 000万元。公司组建过程中设计了5个档次的股本规模，即6 000万股、8 000万股、10 000万股、12 000万股、14 000万股。公司组建过程中经注册会计师模拟计算的前三年平均每股收益为0.25元，股票发行价格按20倍市盈率计算，每股发行价格为5元（发起人认购与社会公众认购均按此价认购），发行费用率为5%。发行股票融资不足100 000万元的部分，通过借入长期债权资金补足，借款的筹资费用率为零。旧的长期借款到期后当即取得新的长期借款来补充，即长期债权资金的账面金额将保持长期稳定。公司的所得税税率为25%，不同股本规模下的相关资料如表4-8所示。

表4-8　　如日公司不同股本规模下的相关资料表

股本规模（万股）	发行总价（万元）	股权资金（万元）	股利发放率（%）	债权资金（万元）	税前成本（%）	资金总额（万元）	资产负债率（%）
6 000	30 000	28 500	50	71 500	8	100 000	71.5
8 000	40 000	38 000	50	62 000	8	100 000	62.0
10 000	50 000	47 500	50	52 500	8	100 000	52.5
12 000	60 000	57 000	50	43 000	7	100 000	43.0
14 000	70 000	66 500	50	33 500	7	100 000	33.5

请根据以上资料进行筹资决策分析。

分析过程和结果如下：

1. 计算不同股本规模下的股权资金成本

（1）股本规模为6 000万股时：

$$K=\frac{D}{P\times(1-f)}=\frac{(15\,000-71\,500\times8\%)\times(1-25\%)\times50\%\div6\,000}{5\times(1-5\%)}=12.21\%$$

（2）股本规模为8 000万股时：

$$K=\frac{D}{P\times(1-f)}=\frac{(15\,000-62\,000\times8\%)\times(1-25\%)\times50\%\div8\,000}{5\times(1-5\%)}=9.91\%$$

（3）股本规模为10 000万股时：

$$K=\frac{D}{P\times(1-f)}=\frac{(15\,000-52\,500\times8\%)\times(1-25\%)\times50\%\div10\,000}{5\times(1-5\%)}=8.53\%$$

（4）股本规模为12 000万股时：

$$K=\frac{D}{P\times(1-f)}=\frac{(15\,000-43\,000\times7\%)\times(1-25\%)\times50\%\div12\,000}{5\times(1-5\%)}=7.89\%$$

(5) 股本规模为 14 000 万股时：

$$K=\frac{D}{P\times(1-f)}=\frac{(15\,000-33\,500\times7\%)\times(1-25\%)\times50\%\div14\,000}{5\times(1-5\%)}=7.14\%$$

2. 计算不同股本规模下的债权资金成本

当股本规模为 6 000 万股、8 000 万股、10 000 万股时，债权资金的税前成本均为 8%，因是长期占用的资金，可视 $n\to\infty$，这时债权资金的税后成本可按下式计算：

K = 税前成本 ×（1 − 所得税税率）

$=8\%\times(1-25\%)=6.00\%$

即当股本规模分别为 6 000 万股、8 000 万股、10 000 万股时，债权资金的税后成本均为 6.00%。

同理，当股本规模分别为 12 000 万股、14 000 万股时，债权资金的税后成本均为 $K=7\%\times(1-25\%)=5.25\%$。

3. 计算不同股本规模下的综合资金成本

(1) 股本规模为 6 000 万股时：

$$\overline{K}=12.21\%\times28.5\%+6.00\%\times71.5\%=7.77\%$$

(2) 股本规模为 8 000 万股时：

$$\overline{K}=9.91\%\times38\%+6.00\%\times62\%=7.49\%$$

(3) 股本规模为 10 000 万股时：

$$\overline{K}=8.53\%\times47.5\%+6.00\%\times52.5\%=7.20\%$$

(4) 股本规模为 12 000 万股时：

$$\overline{K}=7.89\%\times57\%+5.25\%\times43\%=6.75\%$$

(5) 股本规模为 14 000 万股时：

$$\overline{K}=7.14\%\times66.5\%+5.25\%\times33.5\%=6.51\%$$

4. 计算不同股本规模下的每股收益

(1) 股本规模为 6 000 万股时：

$$EPS=\frac{(15\,000-71\,500\times8\%)\times(1-25\%)}{6\,000}=1.16\text{（元）}$$

(2) 股本规模为 8 000 万股时：

$$EPS=\frac{(15\,000-62\,000\times8\%)\times(1-25\%)}{8\,000}=0.94\text{（元）}$$

(3) 股本规模为 10 000 万股时：

$$EPS=\frac{(15\,000-52\,500\times8\%)\times(1-25\%)}{10\,000}=0.81\text{（元）}$$

(4) 股本规模为 12 000 万股时：

$$EPS=\frac{(15\,000-43\,000\times7\%)\times(1-25\%)}{12\,000}=0.75\text{（元）}$$

(5) 股本规模为 14 000 万股时：

$$EPS=\frac{(15\,000-33\,500\times7\%)\times(1-25\%)}{14\,000}=0.68\text{（元）}$$

5. 计算不同股本规模下的公司价值

（1）股本规模为 6 000 万股时：

$$V = \frac{71\ 500 \times 8\% \times (1 - 25\%)}{6.00\%} + \frac{(15\ 000 - 71\ 500 \times 8\%) \times (1 - 25\%)}{12.21\%}$$

$$= 71\ 500 + 57\ 002 = 128\ 502 \text{（万元）}$$

（2）股本规模为 8 000 万股时：

$$V = 62\ 000 + \frac{(15\ 000 - 62\ 000 \times 8\%) \times (1 - 25\%)}{9.91\%}$$

$$= 62\ 000 + 75\ 984 = 137\ 984 \text{（万元）}$$

（3）股本规模为 10 000 万股时：

$$V = 52\ 500 + \frac{(15\ 000 - 52\ 500 \times 8\%) \times (1 - 25\%)}{8.53\%}$$

$$= 52\ 500 + 94\ 959 = 147\ 459 \text{（万元）}$$

（4）股本规模为 12 000 万元时：

$$V = \frac{43\ 000 \times 7\% \times (1 - 25\%)}{5.25\%} + \frac{(15\ 000 - 43\ 000 \times 7\%) \times (1 - 25\%)}{7.89\%}$$

$$= 43\ 000 + 113\ 973 = 156\ 973 \text{（万元）}$$

（5）股本规模为 14 000 万股时：

$$V = 33\ 500 + \frac{(15\ 000 - 33\ 500 \times 7\%) \times (1 - 25\%)}{7.14\%}$$

$$= 33\ 500 + 132\ 931 = 166\ 431 \text{（万元）}$$

6. 计算不同股本规模下的财务杠杆系数

（1）股本规模为 6 000 万股时：

$$DFL_{(EBIT_0 = 15\ 000)} = \frac{15\ 000}{15\ 000 - 71\ 500 \times 8\%} = 1.62$$

（2）股本规模为 8 000 万股时：

$$DFL_{(EBIT_0 = 15\ 000)} = \frac{15\ 000}{15\ 000 - 62\ 000 \times 8\%} = 1.49$$

（3）股本规模为 10 000 万股时：

$$DFL_{(EBIT_0 = 15\ 000)} = \frac{15\ 000}{15\ 000 - 52\ 500 \times 8\%} = 1.39$$

（4）股本规模为 12 000 万股时：

$$DFL_{(EBIT_0 = 15\ 000)} = \frac{15\ 000}{15\ 000 - 43\ 000 \times 7\%} = 1.25$$

（5）股本规模为 14 000 万股时：

$$DFL_{(EBIT_0 = 15\ 000)} = \frac{15\ 000}{15\ 000 - 33\ 500 \times 7\%} = 1.19$$

7. 将以上计算结果列表反映，如表 4－9 所示。

表 4-9 如日公司不同股本规模下相关财务指标表

股本规模（万股）	资产负债率（%）	股权资金成本（%）	债权资金成本（%）	综合资金成本（%）	每股收益（元）	债权价值（万元）	股权价值（万元）	公司价值（万元）	财务杠杆系数
6 000	71.5	12.21	6.00	7.77	1.16	71 500	57 002	128 502	1.62
8 000	62.0	9.91	6.00	7.49	0.94	62 000	75 984	137 984	1.49
10 000	52.5	8.53	6.00	7.20	0.81	52 500	94 959	147 459	1.39
12 000	43.0	7.89	5.25	6.75	0.75	43 000	113 973	156 973	1.25
14 000	33.5	7.14	5.25	6.51	0.68	33 500	132 931	166 431	1.19

由表 4-9 可知，股本规模为 14 000 万股这个筹资方案的综合资金成本最低、公司价值最大、财务风险最小，股本规模为 6 000 万股这个筹资方案的每股收益最大。如果公司的筹资目标是追求综合资金成本最低、公司价值最大或者财务风险最小，毫无疑问应该选择股本规模为 14 000 万股这个筹资方案。如果公司的筹资目标是追求每股收益最大，则应该选择股本规模为 6 000 万股这个筹资方案。但筹资决策过程不是一个简单化的过程，而是一个复杂化的过程。本例中，筹资方案的最终选择除了考虑公司的筹资目标之外，是否还应该考虑决策者的风险意识、同行业资产负债水平、公司管理水平、公司预期收益的稳定性、股权结构在发起人之间的分配、股票发行的难易程度、债权资金取得的难易程度等因素呢？

第三节 投资决策分析方法

投资决策分析过程需要做的事情很多，主要包括确定投资目标、选择投资方向、选择投资类型、选择投资形式、选择投资战略、确定投资规模、预测现金流量、评估投资效益、分析投资风险、选择投资方案等。

一、确定投资目标

投资目标是指投资最终想要达到的效果。通常情况下，人们理解的投资目标就是为了获取经济利益（俗称赚钱），但国家（政府）投资或者代表国家（政府）投资的那些国有独资或国有控股公司的投资（以下统称为国有资本投资），很多时候都不是以获取经济利益为唯一的投资目标，甚至一些国有资本投资并不考虑投资公司自身的经济利益（至少不考虑眼前或短期的经济利益）。国有资本投资的目标除了考虑经济利益之外，还要考虑社会利益、政治利益、生态利益和军事利益等。即便是民营资本投资，有时候也不单纯是为了经济利益。所以，不管是国有资本投资者还是民营资本投资者，在投资决策的过程中都必须首先明确自己的投资目标。

二、选择投资方向

投资方向包括行业方向和地区方向。

（一）选择行业方向

上市公司行业分类分为 A 农林牧渔业，B 采掘业，C 制造业，D 水电煤气业，E 建筑业，F 运输仓储业，G 信息技术业，H 批发零售业，I 金融保险业，J 房地产业，K 社会服务业，L 传播文化业，M 综合类共 13 个行业。中小企业行业分类分为农林牧渔业、工业、建筑业、批发业、零售业、交通运输业、仓储业、邮政业、住宿业、餐饮业、信息传输业、软件和信息技术服务业、房地产开发经营业、物业管理业、租赁和商务服务业、其他未列明的行业共十六个行业。选择行业方向，应该坚持“熟悉、国家鼓励、有市场前景、专精特新”等原则，选择那些自己熟悉的行业或者国家鼓励、有市场前景、具有专精特新（即专业化、精细化、特色化、新颖化）特征的行业。

（二）选择地区方向

地区方向包括国内或国外。国内的地区方向又可以细分为省内、省外，市内、市外，县内、县外，乡镇内、乡镇外等。国外的地区方向又可以细分为亚洲地区、欧洲地区、非洲地区、美洲地区、大洋洲地区等。选择地区方向，应该坚持资源导向、市场导向、人才导向、成本导向、技术导向、纳税导向等，即应该选择到那些生产经营所需自然资源丰富、商品市场需求旺盛、社会人才充足但劳动力成本相对较低、生产经营所需技术先进、政府有税收优惠等的地方去投资。

三、选择投资类型

投资类型可以分为实业投资、证券投资和其他投资三种。实业投资一般是指以经营、产出有形资产为主的投资，比如投资于农林牧渔业、采掘业、制造业、水电煤气业、建筑业、运输仓储业、批发零售业、房地产业等都属于实业投资。实业投资分为对内投资和对外投资。对内投资是指投资后所形成的资产归投资主体这个法人拥有、控制和经营，比如公司新建一栋办公楼或者新建一条生产线。对外投资是指投资后所形成的资产归投资主体这个法人之外的另一个法人拥有、控制和经营，比如公司投资入股另一家公司，或者公司投资新成立一家公司。实业投资一般都是长期投资。证券投资一般是指以获取资本利得为主要目的的股票投资、债券投资、基金投资、期货投资、期权投资等。证券投资分为长期投资和短期投资。其他投资比如放贷投资、理财投资、储蓄投资等。其他投资也分为长期投资和短期投资。投资者在决策过程中必须对投资类型做出选择。

四、选择投资形式

投资形式可以分为现金投资或非现金资产投资，直接投资或间接投资，控制性投资、共同控制性投资、施加重大影响投资或其他投资。投资者应当根据自身和被投资单位的实际情况选择一种双方都接受的投资形式。

现金投资是以库存现金、银行存款、其他货币资金等形式出资进行的投资。非现金资产投资是以非现金资产（通常是固定资产、无形资产等）出资进行的投资。

直接投资指投资者直接开厂设店从事经营，或者投资购买企业相当数量的股份，从而对该企业具有经营上的控制权的投资方式。直接投资的主要特征是投资者对所投资的单位拥有永久利益，永久利益意味着直接投资者和该单位之间存在着长期的关系，并对该单位经营管理施加相当大的影响。间接投资是指投资者以其资本购买公司债券、金融债券或公司股票等各种有价证券，以预期获取一定收益的投资，由于其投资形式主要是购买各种各样的有价证券，因此也被称为证券投资。直接投资与间接投资同属于投资者对预期能带来收益的资产的购买行为，但二者有着实质性的区别：直接投资是资金所有者和资金使用者的合一，是资产所有权和资产经营权的统一运动，一般是生产事业，会形成实物资产；而间接投资是资金所有者和资金使用者的分解，是资产所有权和资产经营权的分离运动，投资者对所投资单位的资产及其经营没有直接的所有权和控制权，其目的只是取得其资本收益或保值。

控制性投资是指有权决定被投资单位的财务和经营政策，并能据以从被投资单位的经营活动中获取利益的投资。共同控制性投资是指与其他投资人根据合同约定共同对被投资单位进行控制的投资。施加重大影响投资是指投资者对被投资单位的财务和经营政策有参与决策的权力，但并不能够控制或者与其他方一起共同控制这些政策制定的投资。其他投资是指除了控制性投资、共同控制性投资和施加重大影响投资之外的投资。

五、选择投资战略

投资者在确定了投资目标，选择了投资方向、投资类型和投资形式后，往往会面临投资战略的选择问题。

投资战略的类型主要包括发展型战略、稳定型战略、收缩型战略、成本领先战略、差异化战略和集中化战略等。

发展型战略包括一体化战略、多元化战略、密集型成长战略。

一体化战略包括纵向一体化战略和横向一体化战略。获得对经销商或者零售商的所有权或对其加强控制，称为前向一体化。获得对供应商的所有权或对其加强控制，称为后向一体化。获得与自身生产同类商品的企业的所有权或加强对它们的控制，称为横向一体化。横向一体化可以通过购买、合并、联合来实现。

多元化战略的类型包括同心多元化和离心多元化。同心多元化也称为相关多元化，是以现有业务为基础进入相关产业的战略。当投资者在产业内具有较强的竞争优势，而该产业的成长性或者吸引力逐渐下降时，比较适宜采取同心多元化战略。离心多元化，也称为不相关多元化。采用离心多元化的目标是从财务上考虑平衡现金流或者获取新的利润增长点。

密集型成长战略，也称为加强型成长战略，是指投资者以快于过去的增长速度来增加某个组织现有商品或业务的销售额、利润额及市场占有率。包括三种类型：市场渗透战略（投资者采取各种更积极的措施在现有市场上扩大现有商品的销售）、市场开发战略和商品开发战略。

稳定型战略，也称为防御型战略、维持型战略，包括四种类型：暂停战略、无变化战略、维持利润战略和谨慎前进战略。

收缩型战略，也称为撤退型战略，包括三种类型：转变战略、放弃战略和清算战略。

成本领先战略的优势包括：可以抵御竞争对手的进攻；具有较强的对供应商的议价能力；形成了进入壁垒。成本领先战略的适用条件：市场需求具有较大的价格弹性；所处行业大多生产标准化商品，价格因素决定了市场地位；实现商品差异化的途径很少；多数客户以相同的方式使用商品；用户购买从一个销售商改变为另外一个销售商时，转换成本很小，因而倾向于购买价格最优惠的商品。

采取差异化战略的风险包括：竞争者可能模仿，使差异消失；保持商品的差异化往往以高成本为代价；商品和服务差异对消费者来说失去了意义；与竞争对手的成本差距过大；投资者要想取得商品差异，有时要放弃获得较高市场占有率的目标。

集中化战略可以分为集中成本领先战略和集中差异化战略。集中化战略的条件包括：投资者资源和能力有限，难以在整个产业实现成本领先或者差异化，只能选定个别细分市场；目标市场具有较大的需求空间或增长潜力；目标市场的竞争对手尚未采用统一战略。实施集中化战略的风险包括：竞争者可能模仿；目标市场由于技术创新、替代品出现等原因而需求下降；由于目标细分市场与其他细分市场的差异过小，大量竞争者涌入细分市场；新进入者重新细分市场。

六、确定投资规模

投资规模的确定要坚持量力而行、量入为出的原则，投资者自己拥有多少资金、自己能够承载多大规模的债务，要有一个科学合理的评估，而且要留有余地、铺好后路，切勿好大喜功、过度负债。投资规模的确定通常有两个完全相反的逻辑思路：一个是投资者根据自己的筹资能力来确定投资规模，然后在这个投资规模的约束下去选择合适的投资项目。另一个是投资者选择了投资项目并确定了项目的投资规模，然后再调动自己的筹资能力去筹集资金。正常情况下，投资者应该根据自己的筹资能力来确定投资规模，然后再选择投资项目。但现实中，投资者先确定投资项目和投资规模，然后再调动自己的筹资能力去筹集资金的情况也不少见。不管怎样，都不提倡投资者过度负债去投资。

七、预测现金流量

在投资决策过程中，预测投资项目的现金流量是一个非常重要的环节，不经过这个环节，或者这个环节的工作做不好，就无法进行（或无法做好）投资效益评估和投资风险分析，这就会使投资决策有可能变成“拍脑袋决策”。投资项目现金流量从其性质来看，包括现金流入量、现金流出量和现金净流量，且有“现金流入量 - 现金流出量 = 现金净流量”；从其生命周期来看，包括初始现金流量、营业现金流量和终结现金流量，且有“投资项目现金流量 = 初始现金流量 + 营业现金流量 + 终结现金流量”。本书将区分初始现金流量、营业现金流量和终结现金流量分别介绍其流入量、流出量和净流量的预测方法。

（一）初始现金流量

初始现金流量指投资项目在建设期间所发生的现金流量，它通常表现为流出量，但对于一些重置项目（如旧项目的改造等）来说，也会有少许的流入量。

1. 初始现金流入量

初始现金流入量一般发生在重置项目，比如某个单位把一栋办公楼拆掉重建，拆下来的一些建筑材料可以卖掉变现取得现金流入量；再如某家公司更换一套机器设备，旧的机器设备可以卖掉变现取得现金流入量；等等。

2. 初始现金流出量

（1）购建长期资产支出。投资者在进行项目投资时，通常都要购建长期资产，比如购买土地使用权、建造厂房、购买机器设备、购买专利技术等，都会发生现金流出量。

（2）投资项目报建支出。投资者在进行项目投资之前，通常都要向政府有关部门申报建设项目，在报建待批的过程中有可能会发生一些相关支出，这些支出构成了初始现金流出量的一部分。

(3) 投资项目管理支出。投资者在进行项目投资时，通常都要对整个投资过程进行有效的管理。这个管理过程会发生一些甚至很多现金支出，比如管理人员薪酬支出、办公费支出、差旅费支出、水电费支出等，这些支出也构成了初始现金流出量的一部分。

(4) 投产之前的营运资金垫支。为了保证项目能够顺利投产，项目建成将要投产之前，投资者一般都要做一些必要准备，比如招聘员工并进行培训、购买投产所需要的原材料和其他物料等，这些准备工作所发生的支出称为投资者为项目投产而垫支的营运资金，它们也是初始现金流出量的构成项目。

3. 初始现金净流量

初始现金净流量 = 购建长期资产支出 + 投资项目报建支出 + 投资项目管理支出 + 投产之前的营运资金垫支 - 重建项目中旧项目的变现收入。初始现金净流量就是投资项目的投资净额，很多时候也叫投资总额。

(二) 营业现金流量

营业现金流量是指项目建成投产后，在正常营业期间发生的现金流量，包括现金流入量、现金流出量和现金净流量。

1. 营业现金流入量

营业现金流入量是指营业期间所发生的跟营业活动有关的现金流入量。预测时，通常是假设全部实行现销政策、没有赊销行为发生的条件下，把预计取得的营业收入金额作为营业现金流入量金额。

2. 营业现金流出量

营业现金流出量是指营业期间发生的付现成本和所得税支出而导致的现金流出量。其中，付现成本是指按照权责发生制原则在当期确认为成本费用并导致当期发生现金流出的那些成本费用，比如薪酬支出、购买原材料支出、办公费支出、差旅费支出、水电费支出等。与付现成本对立的是非付现成本。非付现成本是指按照权责发生制原则在当期确认为成本费用但并不导致当期发生现金流出的那些成本费用，比如固定资产折旧、无形资产和其他长期资产摊销等。

3. 营业现金净流量

营业现金净流量是指营业期间产生的现金流入量扣除所发生的现金流出量之后的余额。它通常按照以下公式来估算。

营业现金净流量 = 营业收入 - 付现成本 - 所得税支出

营业现金净流量 = 营业收入 - 付现成本 - 非付现成本 - 所得税支出 + 非付现成本

营业现金净流量 = 税后利润 + 非付现成本

(三) 终结现金流量

1. 终结现金流入量

(1) 长期资产残值出售的税后现金流入量。项目寿命期终了后，假设投资者将固定资产、土地使用权等长期资产出售，所得价款净收入（价款扣除交易费用和不包括所得税在内的相关税费后的余额）如果高于资产的账面价值，则需缴纳所得税，缴纳所得税之后的税后现金流入量构成终结现金流入量。但如果所得价款净收入等于或低于资产的账面价值，则不需缴纳所得税，这时，所得价款净收入全部构成终结现金流入量。

【例 4－5】 某项目寿命期终了时的长期资产账面价值为 100 000 元，所得税税率为 25%，试分别确定出售所得价款净收入为 100 000 元、90 000 元、110 000 元时的终结现金流入量。

分析过程和结果如下：

①当出售所得价款净收入为 100 000 元时，由于账面价值也是 100 000 元，故不需缴纳所得税，终结现金流入量为 100 000 元。

②当出售所得价款净收入为 90 000 元时，由于账面价值是 100 000 元，故出售这项资产损失了 10 000 元，这时，不仅不需要缴纳所得税，而且还可以抵消 2 500 元的所得税，因此，终结现金流入量为 90 000＋2 500＝92 500（元），其中 90 000 元是价款净收入，2 500 元是损失抵税的金额。

③当出售所得价款净收入为 110 000 元时，由于账面价值是 100 000 元，故需缴纳所得税 2 500［（110 000－100 000）×25%］元，终结现金流入量为 107 500（110 000－2 500）元。

（2）收回开业前垫支的营运资金形成的现金流入量。项目寿命期终了时，随着商品或劳务的销售完毕，开业前垫支的营运资金一般都能够悉数收回，形成终结现金流入量的一部分。

【例 4－6】 某人在农贸市场从事蔬菜经营，开业前交付了 2 年的摊位租金共 10 000 元，购买了交通工具、装载工具、计量工具等开支 5 000 元，合计开支 15 000 元，这些开支属于长期资产投资，不属于营运资金垫支。

开业前一天，他又准备了 500 元现金，用作第二天早晨购进蔬菜的开支，这 500 元就是他在开业前垫支的营运资金。

开业第一天，他用 500 元营运资金购进了一批蔬菜，到当天下午收市时，所购进的蔬菜全部卖完，所得收入为 600 元，这是他当天的营业现金流入量，扣除他当天的生活开支 20 元和进货成本 500 元（这 520 元是他当天的营业现金流出量）后，他当天的营业现金净流量就是 80 元。这时，他手头的现金是 580 元，包括开业前垫支的 500 元和当天的营业现金净流量 80 元。这说明，假设他只营业一天就不干了，那开业前垫支的 500 元也已回到了他的手中。

第二天，他把这 580 元全部用作进货资金，购进 580 元的蔬菜，收市时全部卖完，所得收入为 700 元，这是他当天的营业现金流入量，扣除他当天的生活开支 20 元和进货成本 580 元（这 600 元是他当天的营业现金流出量）后，他当天的营业现金净流量就是 100 元。这时，他手头的现金是 680 元，包括开业前垫支的 500 元、第一天的营业现金净流量 80 元和第二天的营业现金净流量 100 元。这说明，假设他只营业两天就不干了，那开业前垫支的 500 元也已回到了他的手中。

第三天，由于是阴雨天气，他只从手头的 680 元现金中拿出了 400 元去进货，到收市时全部卖完，所得收入为 460 元，这是他当天的营业现金流入量，扣除他当天的生活开支 20 元和进货成本 400 元（这 420 元是他当天的营业现金流出量）后，他当天的营业现金净流量就是 40 元。这时，他手头的现金是 720 元，包括开业前垫支的 500 元、第一天的营业现金净流量 80 元、第二天的营业现金净流量 100 元和第三天的营业现金净流量 40 元。这说明，假设他只营业三天就不干了，那开业前垫支的 500 元也已回到了他的手中。

本例中，不管假设此人营业 1 天、2 天还是 3 天，只要他停业了，他开业前垫支的营运资金都能全部收回。这里有一个前提条件，那就是他在营业期间的营业现金净流量（或其累计数）必须大于或等于零。如果他在营业期间的营业现金净流量（或其累计数）小于零，那他开业前垫支的营运资金就不能全部收回。如果他 3 天的营业现金净流量累计数不是 220 元，而是 -100 元，那他开业前垫支的 500 元营运资金就只能收回 400 元。

2. 终结现金流出量

项目寿命期终了时要进行清算。清算过程中会发生各种支出，如清算人员薪酬、清算办公费、清算差旅费、清算水电费等，它们都构成项目的终结现金流出量。

3. 终结现金净流量

终结现金净流量 = 长期资产残值出售的税后现金流入量 + 收回开业前垫支的营运资金形成的现金流入量 - 清算支出所导致的现金流出量

（四）预测现金流量需注意的几个问题

1. 只预测增量现金流量，不预测总量现金流量。即只预测投资者将要在本次做出投资决策的一个或可供选择的若干个投资项目所产生的现金流量，不预测投资者不需要在本次做出投资决策的其他投资项目所产生的现金流量。比如，某个投资者现在正在经营着 A 项目，该项目已经有了正常的营业现金流量。假设该投资者想再投资 B 项目，B 项目的投资对 A 项目的日常经营没有产生任何影响，那么，在预测 B 项目的现金流量时就不要把 A 项目的现金流量合并在一起预测。

2. 附带现金流量是增量现金流量，应予预测。所谓附带现金流量，是指同一个投资者新增的投资项目影响到原有的投资项目现金流量发生增减变动的那部分现金流量。附带现金流量是因为新增项目而发生的，因此，预测新增项目的现金流量时应予预测。比如上述这个投资者，如果他新增的 B 项目一旦投入经营就会导致原有 A 项目的营业现金流入量减少，那么，就要把原有 A 项目减少的营业现金流入量当做新增 B 项目增加的营业现金流出量来加以预测。

3. 沉没成本不是增量现金流量，不予预测。所谓沉没成本，是指在决策之前已经发生、对决策不产生任何影响的成本费用或支出。比如，某人在决定是否做某一项投资之前，他需要做该项投资的可行性研究，这个可行性研究所发生的费用或支出就是该项投资的沉没成本，因为在他做决策时，这项费用或支出已经发生，对他的决策已经不产生任何影响。

4. 机会成本是增量现金流量，应予预测。所谓机会成本，是指将资金从一种用途（或投资项目）转移到另一种用途（或投资项目）时所放弃的原先的既得收益。比如，某人手上有一张 100 万元、期限为 5 年、年利率为 4% 的银行大额存单，剩余期限还有 3 年，现在他发现了一个商机，就提前支取这 100 万元去做另外一项投资，这时，他的机会成本率就是 4%，放弃 3 年的利息共计 12 万元就应该算作他做另外这项投资的初始现金流出量。

5. 还本付息支出不是增量现金流量，不予预测。一项投资所需资金不管是全部来源于投资者的自有资金还是有一部分来源于投资者借入的资金，它们都是投资者用于该项目投资的资金。如果所需资金有一部分来源于债权资金，计算这项投资的综合资金成本时已经把股权资金和债权资金一并加权计算了，也就是说，投资者这项投资的资金成本已经包含了股权资金成本和债权资金成本，因此，在预测这项投资未来的现金流量时，就不能把未来还本付息支出当做项目的现金流出量来预测，否则，当利用资金成本作为折现率来计算投资项目的净现值或动态投资回收期时，就会出现还本付息支出被重复计算的情况，导致净现值或动态投资回收期的计算结果不准确，误导决策者。

6. 增量现金流量应是税后的现金流量，如果是税前的现金流量，就要调整为税后的现金流量。

7. 投资项目现金流量一般按年来预测，特殊项目亦可按半年、季、月或日来预测。

八、评估投资效益

评估投资效益是投资决策分析的重要环节，一个项目值不值得投资，很重要的一点就是看它的投资效益是否达到投资者的期望。投资效益包括经济效益、社会效益、生态效益等，评估的指标很多，本书仅介绍经济效益评估的三个指标，即投资回收期、净现值和内含报酬率，因为这三个指标是经济效益评估中使用最为广泛、也最重要的指标。

（一）投资回收期（PPI）

通俗地讲，投资回收期就是收回投资额所需要的时间。但这里必须要明确两个问题：一个是“投资额”是什么？另一个是“用什么”收回？对于第一个问题，可以用【例4－6】的举例来明确。在【例4－6】中，那个农贸市场经营者的投资总额是15 500元，其中，2年摊位租金10 000元和交通、装载、计量工具5 000元属于长期资产，500元属于开业前垫支的营运资金。开业前垫支的营运资金500元在每一个营业周期（每一天）结束的时候都如数收回，而且还带来了每一个营业周期（每一天）的营业现金净流量。可见，收回的“投资额”中，不应该再包括开业前垫支的营运资金500元，而只包括其缴纳的2年摊位租金和购置交通工具、装载工具、计量工具所形成的15 000元长期资产。因此，“收回投资额所需要的时间”准确的表达应该是“收回长期资产投资额所需要的时间”。第一个问题就此得以明确。第二个问题，“用什么”收回？准确的回答是：用投产（营业）后各期（年、月、日）的营业现金净流量收回。因为营业现金净流量是营业现金流入量减去营业现金流出量之后的余额，也就是说，各期的营业现金流入量必须在满足当期现金流出量的需求之后才能弥补建设期间为购建长期资产而发生的投资额。分析至此，应该把投资回收期的定义描述为：投资回收期是指用投产（营业）后各期（年、月、日）的营业现金净流量收回长期资产投资额所需要的时间。对于一般的投资项目来说，投资回收期越短越好。

投资回收期的计算可以区分静态投资回收期和动态投资回收期来进行。

1. 静态投资回收期：指投产后各期营业现金净流量的累计数达到长期资产投资额所需要的时间，其特点是不考虑资金的时间价值。本书在后面的举例中只介绍静态投资回收期的具体计算办法。

静态投资回收期＝投产后各期营业现金净流量的累计数达到长期资产投资额前一年所需的年数＋（长期资产投资额－投产后各期营业现金净流量的累计数达到长期资产投资额前一年的各期营业现金净流量累计数）/投产后各期营业现金净流量的累计数达到长期资产投资额那一年的营业现金净流量

2. 动态投资回收期：指以投产期初为原点，投产后各期营业现金净流量现值的累计数达到长期资产投资额终值的累计数所需要的时间，其特点是考虑资金的时间价值。

（二）净现值（NPV）

净现值＝营业现金净流量现值＋终结现金净流量现值－初始现金净流量现值

从这个公式可以看出，净现值是项目投产（营业）后每期所获得的现金净流量（含营业现金净流量和终结现金净流量）的现值总和减去初始现金净流量现值后的余额。通常情况下，净现值越大越好。

计算净现值，需要合理确定折现点和折现率。折现点通常为决策的时点（即建设期初）。折现率要么是公认的资金成本率或投资者期望的内含报酬率，要么是投资项目本身的资金成本率或投资者期望的内含报酬率。在竞争性投资项目决策分析中，通常需要选择公认的资金成本率或投资者期望的内含报酬率作为折现率。在非竞争性投资项目决策分析中，通常可以选择投资项目本身的资金成本率或投资者期望的内含报酬率。所谓竞争性投资项目，又称为淘汰性投资项目，是指选择一个或若干个投资项目的同时，必须放弃或淘汰另外一个或若干个投资项目的这一组投资项目。简单地说，竞争性投资项目就是不能全部都选择、必须有所放弃的一组投资项目。

（三）内含报酬率（IRR）

内含报酬率是指能使净现值为零的折现率。内含报酬率是包含资金时间价值在内的、以现金流量作为计算依据的投资报酬率。这种“报酬”当然是指投资项目所获得的现金净流量。一般情况下，内含报酬率越高越好。

【例 4－7】 甲公司 2023 年 1 月 1 日投资生产一种新型冰箱。生产这种冰箱需建造一栋厂房，建设期一年，2024 年 1 月 1 日建成投产，厂房建造成本为 4 000 万元，均发生在建设期初；投产前需购买机器设备一批，总的采购成本为 2 000 万元，还需垫支营运资金 1 000 万元，两项现金流量均发生在建设期末。

该项目预期的经济寿命为 5 年，5 年中，第 1 年的销售额为 10 000 万元，第 2—4 年每年的销售额为 12 000 万元，第 5 年的销售额为 9 000 万元。

5 年后厂房的市场价格为 2 000 万元，机器设备的市场价格为 300 万元，清算支出 2 100 万元。

厂房折旧年限为 20 年，机器设备折旧年限为 5 年，均采用直线法计提折旧且不考虑预计净残值；这种冰箱的变动成本率（即变动成本占销售额的比重）为 60%，不含折旧的固定成本每年为 1 000 万元；所得税税率为 25%；资金成本率为 10%。

试根据以上资料测算甲公司投资生产新型冰箱的初始现金流量、营业现金流量和终结现金流量，并对该项目的投资效益进行评估。

分析过程和结果如下：

（1）估算初始现金流量：

因为该项目为新建项目，所以初始现金流量只有流出量，没有流入量。流出量包括：厂房投资 4 000 万元，发生时间为建设期初，即 2023 年 1 月 1 日；机器设备投资 2 000 万元、营运资金垫支 1 000 万元，发生时间均为建设期末，即 2023 年 12 月 31 日。初始现金净流量＝4 000＋2 000＋1 000＝7 000（万元）即为项目的投资总额，其中长期资产投资额为 6 000 万元。

（2）估算营业现金流量：

厂房每年折旧额＝4 000÷20＝200（万元）

机器设备每年折旧额＝2 000÷5＝400（万元）

各年营业现金净流量的估算结果如表 4－10 所示。

表 4-10　　甲公司投资生产新型冰箱的营业现金净流量估算表　　单位：万元

项目	2024 年	2025 年	2026 年	2027 年	2028 年
销售收入	10 000	12 000	12 000	12 000	9 000
减：变动成本	6 000	7 200	7 200	7 200	5 400
减：不含折旧的固定成本	1 000	1 000	1 000	1 000	1 000
减：厂房折旧	200	200	200	200	200
减：设备折旧	400	400	400	400	400
税前利润	2 400	3 200	3 200	3 200	2 000
减：所得税	600	800	800	800	500
税后利润	1 800	2 400	2 400	2 400	1 500
加：折旧	600	600	600	600	600
营业现金净流量	2 400	3 000	3 000	3 000	2 100

（3）估算终结现金流量：

项目终了时，厂房的折余价值（即账面价值）=4 000－200×5=3 000（万元），市场价格为2 000万元，变现收入比账面价值少1 000万元，不仅不需缴纳所得税，而且还可以抵消所得税250万元，故税后现金流入为2 250万元。

机器设备折余价值（即账面价值）=2 000－400×5=0（万元），市场价格为300万元，变现收入大于账面价值，需要缴纳的所得税=（300－0）×25%=75（万元），所以，税后现金流入为225（300－75）万元。

发生清算支出2 100万元，属于现金流出。

收回投产前垫支的营运资金1 000万元，属于现金流入。

终结现金净流量=2 250+225+1 000－2 100=1 375（万元）

（4）计算投资回收期（PPI）：

投资总额7 000万元中形成长期资产的只有6 000万元，故“收回投资额”就是6 000万元。各年营业现金净流量分别为2 400万元、3 000万元、3 000万元、3 000万元、2 100万元，各年营业现金净流量累计分别为2 400万元、5 400万元、8 400万元、11 400万元、13 500万元。

静态投资回收期=投产后各期营业现金净流量的累计数达到长期资产投资额前一年所需的年数+（长期资产投资额－投产后各期营业现金净流量的累计数达到长期资产投资额前一年的各期营业现金净流量累计数）/投产后各期营业现金净流量的累计数达到长期资产投资额那一年的营业现金净流量。

投产后各期营业现金净流量的累计数达到长期资产投资额前一年所需的年数为2，长期资产投资额为6 000，投产后各期营业现金净流量的累计数达到长期资产投资额前一年的各期营业现金净流量累计数为5 400，投产后各期营业现金净流量的累计数达到长期资产投资额那一年的营业现金净流量为3 000，则：

静态投资回收期=2+(6 000－5 400)÷3 000=2.2（年）

（5）计算净现值（NPV）：

净现值的计算一般以建设期初作为原点（现值点），分别将初始现金净流量（即投资总额，通常为净流出量）、营业现金净流量和终结现金净流量都折算为建设期初的价值（即现值），得到的现值总和就是净现值。

该项目的现金流量为：建设期初4 000万元、建设期末3 000万元，均为初始现金净流量；投产后的第1年末、第2年末、第3年末、第4年末、第5年末的营业现金净流量分别为2 400万元、3 000万元、3 000万元、3 000万元、2 100万元；第5年末还有终结现金净流量1 375万元。因此：

$$
\begin{aligned}
NPV = & 2\,400\times(1+10\%)^{-2}+3\,000\times(1+10\%)^{-3} \\
& +3\,000\times(1+10\%)^{-4}+3\,000\times(1+10\%)^{-5} \\
& +(2\,100+1\,375)\times(1+10\%)^{-6} \\
& -4\,000-3\,000\times(1+10\%)^{-1}=3\,382.6\ (\text{万元})
\end{aligned}
$$

即该项目的净现值为3 382.6万元。

（6）计算内含报酬率（IRR）：

内含报酬率是指能使净现值为零的折现率，即下式中的IRR。

$$
\begin{aligned}
NPV = & 2\,400\times(1+IRR)^{-2}+3\,000\times(1+IRR)^{-3} \\
& +3\,000\times(1+IRR)^{-4}+3\,000\times(1+IRR)^{-5} \\
& +(2\,100+1\,375)\times(1+IRR)^{-6} \\
& -4\,000-3\,000\times(1+IRR)^{-1}=0
\end{aligned}
$$

求上式中的IRR，需要通过试算，找到相邻的两个折现率，其中一个令净现值大于零，另一个令净现值小于零，这时，所求的IRR必然介于这两个相邻的折现率之间，然后再用内插法就可求出所求的IRR。

试算一：设折现率等于20%，则：

$$
\begin{aligned}
NPV = & 2\,400\times(1+20\%)^{-2}+3\,000\times(1+20\%)^{-3} \\
& +3\,000\times(1+20\%)^{-4}+3\,000\times(1+20\%)^{-5} \\
& +(2\,100+1\,375)\times(1+20\%)^{-6} \\
& -4\,000-3\,000\times(1+20\%)^{-1}=736.51,\ \text{大于}\ 0
\end{aligned}
$$

试算二：设折现率等于25%，则：

$$
\begin{aligned}
NPV = & 2\,400\times(1+25\%)^{-2}+3\,000\times(1+25\%)^{-3} \\
& +3\,000\times(1+25\%)^{-4}+3\,000\times(1+25\%)^{-5} \\
& +(2\,100+1\,375)\times(1+25\%)^{-6} \\
& -4\,000-3\,000\times(1+25\%)^{-1}=-205.3,\ \text{小于}\ 0
\end{aligned}
$$

由此判断，所求的IRR必然介于20%～25%，用内插法求得IRR如下：

$$\frac{IRR-20\%}{0-736.51}=\frac{25\%-20\%}{-205.3-736.51}$$

$$IRR=20\%+\frac{0-736.51}{-205.3-736.51}\times(25\%-20\%)$$

$$IRR=23.91\%$$

即该项目的内含报酬率为23.91%。

九、分析投资风险

(一) 风险的概念

风险是指在一个特定的时间内和一定的环境条件下，人们所期望的目标与实际结果之间的差异程度。大致有两层含义：一层含义强调风险表现为收益的不确定性；而另一层含义则强调风险表现为成本或代价的不确定性。若风险表现为收益或者代价的不确定性，则说明风险产生的结果可能带来损失、获利或是无损失也无获利，属于广义风险。而风险表现为损失的不确定性，则说明风险只能表现出损失，没有从风险中获利的可能性，属于狭义风险。风险和收益成正比，所以一般积极进取的投资者偏向于高风险是为了获得更高的利润，而稳健型的投资者则着重于安全性的考虑。

在财务管理中，上述关于风险的理解或解释都是正确的。但风险与不确定性是一对既有联系又有区别的概念。所谓不确定性，一是指“因素的不确定性”，二是指“结果的不确定性”。

“因素的不确定性”，是指未来经济环境中某些因素的不可预见性。因素的不确定性是导致风险的基本因素，而风险则是对某一经济事项价值的影响程度。例如，投资于国库券，其影响因素的不确定性很小，因而其报酬稳定，风险很小；而如果投资于股票，则其影响因素的不确定性较大，因而其报酬不稳定，风险较大。但两者也有区别。在客观经济环境中，不确定性因素有很多，但并不是每个不确定性因素都会影响某一特定经济事项的价值。如果某些因素对经济事项的价值没有影响，则对该事项就不会产生风险。因此，风险是与经济事项的价值联系在一起的，而不确定性因素则是与客观环境联系在一起的。

“结果的不确定性”，是指事前不知道某一经济事项的所有可能结果，或者虽然知道所有可能结果，但不知道它们出现的概率。比如进行股票投资，可能对未来能够获取的报酬一无所知。而风险则是指事前可以知道某一经济事项的所有结果以及每一种结果出现的概率。可见，风险与“结果的不确定性”也是有区别的。但是，在现实社会中两者却难以准确划分，因为风险问题的概率往往不能准确知道，而不确定性问题的概率却可以加以估计。因此，在实际工作中对风险与不确定性不作严格区分，都视为“风险”问题对待，把风险理解为可测定概率的不确定性。

(二) 风险报酬的概念

风险报酬（又称风险收益或风险价值），它是投资者因冒风险投资而获得的超过资金时间价值的那部分额外报酬。

投资的风险报酬与资金的时间价值一样，也有两种表现形式：风险报酬额和风险报酬率。所谓风险报酬额，是指投资者冒风险进行投资而获得的超过资金时间价值额的那部分额外报酬；所谓风险报酬率，是指投资者因冒风险进行投资而获得的超过资金时间价值率的那部分额外报酬率，即风险报酬额与投资额的比率。

在不考虑通货膨胀因素的情况下，投资报酬率包括两部分：一是资金时间价值，由于它是不经过风险而得到的价值，故又叫无风险报酬率；二是风险报酬率，是投资者因冒风险进行投资而获得的超过资金时间价值率的那部分额外报酬率。投资报酬率 = 无风险报酬率 + 风险报酬率。

(三) 风险的种类

风险可分为市场风险和财务管理主体特有风险两种。下面以公司为例阐述公司所面临的市场风险和公司特有风险。

1. 市场风险

市场风险是指那些影响所有公司的因素引起的风险。包括经济周期风险、利率风险、购买力风险、战争风险等。由于所有公司都将受到这些因素的影响，因而这种风险就很难通过多元化投资来加以分散。所以，这种风险又称为不可分散风险或系统风险。一家公司无论投资或经营什么项目，都要承担这种风险。

（1）经济周期风险。经济周期风险是指由于经济周期的变化而引起市场行情变动的风险。经济周期的变化决定了公司的景气和效益，从而从根本上决定了市场行情。市场行情随经济周期的循环而起伏变化，投资者无法回避这种影响。

（2）利率风险。利率风险是指由于市场利率变动而使公司遭受损失的风险。比如，公司按照债券发行当时的市场利率确定一个较高的债券发行利率并成功发行长期债券之后，市场利率大幅度下降，就会使公司额外负担较高的利息费用。

（3）购买力风险。购买力风险又称通货膨胀风险，是指由于通货膨胀而使资金购买力下降的风险。在通货膨胀期间，各种商品的价格普遍上涨，尽管公司的投资报酬可能会因此而有所增加，但由于投资报酬增加的程度赶不上商品价格上涨（即货币贬值）的程度，因而导致资金的购买力下降，没有通货膨胀时，20 元可以买一斤猪肉，在通货膨胀期间 20 元却只能买半斤猪肉了。何况，在通货膨胀期间，公司的投资报酬增加也只是可能而已，并不是一定。在通货膨胀条件下，实际报酬率 = 名义报酬率 - 通货膨胀率。这里的名义报酬率是指没有经过通货膨胀调整的报酬率，实际报酬率是考虑了通货膨胀因素后按实际购买力计算的报酬率。如某公司持有一张年利率为 10% 的公司债券，其名义报酬率即为 10%。若一年中的通货膨胀率为 4%，则公司的实际报酬率就只剩下 6% 了。

（4）战争风险。战争风险是指由于发生战争而使公司遭受损失的风险。一个国家或一个地区一旦发生战争，势必会给该国家或地区的公司带来灾难性的风险。像进入 21 世纪以来的阿富汗战争、伊拉克战争、利比亚战争以及 2022 年发生的俄乌军事冲突，无一不给战争所在国的公司造成了灾难性的影响。

2. 公司特有风险

公司特有风险是指只对个别行业或公司产生影响的风险。它通常是由某一特殊因素引起，只对个别行业或公司的生产经营活动产生影响，而与整个市场风险没有系统、全面的联系。如某行业因商品更新换代而逐渐衰退，某公司的商品因市场需求减少而导致盈利下降，某公司因经营不善而发生严重亏损，某公司因新商品开发失败、没有争取到重要合同、诉讼失败等而遭受损失。这种因行业或公司自身因素的变化而带来的风险一般可以通过分散投资来抵消，即发生在一个行业或一家公司的不利事件可以被其他行业或公司的有利事件所抵消，因此，这类风险又称为“可分散风险”或“可回避风险”等。

公司特有风险主要有经营风险、财务风险、违约风险、流动性风险、再投资风险等。

（1）经营风险。经营风险是指公司生产经营活动中的不确定性因素引起的风险。这些不确定性因素有销售价格、销售数量、生产数量、生产成本、生产技术以及外部环境的变化等。由于这些不确定性因素存在于任何商业活动之中，因而这种风险又称为商业风险。它的存在使公司的报酬变得不确定。

（2）财务风险。财务风险是指公司因举债经营而承担的风险。债务是公司在未来必须履行的一种偿还义务。公司的债务越多，公司失去偿还能力的可能性就越大，因而承担的财务风险也就越大；反之，公司举债越少，所承担的财务风险就越小。

财务风险是针对债务资金偿付而言的，因此，从风险产生的原因上可将财务风险分为两大类：第一类是现金性财务风险，它是指公司在特定时点上，现金流出量超出现金流入量而产生的到期不能偿付债务本息的风险。可见，现金性财务风险是由于现金短缺，债务的期限结构与现金流入的期间结构不相配套引起的，它是一种支付风险。第二类是收支性财务风险，它是指公司在收不抵支、发生亏损的情况下出现的不能偿还到期债务本息的风险。按照“资产 = 负债 + 所有者权益”这个公式，如果公司收不抵支即发生了亏损，将减少公司的净资产，从而减少作为偿债保障的资产总量。在负债不变的情况下，亏损越大，用公司资产偿还债务的能力也就越低。

（3）违约风险。违约风险又称信用风险，是指公司无法履行合同或协议（以下统称为合同）而遭受损失的风险。公司无法履行的合同主要包括采购合同、生产合同、销售合同、筹资合同、投资合同等。比如，公司采购物资时不能按时足额付款，公司承接来料加工不能按时交货，公司预收货款却不能按时交货，公司借款不能按时偿还本息，公司投资不能按时注入资金，公司购买劳务不能按时足额付款等。履行合同是遵守契约精神的表现，除非不可抗力的影响，否则公司必须严格履行合同约定的义务，当然也应当享有合同约定的权利。

（4）流动性风险。流动性风险又称变现力风险，是指无法在短期内以合理价格把资产变现的风险。公司资产的变现包括短期资产（如存货、短期有价证券等）的变现和长期资产（如固定资产、无形资产、长期股权投资等）的变现。公司资产的变现有时候是因为偿债的需要，有时候却是公司转型、转行的需要。比如，公司某一项债务即将到期，急需把一批存货或短期有价证券变现以筹措资金用于还本付息。又如，公司连年亏损，继续在这个行业经营下去已经没有了前途，急需把公司资产或产权变现以谋求另外的发展。再如，公司继续持有某一家公司的大比例股权已经不符合公司发展战略的需要，急需把这些股权变现以适应公司发展战略的转型等。

（5）再投资风险。再投资风险是指公司资产变现后找不到比原来更好的投资机会的风险。比如，公司把所持有的一家不符合自己发展战略需要的公司的大比例股权变现后，一时之间找不到比原来更好的投资机会，造成大额资金闲置的风险。再如，债券市场中，假设年初的时候长期债券的利率为10%，短期债券的利率为8%，公司为了减少利率风险而购买了短期债券。当短期债券于年底到期收回现金时，市场利率已经降至6%，这时公司账上的现金就只能找到报酬率为6%的投资机会，还不如年初时就购买长期债券，现在仍可获得10%的报酬率。

（四）单项投资风险的衡量

由于风险和概率有直接的联系，所以常用概率分析法衡量风险的大小。其具体的操作步骤如下。

1. 确定概率分布

一个事件的概率，是指这一事件可能发生的机会。例如，某公司参加一个项目的投标，预期有70%的机会中标，有30%的机会落标。如果把所有可能的事件或结果都列举出来，并对每一事件或结果都确定其发生的概率，把它们列示在一起，便是概率分布，如表4-11所示。每个事件的可能结果列在第一栏，其发生的概率用小数或百分数反映，列在第二栏。

但任何概率分布都应该符合下列两条规则：

（1）所有的概率都在 0 和 1 之间，即 $0 \leq P_i \leq 1$。

（2）全部概率之和应等于 1，即 $\sum_{i=1}^{n} K_i \cdot P_i = 1$（n 代表可能出现的结果个数）。

表 4－11　　某公司投标结果概率分布表

可能出现的结果（i） （1）	发生的概率（P_i） （2）
中标	0.7＝70%
落标	0.3＝30%
合计	1.0＝100%

2. 计算期望报酬率

期望报酬率是各种可能的预期报酬率以其各自的概率为权数加权计算所得的平均报酬率，计算公式如下：

$$\overline{K} = \sum_{i=1}^{n} K_i \cdot P_i$$

式中，$\overline{K}$ 代表期望报酬率；P_i代表第 i 种可能结果发生的概率；K_i代表第 i 种可能结果的预期报酬率；n 代表可能结果的个数。

【例 4－8】 某公司有两个投资额均为 1 000 万元的投资项目 A 和 B 可供选择，它们的可能投资报酬率与相应的概率如表 4－12 所示。试分别计算两个项目的期望报酬率。

表 4－12　　某公司 A、B 两个项目的投资报酬率及其概率分布表

经济状态	发生概率	预期报酬率（%）	
		项目 A	项目 B
繁荣	0.2	30	50
正常	0.6	25	25
衰退	0.2	20	0

计算过程和结果如下：

项目 A 的期望报酬率：$\overline{K} = \sum_{i=1}^{n} K_i \cdot P_i = 0.2 \times 30\% + 0.6 \times 25\% + 0.2 \times 20\% = 25\%$

项目 B 的期望报酬率：$\overline{K} = \sum_{i=1}^{n} K_i \cdot P_i = 0.2 \times 50\% + 0.6 \times 25\% + 0.2 \times 0 = 25\%$

两个项目的期望报酬率都是 25%，但它们在繁荣、正常、衰退三种经济状态下的预期报酬率的变动情况相差很大，项目 B 的变动范围在 0～50%，项目 A 的变动范围则在20%～30%。所以，项目 A 的风险小于项目 B。

3. 计算标准差

标准差是各种可能的报酬率偏离期望报酬率的综合差异，是反映离散程度的一种量度，其计算公式如下：

$$\sigma = \sqrt{\sum_{i=1}^{n}(K_i - \overline{K})^2 \cdot P_i}$$

式中，σ 代表标准差；K_i 代表第 i 种可能结果的预期报酬率；$\overline{K}$ 代表期望报酬率；P_i 代表第 i 种可能结果发生的概率；n 代表可能结果的个数。

【例 4－9】 承【例 4－8】的资料，分别计算两个项目的标准差。

计算过程和结果如下：

项目 A 的标准差：

$$\sigma = \sqrt{(30\% - 25\%)^2 \times 0.2 + (25\% - 25\%)^2 \times 0.6 + (20\% - 25\%)^2 \times 0.2} = 3.16\%$$

项目 B 的标准差：

$$\sigma = \sqrt{(50\% - 25\%)^2 \times 0.2 + (25\% - 25\%)^2 \times 0.6 + (0 - 25\%)^2 \times 0.2} = 15.81\%$$

标准差主要是由各种可能值与期望值之间的差距所决定的。它可以用来衡量一项投资报酬的变动情况，并由此显示出其中的风险程度。一般而言，标准差越大，表明投资报酬变动越大，投资的风险也越大；反之，标准差越小，表明离散程度越小，投资的风险也越小。可见，项目 B 的投资风险要大于项目 A。

如果一个事件的概率分布属于正态分布，那么根据正态分布的原理，随机变量出现在"期望值 ±1 个标准差"范围内的概率为 68.26%；出现在"期望值 ±2 个标准差"范围内的概率为 95.44%；出现在"期望值 ±3 个标准差"范围内的概率为 99.72%。把"期望值 ±x 个标准差"称为置信区间，把相应的概率称为置信概率。因此，在【例 4－9】中，A 项目的实际报酬率落在 25% ±3.16% 范围内的可能性为 68.26%；B 项目的实际报酬率落在 25% ±15.81% 范围内的可能性也为 68.26%。如果再用 2σ 或 3σ 来测算，其结果也是相同。但是，在相同的概率下，A 项目报酬率的变异度小于 B 项目，故认为 A 项目的风险小，而 B 项目的风险大。

4. 计算标准差系数

标准差虽能表明投资风险的大小，但它是一个绝对值，而不是一个相对值，只能用来比较期望报酬率相同的各项投资的风险程度，而无法用于比较期望报酬率不同的各项投资的风险程度。要比较不同期望报酬率的项目的风险程度，就需用标准差同期望报酬率的比值，即标准差系数，亦称标准离差率或变异系数。标准差系数的计算公式如下：

$$V = \sigma / \overline{K}$$

式中，V 代表标准差系数；σ 代表标准差；$\overline{K}$ 代表期望报酬率。

【例 4－10】 承【例 4－8】和【例 4－9】的资料，分别计算两个项目的标准差系数。

计算过程和结果如下：

项目 A 的标准差系数：$V = \dfrac{3.16\%}{25\%} \times 100\% = 12.64\%$

项目 B 的标准差系数：$V = \dfrac{15.81\%}{25\%} \times 100\% = 63.24\%$

显然，项目 B 的投资风险大于项目 A。在本例中，由于 A、B 两个项目的期望报酬率相等，直接利用标准差即可比较两个项目的风险程度。

标准差和标准差系数是反映投资风险程度的两个指标。相比之下，标准差适用于比较期望报酬率相同的投资项目的总体风险，而标准差系数则适用于比较期望报酬率不同的投资项目的总体风险。

（五）组合投资风险的衡量

1. 组合投资的目的

组合投资是投资者为了提高投资报酬水平、分散投资风险而同时进行两项或两项以上单项投资的过程。

投资者之所以要进行组合投资，是想实现总投资的报酬和风险关系的重组，以达到提高投资报酬、分散或弱化投资风险的目的。组合投资的目的具体可以分为以下几个方面。

（1）本金安全的考虑。不同投资本金的收回方式是不一样的。如债权投资（即购买债券）都有预先约定的本金偿还日期（某些永续债除外），到期时一般都可以收回全部的本金（债券违约情况除外）；而股权投资（即入股或购买股票）则没有预先约定的本金退还日期，投资者不想继续持股时不能要求被投资公司退还本金，只能通过私下协议或公开市场进行转让。可见，债权投资和股权投资的本金收回方式是完全不同的，因此，通过债权投资和股权投资的组合投资，可以提高本金收回的安全程度。

（2）报酬稳定的考虑。不同投资的报酬稳定性是不一样的。债权投资报酬稳定；股权投资报酬不稳定；优势项目报酬稳定，弱势项目报酬不稳定；等等。通过组合投资，可以提高投资报酬的稳定程度。

（3）报酬增长的考虑。不同投资的报酬，其增长的可能性是不一样的。固定报酬的投资，其报酬是不可能增长的；变动报酬的投资，其报酬既存在增长的可能性，也存在下降的可能性。可见，报酬稳定与报酬增长之间是存在一定矛盾的。通过组合投资，可以提高投资报酬增长的可能性和幅度。

（4）流动性增强的考虑。流动性指投资所形成的资产的变现能力。流动资产的变现能力大于固定资产，金融资产的变现能力因其在市场上可随时出售而大于实体资产。一般而言，报酬率和流动性是对立的，为追求较高的报酬率，投资者应投资于期限长、风险大的项目，但这样却牺牲了流动性；而为了追求流动性，投资者应投资于期限短、风险小的项目，而这又降低了报酬率。这是一个两难选择。通过组合投资，在报酬率和流动性之间做出合理选择，在兼顾报酬率的同时又可以兼顾流动性。

（5）风险分散的考虑。不同投资的风险是不同的，投资者只要进行投资，就必将面临一定的或大或小的风险。面对不确定的未来，大多数投资者为减少投资损失的可能性，往往都会避免单项投资，而进行组合投资，以实现投资风险的分散化。通过组合投资实现分散投资，从而达到分散风险的目的。

2. 组合投资的期望报酬

组合投资的期望报酬是以组合投资中各个单项投资的金额占组合投资金额的比重为权数，对各个单项投资的预期报酬进行加权平均计算而得到的加权平均数。计算公式如下：

$$\overline{K_p} = W_1\overline{K_1} + W_2\overline{K_2} + \cdots + W_n\overline{K_n} = \sum_{i=1}^{n} W_i\overline{K_i}$$

式中：$\overline{K_p}$表示组合投资的期望报酬率；$\overline{K_i}$表示组合投资中各个单项投资的预期报酬率；W_i表示组合投资中各个单项投资金额占组合投资金额的比重。

【例 4-11】 假设某公司同时投资于 A、B、C、D 四种有价证券，其投资比重分别为

0.2、0.25、0.3 和 0.25，其预期报酬率分别为 10%、12%、11%和 14%。求该组合投资的期望报酬率。

计算过程和结果如下：

该组合投资的期望报酬率为：

$$\overline{K}_p = 0.2 \times 10\% + 0.25 \times 12\% + 0.3 \times 11\% + 0.25 \times 14\% = 11.80\%$$

一般来说，当各个单项投资的预期报酬一定时，组合投资的期望报酬就取决于各个单项投资的比重；而当各个单项投资的比重一定时，组合投资的期望报酬就取决于各个单项投资的预期报酬。因此，组合投资的期望报酬与各个单项投资的预期报酬及比重呈线性关系。

3. 组合投资的风险衡量

组合投资的风险通常用组合投资期望报酬率的方差（标准差的平方）来衡量。但组合投资期望报酬率的方差并不是其所包含的各单项投资期望报酬率方差的加权平均，更非各单项投资期望报酬率方差的简单累加。组合投资的风险不仅取决于其所包含的每个单项投资的风险，还取决于每个单项投资之间的相互关系。组合投资方差的计算公式如下：

$$\sigma_P^2 = \sum_{i=1}^{n} \sigma_i{}^2 W_i{}^2 + 2\sum_{i=1}^{n}\sum_{j=1}^{n} W_i W_j Cov_{ij} \quad i \neq j$$

式中：σ_P^2 代表组合投资报酬率的方差；σ_i 代表第 i 项投资报酬率的标准差；$W_i W_j$ 代表投资项目 i、j 在总投资中的比重；Cov_{ij} 代表项目 i 和 j 间的协方差。

组合投资的风险是由可分散风险和不可分散风险两部分构成的。如上述组合投资方差的计算公式中，第一项即单项投资的方差之和，就是组合投资的可分散风险；第二项即各个单项投资之间的协方差之和，就是组合投资的不可分散风险。

随着组合投资所包含的单项投资的数目增加，各个单项投资的风险被分散的程度就越大，或各个单项投资的方差对组合投资的方差的影响程度就越小，从而组合投资的风险也就越小。当组合投资所包含的单项投资的数目达到非常大时，各个单项投资的方差对组合投资的方差的影响程度几乎可以忽略不计，组合投资的风险也就趋于不可分散风险。基于此，组合投资风险衡量的焦点便集中在不同组合投资可分散风险和不可分散风险的衡量上。为方便起见，本书只讨论仅有两个单项投资的组合投资的方差计算与风险衡量问题，多个单项投资的组合投资方差计算与风险衡量的原理与此相同。

设某公司有 X、Y 两个投资项目，则有：

$$\sigma_p^2 = \sigma_X^2 W_X^2 + \sigma_Y^2 W_Y^2 + 2 W_X W_Y Cov_{XY}$$

其中，Cov_{XY} 表示两个投资项目的协方差，它以绝对数的形式表示两个投资项目之间的相互变动关系，计算公式如下：

$$Cov_{XY} = \sum_{i=1}^{n} [(K_{xi} - \overline{K_x}) \cdot (K_{yi} - \overline{K_y})] \cdot P_i$$

式中：K_{xi} 代表第 i 种经济状态下 X 项目的投资报酬率；$\overline{K_x}$ 代表 X 项目的期望投资报酬率；K_{yi} 代表第 i 种经济状态下 Y 项目的投资报酬率；$\overline{K_y}$ 代表 Y 项目的期望投资报酬率；P_i 代表第 i 种经济状态出现的概率。

两个投资项目之间的相互变动关系还可用相对数即相关系数 ρ 表示，其计算公式如下：

$$\rho_{xy} = \frac{Cov_{xy}}{\sigma_x \cdot \sigma_y} \qquad |\rho| \leq 1$$

则有：$Cov_{xy}=\rho_{xy}\sigma_x \cdot \sigma_y$，将其代入上述组合投资方差的计算公式，得到：

$$\sigma_p{}^2=\sigma_X^2W_X^2+\sigma_Y^2W_Y^2+2\rho_{xy}\cdot W_x\cdot W_y\cdot\sigma_x\cdot\sigma_y$$

（1）可分散风险的衡量。组合投资可分散风险的分散程度通常是用组合投资中各个单项投资预期报酬之间的相关程度来加以衡量。用相关系数（ρ）来反映。其取值范围在+1与-1之间。

①当$0<\rho\leq1$时，表明组合投资中各个单项投资预期报酬的变化方向相同。这种相关关系在统计学上称为正相关。

若$\rho=1$，表明组合投资中各个单项投资预期报酬的变动是等比例地同增同减。这种相关关系被称为完全正相关。由完全正相关的单项投资所构成的组合投资不会产生任何分散风险的效应。因为各个单项投资的预期报酬之间不具有互补性，即当一种投资的预期报酬下降时，另一种投资的预期报酬也会同比例地下降；反之亦然。

若$0<\rho<1$，表明组合投资中各个单项投资预期报酬的变动是不等比例地同增同减。为了与完全正相关相区别，把这种相关关系称为非完全正相关。由非完全正相关的单项投资所构成的组合投资，由于其各个单项投资的预期报酬之间具有一定的互补性，因而能够产生一定的分散风险效应。由此可见，各个单项投资预期报酬之间的正相关程度越小，则其组合投资所产生的风险分散效应就越大。

②当$-1\leq\rho<0$时，表明组合投资中各个单项投资预期报酬的变动方向相反。这种相关关系在统计学上称为负相关。

若$\rho=-1$，表明组合投资中各个单项投资预期报酬的变动比例相等且方向相反。这种相关关系被称为完全负相关。由完全负相关的单项投资所构成的组合投资，可以把可分散风险完全分散掉。

若$-1<\rho<0$，表明组合投资中各个单项投资预期报酬的变动比例不等且方向相反。为了与完全负相关相区别，把这种相关关系称为非完全负相关。由非完全负相关的单项投资所构成的组合投资所产生的分散风险效应将比正相关时大。由此可见，各个单项投资预期报酬之间的负相关程度越大，则其组合投资可产生的分散风险效应就越大。

③当$\rho=0$时，表明组合投资中各个单项投资预期报酬的变动处于正相关与负相关的分界点上，即没有相关关系，这在统计学上称为完全无关或零相关。由零相关的单项投资所构成的组合投资所产生的分散风险效应比正相关时大，但比负相关时小。

【例4-12】假设某公司有一个组合投资由单项投资1和单项投资2构成，其比重分别为80%和20%。这两项投资在五种不同经济状况下的预期报酬率及其概率分布如表4-13所示。

表4-13　　某公司单项投资1和单项投资2预期报酬率及其概率分布表

经济状况	概率分布（P_i）	K_{1i}	K_{2i}
Ⅰ	0.2	30%	-45%
Ⅱ	0.2	20%	-15%
Ⅲ	0.2	10%	15%
Ⅳ	0.2	0	45%
Ⅴ	0.2	-10%	75%

试根据上述资料，计算该组合投资的期望报酬率、方差、标准差以及单项投资 1 与单项投资 2 的预期报酬之间的相关系数。

计算过程和结果如下：

(1) 计算组合投资的期望报酬率：

$$\overline{K_1}=0.2\times30\%+0.2\times20\%+0.2\times10\%+0.2\times0+0.2\times(-10\%)=10\%$$

$$\overline{K_2}=0.2\times(-45\%)+0.2\times(-15\%)+0.2\times15\%+0.2\times45\%+0.2\times75\%=15\%$$

$$\overline{K_p}=0.8\times10\%+0.2\times15\%=11\%$$

即组合投资的期望报酬率为 11%。

(2) 计算组合投资的方差和标准差：

$$\sigma_1^2=0.2\times(0.3-0.1)^2+0.2\times(0.2-0.1)^2+0.2\times(0.1-0.1)^2+0.2\times(0-0.1)^2+0.2\times(-0.1-0.1)^2=0.02$$

$$\sigma_1=\sqrt{0.02}=14.14\%$$

$$\sigma_2^2=0.2\times(-0.45-0.15)^2+0.2\times(-0.15-0.15)^2+0.2\times(0.15-0.15)^2+0.2\times(0.45-0.15)^2+0.2\times(0.75-0.15)^2=0.18$$

$$\sigma_2=\sqrt{0.18}=42.43\%$$

$$\sigma_{12}=0.2[(0.3-0.1)(-0.45-0.15)]+0.2[(0.2-0.1)(-0.15-0.15)]+0.2[(0.1-0.1)(0.15-0.15)]+0.2[(0-0.01)(0.45-0.15)]+0.2[(-0.1-0.1)(0.75-0.15)]=-0.06$$

$$\sigma_p^2=0.8^2\times0.02+0.2^2\times0.18+2\times0.8\times0.2\times(-0.06)=0.0008$$

$$\sigma_p=\sqrt{0.0008}=2.83\%$$

(3) 计算单项投资 1 和单项投资 2 预期报酬率之间的相关系数：

$$\rho_{12}=\frac{-0.06}{0.1414\times0.4243}=-1$$

由上述计算结果可知，单项投资 1 和单项投资 2 预期报酬之间的相关系数为 -1，表明由这两项投资所构成的组合投资可使其风险（σ_p 为 2.83%）比其包含的单项投资的风险（σ_1 为 14.14%，σ_2 为 42.43%）有大幅度的降低，明显地体现了组合投资的风险分散效应。

需要指出的是，由相关程度相同的单项投资所构成的组合投资，在其不同的投资比例下，其期望报酬率和标准差均是不同的。那么，应怎样在组合投资中寻求最优的投资比例呢？研究结果表明，当组合投资由两项投资构成时，其最优的 W_1 可用下列公式计算：

$$W_1=\frac{\sigma_2^2-\rho_{12}\sigma_1\sigma_2}{\sigma_1^2+\sigma_2^2-2\rho_{12}\sigma_1\sigma_2}$$

【例 4-13】 承【例 4-12】，单项投资 1 和单项投资 2 预期报酬率之间的相关系数等于 -1，试计算该公司应采取哪种投资比例组合。

计算过程和结果如下：

当 $\rho_{12}=-1$ 时，则有：

$$W_1=\frac{\sigma_2^2-\rho_{12}\sigma_1\sigma_2}{\sigma_1^2+\sigma_2^2-2\rho_{12}\sigma_1\sigma_2}=\frac{\sigma_2^2+\sigma_1\sigma_2}{\sigma_1^2+\sigma_2^2+2\sigma_1\sigma_2}=\frac{\sigma_2\ (\sigma_2+\sigma_1)}{(\sigma_1+\sigma_2)^2}=\frac{\sigma_2}{\sigma_1+\sigma_2}$$

将【例 4－12】中的有关数据代入上式，得：

$$W_1 = \frac{0.4243}{0.1414 + 0.4243} = 75\%$$

这意味着：在本例中，组合投资的最佳投资比例应为：$W_1 = 0.75$，$W_2 = 0.25$。在此投资比例下，组合投资的期望报酬率和标准差是：

$\overline{K}_p = 0.75 \times 10\% + 0.25 \times 15\% = 11.25\%$

$\sigma_{12}^2 = \sigma_1^2 W_1^2 + \sigma_2^2 W_2^2 + 2\rho_{12} \cdot W_1 \cdot W_2 \cdot \sigma_1 \cdot \sigma_2$

$\sigma_{12} = [0.02 \times (0.75)^2 + 0.18 \times (0.25)^2 + 2 \times (-1) \times 0.75 \times 0.25 \times 0.1414 \times 0.4243]^{1/2} = 0$

（2）不可分散风险的衡量。组合投资的不可分散风险是用组合投资的 β 系数来加以衡量的。组合投资的 β 系数是组合投资中各个单项投资 β 系数的加权平均数，其权数为各个单项投资在组合投资中所占的资金份额。β 系数的计算公式如下：

$$\beta_p = \sum_{i=1}^{n} W_i \beta_i$$

式中：β_p 为组合投资的 β 系数；β_i 为第 i 项投资的 β 系数。

当组合投资的 $\beta_p > 1$ 时，属于冒险型投资，它要求获取较高的风险报酬率；当组合投资的 $\beta_p < 1$ 时，属于保守型投资，它只要求获取较低的风险报酬率。

由上述组合投资 β 系数的计算公式可知：

第一，组合投资的 β 系数受到不同投资比例和单项投资 β 系数的影响。显然，加入一个 β 系数较低的单项投资，来取代原组合投资中 β 系数较高的单项投资，或降低原组合投资中 β 系数较高的单项投资的比重，提高 β 系数较低的单项投资的比重，就可使组合投资的 β 系数相应地降低；反之亦然。同时，由于组合投资中单项投资 β 系数的变化与其报酬率的变化并非完全成正比例，因此调整各个单项投资的 β 系数对组合投资的报酬率也有影响。

假设某公司持有 100 万元的组合投资，包含 10 种股票，每种股票的价值均为 10 万元，且 β 系数均为 0.8，则组合投资的 β 系数也是 0.8。现假设该公司出售其中一种股票，同时等额购进一种 β 系数为 2 的股票，那么，该组合投资的 β 系数变更为：

$\beta_p = \frac{10}{100} \times 0.8 \times 9 + \frac{10}{100} \times 2 = 0.92$，大于 0.8

相反，若等额购进 β 系数为 0.2 的股票，则该组合投资的 β 系数变更为：

$\beta_p = \frac{10}{100} \times 0.8 \times 9 + \frac{10}{100} \times 0.2 = 0.74$，小于 0.8

可见，正确地掌握和利用单项投资比例和 β 系数对组合投资 β 系数的这种影响关系，对于寻找既能满足公司期望报酬率要求，又能使其平均 β 系数在公司愿意承担的风险程度内的有效组合投资，有着重要意义。

第二，计算组合投资的 β 系数，关键在于计算各个单项投资的 β 系数。各个单项投资的 β 系数可按下列简化的公式计算：

$$\beta = \frac{\text{某证券的风险报酬率}}{\text{证券市场的平均风险报酬率}} = \frac{R_i - R_F}{R_m - R_F}$$

式中，R_i 表示第 i 种证券的预期报酬率；R_F 表示无风险报酬率；R_m 表示证券市场的平均风险报酬率。

实际上，β 系数的确定是十分困难的，投资者根据自己所收集的资料往往很难测算，一般是由专门机构定期对各种证券的 β 系数进行测算，然后公布，以供投资者决策之用。

（六）风险报酬的计算

1. 风险报酬率的计算

为了正确地进行投资决策，投资者除了要了解投资风险的大小之外，还需要知道投资风险报酬的高低。显然，投资者如果投资时冒了风险，他就应当获得超过资金时间价值的额外报酬，而且所冒风险越大，得到的风险报酬也应越多。即投资风险报酬的大小，应与所冒风险的大小成正比。因此，表示风险报酬的风险报酬率应与反映风险程度的标准差系数成正比例关系。但是，标准差系数并不等于风险报酬率。要将标准差系数转换成风险报酬率，其间还需借助一个参数，这个参数就是风险报酬系数。即：

$$风险报酬率 = 风险报酬系数 \times 标准差系数$$

用符号表示为：$R_R = b \cdot V$

这样，投资的总报酬率则为：$K = R_F + R_R = R_F + b \cdot V$

式中：K 表示投资的报酬率；R_F表示无风险报酬率；R_R表示风险报酬率；b 表示风险报酬系数；V 表示标准差系数。

无风险报酬率就是加上通货膨胀贴水以后的资金时间价值，一般把投资于国债的报酬率视为无风险报酬率。风险报酬系数是将标准差系数转化为风险报酬的一种系数。

【例 4-14】 承【例 4-10】，假设项目 A 的风险报酬系数为 5%，项目 B 的风险报酬系数为 8%，无风险报酬率为 10%，试分别计算两个项目的风险报酬率和投资报酬率。

计算过程和结果如下：

项目 A 的风险报酬率：$R_R = b \cdot V = 5\% \times 12.64\% = 0.632\%$

项目 B 的风险报酬率：$R_R = b \cdot V = 8\% \times 63.24\% = 5.0592\%$

项目 A 的投资报酬率：$K = R_F + b \cdot V = 10\% + 5\% \times 12.64\% = 10.632\%$

项目 B 的投资报酬率：$K = R_F + b \cdot V = 10\% + 8\% \times 63.24\% = 15.0592\%$

至于风险报酬系数 b 的确定，有如下几种方法：

一是根据以往的同类项目加以确定。风险报酬系数 b 可以参照以往同类投资项目的历史资料，运用前述有关公式来确定。例如，某公司准备进行一项投资，此类项目含风险报酬率在内的投资报酬率一般为 20% 左右，其报酬率的标准差系数为 100%，无风险报酬率为 10%，则由公式 $K = R_F + bV$ 得：$b = (K - R_F)/V = (20\% - 10\%)/100\% = 10\%$。

二是由投资者组织相关领域的专家确定。以上第一种方法必须在历史资料比较充分的情况下才能采用。如果缺乏历史资料，则可由投资者组织相关领域的专家根据经验加以确定。实际上，风险报酬系数的确定很大程度上取决于决策者的风险态度。比较敢于承担风险的投资者，往往把 b 值定得低些；反之，则常把 b 值定得高些。

三是由国家有关部门组织相关领域的专家确定。国家有关部门如财政部、中央银行等组织专家，根据各行业的条件和有关因素，确定各行业的风险报酬系数，由国家定期公布，作为国家参数供投资者参考。

2. 风险报酬额的计算

根据风险报酬率和有关资料，就可计算风险报酬额。其计算公式为：

$$P_R = C \cdot R_R$$

或

$$P_R = P_m \cdot \frac{R_R}{K} = P_m \cdot \frac{R_R}{R_F + R_R}$$

式中，P_R 表示风险报酬额；P_m 表示投资总报酬额；C 表示投资额；K 表示投资报酬率；R_R 表示风险报酬率；R_F 表示无风险报酬率。

【例 4－15】 承【例 4－10】和【例 4－14】的资料，分别计算两个项目的风险报酬额。

计算过程和结果如下：

项目 A 的风险报酬额：$P_R = C \cdot R_R = 1\ 000 \times 0.632\% = 6.32$（万元）

项目 B 的风险报酬额：$P_R = C \cdot R_R = 1\ 000 \times 5.0592\% = 50.592$（万元）

应当指出的是，风险报酬计算的结果具有一定的假设性，并不是十分精确的。研究投资风险报酬，关键是在进行投资决策时，树立风险与报酬相匹配的观念，认真权衡风险与报酬的关系，选择有可能避免风险、分散风险并获得较多报酬的投资方案，借以实现最佳的经济效益和财务目标。

十、选择投资方案

经过确定投资目标、选择投资方向、选择投资类型、选择投资形式、选择投资战略、确定投资规模、预测现金流量、评估投资效益、分析投资风险这些环节之后，就到了选择投资方案的时候了。投资方案的选择必须经过预测现金流量、评估投资效益、分析投资风险这些定量分析阶段，但选择投资方案仅有定量分析是不够的，因为影响投资项目未来效益和风险的很多内外部因素是无法用量化来分析的，决策者必须采用定性分析的方法来分析影响投资效益和风险的各种内外部环境因素，并评估自己对这些环境因素的良性诱导或者捕捉利用的能力以及对这些环境因素恶化的应变能力。在此基础上，再根据自己的风险态度做出理性决策。理性决策，是事业成功的重要前提。

必须明确的是，投资必然会改变一个财务管理主体的资产结构。比如，某人把银行存款拿去买了股票或债券或其他资产，那他的这部分银行存款就不是银行存款了，他的资产结构也就改变了。再如，一家公司用银行存款去购买机器设备，那它的这部分银行存款就变成机器设备了，它的资产结构也发生改变了。因此，选择投资方案的过程就是选择资产结构的过程，投资决策又称作资产结构决策。

（一）资产结构的概念

资产结构是指各项或各类资产在资产总额或某类资产总额中的构成情况，比如：各项资产占资产总额的比重、各项资产占某类资产总额的比重、各类资产占资产总额的比重、各小类资产占某大类资产总额的比重等，都属于资产结构的范畴。

公司资产按其流动性来划分，可以分为短期资产和长期资产。其中：短期资产又称流动资产，主要有现金、应收款项、交易性金融资产、存货等。长期资产主要有持有至到期投资、可供出售金融资产、长期股权投资、投资性房地产、固定资产、在建工程、无形资产等。因此，资产结构可以理解为资产的流动性构成。公司资产按其用途来划分，可以分为经营性资产和非经营性资产；按创利性来划分，又可以分为创利性资产和非创利性资产。因此资产结构还可以理解为资产的经营性构成和创利性构成。若无特别说明，资产结构通常表述为短期资产与长期资产在资产总额中所占的比重。

（二）资产结构与经营杠杆作用

1. 经营杠杆作用及其产生的原因

经营杠杆作用是指当公司的销量（Q）发生较小幅度的变动时，息税前利润（EBIT）就会发生较大幅度的变动的财务现象；或者是指息税前利润（EBIT）变动幅度大于销量（Q）变动幅度的财务现象。

为了讨论这种财务现象发生的原因，请先看以下公式。

$$EBIT = Q \times (P - V) - F$$

式中，EBIT 为息税前利润，Q 为销量，P 为销售单价，V 为单位变动成本，F 为不包含利息在内的固定成本总额（以下所称的固定成本均不含利息）。

从公式“$EBIT = Q \times (P - V) - F$”可以看出，在销售单价 P 和单位变动成本 V 已经确定的情况下，如果固定成本 F 为零，Q 变动多大幅度，EBIT 也变动多大幅度，两者的变动幅度是相同的。但如果 F 不为零，则 EBIT 的变动幅度必然大于 Q 的变动幅度。由此可见，经营杠杆作用的产生是由于公司存在固定成本 F。

而固定成本 F 的大小主要受长期资产多少的影响。在资产总额已经确定的情况下，长期资产占的比重越大，固定成本就相对越大；反之就相对越小。所以，长期资产是经营杠杆作用产生的重要因素。长期资产的比重，亦即资产结构，与经营杠杆作用有着必然的联系。合理的资产结构是公司获得最佳经营杠杆效益的关键因素。

2. 经营杠杆作用的正反两方面表现

（1）正面作用。在保本和销量增长的前提下，固定成本越大，销量的增长能够引起息税前利润以更大的幅度增长。这时，保持较高的长期资产比重有助于加速息税前利润的增长。在现实中，有的公司在市场有利于自己，而且可以预见这种有利可以持续较长一段时间时一般都会增加长期资产投资、扩大产能，提高长期资产占比，以充分利用经营杠杆的这种正面作用。

（2）负面作用。在保本但销量下降的情况下，固定成本越大，销量的下降能够引起息税前利润以更大的幅度下降。这时，保持较高的长期资产比重会加速息税前利润的下降。在现实中，有些餐饮店在萧条时通常都会退租一些长期资产，降低长期资产占比，以规避经营杠杆的这种负面作用。

3. 经营杠杆作用大小的衡量：经营杠杆系数

经营杠杆系数是指息税前利润的变动幅度与销量的变动幅度的比值，它表示息税前利润的变动幅度是销量的变动幅度的倍数。

经营杠杆系数越大，经营杠杆作用越大；反之，则越小。

经营杠杆系数可用以下公式来计算。

$$DOL = \frac{Q \times (P - V)}{Q \times (P - V) - F} = \frac{\text{边际贡献总额}}{\text{边际贡献总额} - \text{固定成本总额}}$$

$$DOL = \frac{Q \times (P - V) - F + F}{Q \times (P - V) - F} = 1 + \frac{F}{Q \times (P - V) - F} = 1 + \frac{\text{固定成本}}{\text{息税前利润}}$$

式中，在边际贡献总额已经确定的情况下，固定成本总额越大，经营杠杆作用也越大，经营风险也越大；反之，固定成本总额越小，经营杠杆作用也越小，经营风险也越小。

（三）总杠杆作用与总风险

总杠杆作用是指当公司的销量（Q）发生较小幅度的变动时，每股收益（EPS）就会发生较大幅度的变动的财务现象；或者是指每股收益（EPS）变动幅度大于销量（Q）变动幅度的财务现象。

为了讨论这种财务现象发生的原因，请先看以下公式。

$$EPS=\frac{(EBIT-I)\times(1-T)}{N}=\frac{[Q\times(P-V)-F-I]\times(1-T)}{N}$$

在讨论财务杠杆作用和经营杠杆作用发生的原因时，已经将上式中的单价 P、单位变动成本 V、所得税税率 T 和发行在外的普通股的股数 N 都看作是已经确定的常量，因此上式中，如果固定成本 F 和利息 I 都为零，每股收益 EPS 的变动幅度与销量 Q 的变动幅度是一样的，不存在总杠杆作用；但如果固定成本 F 和利息 I 不都为零，每股收益 EPS 的变动幅度就会大于销量 Q 的变动幅度，就存在总杠杆作用。可见，总杠杆作用的发生是因为同时有固定成本 F 和利息 I，亦即总杠杆作用是经营杠杆作用与财务杠杆作用联合作用的结果，故而总杠杆作用又可称为联合杠杆作用。

总杠杆作用的大小用总杠杆系数来衡量。由于总杠杆作用是经营杠杆作用与财务杠杆作用联合作用的结果，因此，总杠杆系数就等于经营杠杆系数与财务杠杆系数的乘积。即：总杠杆系数 = 经营杠杆系数 × 财务杠杆系数。总杠杆系数越大，总风险也越大。

【例 4－16】 某公司 2022 年的固定成本（含利息费用）为 1 200 万元，净利润为 750 万元。2022 年的平均资产总额为 20 000 万元，平均资产负债率为 50%，负债平均利息率为 7%。该公司适用的所得税税率为 25%。试利用上述资料计算该公司 2022 年的财务杠杆系数、经营杠杆系数和总杠杆系数。

计算过程和结果如下：

（1）计算公司 2022 年的平均负债总额和利息费用：

平均负债总额 = 平均资产总额 × 平均资产负债率

= 20 000 × 50% = 10 000（万元）

利息费用 = 平均负债总额 × 平均利息率 = 10 000 × 7% = 700（万元）

（2）计算公司 2022 年的税前利润：

税前利润 = 净利润 + 所得税 = 净利润 + 税前利润 × 所得税税率

税前利润 = 净利润 ÷ (1 − 所得税税率) = 750 ÷ (1 − 25%) = 1 000（万元）

（3）计算公司 2022 年的息税前利润：

息税前利润 = 税前利润 + 利息费用 = 1 000 + 700 = 1 700（万元）

（4）计算公司 2022 年的财务杠杆系数：

财务杠杆系数 = 1 + 利息费用 ÷ 税前利润 = 1 + 700 ÷ 1 000 = 1.70

（5）计算公司 2022 年的经营杠杆系数：

经营杠杆系数 = 1 + 不含利息的固定成本 ÷ 息税前利润

= 1 +（1 200 − 700）÷ 1 700 = 1.29

（6）计算公司 2022 年的总杠杆系数：

总杠杆系数 = 财务杠杆系数 × 经营杠杆系数 = 1.70 × 1.29 = 2.19

本例中，在计算经营杠杆系数时，使用的固定成本金额是不包含利息费用的，这是因为息税前利润的计算公式"$EBIT = Q \times (P - V) - F$"中，固定成本 F 是不包含利息费用的，如果包含了，那么这个公式计算出来的结果就不是"息税前利润"了。

（四）资产结构与获利能力

资产结构不仅直接影响固定成本的大小，也直接影响单位变动成本的大小，从而影响单位边际贡献的大小。

单位边际贡献包括单位边际贡献额和单位边际贡献率。前者是单价减去单位变动成本后的差额，它表示保本之后每增加一个单位的销量，对息税前利润的贡献额。后者是单位边际贡献额与单价的比率，它表示保本之后每增加一个单位的销量，对息税前利润的贡献率。

单位边际贡献是反映公司获利能力大小的一个重要指标。经营同类或者类似商品的不同经营者，谁的单位边际贡献大，谁的获利能力就强。比如，同是经营餐饮业，高档餐饮店的单位边际贡献就大于低档餐饮店的单位边际贡献，因此，高档餐饮店的获利能力就比低档餐饮店的获利能力强。可见，保持合理的资产结构，也是提高获利能力的一个途径。

（五）资产结构与竞争能力

资产结构不仅直接影响固定成本，也直接影响单位变动成本，从而影响竞争能力。因为单位变动成本是商品销售价格的底线。当市场出现恶性的竞争态势时，面对同业之间的降价竞争，谁的单位变动成本低，谁的竞争优势就会更强。此外，资产结构还从其他方面影响着竞争能力。比如，两家毗邻的餐饮店，一家装修得比较豪华，餐饮用具也比较高档，而另一家则装修很普通，餐饮用具也很普通。很显然，装修比较豪华的这一家，其长期资产投入就比较大，而装修很普通的这一家，其长期资产的投入就会比较小。如果排除价格、味道、服务等的影响，客人一定会更加愿意进入装修豪华的这一家去用餐，说明装修豪华的这一家在招揽客人方面更具有竞争优势。可见，资产结构与竞争能力息息相关。保持合理的资产结构，也是增强竞争能力的重要法宝。

【例 4－17】星火电子科技股份有限公司是一家以家电系列商品为龙头的非上市公司，当前的资产规模为 20 000 万元，其中，流动资产为 12 000 万元，固定资产为 8 000 万元，负债规模为 8 000 万元，资产负债率为 40%，平均利率为 6%。年产销量为 20 万件，单位售价为 1 000 元，单位变动成本为 800 元，不含折旧在内的固定成本每年为 200 万元，每年的固定资产折旧为 1 000 万元，所得税税率为 25%。

现公司计划进行一项技术改造，使一部分原来由生产工人手工操作的生产程序改为由机器自动操作，以此来提高商品生产的自动化程度，进而提高全员劳动生产率。这项技改项目需要投入的资金净额（即扣除旧设备变现收入后的投资额）为 5 000 万元，这笔投资全部形成固定资产，投资所需的资金中有 2 000 万元是动用原来的流动资产（留存收益形成的那部分流动资产），其余的 3 000 万元为银行贷款，利率为 6%。

技改项目完成后，公司的资产规模达到 23 000 万元，其中，流动资产 10 000 万元，固定资产 13 000 万元，负债规模达到 11 000 万元，资产负债率为 47.83%，平均利率为 6%。年产销量（约当产销量）仍为 20 万件（固定资产尚有剩余的生产能力，但根据公司的市场开拓能力，目前最大的年产销量只有 20 万件），单位售价（约当售价）仍为 1 000 元，单位变动成本（约当成本）降低为 760 元，不含折旧在内的固定成本每年仍为 200 万元，每年的固定资产折旧提高到 1 300 万元，所得税税率仍为 25%。

试根据上述资料分析该公司是否应该进行这项技术改造。

分析过程和结果如下：

1. 列出该公司不进行技改和进行技改后的资产结构及相关财务指标，如表 4 - 14 所示。

表 4 - 14　　星火电子公司不进行技改和进行技改后的资产结构及相关财务指标表

指　标	不进行技改	进行技改后
资产总额（万元）	20 000	23 000
其中：流动资产（万元）	12 000	10 000
固定资产（万元）	8 000	13 000
固定资产比重	40.00%	56.52%
负债总额（万元）	8 000	11 000
资产负债率	40.00%	47.83%
平均利率	6%	6%
年产销量（万件）	20	20
单位售价（元）	1 000	1 000
单位变动成本（元）	800	760
每年不含折旧的固定成本（万元）	200	200
每年折旧（万元）	1 000	1 300
所得税税率	25%	25%

2. 计算该公司不进行技改和进行技改后的单位边际贡献和边际贡献率

$$单位边际贡献 = 单位售价 - 单位变动成本$$

$$边际贡献率 = (单位售价 - 单位变动成本) \div 单位售价$$

（1）不进行技改：

单位边际贡献 = 1 000 - 800 = 200（元）

边际贡献率 = (1 000 - 800) ÷ 1 000 = 20%

（2）进行技改后：

单位边际贡献 = 1 000 - 760 = 240（元）

边际贡献率 = (1 000 - 760) ÷ 1 000 = 24%

3. 计算该公司不进行技改和进行技改后的保本销售量和保本销售额

$$保本销售量 = 固定成本 \div 单位边际贡献$$

$$保本销售额 = 固定成本 \div 边际贡献率$$

（1）不进行技改：

$$保本销售量 = \frac{200 + 1\ 000}{200} = 6（万件）$$

$$保本销售额 = \frac{200 + 1\ 000}{20\%} = 6\ 000（万元）$$

（2）进行技改后：

$$保本销售量 = \frac{200 + 1\ 300}{240} = 6.25（万件）$$

$$保本销售额 = \frac{200 + 1\ 300}{24\%} = 6\ 250（万元）$$

4. 计算该公司不进行技改和进行技改后每年的息税前利润

（1）不进行技改：

EBIT = Q ×（P − V）− F = 20 ×（1 000 − 800）−（200 + 1 000）= 2 800（万元）

（2）进行技改后：

EBIT = Q ×（P − V）− F = 20 ×（1 000 − 760）−（200 + 1 300）= 3 300（万元）

5. 计算该公司不进行技改和进行技改后的财务杠杆系数、经营杠杆系数和总杠杆系数

（1）不进行技改：

财务杠杆系数 = 1 + 利息费用 ÷ 税前利润

= 1 + 8 000 × 6% ÷（2 800 − 8 000 × 6%）= 1.21

经营杠杆系数 = 1 + 不含利息的固定成本 ÷ 息税前利润

= 1 +（200 + 1 000）÷ 2 800 = 1.43

总杠杆系数 = 财务杠杆系数 × 经营杠杆系数 = 1.21 × 1.43 = 1.73

（2）进行技改后：

财务杠杆系数 = 1 + 利息费用 ÷ 税前利润

= 1 + 11 000 × 6% ÷（3 300 − 11 000 × 6%）= 1.25

经营杠杆系数 = 1 + 不含利息的固定成本 ÷ 息税前利润

= 1 +（200 + 1 300）÷ 3 300 = 1.45

总杠杆系数 = 财务杠杆系数 × 经营杠杆系数 = 1.25 × 1.45 = 1.81

6. 将上述各项计算结果列表比较，如表 4 − 15 所示。

表 4 − 15　星火电子公司不进行技改和进行技改后相关财务指标比较表

指　标	不进行技改	进行技改后
单位边际贡献（元）	200	240
边际贡献率	20%	24%
保本销售量（万件）	6	6.25
保本销售额（万元）	6 000	6 250
息税前利润（万元）	2 800	3 300
财务杠杆系数	1.21	1.25
经营杠杆系数	1.43	1.45
总杠杆系数	1.73	1.81
单位售价（元）	1 000	1 000
单位变动成本（元）	800	760

由表 4 − 15 可知，（1）技改后，单位边际贡献、边际贡献率和息税前利润都增加或者提高了，说明这项技改有利于提高公司的获利能力；（2）技改后，保本销售量、保本销售额、财务杠杆系数、经营杠杆系数和总杠杆系数都增加或者提高了，说明这项技改加大了公司的风险；（3）技改后，单位变动成本降低了，说明这项技改有利于提高公司的竞争能力。这种情况下，究竟进不进行这项技改，就取决于决策者的风险态度了。如果决策者过于看重

增加的风险，他一般就不会进行这项技改；如果决策者更看重的是技改后获利能力和竞争能力的提高，那他一般就会决定进行这项技改。可见，决策者的风险态度在决策过程中非常关键。

第四节 经营决策分析方法

经营活动主要包括销售活动、生产活动和采购活动，因此，经营决策分析也主要包括销售决策分析、生产决策分析和采购决策分析。

一、销售决策分析

销售过程需要做出的决策事项很多，比如商品（或服务，下同）如何定价？销售过程是否给予赊销？如何选择客户？什么时间在什么地点采用什么方式销售？如何结算货款？等等。本书将重点阐述价格决策和信用决策。

（一）价格决策

价格决策问题就是商品如何定价的问题。商品定价方法有很多种，本书重点介绍三种常见的方法，即成本加成定价法、保本保利定价法和理解价值定价法。

1. 成本加成定价法

成本加成定价法是指在单位商品成本的基础上，加上预计的单位商品营业税费和期望的单位商品营业利润来确定商品价格的一种方法。计算公式如下：

$$商品价格=单位商品成本+单位商品营业税费+单位商品营业利润$$

$$商品价格=单位商品成本+商品价格\times营业税费率+商品价格\times营业利润率$$

$$商品价格=单位商品成本\div（1-营业税费率-营业利润率）$$

其中，单位商品成本是指完全成本（又称为出厂成本），即包含生产成本和期间费用在内的成本，而不仅仅是指生产成本。

【例4-18】 某公司生产销售A商品10 000件，该商品的单位成本为30元，营业税费率为8%，营业利润率为10%。试确定A商品的销售价格。

计算过程和结果如下：

A商品的销售价格 $=30\div(1-8\%-10\%)=36.59$（元）

2. 保本保利定价法

保本保利定价法是指根据保本点和保利点的计算公式来确定商品价格的一种方法。在根据保本点和保利点的计算公式确定商品的价格时要考虑营业税费率这个因素。

由息税前利润的计算公式“$EBIT=Q\times(P-V)-F$”可知，当EBIT等于零时即为保本，这时，$P=(Q\times V+F)\div Q$。考虑营业税费率这个因素后，将这个公式用文字表述如下。

$$保本销售价格\times(1-营业税费率)=\frac{预计销量\times单位变动成本+固定成本总额}{预计销量}$$

$$保本销售价格=\frac{变动成本总额+固定成本总额}{预计销量\times(1-营业税费率)}=\frac{完全成本或出厂成本}{预计销量\times(1-营业税费率)}$$

在以上公式中，当预计销量和营业税费率不变时，完全成本（或出厂成本）越大，保本销售价格就越高；当预计销量和完全成本（或出厂成本）不变时，营业税费率越大，保本销售价格就越高；当完全成本（或出厂成本）和营业税费率不变时，预计销量越大，保本销售价格就越低。

当设定 EBIT 为一个目标值时，EBIT 就是目标利润，这时，$P=[(Q\times V+F)+EBIT]\div Q$。考虑营业税费率这个因素后，将这个公式用文字表述如下。

$$\text{保利销售价格}\times(1-\text{营业税费率})=\frac{\text{预计销量}\times\text{单位变动成本}+\text{固定成本总额}+\text{目标利润}}{\text{预计销量}}$$

$$\text{保利销售价格}=\frac{\text{变动成本总额}+\text{固定成本总额}+\text{目标利润}}{\text{预计销量}\times(1-\text{营业税费率})}$$

$$\text{保利销售价格}=\frac{\text{完全成本或出厂成本}+\text{目标利润}}{\text{预计销量}\times(1-\text{营业税费率})}$$

在以上公式中，当预计销量、营业税费率和目标利润不变时，完全成本（或出厂成本）越大，保本销售价格就越高；当预计销量、完全成本（或出厂成本）和目标利润不变时，营业税费率越大，保本销售价格就越高；当预计销量、完全成本（或出厂成本）和营业税费率不变时，目标利润越大，保本销售价格就越高；当完全成本（或出厂成本）、营业税费率和目标利润不变时，预计销量越大，保本销售价格就越低。

【例 4－19】 某公司生产和销售 B 商品，单位变动成本为 5 元，固定成本为 40 000 元，目标利润为 60 000 元，预计销售量为 50 000 件，营业税费率为 8%。试确定该商品的保本销售价格和保利销售价格。

计算过程和结果如下：

$$\text{保本销售价格}=\frac{\text{变动成本总额}+\text{固定成本总额}}{\text{预计销量}\times(1-\text{营业税费率})}=\frac{50\ 000\times5+40\ 000}{50\ 000\times(1-8\%)}=6.30\ (\text{元})$$

$$\text{保利销售价格}=\frac{\text{变动成本总额}+\text{固定成本总额}+\text{目标利润}}{\text{预计销量}\times(1-\text{营业税费率})}$$

$$\text{保利销售价格}=\frac{50\ 000\times5+40\ 000+60\ 000}{50\ 000\times(1-8\%)}=7.61\ (\text{元})$$

3. 理解价值定价法

理解价值定价法是指以消费者对商品价值的理解和认识程度为依据确定商品价格的方法。其基本思路是：定价的关键在于消费者对商品价值的理解水平，而不是商品的成本。这种商品定价方法在现实中很常见，它主要运用于文化商品（如图书、音像制品等）、艺术商品（如书画作品、影视作品等）、首饰商品（如金银首饰、玉石首饰等）、古玩商品（如古钱币、古器具等）、知识传播商品（如专家的讲座、报告、课程等）等商品的定价，甚至一些高档消费品（如高档服饰、高档家具等）都有可能采用这种定价方法。这种定价方法一般没有特定的规律，有时是卖家出价、买价还价，有时又是买价出价、卖家还价，甚至有时是卖家出价，不允许买家还价，只要双方对商品价值的理解达成了共识就可以成交。

（二）信用决策

1. 信用政策的制定

制定信用政策通常需要对以下问题作出明确的决定：（1）是否赊销？赊销的控制比例（或称赊销额度）为多少？（2）对什么客户赊销？客户应具备什么条件才能给予赊销？（3）不同客户的赊销额度有否差别？（4）赊销期限为多长？不同客户的赊销期是否一致？

(5) 是否给予赊销折扣（或称时间折扣、信用折扣、现金折扣)? 折扣期为多少? 折扣率又为多少? (6) 不同客户的折扣期和折扣率是否一样? (7) 赊销后采取什么样的收账措施? 应收账款逾期后又采取什么样的收账措施?

2. 信用政策的变更

信用政策变更应考虑信用政策变更后的增量收益、增量成本和增量风险。只有当增量收益大于增量成本，且增量风险可以承受的情况下，才可以变更信用政策。其中：(1) 增量收益是指信用政策变更后新增的边际贡献额。新增边际贡献 = 新增销售收入 × 边际贡献率，边际贡献率 = （销售单价 - 单位变动成本） ÷ 销售单价。(2) 增量成本是指信用政策变更后新增的应收账款的机会成本、管理成本、折扣成本和坏账成本，应收账款机会成本 = 应收账款占用的资金 × 机会成本率，应收账款占用的资金 = 应收账款平均余额。(3) 增量风险是指信用政策变更后新增的坏账风险。增量风险难以度量，一般由决策者的风险态度来定夺。

二、生产决策分析

生产过程需要做出的决策事项也很多，比如生产什么商品、每一种商品生产多大的量、在什么时间什么地点生产、如何组织生产、亏损商品是否停产或转产等。本书将重点阐述生产什么商品的决策（即商品品种决策)、亏损商品是否停产或转产的决策和每一种商品生产多大量的决策（即商品产量决策)。

（一）商品品种决策

一家公司（或一个经营户）在生产（经营）过程中，同一个品牌往往拥有若干种可以生产（经营）的商品，当生产经营条件不允许生产（经营）所有商品时，就需要根据现有的生产（经营）条件在既有的商品中选择一种或若干种商品来生产（经营)。这时，决策的原则就是利润最大化，即如果不受其他条件的制约，就选择能够给公司（经营户）带来最多利润的商品来生产（经营)。

【例 4-20】 某经营户（作坊）有一套机器设备承接来料加工业务。现有甲、乙两个客户同时找上门，要求在同一时间内完成一种商品的加工任务，完成的加工量不限，多多益善。这套机器设备在客户要求的时间内最大的生产能力为 8 000 机器小时。甲、乙两个客户要求加工的商品的相关资料见表 4-16。试确定该经营户应该承接哪个客户的加工任务。

表 4-16　　甲、乙两个客户要求加工的商品的相关资料表

项目	甲客户	乙客户
每件机器小时（小时）	2	2.5
每件加工收费（元）	16	14
每件加工变动成本（元）	9	7
固定成本总额（元）	15 000	

计算过程和结果如下：

1. 分别计算甲、乙两个客户商品的最大加工量

甲客户商品的最大加工量 = 8 000 ÷ 2 = 4 000（件）

乙客户商品的最大加工量 = 8 000 ÷ 2.5 = 3 200（件）

2. 分别计算甲、乙两个客户商品的加工总成本

甲客户商品的加工总成本 =9 ×4 000 +15 000 =51 000（元）

乙客户商品的加工总成本 =7 ×3 200 +15 000 =37 400（元）

3. 分别计算甲、乙两个客户商品的加工总收入

甲客户商品的加工总收入 =16 ×4 000 =64 000（元）

乙客户商品的加工总收入 =14 ×3 200 =44 800（元）

4. 分别计算甲、乙两个客户商品的加工利润

甲客户商品的加工利润 =64 000 -51 000 =13 000（元）

乙客户商品的加工利润 =44 800 -37 400 =7 400（元）

5. 计算甲、乙两个客户商品的加工利润差额

加工利润差额 =13 000 -7 400 =5 600（元）

计算结果表明，给甲客户加工比给乙客户加工可多获得 5 600 元的加工利润，如果其他方面的条件不影响决策，则该经营户应当选择给甲客户加工。

（二）亏损商品是否停产或转产的决策

公司（或经营户）在生产经营过程中往往会出现亏损商品，这时就会面临是否要停产此种商品或是转产另一种商品的问题，这就需要进行亏损商品是否停产或转产的决策分析。

【例 4 -21】 某公司生产 A、B、C 三种商品，其相关资料如表 4 -17 所示。

表 4 -17　　某公司 A、B、C 三种商品相关资料表

项目	A 商品	B 商品	C 商品
年销量（件）	1 500	2 200	1 000
单价（元/件）	40	30	25
单位变动成本（元/件）	18	15	8
单位生产工时（小时/件）	5	8	7
固定成本总额（元）	64 200（按生产工时比例分配）		

试进行亏损商品是否停产或转产的决策。

计算过程和结果如下：

1. 分别计算 A、B、C 三种商品的边际贡献和营业利润

（1）分别计算 A、B、C 三种商品应分摊的固定成本：

A 商品的生产总工时 =1 500 ×5 =7 500（工时）

B 商品的生产总工时 =2 200 ×8 =17 600（工时）

C 商品的生产总工时 =1 000 ×7 =7 000（工时）

固定成本分配率 =64 200 ÷（7 500 +17 600 +7 000）=2（元/工时）

A 商品负担的固定成本 =2 ×7 500 =15 000（元）

B 商品负担的固定成本 =2 ×17 600 =35 200（元）

C 商品负担的固定成本 =2 ×7 000 =14 000（元）

（2）分别计算 A、B、C 三种商品的边际贡献和营业利润：

计算结果见表 4 -18。

表 4-18　某公司 A、B、C 三种商品的边际贡献和营业利润计算表　单位：元

项目	A 商品	B 商品	C 商品	合计
销售收入	60 000	66 000	25 000	151 000
变动成本	27 000	33 000	8 000	68 000
边际贡献	33 000	33 000	17 000	83 000
固定成本	15 000	35 200	14 000	64 200
营业利润	18 000	-2 200	3 000	18 800

由表 4-18 可知，A 商品营业利润为 18 000 元，B 商品亏损 2 200 元，C 商品营业利润为 3 000 元，三种商品营业利润合计 18 800 元。

2. B 商品是否停产且不转产的决策

如果停产 B 商品，那么，其分摊的 35 200 元固定成本就转由 A 商品和 C 商品来分摊，而且 B 商品原来带来的 33 000 元边际贡献也没有了。

假设停产 B 商品并且不转产其他商品，则 A、C 两种商品的边际贡献、营业利润及其合计数见表 4-19。

表 4-19　某公司停产 B 商品后 A、C 两种商品的边际贡献和营业利润计算表　单位：元

项目	A 商品	C 商品	合计
销售收入	60 000	25 000	85 000
变动成本	27 000	8 000	35 000
边际贡献	33 000	17 000	50 000
固定成本	33 190	31 010	64 200
营业利润	-190	-14 010	-14 200

由表 4-19 可知，若停产 B 商品且不转产其他商品，A、C 两种商品都会发生亏损，可见，不应该停产 B 商品且不转产其他商品。

3. 是否转产 A 商品或 C 商品的决策

如果停产 B 商品，把 B 商品原有的生产能力转产 A 商品或者 C 商品。转产 A 商品需购买一台价值 15 000 元的专用设备，该设备按 5 年全额折旧；而转产 C 商品则不需增加任何额外成本。这时，究竟是转产 A 商品还是转产 C 商品？

停产 B 商品，剩余生产能力 =8×2 200 =17 600（工时），这些工时可生产 A 商品 3 520（17 600÷5）件，或者可生产 C 商品 2 514（17 600÷7）件。

如果转产 A 商品，增加的营业利润 =（40-18）×3 520-15 000÷5 =74 440（元）。

如果转产 C 商品，增加的营业利润 =（25-8）×2 514-0 =42 738（元）。

转产 A 商品或 C 商品所增加的营业利润都大于原来生产 B 商品所获得的边际贡献（33 000元），而且也都大于原来生产 B 商品所应承担的固定成本（35 200 元）。因此，该公司应该停产 B 商品，转产 A 商品或 C 商品。但因为转产 A 商品所获得的营业利润大于转产 C 商品所获得的营业利润，所以，最终的决策应该是停产 B 商品，转产 A 商品。

由本例可知：

（1）当公司生产的某种商品亏损时，如果不能转产，只要亏损商品所提供的边际贡献

为正值，就不应停产。

（2）当公司生产的某种商品亏损时，如果可以转产，只要转产商品所增加的营业利润大于亏损商品所提供的边际贡献，就应转产；否则不应转产。

（3）如果停产亏损商品后，有关设备可以出租，而且租金高于亏损商品所提供的边际贡献，则应停产出租；反之则不应停产出租。

（4）停产而不转产或者停产出租后，公司必然面临裁员，裁员是否会造成公司内部或者社会的重大影响，也是决策时需要考虑的非经济因素。

（三）商品产量决策

在市场经济条件下，以销定产已经成为一种共识。能够销售多少，就生产多少，或者能够销售多少，就进货多少。但现实中，销售和生产（进货）很难做到无缝衔接。有时候有销售却无商品，这就需要有一定的库存量；而有时候有商品却无销售，这就形成了一定的库存量。产量和销量之间存在一种关联关系，这种关联关系可以描述为：本期产量 = 本期销量 + 期末合理库存量 - 期初库存量。根据这种关联关系，在期初库存量和期末库存量都处在同一合理水平的情况下，本期产量就等于本期销量，属于产销平衡的状态，这时，商品产量决策就转化为商品销量决策，准确地预计商品销量就是决策的关键因素。理论上讲，未来的商品销量有无数种可能的结果，本书只对保本销量和保利销量的计算进行讨论。

1. 只产销一种商品的情况下保本销量和保利销量的计算

根据公式“息税前利润 = 销售量 ×（单价 - 单位变动成本）- 固定成本”，当息税前利润为零时，则有：销售量 ×（单价 - 单位变动成本）= 固定成本，因此，保本销量就可根据以下公式计算。

$$保本销售量=\frac{固定成本}{单价-单位变动成本}=\frac{固定成本}{单位边际贡献}$$

则：保本销售额 = 保本销售量 × 单价

当息税前利润为某一个目标利润时，则有：销售量 ×（单价 - 单位变动成本）- 固定成本 = 目标利润，因此，保利销量就可根据以下公式计算。

$$保利销售量=\frac{固定成本+目标利润}{单价-单位变动成本}=\frac{固定成本+目标利润}{单位边际贡献}$$

则：

$$保利销售额=保利销售量\times单价$$

【例 4 - 22】 某人经营一个肉铺，只卖猪肉，假设每千克猪肉的变动成本为 18 元，售价为 24 元，每年固定成本总额为 60 000 元，试计算他一年要卖多少千克的猪肉才能保本。假设他希望一年能够赚到 120 000 元的利润，试计算他一年要卖多少千克的猪肉才能实现目标利润。

计算过程和结果如下：

$$保本销售量=\frac{固定成本}{单价-单位变动成本}=\frac{60\ 000}{24-18}=10\ 000（千克）$$

$$保利销售量=\frac{固定成本+目标利润}{单价-单位变动成本}=\frac{60\ 000+120\ 000}{24-18}=30\ 000（千克）$$

计算结果表明，此人一年要卖出 10 000 千克的猪肉才能保本，要卖出 30 000 千克才能实现目标利润。如果按照一年出勤 300 天计算，他每天只要卖出 33.33 千克猪肉就可保本，但要实现目标利润，每天则要卖出100千克的猪肉才行。

2. 同时产销若干种商品的情况下保本销量和保利销量的计算

同时产销若干种商品的情况下保本销量和保利销量的确定方法主要有综合边际贡献率法、标准商品法和固定成本分摊法。

（1）综合边际贡献率法。综合边际贡献率法是指利用多种商品的综合边际贡献率来确定保本销售量和保利销售量的一种方法。

综合边际贡献率＝边际贡献总额÷销售收入总额，或者＝Σ（各种商品的边际贡献率×该商品的销售比重）

①全部品种的保本销售总额＝固定成本总额÷综合边际贡献率

某品种的保本销售额＝多品种保本销售总额×该品种销售收入比重

某品种的保本销售量＝该品种保本销售额÷该品种单价

②全部品种的保利销售总额＝（固定成本总额＋目标利润）÷综合边际贡献率

某品种的保利销售额＝多品种保利销售总额×该品种销售收入比重

某品种的保利销售量＝该品种保利销售额÷该品种单价

【例4－23】 某公司经营A、B、C三种商品，目标利润为1 300 000元，其他相关资料见表4－20。试确定该公司全部品种的保本销售总额、各品种的保本销售额、各品种的保本销售量以及全部品种的保利销售总额、各品种的保利销售额、各品种的保利销售量。

表4－20　某公司A、B、C三种商品的销量、单价等相关资料表　金额单位：元

商品	销量（件）	单价	单位变动成本	销售收入	边际贡献	边际贡献率	固定成本
	①	②	③	④＝①×②	⑤＝①×（②－③）	⑥＝⑤÷④	⑦
A	150 000	20	16	3 000 000	600 000	20%	
B	40 000	30	20	1 200 000	400 000	33.33%	
C	20 000	50	25	1 000 000	500 000	50%	
合计	—	—	—	5 200 000	1 500 000	28.85%	700 000

计算过程和结果如下：

（1）计算A、B、C三种商品的综合边际贡献率：

综合边际贡献率＝1 500 000÷5 200 000＝28.85%

（2）计算全部品种的保本销售总额、各品种的保本销售额和保本销售量：

全部品种的保本销售总额＝固定成本总额÷综合边际贡献率＝700 000÷28.85%＝2 426 343（元）

A商品的保本销售额＝全部品种的保本销售总额×A商品销售收入比重＝2 426 343×3 000 000÷5 200 000＝1 399 757（元）

A商品的保本销售量＝A商品的保本销售额÷A商品单价＝1 399 757÷20＝69 988（件）

B商品的保本销售额＝全部品种的保本销售总额×B商品销售收入比重＝2 426 343×1 200 000÷5 200 000＝560 000（元）

B商品的保本销售量＝B商品的保本销售额÷B商品单价＝560 000÷30＝18 667（件）

C商品的保本销售额＝全部品种的保本销售总额×C商品销售收入比重＝2 426 343×

1 000 000 ÷ 5 200 000 = 466 586（元）

C 商品的保本销售量 = C 商品的保本销售额 ÷ C 商品单价 = 466 586 ÷ 50 = 9 332（件）

（3）计算全部品种的保利销售总额、各品种的保利销售额和保利销售量：

全部品种的保利销售总额 =（固定成本总额 + 目标利润）÷ 综合边际贡献率 =（700 000 + 1 300 000）÷ 28.85% = 6 932 409（元）

A 商品的保利销售额 = 全部品种的保利销售总额 × A 商品销售收入比重 = 6 932 409 × 3 000 000 ÷ 5 200 000 = 3 999 307（元）

A 商品的保利销售量 = A 商品的保利销售额 ÷ A 商品单价 = 3 999 307 ÷ 20 = 199 965（件）

B 商品的保利销售额 = 全部品种的保利销售总额 × B 商品销售收入比重 = 6 932 409 × 1 200 000 ÷ 5 200 000 = 1 600 000（元）

B 商品的保利销售量 = B 商品的保利销售额 ÷ B 商品单价 = 1 600 000 ÷ 30 = 53 333（件）

C 商品的保利销售额 = 全部品种的保利销售总额 × C 商品销售收入比重 = 6 932 409 × 1 000 000 ÷ 5 200 000 = 1 333 102（元）

C 商品的保利销售量 = C 商品的保利销售额 ÷ C 商品单价 = 1 333 102 ÷ 50 = 26 662（件）

（2）标准商品法。标准商品法是指先确定一种商品为标准商品，然后将其他商品按照一定的标准折算为标准商品，最后再根据标准商品总量来确定总的保本销售额和保利销售额以及各种商品的保本销售量和保利销售量的一种方法。其中，将其他商品折算为标准商品，折算的方法主要有单价比例法和单位变动成本比例法等。

【例 4-24】 承【例 4-23】，假设该公司所经营的 A、B、C 三种商品中 A 商品为标准商品，将 B 商品和 C 商品折算为 A 商品采用单价比例法，试采用标准商品法计算该公司全部品种的保本销售总额、各品种的保本销售额、各品种的保本销售量以及全部品种的保利销售总额、各品种的保利销售额、各品种的保利销售量。

计算过程和结果如下：

（1）计算该公司的标准商品总量：

标准商品总量 = 标准商品量 + 非标准商品量 × 折算率

其中，折算率 = 非标准商品单价 ÷ 标准商品单价

B 商品的折算率 = 30 ÷ 20 = 1.5

C 商品的折算率 = 50 ÷ 20 = 2.5

标准商品总量 = 标准商品量 + 非标准商品量 × 折算率

标准商品总量 = 150 000 + 40 000 × 1.5 + 20 000 × 2.5 = 260 000（件）

（2）计算该公司的标准单位变动成本：

标准单位变动成本 = 各种商品的变动成本总和 ÷ 标准商品总量

= (150 000 × 16 + 40 000 × 20 + 20 000 × 25) ÷ 260 000 = 14.23（元）

（3）计算该公司的标准保本销售量和标准保本销售额：

标准保本销售量 = 固定成本 ÷ (标准商品单价 − 标准单位变动成本)

= 700 000 ÷ (20 − 14.23) = 121 317（件）

标准保本销售额 = 标准保本销售量 × 标准商品单价

= 121 317 × 20 = 2 426 340（元）

标准保本销售额与【例 4－23】采用综合边际贡献率法计算的保本销售额 2 426 343 元基本一致，只是尾数略有误差。

（4）计算该公司的标准保利销售量和标准保利销售额：

标准保利销售量 =（固定成本 + 目标利润）÷（标准商品单价 − 标准单位变动成本）

=（700 000 + 1 300 000）÷（20 − 14.23）= 346 620（件）

标准保利销售额 = 标准保利销售量 × 标准商品单价 = 346 620 × 20 = 6 932 400（元）

标准保利销售额与【例 4－23】采用综合边际贡献率法计算的保利销售额 6 932 409 元基本一致，只是尾数略有误差。

此外，各种商品的保本销售额、保本销售量、保利销售额、保利销售量的计算方法和计算结果与【例 4－23】相同，这里不再重复计算。

（3）固定成本分摊法。固定成本分摊法是指先将固定成本按照一定的方法分摊给各种商品，然后再按照只产销一种商品情况下的保本销售量和保利销售量的确定方法来确定各种商品的保本销售量和保利销售量的一种方法。其中，计算保利销售量时还需要按照一定的方法将目标利润分摊给各种商品。固定成本和目标利润的分摊方法主要有销量比例法和销售收入比例法等。

【例 4－25】 承【例 4－23】，假设该公司按照销售收入比例法来分摊固定成本和目标利润，试采用固定成本分摊法计算 A、B、C 三种商品的保本销售量、保本销售额、保利销售量、保利销售额。

计算过程和结果如下：

（1）将固定成本 700 000 元分摊给 A、B、C 三种商品：

固定成本分摊率 = 固定成本总额 ÷ 销售收入总额

= 700 000 ÷ 5 200 000 = 13.4615%

某种商品应分摊的固定成本 = 该种商品销售收入 × 固定成本分摊率

A 商品应分摊的固定成本 = A 商品销售收入 × 固定成本分摊率 = 3 000 000 × 13.4615%

= 403 846（元）

B 商品应分摊的固定成本 = B 商品销售收入 × 固定成本分摊率 = 1 200 000 × 13.4615%

= 161 539（元）

C 商品应分摊的固定成本 = C 商品销售收入 × 固定成本分摊率 = 1 000 000 × 13.4615%

= 134 615（元）

（2）将目标利润 1 300 000 元分摊给 A、B、C 三种商品：

目标利润分摊率 = 目标利润 ÷ 销售收入总额 = 1 300 000 ÷ 5 200 000 = 25%

A 商品应分摊的目标利润 = A 商品销售收入 × 目标利润分摊率 = 3 000 000 × 25%

= 750 000（元）

B 商品应分摊的目标利润 = B 商品销售收入 × 目标利润分摊率 = 1 200 000 × 25%

= 300 000（元）

C 商品应分摊的目标利润 = C 商品销售收入 × 目标利润分摊率 = 1 000 000 × 25%

= 250 000（元）

（3）分别计算 A、B、C 三种商品的保本销售量和保本销售额：

A 商品保本销售量 = A 商品应分摊的固定成本 ÷（A 商品单价 − A 商品单位变动成本）

=403 846 ÷ (20 − 16) = 10 0962 （件）

A 商品保本销售额 = A 商品保本销售量 × A 商品单价 = 100 962 × 20 = 2 019 240 （元）

B 商品保本销售量 = B 商品应分摊的固定成本 ÷ (B 商品单价 − B 商品单位变动成本)

= 161 539 ÷ (30 − 20) = 16 154 （件）

B 商品保本销售额 = B 商品保本销售量 × B 商品单价 = 16 154 × 30 = 484 620 （元）

C 商品保本销售量 = C 商品应分摊的固定成本 ÷ (C 商品单价 − C 商品单位变动成本)

= 134 615 ÷ (50 − 25) = 5 385 （件）

C 商品保本销售额 = C 商品保本销售量 × C 商品单价 = 5 385 × 50 = 269 250 （元）

（4）分别计算 A、B、C 三种商品的保利销售量和保利销售额：

A 商品保利销售量 = (A 商品应分摊的固定成本 + A 商品应分摊的目标利润) ÷ (A 商品单价 − A 商品单位变动成本) = (403 846 + 750 000) ÷ (20 − 16) = 288 462 （件）

A 商品保利销售额 = A 商品保利销售量 × A 商品单价 = 288 462 × 20 = 5 769 240 （元）

B 商品保利销售量 = (B 商品应分摊的固定成本 + B 商品应分摊的目标利润) ÷ (B 商品单价 − B 商品单位变动成本) = (161 539 + 300 000) ÷ (30 − 20) = 46 154 （件）

B 商品保利销售额 = B 商品保利销售量 × B 商品单价 = 46 154 × 30 = 1 384 620 （元）

C 商品保利销售量 = (C 商品应分摊的固定成本 + C 商品应分摊的目标利润) ÷ (C 商品单价 − C 商品单位变动成本) = (134 615 + 250 000) ÷ (50 − 25) = 15 385 （件）

C 商品保利销售额 = C 商品保利销售量 × C 商品单价 = 15 385 × 50 = 769 250 （元）

现将【例 4 − 23】【例 4 − 24】和【例 4 − 25】三种方法的计算结果列表比较如表 4 − 21 所示。

表 4 − 21　　某公司三种方法计算的保本销售量、保利销售量比较表

商品种类	计算指标	综合边际贡献率法和标准商品法的计算结果	固定成本分摊法的计算结果
A 商品	保本销售量（件）	69 988	100 962
	保利销售量（件）	199 965	288 462
B 商品	保本销售量（件）	18 667	16 154
	保利销售量（件）	53 333	46 154
C 商品	保本销售量（件）	9 332	5 385
	保利销售量（件）	26 662	15 385

三、采购决策分析

与销售过程和生产过程一样，采购过程需要做出的决策事项也很多，比如是自营采购还是外包采购的决策、自营采购中供应商选择的决策、外包采购中承包商选择的决策、什么时间采购的决策、一次采购多大数量的决策等。本书将重点阐述自营采购还是外包采购的决策、自营采购中供应商选择的决策、外包采购中承包商选择的决策这三个问题。

（一）自营采购还是外包采购的决策

物资采购业务外包是指采购方（发包方，下同）利用专业化分工优势，将日常经营中的部分或全部物资采购业务委托给第三方专业服务机构或其他经济组织（承包方）完成的经营行为。比如，将某种或全部原材料的采购、运输、仓储等业务委托给外部的第三方专业服务机构或其他经济组织（承包方）完成。

物资采购业务外包和物资采购业务自营，是物资采购管理的两种不同模式。随着现代物流业、服务业和网络的日益发达，物资采购业务外包已经非常流行。很多公司都把日常耗用的原材料等物资的采购、运输、仓储、配送等业务委托给专业的物流公司，由物流公司定点采购、定点储存、按需配送，实现了原材料等物资的零库存，大大节省了采购费用和仓储费用。一些个体经营户也会把一些物资的采购业务委托给专业服务人员，比如一些餐饮业经营者，会把主要的甚至全部的耗材的采购业务委托给专业服务人员，由专业服务人员按照品种、数量、质量、价格、时间等约定采购好后配送上门。甚至很多家庭和个人都把日常用品的采购委托给专业服务人员，做到足不出门就可以完成各种采购业务。所以，物资采购业务外包已经成为现代社会的一种常态。

是自营采购还是外包采购，决策的核心问题首先是成本问题，其次是风险问题，因此，决策的基本模型首先是“外包采购成本＜自营采购成本”，其次是“外包采购风险≤自营采购风险”。

1. 外包采购成本与自营采购成本

（1）外包采购成本主要包括供货方管理成本、承包方管理成本、承包费用、现场管理成本和采购价格。其中，供货方管理成本是指采购方选择供货方并与供货方维持良好合作关系的过程中所发生的费用，如到供货方现场考察、谈判、沟通交流、签订合同等发生的费用。承包方管理成本是指采购方选择承包方并与承包方维持良好合作关系的过程中所发生的费用，如到承包方现场考察、谈判、沟通交流、签订合同等发生的费用。承包费用是指采购方支付给承包方的承包费用。现场管理成本是指采购方接收承包方配送物资的现场所发生的管理费用，如验收人员的薪酬、验收场地的管理费用等。采购价格是指物资本身的采购价格。

（2）自营采购成本主要包括供货方管理成本、运输成本、现场管理成本、储存成本和采购价格。其中，供货方管理成本与外包采购成本中的供货方管理成本相同。运输成本是指自营采购中物资的运输成本。现场管理成本是指采购方安排专人对所采购的物资进行验收所发生的管理费用，如验收人员的薪酬、验收场地的管理费用等。储存成本是指自营采购中物资的储存成本。采购价格是指物资本身的采购价格。

2. 外包采购风险与自营采购风险

外包采购风险主要是信息泄露风险、合谋舞弊风险和合同违约风险。其中，信息泄露风险是指采购方的采购信息（商业机密）被承包方泄露给其他单位和个人的风险。在外包采购中，采购方的采购信息（如采购物资的名称、种类、规格、型号、数量、时间、地点、价格等）都要告知承包方，一旦承包方不坚守职业道德或者管理不善将这些信息泄露给其他单位和个人，将有可能给采购方造成重大损失。合谋舞弊风险是指采购方、承包方、供货方的相关人员在外包采购的过程中为了谋取私利而合谋实施以次充好、虚报价格、短斤少两等舞弊行为，从而造成采购方财产损失的风险。合同违约风险是指供货方或者承包方因人为因素或者不可抗力因素的影响而无法100%地履行合同从而给采购方造成财产损失的风险。

自营采购风险主要是运输风险、储存风险、合谋舞弊风险和合同违约风险。其中，运输风险是指自营采购的物资在运输途中由于意外事故而损坏、被盗的风险。储存风险是指自营采购的物资在储存的过程中因人为的或者客观的因素而造成毁坏、变质、被盗的风险。合谋舞弊风险和合同违约风险与外包采购相同。

采购方在做出究竟是自营采购还是外包采购的决策过程中，必须认真权衡两者的采购成本和采购风险，尽量保证所选择的采购模式成本既低，风险又小。

（二）外包采购中承包商选择的决策

采购方在决定将物资采购业务外包出去之后面临的第一个问题就是外包服务商的选择问题。选择外包服务商既要考虑外包的显性成本（即承包方管理成本和承包费用），又要考虑外包的隐性成本（即信息泄露风险、合谋舞弊风险和合同违约风险）。

显性成本与隐性成本通常存在此消彼长的关系，即选择实力强、服务好、信誉好的外包服务商，其显性成本通常比较大，但隐性成本却比较小；反之，选择实力弱、服务不好、信誉差的外包服务商，虽然显性成本比较小，但隐性成本却可能会很大。因此，必须在综合权衡显性成本与隐性成本的基础上，通过竞争机制选择几家相互之间有竞争关系的外包服务商。原则上不应该把所有物资的采购或者某一种需求量大的物资的全部采购都外包给一家服务商来完成。

（三）自营采购中供应商选择的决策

采购者在决定自营采购之后面临的第一个问题就是供应商的选择问题。供应商的选择也是既要考虑采购的显性成本（即供货方管理成本、运输成本和采购价格），又要考虑采购的隐性成本（即运输风险、合谋舞弊风险和合同违约风险）。

显性成本与隐性成本也存在此消彼长的关系，即选择实力强、服务好、信誉好的供应商，其显性成本通常比较大，但隐性成本却比较小；反之，选择实力弱、服务不好、信誉差的供应商，虽然显性成本比较小，但隐性成本却可能会很大。此外，供应商距离的远近关乎运输成本和运输风险。因此，必须在综合权衡显性成本与隐性成本的基础上，通过竞争机制选择几家相互之间有竞争关系的供应商，特别是那些采购量大的物资，原则上不能只选择一家供应商。

复习思考题

1. 什么是筹资目标？常见的筹资目标有哪些？
2. 筹资方式主要分为哪几类？每一类都有哪些具体的筹资方式？
3. 什么是资金成本？它主要包括哪两项费用？
4. 什么是财务杠杆作用？它产生的原因是什么？其大小如何衡量？
5. 筹资决策分析方法主要有哪几种？
6. 国有资本投资的目标通常有哪些？
7. 投资项目的现金流量分为哪几个阶段的现金流量？
8. 投资回收期是指收回投资额所需要的时间。这句话中的“收回”是用什么收回？“投资额”是指什么金额？
9. 计算净现值时，折现率应该如何选择？

10. 什么是风险和风险报酬？在不考虑通货膨胀的情况下，投资报酬率等于哪两个报酬率之和？

11. 公司市场风险和公司特有风险分别有哪些？

12. 单项投资风险如何衡量？组合投资风险又怎样衡量？

13. 单项投资和组合投资的风险应该如何衡量？

14. 什么是风险报酬？风险报酬率和风险报酬额如何计算？

15. 什么是经营杠杆作用？它产生的原因是什么？其大小如何衡量？

16. 什么是联合杠杆作用？它产生的原因是什么？其大小如何衡量？

17. 资产结构的改变和资金结构的改变分别通过什么活动来实现？

18. 是自营采购还是外包采购，决策的基本模型是什么？

19. 不管是外包采购还是自营采购，为什么都不能只选择一家服务商或供应商？

课外作业题

1. 日丽生化科技股份有限公司现有资金结构如表 4－22 所示（金额单位：万元）。

表 4－22　　日丽生化科技股份有限公司现有资金结构表

资金性质	资金来源	金额	比重（%）
债权资金	长期借款（3 年期，利率 6%）	3 000	8.49
	长期债券（5 年期，面值 8 000 万元，利率 8%，平价发行，发行费用率 2%）	7 840	22.18
	债权资金合计	10 840	30.67
股权资金	普通股（5 000 万股，面值 1 元，发行价 5 元，发行费用率 4%）	24 000	67.91
	留存收益	500	1.42
	股权资金合计	24 500	69.33
资金总额		35 340	100.00

公司自成立以来，每年都按每股 0.3 元的水平派发股利，长期借款为期满一次还本付息（单利计算），长期债券为每年付息一次、期满还本，所得税税率为 25%。

公司目前的资产负债率为 30.67%，负债水平偏低，公司有意提高资产负债率，以期能够获得较大的财务杠杆效应。为此，公司在对市场环境作了谨慎分析的基础上，决定投资建设一条造纸生产线，作为公司下属的一个制造车间。该生产线的投资额预计为 10 000 万元，打算全部从公司外部筹集。筹资后，公司的资产负债率希望达到 40% 左右，即筹资后公司的总负债应该达到（35 340＋10 000）×40%＝18 136（万元）左右，扣除公司现有的负债额 10 840 万元后，新筹的 10 000 万元中应通过负债筹集 7 296（18 136－10 840）万元。考虑到从银行借款的成本较低且方便快捷，公司决定向银行借入 5 年期借款 7 500 万元，年利率 7%，期满还本付息，筹资费用率为零，银行表示可满足公司的借款要求。新筹的 10 000

万元中扣除从银行借入的7 500万元后，余下的2 500万元全部通过向社会公开发行普通股来筹集（公司剩余的股票发行指标可满足新股发行的需要，不需变更注册资本），发行费用率为4%，发行总额应达到2 500÷96%=2 600（万元），按每股8元的价格发行，新股发行数量应为2 600÷8=325（万股）。公司增筹10 000万元资金后，每股股利在当前0.3元的基础上逐年递增6%。

要求：根据上述资料，计算公司现有资金的成本和边际资金的成本以及现有资金加边际资金的总成本。（注：均为税后成本。）

2. 金山实业股份有限公司现有资金总额为10 000万元，每年的息税前利润为2 500万元，假设该公司的资金结构有三种可能的方案，不同资金结构假设方案下的有关资料如表4-23所示。

表4-23　　金山实业股份有限公司现有资金总额的三种可能的资金结构表

有关指标	方案1	方案2	方案3
资金总额（万元）	10 000	10 000	10 000
股权资金（万元、万股）	6 000	8 000	10 000
债权资金（万元，利率10%）	4 000	2 000	0
资产负债率（%）	40	20	0
息税前利润（万元）	2 500	2 500	2 500
息税前利润率（%）	25	25	25
利息支出（万元）	400	200	0
税前利润（万元）	2 100	2 300	2 500
所得税（万元，税率25%）	525	575	625
税后利润（万元）	1 575	1 725	1 875
每股收益（元/股）	0.2625	0.2156	0.1875

从表4-23可以看到，在既定的资金总额和息税前利润水平下，若该公司的资产负债率为40%，则每股收益为0.2625元；若该公司的资产负债率为20%，则每股收益为0.2156元；若该公司的资产负债率为0%，则每股收益为0.1875元。每股收益随着资产负债率的下降而减少。出现这种现象的原因主要是息税前利润率（25%）大于债权资金的利率（10%）。如果息税前利润率小于债权资金的利率，每股收益将随着资产负债率的下降而增加。这种现象说明了一个道理：如果预计的息税前利润率大于债权资金的利率，则负债经营有助于提高普通股的每股收益；反之，负债经营则会降低普通股的每股收益。

在了解了表4-23所反映的信息之后，请同学们讨论以下两个问题：

（1）如果该公司的息税前利润在当前的每年2 500万元的基础上提高20%达到每年3 000万元，则在三种假设的资金结构方案下的每股收益将分别达到多少？每股收益的变动幅度将分别为多少？财务杠杆系数又将分别为多少？

（2）如果该公司的息税前利润在每年3 000万元的基础上再提高20%达到3 600万元，则在三种假设的资金结构方案下的每股收益将分别达到多少？每股收益的变动幅度将分别为多少？财务杠杆系数又将分别为多少？

3. 南方科讯公司2023年1月1日投资生产一种新能源汽车。生产这种新能源汽车需建造一栋厂房，建设期一年，2024年1月1日建成投产，厂房建造成本为5 000万元，均发生在建设期初；投产前需购买机器设备一批，总的采购成本为3 000万元，还需垫支营运资金2 000万元，两项现金流量均发生在建设期末。

该项目预期的经济寿命为5年，5年中，第1年的销售额为12 000万元，第2—4年每年的销售额为15 000万元，第5年的销售额为10 000万元。

5年后厂房的市场价格为4 000万元，机器设备的市场价格为500万元，清算支出2 000万元。

厂房折旧年限为20年，机器设备折旧年限为5年，均采用直线法计提折旧且不考虑预计净残值；这种新能源汽车的变动成本率（即变动成本占销售额的比重）为60%，不含折旧的固定成本每年为2 000万元；所得税税率为25%；资金成本率为8%。

要求：试根据以上资料测算南方科讯公司投资生产这款新能源汽车的初始现金流量、营业现金流量和终结现金流量，并对该项目的投资效益进行评估。

4. 风调果业有限公司计划投资兴办一家果品加工公司（全资或控股均可），经有关人员进行前期调查分析后，提出了如表4－24所示的两个投资方案。

表4－24　　风调果业有限公司投资果品加工公司的两个投资方案表

年份	环境情形	概率	A方案	B方案	其他资料
			营业现金净流量（万元）	营业现金净流量（万元）	
1	乐观	0.3	4 000	6 000	①A项目投资额为8 500万元。 ②B项目投资额为10 000万元。 ③行业风险报酬系数为0.15。 ④资金成本为10%。
	正常	0.4	3 500	4 000	
	悲观	0.3	3 000	2 000	
2	乐观	0.3	4 500	6 500	
	正常	0.4	4 000	4 500	
	悲观	0.3	3 500	2 500	
3	乐观	0.3	3 800	5 800	
	正常	0.4	3 300	3 800	
	悲观	0.3	2 800	1 800	

请根据表4－24的资料分析比较A、B两个投资方案的投资风险。

5. 北方科达公司2022年的固定成本（含利息费用）为2 000万元，净利润为1 200万元。2022年的平均资产总额为30 000万元，平均资产负债率为40%，负债平均利息率为6%。该公司适用的所得税税率为25%。试利用上述资料计算该公司2022年的财务杠杆系数、经营杠杆系数和总杠杆系数。

6. 东方迅猛公司经营甲、乙、丙三种商品，目标利润为2 000 000元，其他相关资料见表4－25。假设该公司以甲商品为标准商品，固定成本和目标利润的分摊均采用销售收入比例法。试分别采用综合边际贡献率法、标准商品法和固定成本分摊法确定该公司全部品种的保本销售总额、各品种的保本销售额、各品种的保本销售量以及全部品种的保利销售总额、各品种的保利销售额、各品种的保利销售量。

表 4－25　　东方迅猛公司甲、乙、丙三种商品相关资料表　　金额单位：元

商品	销量（件）	单价	单位变动成本	销售收入	边际贡献	边际贡献率	固定成本
	①	②	③	④＝①×②	⑤＝①×（②－③）	⑥＝⑤÷④	⑦
甲	10 000	200	160	2 000 000	400 000	20%	
乙	4 000	300	200	1 200 000	400 000	33.33%	
丙	2 000	500	250	1 000 000	500 000	50%	
合计	—	—	—	4 200 000	1 300 000	30.95%	900 000

7. 回春药业有限责任公司通过年度财务预算，获知将在今年第四季度有 100 万元的闲置现金需要调剂使用。经研究，公司决定用这 100 万元闲置现金购买理财产品。通过分析市场行情，公司决定购买 A、B、C 三种理财产品，投资比例依次为 30%、40%、30%。经分析，这三种理财产品的预期收益率估算如表 4－26 所示：

表 4－26　　A、B、C 三种理财产品的预期收益率估算表

经济情形	概率	预期收益率		
		A 产品	B 产品	C 产品
乐观	0.25	16%	18%	10%
正常	0.50	14%	13%	12%
悲观	0.25	10%	9%	14%

要求：根据上述资料分析该公司组合理财投资的风险。

思政案例题

世上最险史上最难、总投资 2 700 亿元的铁路有了新消息

2020 年 01 月 17 日 07:05 新浪新闻综合

来源：每日经济新闻

近日，川藏铁路有限公司注册成立，注册资本高达 2 000 亿元。该公司的成立，也标志着川藏铁路建设再迈出重要一步。

被称为"史诗级"的川藏铁路属国家"十三五"规划的重点项目，从四川盆地攀上"世界屋脊"，也是继青藏铁路之后，"世界屋脊"通往内地的又一条大动脉。

川藏铁路起于成都，经雅安、康定、林芝等地到达拉萨，总投资 2 700 亿元。全线通车后，成都至拉萨的铁路运行时间有望从目前的 36 小时缩短至 13 小时。

川藏铁路有限公司正式成立

每日经济新闻记者查询国家企业信用信息公示系统时注意到，川藏铁路有限公司已于 2020 年 1 月 10 日成立。公司注册资本高达 2 000 亿元，注册地位于西藏自治区林芝市。中国国家铁路集团有限公司（以下简称国铁集团）持有该公司 100% 股权。川藏铁路有限公司的法定代表人为王建盛。记者注意到，早在 2019 年上半年，王建盛便多次会见四川省多地

市（州）的主政官员，就川藏铁路的建设等交换意见。

在国铁集团所属单位名单上，川藏铁路有限公司被单独列出

在1月2日国铁集团工作会议上，国铁集团董事长、党组书记陆东福多次提及川藏铁路建设。他表示，2019年，国铁集团高质量完成川藏铁路深化可研报告，重点工程初步设计取得阶段性成果，开工准备工作不断深化落实。围绕川藏铁路规划建设，开展系统性重大科研课题研究，形成阶段成果140余项。

会议强调，新的一年，中国铁路要深入推进《川藏铁路重大科技攻关实施方案》，加强国家川藏铁路技术创新中心建设，编制川藏铁路专项技术标准、管理标准，推动川藏铁路重大科技攻关取得新突破。

1月14日，国铁集团召开2020年铁路建设工作会议，会上亦提及川藏铁路的建设。陆东福表示，要按照“科学规划、技术支撑、保护生态、安全可靠”的总体思路，积极做好可研批复配合和勘察设计工作，全面做好开工各项准备工作，科学合理安排好施工组织，进一步完善健全各项保障体系，确保川藏铁路规划建设科学扎实推进。

“史诗级”铁路80%以上穿隧道

2018年10月10日，中央财经委员会召开会议，研究提高我国自然灾害防治能力和川藏铁路规划建设问题。会议指出，规划建设川藏铁路，对国家长治久安和西藏经济社会发展具有重大而深远的意义，一定把这件大事办成办好。

被称为“史诗级”的川藏铁路属国家“十三五”规划的重点项目，从四川盆地攀上“世界屋脊”，最高海拔4 400米左右，经过的地形高差达3 000米以上。

据新华社报道，川藏铁路实行分段建设，东段为成都经雅安至康定，中段为康定至林芝，西段为拉萨至林芝，其中，成都至雅安段已于2018年底通车。中铁二院川藏铁路成都至康定段总体设计负责人张红伟说，拉萨至林芝段铁路已于2015年6月底全面开工建设，正线全长435公里，投资概算总额366.74亿元，建设总工期7年；四川康定至西藏林芝段是全线的最后一段，也是最长、最难的一段。

张红伟说，川藏铁路从建国初期就开始勘察，20世纪90年代就着手选线，但直到2014年才真正开始建设。

为川藏铁路山地灾害防治提供科技支撑的中国科学院水利部成都山地灾害与环境研究所总工程师游勇说，川藏铁路将穿越横断山区及西藏东南部高原、高山峡谷地带，无论是工程建设还是营运都是世界上风险最高的铁路，将是迄今为止人类历史上最具挑战性的铁路建设工程。

专家说，川藏铁路具有“显著的地形高差”“强烈的板块活动”“频发的山地灾害”和“脆弱的生态环境”四大环境特征。其中，山地灾害是川藏铁路建设面临的主要挑战之一。

中铁二院高级工程师、川藏铁路副总体设计负责人夏烈说：“川藏铁路八起八伏，80%以上将以隧道和桥梁的方式建设，累计爬升高度达16 000多米，相当于征服了两座珠穆朗玛峰的高度。沿线地质条件复杂，如同在艰险的高山峡谷当中修建‘巨型过山车’，是人类铁路建设史上难度最大的超级工程。”

在2018年8月的一场学术研讨会上，中国工程院副院长、中国科协副主席何华武介绍，为克服地形高差，绕避不良地质，川藏铁路出现了众多埋深大于1 000米、长度超过20公里的超深埋超长隧道。

为何风险这么高，也要迎难而上把这条铁路建成？

2018 年 7 月，李克强总理在西藏考察，飞抵拉萨贡嘎机场后，直奔山南市川藏铁路拉林段施工现场，考察勘探设计和施工进度。

李克强强调，拉林铁路是川藏铁路的重要一段，川藏铁路建成后将成为继青藏铁路之后世界屋脊通往内地的又一条大动脉。它不仅会拉近西藏与内地的空间和发展距离，也会拉近彼此的心理距离。完成这项任务，责任重大、使命光荣，希望你们保质保量把这条铁路建成精品工程，经得起历史检验。

李克强说，川藏铁路不仅是西藏人民的期盼，也是全国人民的心愿，其投资建设将会带动巨大的经济和社会效益，是我们早已看准、迟早要建的有效投资项目。我国目前发展不平衡，中西部基础设施建设滞后，要加快补齐这个短板，通过扩大有效投资，加快中西部基础设施建设，逐步缩小东中西部发展差距。

需要讨论的问题：

1. 国家为什么要投入巨资建设世上最险、史上最难的川藏铁路？
2. 川藏铁路建成投产后，预期会产生哪些效益？
3. 川藏铁路建设过程中的初始现金流出量主要流出于哪些具体的项目？
4. 川藏铁路建成投产后，其经营活动现金流入量主要来源于哪些渠道？
5. 川藏铁路建成投产后，其经营活动现金流出量主要流出于哪些项目？

第五章

财务管理学中的预算学

内容简介

本章主要介绍财务预算的内涵、财务预算管理的内涵、财务预算管理的特点和作用、财务预算管理的组织、财务预算的编制模式、财务预算的编制起点、财务预算的编制方法、财务预算各环节的主要风险与应对措施。

学习目标

通过本章的学习，要求了解财务预算的内涵以及预算与计划、预测之间的关系，了解财务预算管理的内涵、特点和作用，了解财务预算管理的组织，了解财务预算的编制模式及其优缺点和适用对象，了解财务预算的编制起点及其优缺点和适用范围，了解财务预算的编制方法及其优缺点和适用范围，掌握财务预算编制方法的运用，了解财务预算各环节的主要风险与应对措施。

第一节　财务预算概述

一、预算及其与计划、预测之间的关系

（一）预算的内涵

预算是指一个单位对其未来经济活动的过程和结果所做的详细而具体的数量说明，它具有以下几方面的涵义：

1. 预算是一个单位未来经济活动过程和结果的一种数量表现

在管理上讲求精细化的单位一般都会对其未来的经济活动过程和结果做出各种各样的安排和描述，这些安排和描述可以是文字、图像等形式，也可以是数量的形式。一个单位如果以数量的形式来安排和描述其未来经济活动的过程和结果，就可以称之为预算。

2. 预算是为了完成特定目标而对所拥有的有限资源进行的合理安排

一个单位所拥有的资源，既包括人、财、物等资源，也包括关于权、责、利划分的各种制度资源。要让一个责任单位或责任人完成一定的责任事项，除了给该责任单位或责任人一

定的财产资源之外，还要明确它或他的权、责、利范围。通过以数量的方式明确一个责任单位或责任人的权、责、利范围来合理安排有限的财产资源，使这些责任单位或责任人能够完成特定的目标，这就是预算的主要功能之一。

3. 预算是以货币形式为主对单位未来某一特定时期的经济活动过程和结果所作的系统而详细的表述

用于安排和描述一个单位未来经济活动过程和结果的那些数量，主要是货币形式，但也有实物形式和劳动形式。比如，安排和描述各种收入、费用和利润时通常采用货币形式；安排和描述产量、销量、工作量或劳动量时，往往需要采用实物形式（如件、台、千克等）和劳动形式（如工时、工日等）。一个单位的预算就是由很多相互之间存在勾稽关系的货币形式、实物形式、劳动形式的数量而组成的书面或电子形式的文件。

4. 预算是对各项经济活动过程和结果进行有效控制的一种工具

预算对一个单位未来经济活动的过程和结果做出了安排和描述，可以从过程和结果两个方面对单位的经济活动进行控制。一方面，预算对经济活动过程所做出的安排和描述规定了各个责任单位或责任人可以做什么、应该怎样做；另一方面，预算对经济活动结果所做出的安排和描述规定了各个责任单位或责任人完成自己的责任事项应该达到的目标或效果。“可以做什么、应该怎样做”以及“应该达到的目标或效果”这些规定，实际上就是对单位未来经济活动的过程和结果所做的控制。各个责任单位或责任人只能在这样的控制范围和标准内完成自己的责任事项，如果不在这个范围或标准之内，其经济活动就要受到限制或者其经济利益就要受到影响。比如，预算规定某个责任单位要完成多少销售量，如果完不成，则相关的责任人就会被削减甚至取消奖励性薪酬。再如，预算规定某个责任单位要把某项费用控制在某个水平之内，如果达不到这个要求，则相关的责任人也会被削减甚至取消奖励性薪酬。因此说，预算是对各项经济活动过程和结果进行有效控制的一种工具。

（二）预算、计划、预测三者的关系

为了正确理解预算的内涵，需要理清预算、计划、预测三者的关系。图 5 – 1 反映了预算、计划、预测三者之间的关系。

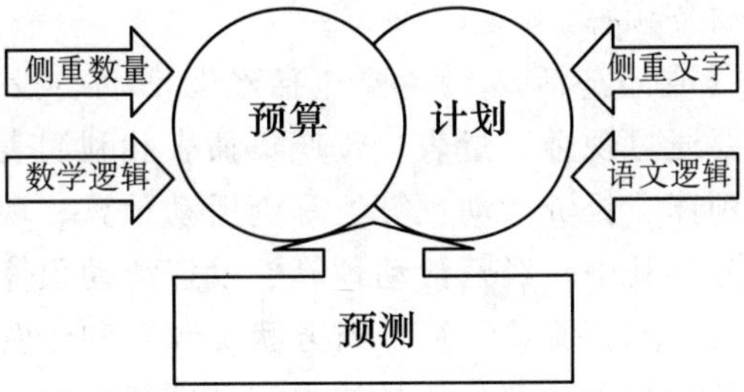

图 5 – 1　预算、计划、预测关系图

1. 预测是预算和计划的前提

预测源于经济事件的不确定性与风险，是对未来不可知因素、变量以及结果的不确定性的主观判断（当然这种判断应是在科学基础上的主观判断）。预测是预算和计划的前提，没有预测就没有预算和计划。如果未来经济事项的结果是完全确定已知的，就无须使用预算方法，也不需要计划。预算和计划都是以预测为基础而提出的对策性方案，是对预测结果的一种反映或体现。预测风险性的大小取决于据以预测的基础（如环境或变量因素）是否扎实和方法是否科学、可靠。预测的结果越确定，预算和计划的过程也就越简单，准确性也就越高，效果自然也就越好。

2. 预算与计划的区别和联系

在管理实践中，经常有人将预算等同于计划。这是不严谨的。其实，预算和计划是两个不同的概念。计划主要是通过文字的形式对一个单位未来经济活动的过程和结果做出安排和描述，而预算则是以数量的形式对一个单位未来经济活动的过程和结果做出安排和描述。计划注重文字的表达，强调的是语文逻辑；而预算则注重数量的描述，强调的是数学逻辑。从这个角度去看，预算不等于计划。但预算与计划并非没有联系。它们的共同点在于：两者都是对一个单位未来经济活动的过程和结果做出安排和描述，所不同的是，预算主要是通过数字，而计划主要是通过文字。因此，预算可以说是数字化、具体化、详细化了的计划，而计划也可以说是文字化、抽象化、简单化了的预算。可见，预算和计划还是有着密切联系的。在一个单位内部，通常是预算与计划并存，两者互相补充、相得益彰，共同发挥着各自的管理功能。

二、财务预算的内涵

财务预算是对一个单位未来财务活动的过程和结果所做的详细而具体的数量说明。为了进一步理解财务预算的内涵，必须首先理解财务活动的内涵。本书第一章已经论及，从财务管理客体来看，财务管理包括筹资活动、投资活动和经营活动中关于资产取得、使用和保全的管理。根据这种论述，一个单位的任何一项经济活动都跟资产有关，因此，一个单位的任何一项经济活动都是财务活动。从这个意义上看，财务活动与经济活动是一对等同的概念。本书就是基于这种认识来定义财务活动和财务预算的。既然财务活动与经济活动是一对等同的概念，那么，财务预算就是对一个单位未来经济活动的过程和结果所做的详细而具体的数量说明。这个定义与上述关于预算的定义是相同的，因此，在本书中，预算与财务预算是同一个概念，本书后面的内容中不管是出现“预算”一词还是出现“财务预算”一词，都是代表一个相同的概念，即财务预算。

一个单位的财务活动（或经济活动）主要包括经营活动、投资活动和筹资活动，这三项活动的结果在财务上主要通过现金流量表、资产负债表和利润表来反映。因此，财务预算的内容主要包括经营活动预算、投资活动预算、筹资活动预算、现金流量预算、财务状况预算和经营成果预算六个部分。其中，经营活动预算、投资活动预算和筹资活动预算是对财务活动的过程所做的数量说明，现金流量预算、财务状况预算和经营成果预算是对财务活动的结果所做的数量说明。财务预算六个部分的具体内容分别解释如下。

（一）经营活动预算

经营活动预算是指对一个单位在预算期内从事的各种经营活动所编制的预算，它主要包括采购预算、生产预算、销售预算、研发预算等。其中：采购预算主要包括采购数量、采购价格、采购金额、采购费用、采购成本和应付账款的预算。生产预算主要包括生产数量和生产成本的预算。销售预算主要包括销售数量、销售价格、销售收入、销售成本、销售费用和应收账款的预算。研发预算主要是指研发支出的预算。

（二）投资活动预算

投资活动预算是指对一个单位在预算期内从事的各种投资活动所编制的预算，它主要包括对内投资预算和对外投资预算、短期投资预算和长期投资预算、股权投资预算和债权投资预算等。各种投资预算中主要是投资成本和投资收益的预算。

（三）筹资活动预算

筹资活动预算是指对一个单位在预算期内从事的各种筹资活动所编制的预算，它主要包括股权筹资预算和债权筹资预算、短期筹资预算和长期筹资预算、内部筹资预算和外部筹资预算等。各种筹资预算中主要是筹资金额和筹资成本的预算。

（四）现金流量预算

现金流量预算是指对一个单位在预算期内的现金流入量、现金流出量和现金净流量所编制的预算，它包括经营活动现金流量预算、投资活动现金流量预算和筹资活动现金流量预算。

（五）财务状况预算

财务状况预算是指对一个单位在预算期末各种资产、负债、所有者权益的构成情况所编制的预算，亦即资产负债表各项目期末余额的预算。

（六）经营成果预算

经营成果预算是指对一个单位在预算期内的利润来源情况所编制的预算，亦即利润表各项目本期发生额的预算。

这里需要特别指出的是，本书所定义的财务预算，实际上就是人们习惯所说的全面预算。本书之所以叫“财务预算”而不叫“全面预算”，除了基于上述关于“一个单位的任何一项经济活动都是财务活动”这个认识之外，还有一个原因就是，本书是站在财务管理的视角来讨论预算和预算管理的，因此，叫“财务预算”而不叫“全面预算”更加符合本书的立意。

另外，在很多关于全面预算的文献中，作者都把全面预算划分为经营预算、资本预算、筹资预算和财务预算四个部分，其中的财务预算又包括现金流量表预算、资产负债表预算和利润表预算。这种划分把“财务”定位为一个狭小的概念范畴，与本书所构建的大财务管理学科框架不相符。同时，这种划分也与会计准则中的现金流量表对一个单位财务活动（经济活动）的划分不完全相符，容易造成预算数据与会计信息不对应的问题。

综合以上原因，本书将财务预算定位为“全面预算”但舍弃“全面预算”这个称谓，同时把财务预算划分为经营活动预算、投资活动预算、筹资活动预算、现金流量预算、财务状况预算和经营成果预算六个部分，并强调前三个部分是对财务活动的“过程”所做的数量说明，后三个部分是对财务活动的“结果”所做的数量说明。

三、财务预算管理的内涵

财务预算管理是一个单位围绕财务预算而展开的一系列管理活动的总称，主要包括财务预算的编制、财务预算的审批与下达、财务预算的指标分解及责任落实、财务预算的执行控制、财务预算的执行分析、财务预算的调整、财务预算的考核等若干个管理环节。

（一）财务预算的编制

财务预算的编制一般在预算期开始之前进行，是整个财务预算管理最基础、也最重要的环节，通常需要经过几上几下若干个阶段才能完成。为了保证财务预算编制能够做到科学合理，单位通常都需要确定合理的编制模式，制定科学的编制流程，采用专门的编制方法来编制财务预算。

（二）财务预算的审批与下达

预算编制好后，由单位的最高权力机构或其授权机构进行审批。单位的最高权力机构一般是股东（代表）大会或者职工（代表）大会。预算编制好后，通常应该交由最高权力机构审批，或者由最高权力机构授权给董事会审批，也可以由董事会再授权给预算管理委员会审批。预算一经审批，应当及时以文件的形式下达执行。

（三）财务预算的指标分解及责任落实

预算下达后，就应该对预算指标进行横向、纵向和时间上的分解。横向：即单位的各个职能部门；纵向：即单位的上下级机构；时间：即年度、季度、月份甚至每周、每日。将预算目标分解给各个职能部门、上下级机构的过程，就是明确落实各个部门、各个机构的年度、季度、月份甚至每周、每日的工作责任的过程。

（四）财务预算的执行控制

财务预算的执行控制就是各个预算责任单位严格按照预算所分解的指标来合理安排各自责任范围内的经营活动、投资活动和筹资活动，保证这三项活动能够有序、高效地进行，保证预算目标的实现。这个环节要加强现金收支、实物进出的审批验收控制，建立实时监控和信息反馈制度，努力把各种经济活动的发生严格控制在预算范围之内。

（五）财务预算的执行分析

财务预算的执行分析就是各个预算责任单位对本单位的预算执行情况进行分析。预算分析要定期进行，每日、每周、每月、每季、每年都要进行分析，根据本单位实际情况定期召开预算执行分析会议，通报预算执行情况，研究、解决预算执行中存在的问题，认真分析原因，提出改进措施。预算分析还要有科学的分析流程和方法。

（六）财务预算的调整

财务预算的调整就是在预算执行的过程中，根据预算分析结果来追加或削减某些预算项目或其预算数。在预算执行的过程中，单位内外部环境的变化和其他一些非主观因素的影响往往会导致预算执行结果与预算目标发生偏差，这就需要对预算进行调整。但对预算进行调整，要基于两个前提：一是偏差是客观因素而非主观因素造成的，即偏差不是人为故意造成的，而是客观因素的变化造成的；二是偏差超出了正常的范围，即不要稍有偏差就进行调整，要允许有一个合理的偏差范围。

（七）财务预算的考核

财务预算的考核就是对各个预算责任单位的预算执行结果进行考核，以检验和评价预算执行的实际效果，并把考核结果与员工薪酬挂起钩来。预算考核一般是上级考核下级、领导考核员工。考核的内容是预算目标的完成情况。预算考核的周期一般应当与年度预算细分周期相一致，即一般按照月份、季度来实施考核，预算年度结束后再进行年度总考核。考核结果必须与员工薪酬挂钩才能使考核起到应有的作用。

四、财务预算管理的特点

（一）全方位渗透

即财务预算管理渗透到单位经营活动、投资活动和筹资活动的每一个过程和结果。过程：经营活动、投资活动、筹资活动的每一件事情。结果：现金流量、财务状况、经营成果的每一个指标。

这个特点要求单位在实施财务预算管理时，不能只重视结果而不重视过程。因此，财务预算管理首先要加强经营活动预算、投资活动预算和筹资活动预算的管理，然后才要加强现金流量预算、财务状况预算和经营成果预算的管理。一个完整的预算方案应该同时包括经营活动预算、投资活动预算、筹资活动预算、现金流量预算、财务状况预算和经营成果预算。

（二）全员工参与

即财务预算管理既不仅仅是财务部门和财务人员的事情，也不仅仅是高管层和领导的事情，而是需要每一个部门、每一位员工共同参与的事情。每一位员工都是财务预算管理的参与者和责任人。

这个特点要求单位营造一种人人都听说财务预算管理、人人都了解财务预算管理、人人都看到财务预算管理、人人都参与财务预算管理的良好氛围。同时做好责、权、利的配置，使各个部门、各级员工都有自己明确的职责、权限和相应的经济利益。

（三）全过程监控

即财务预算监控需要对财务预算管理过程中的各个环节都实施监控，而不是仅仅对预算执行环节的监控。

这个特点要求单位必须建立一个完整的监控体系，能够对预算编制、预算审批和下达、预算指标分解及责任落实、预算执行、预算分析、预算调整、预算考核等各个环节都实行有效的监控，并明确规定每一个环节的监控目标、监控主体、监控客体和监控办法。

（四）全量化实施

即财务预算管理既是一个目标量化、职责量化、权限量化、利益量化的过程，也是一个编制量化、审批量化、下达量化、分解量化、执行量化、控制量化、分析量化、调整量化、考核量化、奖惩量化的过程。

这个特点要求单位在实施财务预算管理时必须用量化指标来反映财务预算管理的整个过程和结果，并注意各个量化指标之间的因果关系或勾稽关系，使每个量化指标都能做到来源可靠、查有实据、计算准确、表达清楚。

五、财务预算管理的作用

（一）支持单位战略管理

从战略管理的过程来看，单位的战略管理包括战略调研、战略规划、战略实施、战略控制和战略评价五个阶段，每一个阶段都需要财务预算管理的支持。在战略调研和战略规划这两个阶段，以往年度的财务预算管理实施情况是全面评价单位的战略环境和科学规划单位的总体战略、分部战略以及职能战略的重要事实依据；在战略实施阶段，单位总体战略、分部战略、职能战略的目标都需要通过财务预算管理来层层分解，战略目标的实施需要财务预算管理提供保障；在战略控制阶段，无论是事前控制、事中控制还是事后控制，也无论是战略性控制、战术性控制还是业务性控制，财务预算管理控制都是一个非常重要的手段；在战略评价阶段，财务预算管理的实施结果更是评价战略管理效果的重要事实依据。

（二）分解单位经营目标

单位的中长期战略目标在实施过程中必须分解为年度经营目标，年度经营目标又必须分解为季度经营目标和月份经营目标，才能使中长期战略目标由思想变为行动、由理想变为现实。而财务预算管理恰好是将年度经营目标分解为季度经营目标和月份经营目标的最好方式。单位通过实行财务预算管理，可以把年度经营目标依次地分解为季度经营目标和月份经营目标，使年度经营目标变得更加具体、更加细化、更加明确、更加清晰，从而保证年度经营目标的顺利实现。

（三）明确部门经济责任

财务预算管理需要把单位经营目标从最高管理层向最低操作层逐层分解，每一个管理（或操作）层的经营目标都需要有一个部门来承载。通过实行财务预算管理，单位可以把经营目标分解到单位内部上下左右各个部门，使各个部门的经济责任变得更加具体和明确，有利于单位经营目标的顺利实现。

（四）协调部门经济关系

单位内部上下左右各个部门之间有着不同的经济责任，每一个部门在完成自己经济责任的时候，都要和其他部门发生经济关系。这种经济关系包括经济责任（即各自需要完成什么样的职责和目标）、经济权限（即各自将要拥有什么样的资源支配权）和经济利益（即各自将要受到什么样的激励与约束）三个方面，它们需要通过单位内部的有效管理来进行协调，而财务预算管理正是协调这种经济关系的一种有效方法。通过实行财务预算管理，把单位的年度经营目标合理地分解到各个部门，使各个部门的经济责任、经济权限和经济利益都得以公开化、明晰化、具体化，从而达到有效协调部门之间经济关系的目的。

（五）控制单位经济活动

控制经济活动是财务预算管理的一项基本职能。通过对财务预算编制过程的控制，可以预先控制哪些经济活动发生或不发生；通过对财务预算执行过程的控制，可以允许或不允许哪些经济活动发生；通过对财务预算管理考核过程的控制，可以了解哪些经济活动已经或尚未发生；通过对财务预算管理评价过程的控制，可以知道哪些经济活动应该或不应该发生；通过对财务预算管理奖惩过程的控制，可以激励或约束哪些经济活动发生。

（六）评价单位经营业绩

单位经营业绩评价是单位经营活动过程中的一项重要事项。通过经营业绩评价，单位可以了解各个经营期间的经营业绩究竟是好还是坏。好，好在那里，为什么好；坏，坏在哪里，为什么坏，今后如何改善。财务预算管理为单位的经营业绩评价提供了基本的评价标准、评价方法、评价范围和评价期间。首先，经过审批的各种预算指标，是评价经营业绩的基本标准；其次，把预算指标同历史指标、行业指标、当期实际指标进行对比，是评价经营业绩的基本方法；再次，各种预算指标既有单位总体性指标，又有单位部门指标甚至岗位员工指标，这就为单位经营业绩评价提供了三个基本的评价范围，即单位整体经营业绩评价、单位部门经营业绩评价和岗位员工经营业绩评价；此外，财务预算不仅有年度预算，而且还有季度预算和月份预算，经营业绩评价据此可以进行年度评价、季度评价和月份评价。

（七）激励单位全体员工

财务预算管理过程的激励，从管理的层次来讲，应该包括决策层的激励、管理层的激励和操作层的激励；从管理的环节来讲，应该包括财务预算编制、财务预算审批、财务预算下达、财务预算指标分解及责任落实、财务预算执行控制、财务预算执行分析、财务预算调整、财务预算考核八个环节的激励。

（八）促进单位制度完善

财务预算管理涵盖了单位经营活动预算、投资活动预算、筹资活动预算、现金流量预算、财务状况预算和经营成果预算等多个方面的管理内容。每一个方面的管理内容都需要有完善的管理制度作为保障。因此，实施财务预算管理可以促进单位加强管理制度的建设，使单位各方面的管理制度逐步臻于完善。

（九）推动单位文化建设

单位文化包括物质层面的文化、行为层面的文化、制度层面的文化和精神层面的文化。财务预算管理需要单位文化的支持，比如实施财务预算管理需要一定的物质基础，需要规范的员工行为，需要完善的管理制度，需要积极向上的单位精神等。但同时，财务预算管理对单位文化的建设也具有不可小觑的促进作用。比如，通过实施财务预算管理，可以提高单位的经济效益，改善单位的物质基础；可以增强员工的团队意识，规范员工的管理行为；可以促进单位的制度建设；使各种管理制度日臻完善；可以营造单位积极向上的良好氛围，锻造单位的崇高精神等。

（十）提高单位管理水平

财务预算管理涉及采购管理、生产管理、销售管理、投资管理、筹资管理、现金流量管理、资产管理、负债管理、所有者权益管理、收入管理、费用管理、利润管理等内容。整个管理过程包括财务预算编制、财务预算审批、财务预算下达、财务预算指标分解及责任落实、财务预算执行控制、财务预算执行分析、财务预算调整、财务预算考核等环节。上述管理内容和管理环节的管理水平的高低将直接影响到财务预算管理水平的高低；反言之，财务预算管理的有效实施也将有助于提高上述管理内容和管理环节的管理水平。

六、财务预算管理的组织

（一）设立财务预算管理委员会

各级法人单位都应该设立财务预算管理委员会。财务预算管理委员会属于单位内部的非常设机构，一般归单位最高领导人直接领导。财务预算管理委员会的成员由单位领导和各个职能部门的负责人组成。

财务预算管理委员会的主要职责是：（1）制定颁布单位财务预算管理制度，包括预算管理的政策、措施、办法、要求等；（2）根据单位战略规划和年度经营目标，拟定预算目标，并确定预算目标分解方案、预算编制方法和程序；（3）组织编制、综合平衡预算草案；（4）下达经批准的正式年度预算；（5）协调解决预算编制和执行中的重大问题；（6）审议预算调整方案，依据授权进行审批；（7）审议预算考核和奖惩方案；（8）对单位财务预算总的执行情况进行考核；（9）其他预算管理事宜。

由于预算管理委员会属于非常设机构，因此，它主要是通过定期或不定期召开预算工作会议来开展工作。

预算管理委员会制定、审议的有关财务预算管理的重大方案或事项，比如年度预算草案、预算考核与奖惩方案等，都应该报经单位领导办公会审核，并按照相关法律法规和单位章程的规定报经单位最高权力机构（股东或其代表大会、职工或其代表大会）或者最高决策机构（董事会、领导办公会）审议批准。

（二）设立财务预算管理的工作机构

由于预算管理委员会属于非常设机构，因此，各个独立法人的单位应当在该委员会下设立预算管理办公室，由其履行预算管理委员会的日常管理职责。

预算管理办公室通常设在财务部门，也可单独设置，其主任一般由总会计师（或财务总监、分管财会工作的副总经理）兼任，工作人员除了财务部门人员外，还应有计划、人力资源、生产、销售、研发等业务部门人员。

预算管理工作机构的主要职责是：(1) 拟订财务预算管理的各项制度，并负责检查落实预算管理制度的执行；(2) 拟定年度预算总目标分解方案及有关预算编制程序、方法的草案，报预算管理委员会审定；(3) 组织和指导各级预算单位开展预算编制工作；(4) 预审各预算单位的预算初稿，进行综合平衡，并提出修改意见和建议；(5) 汇总编制预算草案，提交预算管理委员会审查；(6) 跟踪、监控预算执行情况；(7) 定期汇总、分析各单位预算执行情况，并向预算管理委员会提交预算执行分析报告，为预算管理委员会进一步采取行动拟定建议方案；(8) 接受各单位的预算调整申请，根据预算管理制度进行审查，集中制定年度预算调整方案，报预算管理委员会审议；(9) 协调解决预算编制和执行中的有关问题；(10) 提出预算考核和奖惩方案，报预算管理委员会审议；(11) 组织开展对二级预算执行单位（单位内部各职能部门、所属分支机构等，下同）预算执行情况的考核，提出考核结果和奖惩建议，报预算管理委员会审议；(12) 预算管理委员会授权的其他工作。

（三）划分财务预算责任单位

财务预算责任单位是指根据其在预算总目标实现过程中的作用和职责划分的，承担一定经济责任，并享有相应权力和利益的单位内部各个职能部门和分支机构。划分预算责任单位应当遵循分级分层、权责利相结合、责任可控、目标一致的原则，并与单位的组织机构设置相适应。根据权责范围，可将预算责任单位划分为投资中心、利润中心、成本中心、费用中心和收入中心。预算责任单位在预算管理部门（指预算管理委员会及其工作机构，下同）的指导下，组织开展本部门或本单位财务预算的编制工作，并严格执行批准下达的预算。各单位的负责人应当对本单位预算的执行结果负责。

各预算责任单位的主要职责是：(1) 提供编制预算的各项基础资料；(2) 负责本单位预算的编制和上报工作；(3) 将本单位的预算指标分解落实到各部门和岗位；(4) 严格执行经批准的预算，监督检查本单位预算执行情况；(5) 及时分析、报告本单位的预算执行情况，解决预算执行中的问题；(6) 根据内外部环境变化及单位预算管理制度，提出预算调整申请；(7) 组织实施本单位内部的预算考核和奖惩工作；(8) 配合预算管理部门做好单位总预算的综合平衡、执行监控、考核奖惩等工作；(9) 执行预算管理部门下达的其他预算管理任务。

（四）配备精干的财务预算管理人员

预算管理办公室要配备专职精干的预算管理人员，负责整个单位日常的财务预算管理工作。预算管理办公室的人员除了财务人员外，还应有计划、人力资源、生产、销售、研发等业务部门的人员。各个预算责任单位要指定兼职精干的预算管理人员，负责本单位日常的财务预算管理工作。

第二节 财务预算的编制模式与编制起点

一、财务预算的编制模式

财务预算的编制模式是指一个单位在财务预算编制的过程中对整个预算编制工作所采取的管理模式。按照集权和分权的程度不同，可以将财务预算的编制模式分为四种，即高度集权的模式、集权为主适当分权的模式、分权为主适当集权的模式和高度分权的模式。

（一）高度集权的模式

1. 高度集权编制模式的含义和优缺点

高度集权的编制模式是由单位的高管层确定预算目标并直接编制预算，预算执行单位只是预算的执行者，而不是预算编制的参与者。其优点在于能够使预算更好体现高管层的战略意图，而且可以精简预算编制的过程，提高预算编制的效率。缺点在于容易导致预算编制脱离实际，而且不利于调动和发挥预算执行者的积极性和能动作用。这种编制模式只适用于高度集权管理模式下的小单位。

2. 高度集权编制模式的主要编制过程

（1）高管层确定预算目标。高管层（如董事会或经理层等）根据本单位的中长期发展战略和预算年度的内外部经营环境制定预算年度的发展目标，并根据预算年度的发展目标来确定预算年度的预算目标，提出预算年度的营业收入、营业成本、利润等主要财务指标的预算目标。

（2）高管层编制财务预算。高管层根据年度预算目标和单位内部各级预算责任单位的实际情况编制年度财务预算。通过编制年度财务预算，将年度预算目标逐级分解给单位内部的各级预算责任单位。

（3）高管层召开预算编制征询会。高管层召开各级预算责任单位负责人会议，通报财务预算的编制情况，对预算目标和各项具体预算指标的确定做出说明或解释，听取各级预算责任单位对预算目标和各项具体预算指标的意见。高管层根据合理意见对预算方案做出修改。

（4）高管层召开预算编制发布会。高管层召开各级预算责任单位负责人会议，正式发布预算年度的财务预算方案，并对各级预算责任单位在执行预算的过程中应该注意的问题提出具体要求。

（二）集权为主适当分权的模式

1. 集权为主适当分权编制模式的含义和优缺点

集权为主适当分权的编制模式是由高管层确定预算目标，并将预算目标分解到各个预算责任单位。各个预算责任单位根据分解目标和本单位实际情况编制本单位的预算草案，经本单位负责人审核同意后上报，最后由高管层进行审核、调整、审定和汇总，得出单位的总预算。其优点在于既体现了集权，又适当发扬了民主。缺点在于不容易协调好各预算责任单位的责权利。这种编制模式适用于以集权为主的管理模式下的大中型单位。

2. 集权为主适当分权编制模式的主要编制过程

（1）高管层确定总的预算目标，并根据各级预算责任单位的实际情况对总的预算目标进行逐级分解。高管层（如董事会或经理层等）根据本单位的中长期发展战略和预算年度的内外部经营环境制定预算年度的发展目标，并根据预算年度的发展目标来确定预算年度总的预算目标，提出预算年度的营业收入、营业成本、利润等主要财务指标的预算目标，并将这些体现总的预算目标的主要财务指标按照各级预算责任单位的职能范围进行分解，使总的预算目标分解成各级预算责任单位的具体预算目标。

（2）高管层提出预算编制的原则和要求。高管层根据本单位的预算管理模式和要求，提出预算编制的原则和要求，比如预算编制应该遵循目标至上、切实可行、统筹兼顾等原则，预算编制要严格执行时间要求、方法要求、程序要求等。预算编制的原则和要求既是各级预算责任单位编制本单位预算草案的指南，也是高管层审核、调整和审定单位总体预算方案的“政策”依据。

（3）高管层召开预算编制布置会。高管层召开各级预算责任单位负责人会议，公布预算年度总的预算目标，说明总的预算目标产生的过程和理由，解释指标分解的情况和依据，并对预算编制的原则和要求做出解释和说明，让各级预算责任单位负责人了解总的预算目标和各个主要指标的内涵和依据，了解预算编制的原则和要求。高管层还要对预算编制工作做出具体的安排，让各级预算责任单位负责人知道预算编制的工作流程和方法程序，以便顺利地开展编制工作。

（4）各级预算责任单位编制本单位的预算草案。各级预算责任单位根据上级分解下来的指标任务和编制原则及要求着手编制本单位的预算草案，在规定的时间内认真完成预算草案的编制工作。

（5）各级预算责任单位逐级审核、调整、审定和汇总上报送本单位的预算草案，上一级单位负责对下一级单位报送上来的预算草案进行审核、调整、审定和汇总，使之形成本单位汇总后的预算草案，直至形成单位总体预算草案。在这个过程中，上级预算责任单位要注意听取下级预算责任单位的意见和建议，协调好下级预算责任单位的权责利。

（6）高管层召开预算审核会议，对各级预算责任单位汇总上报上来的预算草案进行审核、调整、审定和汇总。在这个过程中，高管层要注意听取各级预算责任单位对预算草案的陈述或说明，仔细了解各级预算责任单位在预算草案编制过程中的问题和建议，协调好各级预算责任单位的权责利。对各级预算责任单位的合理化建议，高管层应当加以接受，并根据这些合理化建议来调整原来的指标分解方案，使调整后的指标分解方案更加切合实际。在充分听取意见和建议的基础上，高管层对各级预算责任单位的预算草案进行最后的审定，并汇总形成本单位总体的预算方案。这个过程可能要多次反复，几上几下，直到各级预算责任单位和高管层都认为比较合理为止。

（7）高管层召开预算编制发布会。高管层召开各级预算责任单位负责人会议，正式发布预算年度的财务预算方案，并对各级预算责任单位在执行预算的过程中应该注意的问题提出具体要求。

（三）分权为主适当集权的模式

1. 分权为主适当集权编制模式的含义和优缺点

分权为主适当集权的编制模式是由各个预算执行单位自行编制各自的预算，然后报高管层进行审核、调整、审定和汇总，最后得出单位的总预算。其优点在于可以较大程度地发挥预算执行者的能动作用。缺点在于很难使预算体现高管层的战略意图。这种编制模式适用于以分权为主的管理模式下的大型单位。

2. 分权为主适当集权编制模式的主要编制过程

（1）高管层布置预算编制工作，提出预算编制的原则和要求。

（2）下级预算责任单位根据高管层提出的预算编制原则和要求以及上级预算责任单位对本单位预算编制提出的具体要求编制本单位的预算草案，并由本单位负责人审核预算草案后报送给上级预算责任单位。

（3）上级预算责任单位对下级预算责任单位报送上来的预算草案进行审核、调整、汇总和审定，然后逐级往上报送，直至报送到高管层。

（4）高管层对各个预算责任单位报送上来的预算草案进行审核、调整、审定和汇总，得出单位总体预算方案。在此过程中，高管层需要协调各个预算责任单位的权责利关系。

（5）高管层召开预算编制发布会。高管层召开各级预算责任单位负责人会议，正式发布预算年度的财务预算方案，并对各级预算责任单位在执行预算的过程中应该注意的问题提出具体要求。

（四）高度分权的模式

1. 高度分权编制模式的含义和优缺点

高度分权的编制模式是由各个预算执行单位自行编制各自的预算，然后报高管层备案（注意：不是第三种模式的审核、调整、审定和汇总，只是备案而已）。其优点在于能最大限度地发挥预算执行者的能动作用。缺点在于无法使预算体现高管层的战略意图。这种编制模式适用于高度分权管理模式下的大型单位。

2. 高度分权编制模式的主要编制过程

（1）各级预算责任单位自主编制本单位的预算。

（2）各级预算责任单位自主审核、调整、审定本单位的预算。

（3）各级预算责任单位将审定后的预算方案报送高管层备案。

二、财务预算的编制起点

财务预算的编制起点是指编制预算时需要最先确定它的预算数的那个预算指标，是单位在预算期内最为关注、最希望实现的终极指标。

财务预算的编制起点是预算的核心指标，编制预算时必须首先确定它的预算数，然后再按照一定的数学逻辑来确定其他预算指标的预算数。

以公司为例，根据所选择的核心指标不同，财务预算的编制起点主要有目标利润、目标销量、目标产量、目标成本等。

（一）以目标利润为编制起点

1. 以目标利润为编制起点的含义

以目标利润为编制起点是指以目标利润为核心指标，以利润预测为基础来确定目标利润，根据目标利润来编制销售预算，根据销售预算和预计期初、期末合理库存来编制生产预算，继而编制管理预算、投资预算、筹资预算、采购预算、成本费用预算、经营成果预算、现金流量预算和财务状况预算等。

2. 以目标利润为编制起点的优缺点

（1）优点。以目标利润作为财务预算的编制起点，使利润不仅是预算的结果，还是预算的前提，是销售行为和成本控制必须达到的水平。公司为了实现目标利润，必须努力扩大销售和挖掘节约成本的潜力，有利于增强公司整体盈利水平。同时，公司通过目标利润进行控制和考核，使每一位员工都明确自己应尽的责任和与此挂钩的利益，想方设法完成预算任务，极大地调动员工的主动性、积极性。

（2）缺点。以目标利润作为财务预算的编制起点，可能会使公司为了片面追求目标利润而忽略财务风险和经营风险，或者为了片面追求目标利润而做出一些不利于公司长远发展的短期行为，甚至为了片面追求目标利润而弄虚作假。

3. 以目标利润为编制起点的适用范围

（1）处在成熟期的公司。处在成熟期的公司，其生产技术比较先进而且成熟，商品质量比较稳定，市场销路比较畅通，市场竞争能力比较强，市场占有率比较稳定，公司生产经营的主要目标就是获取利润，这时，以目标利润为编制起点来编制财务预算，有利于公司积极地开源节流、努力降低成本费用、实现利润最大化。

（2）长期以利润最大化作为财务管理目标的公司。长期以利润最大化作为财务管理目标的公司，其生产经营的目标始终如一地定位在利润的最大化，它们通常以目标利润为编制起点来编制财务预算。

（3）短期内以利润最大化作为财务管理目标的公司。短期内以利润最大化作为财务管理目标的公司，比如需要改制上市的公司、需要增发股票的公司、需要增发债券的公司、需要向银行贷款的公司等。这些公司为了达到改制上市或者增加筹资的目的，通常需要在短期内将利润水平提高到有利于其改制上市或者增加筹资的程度，这时，它们通常都把利润最大化作为近期的财务管理目标，因此在编制财务预算时就会选择以目标利润为编制起点。

（二）以目标销量为编制起点

1. 以目标销量为编制起点的含义

以目标销量为编制起点是指以目标销量为核心指标，以销售预测为基础来确定目标销量，根据目标销量来编制销售预算，根据销售预算和预计期初、期末合理库存来编制生产预算，继而编制管理预算、投资预算、筹资预算、采购预算、成本费用预算、经营成果预算、现金流量预算和财务状况预算等。

2. 以目标销量为编制起点的优缺点

（1）优点。以目标销量作为财务预算的编制起点，有利于贯彻以销定产的原则，根据目标销量来合理安排产销计划，不断开发市场潜力，提高市场占有率，有助于整体市场的迅速扩大，提高公司市场应变能力和竞争优势，使公司快速成长；同时有利于避免存货积压，减少资金沉淀，提高资金使用效率。

（2）缺点。以目标销量作为财务预算的编制起点，可能会导致公司为了实现目标销量而过度开发新商品，不利于公司长远发展；同时，片面追求目标销量也会导致公司容易忽略促销成本的降低，不利于提高公司盈利水平；此外，片面追求目标销量还可能会导致过度赊销，增加公司坏账损失。

3. 以目标销量为编制起点的适用范围

（1）处在成长期的公司。处在成长期的公司，其商品正逐渐被市场接受，市场需求量直线上升，公司的经营目标主要是通过市场营销手段来提高市场占有率，使公司快速成长，这时，以目标销量为编制起点来编制财务预算，有助于公司适应市场营销的需要，找准市场定位，以销定产，提高市场应变能力和竞争优势。

（2）市场竞争很激烈的公司。市场竞争很激烈的公司，其商品的市场需求波动性很大，市场占有率忽高忽低，公司的经营目标主要是稳定市场需求、提升竞争优势甚至打败竞争对手，这时，以目标销量为编制起点来编制财务预算，可以起到促进销售的作用。

（3）生产经营季节性较强的公司。生产经营季节性较强的公司，其商品的市场供求波动性较大。在市场的旺季，供需两旺；在市场的淡季，供需两弱。在旺季来临的时候，如果不能将商品尽快地销售出去，公司将有可能会遭受重大损失。因此，它就需要以目标销量为编制起点来编制财务预算，确保旺季时商品能够销售完毕，以避免遭受重大损失。

（三）以目标产量为编制起点

1. 以目标产量为编制起点的含义

以目标产量为编制起点是指以目标产量为核心指标，以产量预测为基础来确定目标产量，根据目标产量来编制生产预算，根据生产预算来编制销售预算，继而编制管理预算、投资预算、筹资预算、采购预算、成本费用预算、经营成果预算、现金流量预算和财务状况预算等。

2. 以目标产量为编制起点的优缺点

（1）优点。以目标产量为财务预算的编制起点，意味着预算管理的目标就是完成目标产量，有利于公司扩大产量，满负荷生产，降低商品的单位成本；有利于公司不断扩大生产规模，实现规模经营；有利于公司及时确认收入，保证收入的实现。

（2）缺点。以目标产量为财务预算的编制起点，容易导致公司内部相关预算责任单位为了完成目标产量而忽视生产成本的管理，使成本的发生得不到有效控制、成本水平得不到有效降低，从而降低了公司的盈利水平、削弱了公司的竞争优势。同时，容易导致公司内部相关预算责任单位为了完成目标产量而忽视产品的质量管理，造成产品质量下降，最终可能会导致市场的萎缩。

3. 以目标产量为编制起点的适用范围

（1）市场销路很好、产品供不应求的公司。市场销路很好、产品供不应求的公司，通常把生产经营目标确定为尽可能地扩大生产规模、提高生产能力、增加商品产量，把目标产量作为其生产经营的核心指标，这时，以目标产量为编制起点来编制财务预算，有利于公司把目标产量纳入预算管理系统，通过预算管理来实现公司的生产经营目标。

（2）以产量作为收入确认和货款结算依据的公司。以产量作为收入确认和货款结算依据的公司，比如建筑施工公司、安装施工公司、路桥施工公司、劳务服务公司等，它们的产量就是建筑工程量、安装工程量、路桥工程量或劳务提供量。这些公司的生产经营特点是根据合同约定来组织施工或提供劳务，根据完成的工程量或劳务量来确认收入的实现和结算货款，因此，它们的收入的实现和货款的取得都依赖于它们的产量。这时，以目标产量为编制起点来编制财务预算，有利于促进公司收入的确认和货款的取得。

（3）订单式生产的公司或者按照指令性计划进行生产的公司。在一些集团公司内部，往往存在这样一些独立的公司法人，它们不直接面对市场，无论是采购还是销售都由集团公司总部的职能机构来完成，它们只负责按照集团公司总部提供的订单或者指令性计划来组织生产，只要完成订单任务或者指令性计划的生产任务，就达到了集团公司总部的要求。这时，这些独立的法人公司往往是以目标产量为编制起点来编制它们的财务预算。

（四）以目标成本为编制起点

1. 以目标成本为编制起点的含义

以目标成本为编制起点是指以目标成本为核心指标，以成本预测为基础来确定目标成本，根据目标成本来确定目标利润，根据目标利润来编制销售预算，根据销售预算和预计期初、期末合理库存来编制生产预算，继而编制管理预算、投资预算、筹资预算、采购预算、成本费用预算、经营成果预算、现金流量预算和财务状况预算等。

2. 以目标成本为编制起点的优缺点

（1）优点。以目标成本为编制起点编制财务预算，使目标成本成为成本控制和预算考核的核心指标，可以促使公司各部门努力挖掘降低成本的潜力，寻找降低成本的各种方法和途径，不断降低成本，提高盈利水平。同时，以目标成本为编制起点编制财务预算有助于公司采取低成本扩张战略，迅速占领市场，扩大市场占有率，提高公司的市场竞争能力。

（2）缺点。以目标成本为编制起点编制财务预算，通常把降低成本作为预算管理的目标，把成本指标作为业绩考核的核心指标，这就容易造成各个预算责任单位和责任人为了追求低成本而偷工减料，从而影响商品质量或服务质量，最终影响公司的市场信誉。

3. 以目标成本为编制起点的适用范围

（1）处在成熟期的公司。处在成熟期的公司，其市场销售相对稳定，市场扩张速度减慢，通过扩大市场销售来增加利润的空间很有限，需要通过实施严格的成本控制达到降低成本、提高效益的目的，这时，比较适合以目标成本为编制起点来编制财务预算。

（2）处在衰退期的公司。处在衰退期的公司，其商品的市场逐渐萎缩，要想维持盈利的状态，只有通过不断地挖掘降低成本的潜力才能实现，这时，也比较适合以目标成本为编制起点来编制财务预算。

（3）与同行业相比，成本水平偏高的公司。与同行业相比，成本水平偏高的公司，其竞争优势不明显，很容易在激烈的市场竞争中被击垮、被淘汰，即使不被击垮、不被淘汰，其盈利水平也很低，这时，通过以目标成本为编制起点来编制财务预算，有助于加强成本管理、降低成本水平、提高盈利能力。

第三节　财务预算的编制方法

财务预算的编制方法主要有三对、六种：第一对，固定预算法和弹性预算法；第二对，定基预算法和零基预算法；第三对，定期预算法和滚动预算法。下面分别介绍它们的含义、优缺点和适用范围。

一、固定预算法和弹性预算法

（一）固定预算法

1. 固定预算法的含义

固定预算法是指以预算期内核心指标的某一个固定值为基础来编制与该固定值相关的各

个预算项目预算数的一种预算编制方法。比如：假设核心指标为目标利润，其固定值预计为5 000万元，则以5 000万元为基础编制的预算方案就属于采用固定预算法编制的预算。

2. 固定预算法的优缺点和适用范围

（1）优点：只根据核心指标的一个固定值来编制与该固定值相关的各个项目的预算，简单易行，工作量少。

（2）缺点：忽视了核心指标存在多种可能值的现实，在一定程度上削弱了预算的指导意义和控制作用。

（3）适用范围：适用于市场比较稳定、核心指标能够比较可靠地预知、实际数和预算数偏差较小的企业。

3. 固定预算法的应用举例

【例5－1】 某公司预算年度某商品销售量变动范围在40 000～60 000件，正常情形下的销售量为50 000件，其中，第一季度15 000件，第二季度9 500件，第三季度12 000件，第四季度13 500件。销售单价为15元，单位变动成本为9元，固定成本总额为100 000元。根据上述资料，按照正常情形下的销售量水平50 000件，采用固定预算法编制该公司预算年度分季度的利润预算。

编制过程及结果如下：

根据上述资料，编制该公司预算年度分季度的利润预算，如表5－1所示。

表5－1　某公司预算年度分季度的利润预算表　金额单位：元

预算项目	第一季度	第二季度	第三季度	第四季度	全年合计
①销售量（件）	15 000	9 500	12 000	13 500	50 000
②单价	15	15	15	15	15
③销售收入＝①×②	225 000	142 500	180 000	202 500	750 000
④单位变动成本	9	9	9	9	9
⑤变动成本总额＝①×④	135 000	85 500	108 000	121 500	450 000
⑥贡献毛益＝③－⑤	90 000	57 000	72 000	81 000	300 000
⑦固定成本总额	25 000	25 000	25 000	25 000	100 000
⑧经营利润＝⑥－⑦	65 000	32 000	47 000	56 000	200 000

4. 采用固定预算法应注意的问题

采用固定预算法应注意预算项目固定业务量的可靠性，因为如果这个固定业务量不可靠，编制出来的预算就会与实际执行结果偏差太大，使预算失去应有的作用。而要保证这个固定业务量的可靠性，就需要充分了解和掌握影响这个业务量发生变动的相关因素及其数据信息，采用定性预测和定量预测相结合的方法可靠地预测业务量的发生水平。

（二）弹性预算法

1. 弹性预算法的含义

弹性预算法是指以预算期内核心指标的乐观值、正常值、悲观值为基础来编制与这三个可能值相关的各个预算项目预算数的一种预算编制方法。比如：假设核心指标目标利润的乐观值预计为6 000万元、正常值预计为5 000万元、悲观值预计为4 000万元，则分别以

6 000万元、5 000 万元和4 000 万元为基础编制的一组三个预算方案就属于采用弹性预算法编制的预算。

2. 弹性预算法的优缺点和适用范围

（1）优点：能反映出预算期内核心指标在几种可能值的情况下相关预算项目的预算结果，便于单位从不同的核心指标水平去了解其预算结果。

（2）缺点：难以可靠估计核心指标的各种可能值，且编制的工作量较大，技术要求高。

（3）适用范围：适用于市场变化较大、核心指标波动较大的单位。

3. 弹性预算法的应用举例

【例 5－2】 承【例 5－1】，某公司预算年度某商品销售量变动范围在 40 000～60 000 件，正常情形下的销售量为 50 000 件，乐观情形下的销售量为 60 000 件，悲观情形下的销售量为 40 000 件。销售单价为 15 元，单位变动成本为 9 元，固定成本总额为 100 000 元。根据上述资料，编制该公司乐观、正常、悲观情形下的利润预算。

编制过程及结果如下：

根据上述资料，编制该公司预算年度乐观、正常、悲观情形下的利润预算如表 5－2 所示。

表 5－2　　某公司预算年度乐观、正常、悲观情形下的利润预算表　　金额单位：元

预算项目	乐观情形	正常情形	悲观情形
①销售量（件）	60 000	50 000	40 000
②单价	15	15	15
③销售收入＝①×②	900 000	750 000	600 000
④单位变动成本	9	9	9
⑤变动成本总额＝①×④	540 000	450 000	360 000
⑥贡献毛益＝③－⑤	360 000	300 000	240 000
⑦固定成本总额	100 000	100 000	100 000
⑧经营利润＝⑥－⑦	260 000	200 000	140 000

4. 采用弹性预算法应注意的问题

采用弹性预算法应注意两个问题：一是变动项目和固定项目划分的合理性。因为固定项目的预期发生额（量）基本不会发生变动或变动范围很小，所以，通常都采用固定预算法来编制预算。而变动项目的预期发生额（量）通常会发生较大的变动，需要采用弹性预算法来编制预算。如果对变动项目和固定项目的划分不合理，就会误将变动项目按照固定预算法来编制预算，或者误将固定项目按照弹性预算法来编制预算，从而使整个预算失去编制的合理性。二是弹性范围的合理性和业务量可能值的可靠性。因为弹性范围的合理性和业务量可能值的可靠性都会直接影响预算编制的质量，进而影响预算管理作用的发挥，因此，采用弹性预算法必须确定一个合理的弹性范围，选择几个可靠的业务量可能值。

二、定基预算法和零基预算法

（一）定基预算法

1. 定基预算法的含义

定基预算法又称为增减调整预算法，它是以基期（一般是上期）各个预算项目的估计

发生数为基础，结合预算期内生产经营环境可能发生的变化，对各个预算项目的基期估计发生数进行适当的增减调整后形成预算期的预算数的一种预算编制方法。

比如，办公费这个项目，假设基期的估计发生数是10万元，考虑到预算期的生产经营规模扩大和物价上涨等因素，办公经费按照10万元来做预算明显满足不了实际开支的需要，因此，就在10万元的基础上再加2万元，按照12万元来做预算，这就是定基预算法或增减调整预算法。

定基预算法为什么要以基期的估计发生数而不是实际发生数为基数？这是因为，在按年编制预算的情况下，预算年度的预算通常是在上年的第四季度甚至更早的时间就开始着手编制，编制预算时，上年的预算还没有执行完毕，全年的实际发生数还没有出来，因此就需要根据已执行完成的月份的实际发生数来估计全年的发生数，并以此为基数来进行增减调整，编制预算年度的预算。所以，如果是以上年为基期，那么，基数就是上年的估计发生数。

2. 定基预算法的优缺点和适用范围

（1）优点：编制方法比较简单，可减少编制工作量。

（2）缺点：容易导致增减的随意性，容易导致基期的一些不合理发生数得以继续发生，容易导致新增预算项目被忽略，从而削弱预算的严肃性和合理性。

（3）适用范围：只适用于实际发生数相对稳定不变的原有预算项目的预算，不适用于实际发生数变动较大的原有预算项目的预算，也不适用于新增预算项目的预算。

3. 定基预算法的应用举例

【例5-3】某公司第一生产车间2023年11月编制2024年的制造费用预算时，根据2023年1—11月的实际发生数估计2023年全年整个车间的制造费用发生数为35 000元，劳动工时为140 000工时。根据2024年的生产预算，该车间2024年的劳动工时预计为180 000工时。根据公司下达的成本降低目标，该车间2024年制造费用要在2023年的基础上降低5%，试计算确定该车间2024年制造费用的预算数。

计算过程和结果如下：

1. 根据2023年的估计数计算单位工时应分摊的制造费用金额

单位工时应分摊的制造费用金额 $=35\ 000\div140\ 000=0.25$（元）

2. 根据公司下达的成本降低目标计算确定2024年的单位工时应分摊的制造费用金额

2024年单位工时应分摊的制造费用金额 $=0.25\times(1-5\%)=0.2375$（元）

3. 根据2024年的单位工时应分摊的制造费用金额和预计的劳动工时计算确定2024年制造费用的预算数

2024年制造费用的预算数 $=0.2375\times180\ 000=42\ 750$（元）

以上三个步骤的计算过程可以组合在以下公式计算：

2024年制造费用的预算数 $=(35\ 000\div140\ 000)\times(1-5\%)\times180\ 000=42\ 750$（元）

4. 采用定基预算法应注意的问题

采用定基预算法需要注意两个问题：一是准确判断适合采用定基预算法的预算项目，二是合理确定增减调整的幅度。预算项目很多，究竟哪些预算项目适合采用定基预算法，需要对各个预算项目的业务发生特点和规律进行认真分析之后做出可靠的判断。增减调整的幅度直接影响预算数的准确性和合理性，需要对基期发生数的合理性进行认真分析，同时对预算期的生产经营环境做出可靠分析之后再进行可靠的、合理的估计。

（二）零基预算法

1. 零基预算法的含义

零基预算法是根据预算项目在预算期内的实际需要和现实的可行性，以零为基数（而不是以基期的估计发生数为基数）来合理确定预算项目预算数的一种预算编制方法。零基预算法的全称应为“以零为基数编制预算的方法”，它与定基预算法是一对相互对立的预算编制方法。

比如，办公费这个项目，假设基期的发生数为10万元，在10万元的基础上增加2万元，按照12万元来做预算，这是定基预算法。但如果不考虑基期的发生数，完全根据预算期的实际需要和现实的可行性，对构成办公费的各项开支逐项进行估计之后再将它们汇总起来，把汇总所得到的数当做办公费的预算数，这就是零基预算法。假设办公费主要由材料费用、茶水费用和其他费用三个项目构成，根据预算期的实际需要和现实的可行性，估计材料费用8万元、茶水费用3万元、其他费用1万元，合计12万元，把12万元当做办公费的预算数，这种编制预算的方法就是零基预算法。

2. 零基预算法的优缺点和适用范围

（1）优点：能够促使预算编制者根据预算期内的实际需要来编制预算，避免随意增减的现象，从而有利于提高预算编制的质量。

（2）缺点：编制预算所花费的时间和精力较多。

（3）适用范围：非经常性预算项目；预算期与基期的实际发生数相差较大的经常性预算项目；重大或特殊的预算项目；其他任何一项预算项目。理论界和实务界都提倡所有预算项目都采用零基预算法来编制预算。

3. 零基预算法的应用举例

【例5－4】 假设某公司销售费用主要有业务招待费、劳动保护费、职工培训费、办公费、广告费、保险费六个项目，销售部门按照零基预算法编制这六个项目2024年的初步预算数，如表5－3所示。

表5－3　某公司销售部门编制的2024年销售费用初步预算表　　单位：元

费用项目	预算金额	编制依据
（1）劳动保护费	125 000	25人，每人全年5 000元
（2）办公费	100 000	25人，人均4 000元
（3）保险费	150 000	投保的商品总额5 000 000元，保费率3%
（4）职工培训费	80 000	25人，每人培训1次，每次3 200元
（5）业务招待费	175 000	1—11月每月4次，12月6次，每次3 500元
（6）广告费	300 000	电视广告200 000元，路牌广告100 000元
合　　计	930 000	—

（注：零基预算法要求每一个项目的预算数都必须列明具体的编制依据。）

销售部门将表5－3的初步预算表提交到公司预算管理机构审核后，反馈的审核意见为：按照公司实现目标利润的要求，2024年销售部门发生的销售费用必须控制在800 000元以下，而且明确指出，在六项费用项目中，劳动保护费、办公费和保险费是重点项目，必须全额保证；业务招待费、职工培训费和广告费是非重点项目，需要按照表 5－4 载明的投入产出表（根据历史数据分析整理而得）进行成本效益分析后再在剩余的预算控制额度内进行合理安排。

表 5－4　　某公司三项销售费用投入产出表　　单位：元

费用项目	费用（投入）金额	收益（产出）金额
职工培训费	100	200
业务招待费	100	450
广告费	100	350

试根据上述资料采用零基预算法重新编制这六项销售费用的预算。

编制过程和结果如下：

1. 计算重点项目已安排的预算金额和非重点项目剩余可安排的预算金额：

根据预算管理机构的规定，劳动保护费、办公费和保险费属于重点项目，可按照销售部门编制的初步预算数全额安排，则：

重点项目已安排的预算金额＝125 000＋100 000＋150 000＝375 000（元）

非重点项目剩余可安排的预算金额＝800 000－375 000＝425 000（元）

2. 按照投入产出比例计算三项非重点项目各自可安排的预算金额：

职工培训费、业务招待费和广告费属于非重点项目，它们各自每投入 100 元，产出的金额分别为 200 元、450 元和 350 元，合计 1 000 元，因此：

职工培训费可安排的预算金额＝200÷1 000×425 000＝85 000（元）

业务招待费可安排的预算金额＝450÷1 000×425 000＝191 250（元）

广告费可安排的预算金额＝350÷1 000×425 000＝148 750（元）

3. 编制调整后的销售费用预算表，如表 5－5 所示：

表 5－5　　某公司 2024 年销售费用预算表　　单位：元

费用项目		初步预算数（总预算数 930 000 元）	调整后的预算数（总预算数 800 000 元）
重点项目	劳动保护费	125 000	125 000
	办公费	100 000	100 000
	保险费	150 000	150 000
	小计	375 000	375 000
剩余可供安排的金额		555 000	425 000
非重点项目	职工培训费	80 000	85 000
	业务招待费	175 000	191 250
	广告费	300 000	148 750
	小计	555 000	425 000
总计		930 000	800 000

4. 采用零基预算法应注意的问题

采用零基预算法应注意三个问题：第一，要准确掌握外部市场信息和内部经营信息，为编制零基预算提供准确可靠的信息来源；第二，要合理制定各项资源的消耗定额，为编制零基预算提供科学的参考依据和控制标准；第三，要认真分析有关预算项目在预算期内的实际需要，并评估这种实际需要的现实可行性，为合理安排预算资金提供可靠、充分的事实依据。

三、定期预算法和滚动预算法

（一）定期预算法

1. 定期预算法的含义

定期预算法又称静态预算法，是以一个会计年度作为一个固定的、独立的预算期，每年定期在年末编制下一年度预算的一种预算编制方法。

比如，在实际工作中，很多单位都是定期在第四季度甚至更早的时间就开始着手编制下一年度的预算，这种定期编制下一年度预算的方法就是定期预算法。

2. 定期预算法的优缺点和适用范围

（1）优点：预算期与会计年度一致，有利于会计信息与预算数据的对接，便于对预算进行监控和考评。同时也有助于减少预算编制的工作量和降低整个预算管理的复杂程度。

（2）缺点：可能会使管理者为了追求某一个预算年度的显著效益而忽略下一个预算年度的持续效益，使单位的生产经营管理出现一些短期行为。同时还可能会引发一些业务部门在年末突击花费（消耗性预算金额剩余较多）或消极创收（收益性预算金额已接近完成）。

（3）适用范围：各类财务管理主体。比如国家预算、行政事业单位预算、公司预算等都广泛采用定期预算法。

3. 采用定期预算法应注意的问题

采用定期预算法时，首先要注意提高预算编制的准确性，只有预算编制准确了，期末突击花费或消极创收的现象才能得到杜绝。其次，要注意保持年度预算之间资源配置的连续性，防止短期行为的发生。最后，要培育健康的预算管理心态，提倡开源节流的良好风尚，增强各级预算责任单位和人员的全局观念，摒弃小团体利益的观念，从预算管理心态上防止期末突击花费或消极创收的现象发生。

（二）滚动预算法

1. 滚动预算法的含义

滚动预算法是指预算付诸执行后，每过一个月份或一个季度，都要对该月份或该季度的执行情况进行分析，并对未来的执行环境进行重新判断后修正剩余月份或季度的预算，同时追加一个新的月份或季度的预算，使预算期始终都保持着 12 个月份或 4 个季度的时间跨度的一种预算编制方法。

比如，某单位从 2024 年开始采用滚动预算法，编制了 2024 年 1—12 月的预算之后，随着预算的执行，2024 年 1 月末，预算编制人员就要根据本月的预算执行情况和未来可以预知的生产经营环境的变化情况，调整和修正 2024 年 2—12 月的预算，同时追加编制 2025 年 1 月份的预算；2025 年 2 月末，预算编制人员又要根据本月的预算执行情况和未来可以预知的生产经营环境的变化情况，调整和修正 2024 年 3 月—2025 年 1 月的预算，同时追加编制

2025 年 2 月份的预算；如此逐月地调整、修正现有预算，同时追加编制新的月份预算的预算编制方法，就是滚动预算法。

2. 滚动预算法的优缺点和适用范围

（1）优点：有助于提高预算编制的质量；有助于保持预算的连续性，克服预算管理过程中的短期行为；有助于发挥预算的监控功能，提高预算的监控效果。

（2）缺点：大大增加预算管理的工作量；预算“年度”与会计年度不一致；对预算管理的技术水平要求较高，适用性较差。

（3）适用范围：由于滚动预算法对预算管理的技术水平和信息化程度要求比较高，因此它只适用于那些预算管理技术水平较高、信息化程度较高的单位。

3. 滚动预算法下的滚动方式

在实际工作中，常见的预算滚动方式主要有逐月滚动、逐季滚动和逐季分月滚动三种。

（1）逐月滚动方式。逐月滚动方式是指按年、分月编制预算，然后预算执行每隔 1 个月就要定期调整和修正剩余 11 个月的预算并同时追加编制第 12 个月的预算的方式。

（2）逐季滚动方式。逐季滚动方式是指按年、分季度编制预算，然后预算执行每隔 1 个季度就要定期调整和修正剩余 3 个季度的预算并同时追加编制第 4 个季的预算的方式。

（3）逐季分月滚动方式。逐季分月滚动方式是指先按年、分季度编制预算，然后再在执行预算的那个季度把本季度的预算细分为月份预算并按月份预算付诸执行，预算执行每隔 1 个季度（3 个月）就要定期调整和修正剩余 3 个季度的预算并同时追加编制第 4 个季的预算的方式。

4. 采用滚动预算法应注意的问题

采用滚动预算法，首先，要建立一支训练有素的预算管理队伍，并配备信息化程度较高的预算管理网络系统。其次，要对预算采取分月执行、按月考核的管理办法，保证当月的会计信息能够真实地反映当月预算的实际执行结果，保持会计信息与预算考核之间的高度相关性，防止会计信息不能真实反映预算的实际执行结果、进而不能满足预算考核需要的现象发生。再次，要根据单位自身的业务规模、业务复杂程度、管理幅度大小、管理链条长短、信息化水平和整体管理水平的高低来选择有效的预算滚动方式，力求达到预算既精确、管理又高效的理想境界。最后，还要注意建立通畅、快速、可靠的信息交流网络，为动态地、实时地监控、调整、修正、考核和编制预算提供准确及时的相关信息。

第四节　财务预算管理各环节的主要风险与应对措施

一、预算编制环节的主要风险和应对措施

（一）主要风险

1. 预算编制以财务部门为主，业务部门参与度较低，可能导致预算编制不合理，预算管理责、权、利不匹配，预算编制范围和项目不全面，各个预算之间缺乏整合，难以形成综合的财务预算方案。

2. 预算编制的依据不充分，可能导致预算目标与战略规划、经营计划、市场环境、单位实际等相脱离；预算编制基础数据不足，可能导致预算编制准确率降低。

3. 预算编制程序不规范，横向、纵向信息沟通不畅，可能导致预算目标缺乏准确性、合理性和可行性。

4. 预算编制方法选择不当，或强调采用单一的方法，可能导致预算目标缺乏科学性和可行性。

5. 预算目标及指标体系设计不完整、不合理、不科学，可能导致预算管理在实现发展战略和经营目标、促进绩效考评等方面的功能难以有效发挥。

6. 编制预算的时间太早或太晚，可能导致预算准确性不高，或影响预算的执行。

（二）应对措施

1. 明确单位内部各个部门、单位的预算编制责任，使各个部门、单位的业务活动全部纳入预算管理。

2. 将单位内部的经营、投资、筹资等各项经济活动的各个方面、各个环节都纳入预算编制范围，形成由经营预算、投资预算、筹资预算、现金流量预算、财务状况预算、经营成果预算组成的相互衔接和勾稽的综合预算体系。

3. 制定明确的战略规划，并依据战略规划制定年度经营目标和计划，作为制定预算目标的首要依据，确保预算编制真正成为战略规划和年度经营计划的年度具体行动方案。

4. 深入开展单位外部环境的调研和预测，包括预算期内客户需求、同行业发展等市场环境的调研，以及宏观经济政策等社会环境的调研，确保预算编制以市场预测为依据，与市场、社会环境相适应。

5. 深入分析本单位上一个预算期的预算执行情况，充分预计预算期内单位资源状况、生产能力、技术水平等自身环境的变化，确保预算编制符合本单位各项经济活动的客观实际。

6. 重视和加强预算编制基础管理工作，包括历史资料记录、定额制定与管理、标准化工作、会计核算等，确保预算编制以可靠、翔实、完整的基础数据为依据。

7. 建立系统的指标分解体系，并在与各个预算责任中心进行充分沟通的基础上分解下达初步预算目标。

8. 各个预算责任中心按照下达的预算目标和政策，结合自身特点以及预测的执行条件，认真测算并提出本责任中心的预算草案，逐级汇总上报预算管理办公室。

9. 预算管理办公室与各个预算责任中心进行充分的沟通和协调，审查平衡预算草案。

10. 预算管理委员会应当对预算管理办公室在综合平衡基础上提交的预算方案进行研究论证，从单位发展全局的角度提出进一步调整、修改的建议，形成年度财务预算草案，提交董事会。

11. 董事会审核财务预算草案，确保财务预算与单位发展战略、年度生产经营计划相协调。

12. 根据单位的经济活动规律、经济业务特点、基础数据管理水平和管理需要，正确选择预算编制方法。

13. 按照“财务指标为主体、非财务指标为补充”的原则设计预算指标体系。

14. 将单位的战略规划、经营目标体现在预算指标体系中。

15. 将单位产、供、销、投融资等各项活动的各个环节、各个方面的内容都纳入预算指标体系。

16. 将预算指标体系与绩效评价指标协调一致。

17. 按照各责任中心在工作性质、权责范围、业务活动特点等方面的不同，设计不同或各有侧重的预算指标体系。

18. 根据自身规模大小、组织结构和产品（或业务）结构的复杂性、预算编制工具和熟练程度、预算开展的深度和广度等因素，确定合适的预算编制时间，并应当在预算年度开始前完成预算草案的编制工作。

二、预算审批环节的主要风险和应对措施

（一）主要风险

预算未经适当审批，可能导致预算权威性不够、执行不力，或可能因重大差错、舞弊而导致损失。

（二）应对措施

为防范这些风险，应当按照相关法律法规及单位章程的规定将预算上报并经审议批准。

三、预算下达环节的主要风险和应对措施

（一）主要风险

预算下达不力，可能导致预算执行或考核无据可查。

（二）应对措施

为防范这些风险，预算经审议批准后就要及时以文件的形式下达执行。

四、预算分解环节的主要风险和应对措施

（一）主要风险

1. 预算指标分解不够详细、具体，可能导致单位的某些岗位和环节缺乏预算执行和控制依据。

2. 预算指标分解与业绩考核体系不匹配，可能导致预算执行不力。

3. 预算责任体系缺失或不健全，可能导致预算责任无法落实，预算缺乏强制性与严肃性。

4. 预算责任与执行单位或个人的控制能力不匹配，可能导致预算目标难以实现。

（二）应对措施

1. 预算一经批准下达，各预算执行单位应当认真组织实施，将指标层层分解。横向将指标分解为若干相互关联的因素，寻找影响预算目标的关键因素并加以控制；纵向将各项指标层层分解落实到最终的岗位和个人，明确责任部门和最终责任人；时间上将年度指标分解细化为季度、月度甚至每周、每日的指标，通过实施分期预算，实现年度预算目标。

2. 建立预算执行责任制度，对照已确定的责任指标，定期或不定期地对相关部门及人员责任指标完成情况进行检查，实施考评。可以通过签订预算目标责任书等形式明确各预算执行部门的预算责任。

3. 分解预算指标和建立预算执行责任制应当遵循定量化、全局性、可控性原则。即预

算指标的分解要明确、具体，便于执行和考核；预算指标的分解要有利于单位经营总目标的实现；赋予责任部门和责任人的预算指标应当是通过该责任部门或责任人的努力可以达到的，责任部门或责任人以其责权范围为限，对预算指标负责。

五、预算执行环节的主要风险和应对措施

（一）主要风险

1. 缺乏严格的预算执行授权审批制度，可能导致预算执行随意。

2. 预算执行的审批权限及程序混乱，可能导致越权审批、重复审批，降低预算执行效率和严肃性。

3. 预算执行过程中缺乏有效监控，可能导致预算执行不力，预算目标难以实现。

4. 缺乏健全有效的预算反馈和报告体系，可能导致预算执行情况不能及时反馈和沟通，预算差异得不到及时分析，预算监控难以发挥作用。

（二）应对措施

1. 加强资金收付业务的预算控制，及时组织资金收入，严格控制资金支付，调节资金收支平衡，防范支付风险。

2. 严格资金支付业务的审批控制，及时制止不符合预算目标的经济行为，确保各项业务和活动都在授权的范围内运行。

3. 就涉及资金支付的预算内事项、超预算事项、预算外事项建立规范的授权批准制度和程序，避免越权审批、违规审批、重复审批现象的发生。

4. 对于预算内非常规或金额重大事项，应经过较高的授权批准层（如总经理）审批。

5. 对于超预算或预算外事项，应当实行严格、特殊的审批程序，一般须报经总经理办公会或类似权力机构审批，金额重大的，还应报经预算管理委员会或董事会审批。

6. 预算执行单位提出超预算或预算外资金支付申请，应当提供有关发生超预算或预算外支付的原因、依据、金额测算等资料。

7. 建立预算执行实时监控制度，及时发现和纠正预算执行中的偏差；确保办理采购与付款、销售与收款、成本费用、工程项目、对外投融资、研究与开发、信息系统、人力资源、安全环保、资产购置与维护等各项业务和事项，均符合预算要求；对于涉及生产过程和成本费用的，还应严格执行相关计划、定额、定率标准。

8. 建立重大预算项目特别关注制度。对于工程项目、对外投融资等重大预算项目，应当密切跟踪其实施进度和完成情况，实行严格监控；对于重大的关键性预算指标，也要密切跟踪、检查。

9. 建立预算执行情况预警机制，科学选择预警指标，合理确定预警范围，及时发出预警信号，积极采取应对措施。有条件的单位，应当推进和实施预算管理的信息化，提高预警与应对水平。

10. 建立健全预算执行情况内部反馈和报告制度，确保预算执行信息传输及时、畅通、有效；预算管理工作机构应当加强与各预算执行单位的沟通，运用财务信息和其他相关资料监控预算执行情况，采用恰当方式及时向预算管理委员会和各预算执行单位报告、反馈预算执行进度、执行差异及其对预算目标的影响，促进预算目标的实现。

六、预算分析环节的主要风险和应对措施

（一）主要风险

1. 预算分析不正确、不科学、不及时，可能削弱预算执行控制效果或可能导致预算考评不客观、不公平。

2. 对预算差异原因的解决措施不得力，可能导致预算分析形同虚设。

（二）应对措施

1. 预算管理工作机构和各预算执行单位应当建立预算执行情况分析制度，定期召开预算执行分析会议，通报预算执行情况，研究、解决预算执行中存在的问题，认真分析原因，提出改进措施。

2. 加强对预算分析流程和方法的控制，确保预算分析结果准确、合理；预算分析流程一般包括确定分析对象、收集资料、确定差异及分析原因、提出措施及反馈报告等环节；分析预算执行情况，应当充分收集有关财务、业务、市场、技术、政策、法律等方面的信息资料，根据不同情况分别采用比率分析、比较分析、因素分析等方法，从定量与定性两个层面充分反映预算执行单位的现状、发展趋势及其存在的潜力。

3. 采取恰当措施处理预算执行偏差，针对造成预算差异的不同原因采取不同的处理措施：因内部执行导致的预算差异，应分清责任归属，与预算考评和奖惩挂钩，并将责任单位或责任人的改进措施的实际执行效果纳入业绩考核；因外部环境变化导致的预算差异，应分析该变化是否长期影响企业发展战略的实施，并作为下期预算编制的影响因素。

七、预算调整环节的主要风险和应对措施

（一）主要风险

预算调整依据不充分、方案不合理、审批程序不严格，可能导致预算调整随意、频繁，使预算失去严肃性和“硬约束”。

（二）应对措施

1. 明确预算调整条件。由于市场环境、国家政策或不可抗力等客观因素，导致预算执行发生重大差异确需调整预算的，应当履行严格的审批程序；单位应当在预算管理制度中明确规定预算调整的条件。

2. 强化预算调整原则。一是预算调整应当符合单位发展战略、年度经营目标和现实状况，重点放在预算执行中出现的重要的、非正常的、不符合常规的关键性差异方面；二是预算调整方案应当客观、合理、可行，在经济上能够实现最优化；三是预算调整应当谨慎，调整频率应予以严格控制，年度调整次数应尽量少。

3. 规范预算调整程序，严格审批。调整预算一般由预算执行单位逐级向预算管理委员会提出书面申请，详细说明预算调整理由、调整建议方案、调整前后预算指标的比较、调整后预算指标可能对单位预算总目标的影响等内容；预算管理办公室应当对预算执行单位提交的预算调整报告进行审核分析，集中编制年度预算调整方案，提交预算管理委员会；预算管理委员会应当对年度预算调整方案进行审议，根据调整事项的性质或金额的不同，按照授权进行审批，或提交原预算审批机构审批，然后下达执行；预算管理委员会或董事会审批预算调整方案时，应当依据预算调整条件，并考虑预算调整原则严格把关，对于不符合预算调整

条件的，坚决予以否决；对于预算调整方案欠妥的，应当协调有关部门和单位研究改进方案，并责成预算管理办公室予以修改后再履行审批程序。

八、预算考核环节的主要风险和应对措施

（一）主要风险

预算考核不严格、不合理、不到位，可能导致预算目标难以实现、预算管理流于形式。预算考核是否合理受到考核主体和对象的界定是否合理、考核指标是否科学、考核过程是否公开透明、考核结果是否客观公正、奖惩措施是否公平合理且能够落实等因素的影响。

（二）应对措施

1. 建立严格的预算执行考核制度，对各预算执行单位和个人进行考核，将预算目标执行情况纳入考核和奖惩范围，切实做到有奖有惩、奖惩分明。

2. 制定有关预算执行考核的制度或办法，并认真、严格地组织实施。

3. 定期组织实施预算考核，预算考核的周期一般应当与年度预算细分周期相一致，即一般按照月份、季度实施考核，预算年度结束后再进行年度总考核。

4. 合理界定预算考核主体和考核对象。预算考核主体分预算管理委员会和各级预算责任单位两个层次；预算考核对象为内部各级预算责任单位和相关个人。界定预算考核主体和考核对象应当主要遵循以下原则：一是上级考核下级原则，即由上级预算责任单位对下级预算责任单位实施考核；二是逐级考核原则，即由预算执行单位的直接上级对其进行考核，间接上级不能隔级考核间接下级；三是预算执行与预算考核相互分离原则，即预算执行单位的预算考核应由其直接上级部门来进行，而绝不能自己考核自己。

5. 科学设计预算考核指标体系。预算考核指标要以各责任中心承担的预算指标为主，同时本着相关性原则，增加一些全局性的预算指标和与其关系密切的相关责任中心的预算指标；考核指标应以定量指标为主，同时根据实际情况辅之以适当的定性指标；考核指标应当具有可控性、可达到性和明晰性。

6. 按照公开、公平、公正原则实施预算考核。一是考核程序、标准、结果要及时公开；二是考核结果要客观公正，以客观事实作为依据，预算执行单位上报的预算执行报告是预算考核的基本依据，应当经本单位负责人签章确认；三是考核结果要与员工的薪酬、职位等进行挂钩，实施预算奖惩，奖惩措施要公平合理并及时落实。

复习思考题

1. 什么是预算？它与计划、预测之间有什么关系？

2. 财务预算包括哪六个方面的预算？其中哪三项预算是对财务活动过程的预算，哪三项预算是对财务活动结果的预算？

3. 财务预算管理包括哪几个主要的环节？

4. 财务预算管理有哪四个特点和哪十个作用？

5. 预算管理委员会、预算管理办公室、预算责任单位这三个预算管理机构各自的主要职责是什么？

6. 财务预算有哪几种编制模式？它们各自的优缺点和适用对象是什么？
7. 财务预算有哪几个主要的编制起点？它们各自的优缺点和适用范围是什么？
8. 财务预算有哪几种主要的编制方法？它们各自的优缺点和适用范围是什么？
9. 财务预算各环节的主要风险是什么？相应的应对措施有哪些？

课外作业题

1. 某公司预算年度A商品销售量变动范围在180 000～200 000件，正常情形下的销售量为190 000件，其中，第一季度47 000件，第二季度48 000件，第三季度50 000件，第四季度45 000件。销售单价为100元，单位变动成本为70元，固定成本总额为3 000 000元。根据上述资料，按照正常情形下的销售量水平190 000件，用固定预算法编制该公司预算年度分季度的利润预算。

2. 某公司预算年度A商品销售量变动范围在180 000～200 000件，正常情形下的销售量为190 000件，乐观情形下的销售量为200 000件，悲观情形下的销售量为180 000件。销售单价为100元，单位变动成本为70元，固定成本总额为3 000 000元。根据上述资料，编制该公司该预算年度乐观、正常、悲观情形下的利润预算。

3. 某公司生产车间2023年11月编制2024年的制造费用预算时，根据2023年1—11月的实际发生数估计2023年全年整个车间的制造费用发生数为480 000元，劳动工时为240 000工时。根据2024年的生产预算，该车间2024年的劳动工时预计为300 000工时。根据公司下达的成本降低目标，该车间2024年制造费用要在2023年的基础上降低6%，试计算确定该车间2024年制造费用的预算数。

4. 假设某公司管理费用主要有办公费、水电费、差旅费、业务招待费、劳动保护费、职工培训费、财产保险费七个项目，管理部门按照零基预算法编制了这七个项目2024年的初步预算数，如表5－6所示。

表5－6　　某公司管理部门编制的2024年管理费用初步预算表　　单位：元

费用项目	预算金额	编制依据
（1）办公费	600 000	100人，每人年均6 000元
（2）水电费	300 000	100人，每人年均3 000元
（3）差旅费	200 000	100人，每人年均2 000元
（4）业务招待费	72 000	每月6次，全年72次，每次1 000元
（5）劳动保护费	100 000	100人，每人年均1 000元
（6）职工培训费	50 000	100人，每人年均500元
（7）财产保险费	300 000	投保的财产总额10 000 000元，保费率3%
合　　计	1 622 000	—

管理部门将表5－6的初步预算方案提交到公司预算管理机构审核后，反馈的审核意见为：按照公司实现目标利润的要求，2024年管理部门发生的管理费用必须控制在1 500 000

元以下，而且明确指出，在七个费用项目中，办公费、劳动保护费和财产保险费是重点项目，必须全额保证；水电费、差旅费、业务招待费、职工培训费是非重点项目，需要按照表5-7载明的投入产出表（根据历史数据分析整理而得）进行成本效益分析后再在剩余的预算控制额度内进行合理安排。

表5-7　　某公司四项管理费用投入产出表　　单位：元

费用项目	费用（投入）金额	收益（产出）金额
水电费	100	200
差旅费	100	220
业务招待费	100	250
职工培训费	100	180

试根据上述资料采用零基预算法重新编制这七项管理费用的预算。

思政思辨题

1. 无论是国家预算还是单位预算或家庭预算，都存在着刚柔并济的问题。在实践中，怎样才能做到刚柔并济？

2. 在中国传统文化里，集权思想既有其优点，又有其不足。在选择财务预算的编制模式时，怎样才能做到既充分发挥中国传统文化里集权思想的优点，又有效克服中国传统文化里集权思想的不足？

3. 不同的财务预算主体或者同一个财务预算主体的不同预算年度，可以选择不同的财务预算编制起点吗？为什么？

第六章

财务管理学中的会计学

内容简介

本章主要介绍会计的概念、内容、作用和目标，会计核算的基本假设、记账基础、会计信息质量要求、会计要素及其确认和计量、会计科目、会计信息载体以及会计记账方法。

学习目标

通过本章的学习，要求深刻理解会计的概念、内容、作用和目标，熟练掌握会计核算的基本假设、记账基础、会计信息质量要求、会计要素及其确认和计量、会计科目，熟悉会计信息载体以及会计记账方法的内容。

第一节　会计概述

一、会计的概念

根据《现代汉语词典》的解释，会计包括两方面的含义：一是“监督和管理财务的工作，主要内容有填制各种记账凭证，处理账务，编制各种有关报表等”。二是“担任会计工作的人员”。结合本书第一章所述，财务管理是管理那些跟资产取得、资产使用和资产保全有关的事情。那么，借用会计的基本含义，可以认为，财务管理学中的会计就是“监督和管理那些跟资产取得、资产使用和资产保全有关的财务工作，主要内容有填制各种记账凭证，处理账务，编制各种有关报表等”。从这个概念上理解，所有与资产取得、资产使用和资产保全有关的财务工作的监督和管理，都应该属于财务管理学中会计的范畴。显然，这里的会计一个广义的概念，它是指财务管理学中的会计，是围绕财务工作全过程的监督和管理，而非简单的“对外提供财务信息的会计”。

具体来看，财务管理学中会计的概念包括三个方面的内容：第一，会计的执行者是拥有或者控制资产的主体。在社会经济生活中，拥有或者控制资产的主体包括国家、行政事业单位、企业、民间非营利组织、家庭和个人等，显然，结合上述关于会计的概念，这些都应该属于会计的执行主体。第二，会计的执行内容是与资产取得、资产使用和资产保全有关的财务工作。也就是说，会计主体在筹资活动、投资活动和经营活动中所发生的关于资产取得、资产使用和资产保全的管理活动，是会计的执行内容。第三，会计的执行过程包括监督和管理。这就意味着，会计既是对会计主体在一系列财务活动中关于资产取得、资产使用和资产保全管理工作的一项监督活动，同时也是收集和利用会计主体的财务管理活动信息并用以指导和调整其经济实践的一项管理活动。

会计工作通常具备一些特点，比如在工作方法方面，采用一套比较专业、统一和规律性的处理技术和程序，包括填制凭证、登记账簿、编制报表等；在规范性方面，会受到相关法律和规范的约束，包括《中华人民共和国会计法》《企业会计准则》《政府会计准则》、《民间非营利组织会计制度》等；在服务对象方面，可以满足内部信息使用者经营管理的需要和外部信息使用者的经济决策需求；在工作内容方面，可以监督和管理会计主体过去和现在客观发生的，与资产取得、资产使用和资产保全有关的财务工作；在服务结果方面，主要体现是对会计主体的财务状况、运行成果以及现金流量状况等方面的核算、反映和监督。

二、会计的内容

按照会计主体的不同，会计学可以划分为政府会计学、企业会计学、非营利组织会计学、家庭和个人会计学等。会计作为一种专门的技术方法以及专业的监督和管理活动，当运用于国家和行政事业单位为其筹资活动、投资活动和经营活动中所发生的与资产取得、资产使用和资产保全有关的财务工作提供监督和管理服务时，便会形成政府会计；当运用于企业的资产取得、资产使用和资产保全相关的财务管理工作中时，便会形成企业会计；其运用于民间非营利组织，则会形成民间非营利组织会计；此外，对家庭和个人的资产取得、资产使用和资产保全相关活动进行监督和管理时，相应就会形成有关家庭和个人的会计。

按照对业务范围的侧重点不同，会计学可以划分为初级会计学、中级会计学、高级会计学。初级会计主要偏重于对会计主体在筹资活动、投资活动和经营活动中所发生的与资产取得、资产使用和资产保全有关的日常财务管理业务进行连续、系统、全面的监督和管理。中级会计主要偏重于监督和管理会计主体与资产取得、资产使用和资产保全有关的复杂财务管理业务。高级会计则主要侧重于监督和管理那些发生在特定时期、特定会计主体、特定空间的，并且与资产取得、资产使用和资产保全有关的特殊财务管理业务。

按照所反映的业务内容不同，会计学还可以派生出成本会计学、税务会计学、环境会计学等。比如，对会计主体在筹资活动、投资活动和经营活动中为实现资产取得、资产使用和资产保全所发生的各种耗费业务进行监督和管理，属于成本会计学的主要内容。对会计主体在筹资活动、投资活动和经营活动中与资产取得、资产使用和资产保全有关的各种纳税业务进行监督和管理，便构成税务会计学的主要范畴。而环境会计学则是监督和管理会计主体在资产取得、资产使用和资产保全过程中所发生的与环境污染、环境防治、环境开发有关的各种耗费业务，以及在这个过程中所形成的环境维护和开发效益，并且综合评估这些环境耗费、环境绩效以及环境活动对会计主体财务成果的影响。可见，会计学与成本经济学、税务经济学、环境经济学等不同学科相结合，通过有效的价值管理，可以达到促进会计主体的财务成果和经济效益的目的，最终有利于实现经济的协调、健康发展。

三、会计的作用和目标

在现实经济活动中，资源提供者具有逐利本性，由于规模经济的客观存在以及资源稀缺的客观限制，市场中的经济体一般希望与其他经济体建立相关契约关系对有限的资源加以有效整合和利用，实现有限资源配置的最大效用化。在此情况下，各种各样的委托代理关系得以成立，比如在企业中，广泛存在着两类典型的委托代理关系，即股东与管理者之间的委托代理关系，以及大股东与中小股东之间的委托代理关系。在委托代理关系中，委托人与代理人往往具有不同的利益诉求和目标函数，同时二者所掌握的信息也不相同，即存在着信息不对称，这会导致二者之间产生严重的利益冲突，进而给经济体带来损失。会计对委托代理关系下不同经济体之间利益矛盾的化解具有重要的作用。

（一）会计的作用

1. 会计的监督职能

会计的监督职能主要是指根据相关法律法规并利用会计资料对会计主体的经济活动进行审核、监督和控制，包括覆盖经济活动全过程的事前、事中和事后监督。监督职能是会计的基本职能之一。在对与资产取得、资产使用和资产保全有关的财务工作进行监督和管理的过程中，有关填制记账凭证、处理账务、编制报表等会计具体工作需要严格符合国家有关法律、法规、规章等的要求，因此会计的执行过程，实际上可以看作是会计人员根据国家法律法规对会计主体在筹资活动、投资活动和经营活动中与资产取得、资产使用和资产保全有关的财务管理工作审查、监督和控制的过程。在现代经济实践中，会计通过对与资产取得、资产使用和资产保全有关财务活动的合法性、真实性、正确性和有效性进行全面的审查、监督和控制，可以在一定程度上实现对代理人行为的监控和督促，促进会计信息质量的提高以及经济效益目标的达成。

2. 会计的信息职能

会计的信息职能是其另一项重要职能，主要是指通过专业的技术方法以货币计量的方式从数量方面反映会计主体的经济活动，为信息使用者的经济决策提供数据资料。会计的信息职能包括覆盖经济活动全过程的事前、事中和事后信息反映。在对会计主体与资产取得、资产使用和资产保全有关的财务活动进行监督和管理的过程中，会计人员对实际发生的经济活动进行核算，通过填制各种记账凭证，处理账务，编制报表等对经济活动情况进行完整和连续的记录，并按照信息使用者的要求提供系统的数据资料，在各种委托代理关系中，这些有助于削弱代理人的信息优势，促进其他信息使用者全面掌握经济活动的情况，缓解代理人与其他信息使用者之间的信息不对称，一方面能够进一步强化对代理人行为的监督，另一方面有利于信息使用者决策效率的提高。

3. 会计的管理职能

会计的管理职能主要是指通过对会计主体实际发生的经济活动有关的信息进行搜集、分析和利用，进而对经济活动的预测、决策和管理等工作进行组织、控制、协调和指导。会计主体在筹资活动、投资活动和经营活动中对与资产取得、资产使用和资产保全有关方面进行科学的预测、决策和管理时，需要掌握大量的信息资料，而提供准确和详细的数据信息是会计的主要职能之一，在此基础上可以进一步形成分析、评价和衡量经济活动的各种指标和信息内容，这些有助于会计主体更加准确地掌握自身经济活动现时的状况以及未来可能面临的发展情况，促进其预测、决策和管理效率的提高，进而对其获取最大经济效益发挥重要的作用。

（二）会计的目标

会计在监督和管理与资产取得、资产使用和资产保全有关财务管理活动的过程中，通过专业的技术方法对实际发生的经济活动进行全面的核算以及完整和连续的记录，可以为信息使用者提供系统的信息资料。会计的目标可以分为两个方面，一是满足内部管理的需要，二是满足外部信息使用者的决策需求。

1. 满足内部管理的需要

会计主体要实现经济效益目标，就必须对经济活动具体运行过程中的重要事项进行正确的决策，而决定决策有效性的关键是客观、可靠和有用的信息资料。会计通过一定的专业技术和处理方法，在对与资产取得、资产使用、资产保全有关的财务工作进行监督和管理的过程中，能够将大量的经济活动和交易事项转化为决策相关的会计信息，从而为内部信息使用者的经营管理决策提供参考依据。

2. 满足外部信息使用者的决策需求

除了服务于内部信息使用者之外，会计还可以向外部信息使用者提供关于经济活动运行情况的决策相关信息。在现实经济生活中，任何市场经济体都不是孤立存在的，相互之间会存在着各种直接或间接的联系，信息获取与交流是其中的重要内容。诸如外部投资者、债权人、政府和监管机构、供应商和客户等，都需要财务会计信息作为相关经济决策的依据。

对于外部投资者来说，其需要利用会计信息评估是否要参与会计主体的融资活动、是否能够实现较为理想的投资回报、投资项目运行的经济效益和未来发展前景如何、是否面临较大的投资风险、利润分配政策是否合理、是否存在更有利的投资机会等。

对于外部债权人来说，其主要关注会计主体按期还本付息的能力，以便做出准确的信贷决策。会计可以提供关于财务会计主体的财务状况、盈利情况、现金流量状况等方面的信息，债权人因此可以判断是否可以提供信贷资金、如何拟定信贷条款来最大限度地控制风险、是否需要加强对资金使用人和使用过程的监督等。

对于政府和监管机构来说，其需要通过会计信息来掌握会计主体责任履行和义务承担的情况。比如经济活动的合法合规性、税收缴纳情况、服务地方经济的情况、经济政策或货币政策等宏观调控措施的有效性情况、如何优化和调整经济布局和结构等。

对于客户和供应商来说，其与会计主体存在着紧密的利益关系，会计主体的财务状况、运行情况、现金流量是否充裕等信息，对于供应商和客户评估自身在供应链上的议价能力、最大限度控制供应链风险、竞争能力保持和经济效益目标实现等方面都具有重要的影响。

可见，会计能够为会计主体内外部信息使用者的经济决策提供有用的信息参考，内部信息使用者的管理需要和外部信息使用者的决策需求因此成为财务会计的两大主要目标。在现实经济实践中，准确地理解会计的作用和目标，以及其在经济活动中的具体作用机制，有助于市场参与者决策效率的提高和资本市场的稳定健康发展。

四、会计的基本假设

会计的基本假设，也称为会计的基本前提，主要是指会计的执行必须具备的前提条件。会计的基本假设是基于会计的具体实践并结合会计学科特点和规律逐渐形成和发展起来的，它们是会计理论体系成立的基石。如果不具备会计的基本假设，会计的具体工作就不能得到有效的执行和更好地服务于社会经济实践。根据会计相关法律法规的要求，通常来看，会计的基本假设主要包括会计主体、持续经营、会计分期和货币计量四项内容。

（一）会计主体假设

会计主体是指财务会计为之服务的特定主体。它规范了会计核算和监督的空间范围。会计工作的开展，首先需要明确会计主体，即会计人员应该站在哪个立场来从事会计工作，监督和管理谁的与资产取得、资产使用和资产保全有关的财务管理工作，为谁记账、算账和报账。会计主体不明确，就容易导致会计账务混乱、会计信息误报和错报等问题。

会计主体应当对其自身发生的与资产取得、资产使用和资产保全有关的经济业务或经济事项进行会计核算、监督和管理。每一个会计主体与其他会计主体相独立。相应地，这要求会计人员在开展工作的时候，需要明白其是为特定主体提供会计工作服务的，而不是其他会计主体。会计主体可以是独立核算的经济实体，或者是独立的法律个体，或者是不进行独立核算的内部单位、非法律实体，比如国家、行政事业单位、企业、民间非营利组织、家庭和个人等。

（二）持续经营假设

持续经营是指会计的经济业务活动将按照既定的目标无限期地延续下去，在可以预见的将来，不会面临破产、进行清算。这是绝大多数会计主体所处的正常状况，所有的资产将按照预定的目标在正常的经营过程中被耗用或出售，所承担的债务将按期偿还。会计核算应当以会计主体持续经营为前提。也就是说，会计主体通常是以正常的经济活动作为前提条件去处理数据、加工并传递信息的。会计的一系列方法都是以财务会计主体持续经营为前提的，若没有这一前提条件，一些公认的会计处理方法将失去存在的基础，会计主体也就不能按照正常的会计处理方法进行会计核算。比如，在持续经营的前提下，企业的资产才能按照历史成本计价。持续经营假设主要是针对非持续经济业务活动而言的。处于非持续经营状态的会计主体，比如已经或将停止营业、进行清算，需要处理全部资产和全部债权债务，要采用清算基础。

（三）会计分期假设

会计分期是将会计主体持续经营的时间人为地划分为较短的期间，据以结算账目和编制报表，以及时地向内外部信息使用者提供会计信息。会计分期假设是基于持续经营假设的基础而提出的。对于持续经营的会计主体来说，由于在可以预见的将来不会面临破产和清算，如果不进行会计分期，而等到经营活动完结再进行会计核算和编制会计报表，这种情况下所产生的会计信息难以发挥有效的作用。会计分期使会计能够定期反映会计主体的财务状况、经营成果和现金流量等信息，为利益相关方的及时决策提供信息保障。会计通常以一年作为划分会计期间的标准，称为会计年度，它是核算经济活动或经济事项的起止期间。

世界各地会计年度的起止日期没有统一的标准。我国的会计年度采用历年制，即每年 1 月 1 日至 12 月 31 日为一个会计年度，会计期间分为月度、季度、半年度和年度。短于一个完整会计年度的报告期间称为中期。会计期间的划分对会计的核算具有重要的影响。正是有了会计分期，在具体会计工作中，才会产生诸如本期与非本期、权责发生制和收付实现制等的区别，这些是不同类型会计主体进行记账的基础。会计分期假设，对于及时反映会计主体经济活动情况的会计信息，以及及时满足内部信息使用者的管理需要和外部利益相关者的决策需求具有重要意义。

（四）货币计量假设

货币计量是指会计主体的会计核算应该通过货币予以综合反映。这是现代会计最基本的前提假设，如果没有这个前提条件，会计的价值核算这一基本特征就难以得到体现。会计主要是通过一定的专业技术方法提供关于会计主体经济活动的各种定量的会计信息，无论是记账和编报等都需要选择合理的尺度，货币计量尺度能够很好地满足会计工作的需要。

首先，会计主体的经济活动多种多样，对各种具有不同表现形式的与资产取得、资产使用和资产保全有关的财务工作采用某种方式进行统一反映，是实现对会计主体全部经济活动和经济事项综合呈现的关键，货币计量可以将不同表现形式的经济活动实现统一以货币计价的形式进行表达，从而满足不同经济活动之间的联结和价值评估。

其次，货币计量假设还需要明确会计本位币的含义。会计本位币是指会计在进行记账或编表时选择哪种货币作为统一计量尺度的货币。会计主体在具体经济活动和经济事项中可能会运用到多种货币，为了满足会计信息可比性等目标，会计主体需要选择其中一种货币作为本位币，其他货币称为外币。在我国，会计主体原则上应以人民币作为会计本位币。如果发生外币业务，在记账时，应当将有关外币金额按照相应汇率折算为人民币金额计量，同时登记外币金额。涉及合并报表外币业务情况时，应当首先将以外币反映的财务报表折算为以人民币反映的财务报表，然后再进行合并。货币计量假设下，一般情况下不考虑通货膨胀等原因引发的币值变动所带来的影响。

五、会计记账基础

会计工作的开展需要选择正确的会计确认基础。会计确认主要是决定哪些经济活动和经济事项能够进入账务和报表等会计系统。会计确认基础通常包括收付实现制和权责发生制两种。收付实现制，又称现金制或实收实付制，是指以现金的实际收付为标准来确定本期收入和支出的会计核算基础。只要是在当期实际收到的现金收入和实际支付的现金支出，均应作为当期的收入和支出；只要不是在当期实际收到的现金收入和实际支付的现金支出，均不应作为当期的收入和支出。换言之，收付实现制只考虑现金收支行为的发生期间是否在当期，如果是则确认为当期的收入和费用，否则不确认为当期的收入和费用，而不考虑与现金收支行为相关的经济业务实质是否在当期发生。

权责发生制，也称应计制或应收应付制，是指以取得收取款项的权利或支付款项的义务为标志来确定本期收入和费用的会计核算基础。只要是当期已经实现的收入和已经发生的或应当负担的费用，不论款项是否收付，都应作为当期的收入和费用；只要是不属于当期的收入和费用，即使款项是在当期收付，也不应作为当期的收入和费用。也就是说，权责发生制是考虑经济权利的取得和经济责任的承担是否归属于当期，而不考虑现金收付行为是否发生在当期。

在我国，会计的确认、计量和报告一般以权责发生制为记账基础。它是会计各个要素确认的共同基础，尤其是收入和费用要素的确认。在确认收入和费用时，权责发生制不以是否收付作为确认标准，只要是符合收入和费用确认标准的本期收入和费用，即便在本期没有收到和支付，也要确认为本期的收入和费用；只要是不符合收入和费用确认标准的本期收入和费用，即便是在本期收到和支付，也不能确认为本期的收入和费用。显然，权责发生制和收付实现制两种会计确认基础对会计主体经营成果的反映存在着不一致。与收付实现制相比，权责发生制确认基础所呈现的财务状况和经营成果等信息，在真实性方面往往显示出更大的优越性。

第二节 会计信息质量要求

会计信息质量的好坏关系着会计目标能否得以有效实现，对会计作用的发挥至关重要。会计信息的质量要求是指会计所提供的信息应当达到的基本标准和要求。通常情况下，会计信息质量需要满足可靠性、相关性、可理解性、可比性、实质重于形式、重要性、谨慎性和及时性八项基本要求。

一、可靠性

可靠性要求会计主体应当以实际发生的交易或者事项为依据进行会计确认、计量和报告，如实反映符合确认和计量要求的各项会计要素及其他相关信息，保证会计信息真实可靠，内容客观完整。这其中包括两个方面的含义：其一是指会计所反映的信息应当与会计主体真实的财务状况和经营成果保持一致，所有经济活动和经济事项的会计记录都要以合法的会计凭证为依据，如实反映有关会计主体与资产取得、资产使用和资产保全的财务管理情况，账证、账账、账表和账实必须一致。其二是指对于经济活动和经济事项的记录和报告，要以客观事实为依据，不受人为的主观意志的影响，不能出现偏倚，保证会计信息真实可靠。

二、相关性

相关性要求会计主体提供的会计信息应当与会计报告使用者的经济决策需要相关，有助于会计报告使用者对企业过去、现在或者未来的情况作出评价或者预测。由于会计信息使用者的需要随着内外部环境的变化而变化，所以相关性要求也会随之发生改变。比如，随着国家经济发展状况的变革和国家对经济活动管理的逐渐放开、会计准则国际趋同的逐渐增强、现代经济业务复杂度的提高、经济工作手段的逐渐升级和进步等各种内外部环境的转变，相应地，国家、行政事业单位、企业、民间非营利组织、家庭和个人等会计主体，以及外部投资者、债权人、监管机构、客户和供应商等外部利益相关者对会计信息的具体需求也会发生调整。

三、可理解性

可理解性要求会计主体提供的会计信息应当清晰明了，便于会计报告使用者理解和使用。会计的目的是满足会计主体内部管理者的经营管理需要以及外部利益相关者的决策需求，要达成这些目标的首要前提是会计所提供的信息应该被相关信息使用者掌握并理解。这意味着会计信息应当简单明了地反映会计主体的财务状况、经营成果和现金流量等内容，在保证会计信息可靠性和相关性的质量要求下，力求尽可能地被信息使用者更好地理解和掌握。

四、可比性

可比性要求会计主体提供的会计信息应当具有可比性。具体包括两个方面的含义：一方面，要求同一会计主体不同时期发生的相同或者相似的交易或者事项，应当采用一致的会计政策，不得随意变更。确需变更的，应当在附注中说明。另一方面，要求不同会计主体发生的相同或者相似的交易或者事项，应当采用规定的会计政策、确保会计信息口径一致、相互可比。

在具体的会计工作中，相同或相似的经济业务和事项通常可以选择多种会计处理方法，比如，固定资产的折旧方法、无形资产的摊销方法、存货的计价方法、应收账款的期末计价方法等，在会计准则和制度允许的范围内，财务会计主体具有一定的自由选择权。可比性要求财务会计主体对于相同或相似的经济业务和事项在指标口径、核算内容、记账方法、编制规则等具体会计处理方面在前后各期以及与其他会计主体要保持一致。信息使用者的经济决策往往是基于对不同会计信息的掌握和相互比较而做出的，强调可比性有助于保证会计信息在不同会计期间和不同财务会计主体之间相互可比，便于信息使用者进行会计信息分析以及对会计主体的具体财务状况和经营成果质量进行评估，尤其是关注是否存在利用某些不当会计处理方法进行会计操纵等严重损害利益相关者利益的情况，进而强化决策有效性。

具体来看，对于内部信息使用者来说，通过对不同时期相同或者相似经济业务和事项的会计数据进行对比和分析，可以掌握相关经济活动的运行情况和未来发展趋势，而通过与其他会计主体相同或者相似经济业务和事项的会计数据进行比较，可以获得自身所处内外部环境方面的信息，进而做出更为正确的经营管理决策。对于外部信息使用者来说，通过了解不同时期以及不同会计主体相同或者相似经济业务和事项的会计信息，可以更加准确地评估目标单位的财务状况、经营成果和现金流量信息，从而做出更为准确的决策。

需要注意的是，可比性并非意味着会计主体所选用的会计政策一经采用就不允许改变。在会计具体执行过程中，如果发现原来所选用的会计处理程序和方法已经不符合会计信息的可靠性和相关性等质量要求，并且存在更为恰当的会计处理方法，会计主体可以进行会计政策变更。会计主体对经济活动和事项所选用的会计处理程序和方法需要进行披露，如果发生变更，应当将会计政策变更的具体情况和理由，变更的累积影响数等内容，在会计报表附注中予以详细说明。从保证会计政策选择的合理性这一角度来看，会计准则和制度应尽可能减少财务会计主体可以选择会计政策的空间，同时会计主体也应当严格按照会计准则和制度的规定运用会计政策。

五、实质重于形式

实质重于形式要求会计主体应当按照交易或者事项的经济实质进行会计确认、计量和报告，不应仅以交易或者事项的法律形式为依据。在会计工作中，可能存在经济活动或事项的法律形式不能真实反映经济活动实质的情况，这种情况下，不能简单地根据经济活动或事项的外部表现形式来进行会计处理，而是应当按照经济活动的实质来进行会计确认、计量和报告，这样才能对会计主体的真实财务状况、经营成果和现金流量等内容进行真实反映。比如，会计主体以融资租赁方式租入的固定资产，虽然在法律形式上，融资租入固定资产的所有权不属于作为承租方的会计主体，但是在经济实质上，该项融资租入的固定资产受承租方会计主体的实际控制，因此根据实质重于形式的原则，应当将该项融资租入固定资产作为承租方会计主体的资产来进行会计核算。

六、重要性

重要性要求会计主体提供的会计信息应当反映与企业财务状况、经营成果和现金流量等有关的所有重要交易或者事项。会计主体的经济活动和经济事项多种多样，一般在会计具体执行过程中，应该保证尽可能地对全部经济活动和业务进行完整的核算、反映和监督。但同时会计主体还需要兼顾重要性原则，判断具体经济活动或事项是否会对内外部信息使用者的管理和决策活动产生重大影响。如果某项经济交易或事项对会计信息使用者的决策能够产生较大影响，会计主体就应当作为重要内容进行会计确认、计量和报告，对其信息进行详细披露；如果某项经济交易或事项对会计信息使用者的决策不会产生重大影响，则不属于重要的经济业务内容，在会计确认、计量和报告时就不需要作为重点内容进行处理，当然也不需要在会计报表上进行详细反映。会计信息的重要性要求主要是源于对会计信息处理成本和预期效用的权衡。会计主体某些方面的经济业务信息可能并不是信息使用者所关心的，在这种情况下，对所有的经济活动和事项不分侧重地进行详细处理和报告，不但会增加会计信息处理的成本，同时还会加重信息使用者理解和掌握重要会计信息的负担，反而会对信息使用者的决策效率产生不利的影响。

七、谨慎性

谨慎性要求会计主体对交易或者事项进行会计确认、计量和报告时应当保持应有的谨慎，不应高估资产或者收益、低估负债或者费用。在现实经济活动中，会计主体可能存在着高估资产或者收益、低估负债或者费用，虚构财务状况、经营成果和现金流量的情况，强调谨慎性主要是为了防止财务报表弄虚作假，并且由此导致的会计信息使用者对会计主体的经营情况出现误判的情形。在具体的会计工作中，对应收账款期末余额计提坏账准备、期末存货按照成本与可变现净值孰低估价等，都属于会计谨慎性要求的体现。

八、及时性

及时性要求会计主体对于已经发生的交易或者事项应当及时进行会计确认、计量和报告，不得提前或者延后。会计信息具有时效性，即随着时间延长其价值会逐渐下降，因此为了会计信息质量效用最大化，需要提供满足时效性要求的及时会计信息。这其中包含两个方面的含义：一方面，会计主体应当及时记录所发生的各项经济活动或经济事项，当期发生的应当在当期及时处理，不能延期至未来会计期间，当然也不能提前至已经过去的会计期间。另一方面，会计主体应当对会计信息进行及时披露和报告，包括在会计年度结束后规定的时间内呈报给监管机构、社会公众等信息使用者。强调会计信息的及时性，能保证会计主体的财务状况、经营成果和现金流量等信息能够及时地被信息使用者解读和掌握，从而提高其应对的及时性和效率。

第三节 会计要素及其确认和计量

一、会计要素的概念与核算

（一）会计要素的概念

会计要素是对财务会计所监督和管理的能够以货币计量的，与资产取得、资产使用和资产保全有关的财务活动的基本分类项目，它是对会计核算内容的具体分类，是构成财务报表的核心要素。会计信息是信息使用者管理和决策时的重要参考，为了保证会计信息能够更好地被信息使用者所理解和掌握，会计所反映的信息内容需要与会计处理的具体分类尽可能地保持一致。

信息使用者需要了解会计主体的财务状况、经营成果和现金流量等信息，具体体现在财务报表上则是资产负债表、利润表（非营利组织除外）、现金流量表、所有者权益变动表（非营利组织除外）等。世界各国关于财务报表所反映具体要素的规定有所不同。在我国，资产负债表中的基本分类项目主要有资产、负债和所有者权益（或净资产），利润表中的基本分类项目主要有收入、费用和利润，而现金流量表的基本分类项目通常是根据资产负债表项目和利润表项目在专业方法处理下的派生或转化形式，因此，为了实现财务会计信息内容尽可能与会计处理具体项目相一致，财务会计要素通常包括资产、负债、所有者权益（或净资产）、收入、费用、利润（非营利组织除外）等会计要素。

（二）会计要素的核算

会计核算实际上是会计人员围绕着各个会计要素而进行的会计确认、会计计量、会计记录以及会计报告行为。掌握各项会计要素的核算，首先有必要理解会计工作中的确认、计量、记录和报告等会计处理的基本程序和方法。

1. 会计确认

会计确认是指对会计主体所发生的经济活动或经济事项进行分析和识别，判断哪些业务活动会对会计要素产生影响以及如何影响会计要素的过程。会计主体在现实运行中涉及的具体业务活动或事项多种多样，但并不是所有的业务活动事项都需要列入会计的核算范围。比如，会计主体与供应商签订下一年度的购货合同，由于合同所约定的业务活动尚未实质发生，因此不属于会计核算的内容；或者会计主体人力资源竞争力的变化，因为不能采用货币进行可靠的计量，也不应纳入会计核算内容。具体到会计工作中，会计确认就是要判断某项经济业务或事项是否应当进入会计系统核算，即是否应当进入会计账务和财务报表；或者判断是否应当终止某项经济活动或事项在会计系统核算，即是否应当终止登记入账以及在列报于财务报表等确认问题。

2. 会计计量

会计计量是会计核算的核心内容，它贯穿于会计工作的全过程，是会计理论和方法体系中的一项重要内容。会计计量是采用货币计量单位实施的价值计量，这就要求计量客体必须是能够用货币单位测定或计量的内容。具体地，会计计量是指确定某项经济活动或经济事项对具体会计要素的影响程度问题，即对会计要素数量增减变化的影响。会计计量属性选择直接关系到会计计量模式的运行效率。会计主体在对符合会计要素确认条件的会计要素登记入账以及列报于财务报表时，应当选择适当的计量属性来确定其金额。通常情况下，会计计量属性包括历史成本、重置成本、可变现净值、现值和公允价值等。

（1）历史成本。历史成本亦称原始成本或实际成本，通常被认为可靠性较高，是会计计量中最基本的计量属性。会计主体的资产和负债可以按照历史成本进行计量。在历史成本计量属性下，资产是按照会计主体取得资产时实际支付的成本，比如取得资产时实际支付的现金或者现金等价物的金额，或者取得资产时付出的对价的公允价值计量。负债是按照会计主体因承担现时义务而实际收到的款项或者资产的金额，或者承担现时义务的合同金额，或者按照日常经济活动中为偿还负债预期需要支付的现金或者现金等价物的金额计量。

（2）重置成本。重置成本亦称现行成本或现时投入成本。会计主体的资产和负债也可以采用重置成本进行计量。对于资产来说，其重置成本是指会计主体现在购买相同或者相似资产所需要支付的现金或者现金等价物的金额。对于负债来说，其重置成本是指会计主体现在偿付相同的债务所需要支付的现金或者现金等价物的金额。

（3）可变现净值。可变现净值亦称预期脱手价值，主要适用于资产的计量，通常运用其对存货进行计量。资产的可变现净值是指会计主体从事正常对外销售活动所能收到的现金或者现金等价物的金额扣减该资产至完工时估计将要发生的成本、估计将会承担的销售费用以及相关税费后的金额。

（4）现值。会计主体的资产和负债也可以采用现值这一计量属性。对于资产来说，其现值是指预计从资产的持续使用和最终处置中所能产生的未来净现金流入量的折现金额。对于负债来说，其现值是指预计在相应期限内为偿还负债所能产生的未来净现金流出量的折现金额。

（5）公允价值。在合理情况下，会计主体也可以采用公允价值对资产和负债进行计量。公允价值亦称公允价格、公允市价，是指在公平交易中，熟悉市场情况的交易双方自愿进行资产交换或者债务清偿的金额。

在五种会计计量属性中，通常情况下，历史成本计量属性反映的是资产或者负债过去的价值，而重置成本、可变现净值、现值以及公允价值反映的是资产或者负债的现时成本或者现时价值。但不同计量属性之间也可能存在相互联系。比如，会计主体相关资产或者负债的历史成本可能是根据资产或者负债过去交易时的公允价值来确定的。具体到会计业务中，比如，非货币性资产交换业务，如果涉及的资产交换具有商业实质，且换入、换出资产的公允价值能够可靠计量，除非有确凿证据表明换入资产的公允价值更加可靠，一般换入资产的入账成本可以根据换出资产的公允价值进行确定。一般情况下，会计主体应当采用历史成本进行会计计量，采用重置成本、可变现净值、现值、公允价值等计量属性时，应当保证所确定的会计要素金额能够取得并可靠计量。

3. 会计记录

会计记录是会计核算的一个重要环节。会计记录是指将会计主体与资产取得、资产使用和资产保全有关经济活动在经过会计确认、会计计量后，按照复式记账规则的要求对有关会计要素的影响性质与数量以文字和货币计量的方式正确地记录下来。具体包括取得原始凭证、设置会计科目、填制记账凭证、登记会计账簿等内容。

4. 会计报告

会计记录生成的信息往往量大且分散，为了便于信息使用者能够高效且精准地使用会计信息，需要对会计信息进行压缩、分类和归集，使其形成相互联系的财务指标体系，并通过一定的方式传递给信息使用者，这就是会计报告的重要功能。会计报告是指会计主体以日常核算资料为依据，对外提供的反映会计主体某一特定日期的财务状况以及某一会计期间的经营成果（运行情况）、现金流量等信息的文件。会计报告是以账簿记录为依据，采用表格和文字形式，把会计所形成的信息传递给信息使用者的手段。换句话说，会计报告就是把按照各种会计核算方法确认、计量、记录的资产、负债、所有者权益（或净资产）、收入、费用和利润（非营利组织除外）的数据编制成报表，向信息使用者提供有关会计主体财务状况、经营成果（运行情况）和现金流量等的信息资料。

二、会计要素的确认与计量

（一）资产

1. 资产的概念

资产是会计主体过去的交易或事项形成的、由会计主体拥有或者控制的、预期会给会计主体带来经济利益（或给非营利组织产生服务潜力）的经济资源。要正确把握资产的概念，需要注意以下几点：

第一，资产预期会给会计主体带来经济利益（或给非营利组织产生服务潜力）。这主要是要求资产具有直接或间接导致现金或现金等价物流入会计主体（或非营利组织服务能力提高）的潜力。这种潜力可以来自日常的经营活动或者非日常经营活动；带来的经济利益可以是现金或现金等价物，或者是能够转化为现金或者现金等价物的形式，或者是能够减少现金或现金等价物流出的形式。显然，如果某一项目预期不能给会计主体带来经济利益（或给非营利组织带来服务潜力），就不能将其确认为资产，如果前期已经确认为资产，由于某些原因已经不能再为会计主体带来未来经济利益（或给非营利组织带来服务潜力），就不能再将其继续确认为资产。

第二，资产为会计主体拥有或者控制的资源。这里包括两方面的含义：一是资产必须是一项资源，如果不满足资源的条件，则不能界定为资产。二是资产应当被会计主体拥有或者控制。这具体是指会计主体应当享有某项资源的所有权，或者虽不享有所有权，但该项资源能被会计主体所控制。通常情况下，在判断某项资产是否存在时，所有权是应当考虑的首要因素。除此以外，在有些情况下，虽然资产不被会计主体所拥有，但如果是被会计主体所控制，意味着会计主体依然能够从这些资产中获取经济利益（或服务潜力）。这里的"控制"，主要是指会计主体对该项资源具有实际经营管理权，能够自主地运用于经营活动，并且享有与该项资源所有权有关的经济利益和承担相应的风险。比如以融资租赁方式租入的固定资产即属于承租方会计主体的资产范畴。

第三，资产是由过去的交易或者事项形成的。这就意味着，会计主体预期在未来发生的交易或者事项不产生资产，只有过去的交易或事项才能形成资产。其中，过去的交易或者事项包括购买、生产、自行建造、非货币资产交换或者其他交易或者事项。例如，某一会计主体未来有购买某项存货的意愿或者计划，但是该购买行为尚未发生，这里预购买的存货就不符合资产的定义，不能因此而确认存货资产。

第四，资产能够以货币进行可靠计量。作为资产的资源必须能够采用货币进行可靠的计量，如果无法用货币计量做出合理的估计，那么就不能作为会计主体的资产。比如，某项未决诉讼预期会给会计主体带来一定的经济利益流入，但是经济利益流入的具体金额不能可靠地获得，因此不属于资产。

2. 资产的分类

资产按照流动性，可以划分为流动资产与非流动资产两大类。流动资产是指预期在一年内（含一年）耗用、销售或者可以变现的资产，主要包括货币资金、交易性金融资产、应收票据、应收账款、预付账款、其他应收款、存货等。非流动资产是指除流动资产以外的资产，主要包括债权投资、其他债权投资、长期应收款、长期股权投资、其他权益工具投资、投资性房地产、固定资产、无形资产等。

3. 资产的确认和计量

会计主体的经济资源符合资产定义，并且同时满足以下条件时，确认为资产：（1）与该经济资源相关的经济利益很可能流入会计主体（或者在非营利组织中与经济资源相关服务潜力很可能实现）。（2）该经济资源的成本或者价值能够可靠地计量。

会计主体在对资产进行计量时，可以采用的计量属性包括历史成本、重置成本、可变现净值、现值和公允价值等。一般情况下，会计主体应当采用历史成本计量属性，采用重置成本、可变现净值、现值和公允价值计量属性时，应当保证所确定的资产金额能够可靠地获得。现代会计越来越重视资产的正确计价。按历史成本入账的资产，随着时间的推移，其账面价值与实际价值（或重置成本）之间可能会出现较大的差异。会计主体所持有的资产如果发生减值，一般需要按照规定计提相应的减值准备。

（二）负债

1. 负债的概念

负债是会计主体过去的交易或事项形成的、预期会导致经济利益流出会计主体的现时义务。这里需要注意几个方面：

（1）负债是会计主体承担的现时义务。现时义务是负债的一个基本特征，具体是指会计主体在现行条件下已承担的义务。这就意味着，会计主体未来发生的交易或者事项所形成的义务，不属于现时义务，因此不能够确认为负债。这里所指的义务包括法定义务和推定义务。其中，法定义务是指具有约束力的合同，或者相关法律法规所规定的义务，在法律意义上通常需要强制执行。比如，某一会计主体购买原材料所形成的应付账款、向银行等金融机构借入资金所形成的短期借款或长期借款等，都属于法定义务的范畴。而推定义务是指根据以往习惯的做法、公开的承诺或者制定的政策而导致会计主体需要承担的责任。比如，某一会计主体在销售活动中实施一项销售政策，即对于售出商品提供一定期限的售后保修服务，那么，在商品售出后会计主体预期为售出商品将要提供的保修服务属于推定义务的范畴，因此应当将其确认为负债。

（2）负债的偿付预期会导致经济利益流出会计主体。会计主体在履行现时义务时会导致经济利益流出，这是负债的一个本质特征。如果不满足导致会计主体的经济利益流出这一本质特征，就不能界定为负债。某一会计主体因履行现时义务偿付债务而导致经济利益流出，在具体业务上存在多种情形，比如偿付库存现金或银行存款、转让固定资产等实物资产、提供劳务等其他义务、将负债转为资本等所有者权益等。

（3）负债是由过去的交易或事项形成的。只有会计主体过去的交易或者事项才会形成负债，未来的经济业务可能产生的经济义务不属于负债。比如，某一会计主体预计在以后年度将购买某项专用设备，或者将在未来发生的承诺、签订的合同等交易或者事项，都不形成负债。

（4）负债是能以货币计量或合理估计的经济义务。这就意味着，负债必须要有可以用货币计量的确切的到期偿付金额，或者在没有确切金额的情况下，可以获得合理的估计数，如果某项经济责任既无法用货币进行确切计量，又无法合理估计金额，就不能形成负债。

2. 负债的分类

负债按照偿付期限长短，可以划分为流动负债和非流动负债两种。流动负债是指将在一年内或超过一年的一个营业周期内偿还的债务，主要包括短期借款、交易性金融负债、应付票据、应付账款、预收款项、应付职工薪酬、应交税费、其他应付款等。非流动负债是指偿付期限在一年或者长于一个营业周期以上的债务，主要包括长期借款、应付债券、长期应付款等。

3. 负债的确认和计量

会计主体的经济义务在符合负债的定义，并且同时满足以下条件时，确认为负债：（1）与该义务有关的经济利益很可能流出会计主体。根据负债的定义，负债的一个本质特征是预期会导致经济利益流出会计主体。在会计具体工作中，会计主体履行义务导致的经济利益流出往往带有不确定性，有些情况下需要进行合理的估计，比如与推定义务相关的经济利益流出，通常需要结合大量的主观判断。如果根据确凿证据，与现时义务履行有关的经济利益很可能流出会计主体，就应当将其确认为负债；反之，如果根据相关证据，尽管会计主体承担了现时义务，但导致经济利益流出会计主体的可能性很小，就不应将其作为负债予以确认。（2）未来流出的经济利益的金额能够以货币可靠地计量。负债的确认还需要考虑对于承担现时义务导致未来经济利益流出的金额能够可靠计量。对于法定义务而言，与法定义务有关的经济利益流出金额，通常可以根据合同或者法律规定的金额进行确定，并且这部分是属于未来的经济利益流出，因此在货币计量时需要考虑货币时间价值等因素的影响。对于推定义务而言，与推定义务有关的经济利益流出金额，通常是根据履行义务所需支出的最佳估计数进行估计而得，同时考虑到未来经济利益流出涉及的时间较长，所以要考虑货币时间价值、风险等因素的影响。

会计主体应当采用恰当的方法对负债进行计量，不恰当的计量方式会导致财务会计信息得不到正确的反映。会计主体在对负债进行计量时，可以采用的计量属性包括历史成本、重置成本、现值和公允价值等。一般情况下，会计主体应当采用历史成本计量属性，采用重置成本、现值和公允价值计量属性时，应当保证所确定的负债金额能够可靠地获得。

（三）所有者权益或净资产

所有者权益是指所有者在会计主体的资产中享有的经济利益，其金额为资产减去负债后的余额（在非营利组织中称为净资产，仅指资产与负债的差额）。当会计主体是公司时，所有者权益亦称股东权益。公司所有者权益的来源主要包括所有者投入的资本、直接计入所有者权益的利得和损失以及留存收益等。

直接计入所有者权益的利得和损失是指不应计入当期损益、会导致所有者权益发生增减变动的、与所有者投入资本或者向所有者分配利润无关的利得和损失。利得是指会计主体非日常活动所形成的、会导致所有者权益增加的、与所有者投入资本无关的经济利益的流入。损失是指会计主体非日常活动所形成的、会导致所有者权益减少的、与向所有者分配利润无关的经济利益的流出。

具体来看，公司的所有者权益主要包括实收资本（或股本）、其他权益工具、资本公积（包括资本溢价或股本溢价）、其他综合收益、盈余公积、未分配利润等。

实收资本（或股本）是指投资者按照企业章程或合同、协议的约定，实际投入企业的资本，按投资主体主要包括国家资本、集体资本、法人资本、个人资本和外商资本等。从实质上看，所有者向企业投入的资本代表着所有者与企业之间的基本产权关系，其具体构成比例是企业向投资者进行利润分配或者股利分配以及投资者有权参与企业经营决策的主要依据。

其他权益工具是指企业发行的除普通股以外的归类为权益工具的各种金融工具。其中，权益工具是能证明拥有某个企业在扣除所有负债后的资产中的剩余权益的合同，它是金融工具中形成股权的一类工具。权益工具是在扣除负债后的资产中拥有剩余索取权的合约，如果该合约中不含有交付现金或其他金融资产给其他单位的合同义务，并且不含有在潜在不利条件下与其他单位交换金融资产或金融负债的合同义务，则该工具属于权益工具。比如企业发行的使持有者有权以固定价格购入固定数量企业普通股的认股权证等。

资本公积是企业收到投资者的超出其在企业注册资本（或股本）中所占份额的投资，以及某些特定情况下直接计入所有者权益的项目。资本公积包括资本溢价（或股本溢价）和其他资本公积。资本溢价（或股本溢价）是企业收到投资者的超出其在企业注册资本（或股本）中所占份额的投资。形成资本溢价（或股本溢价）的原因有溢价发行股票、投资者超额缴入资本等。其他资本公积是指除资本溢价（股本溢价）项目以外所形成的资本公积，主要有以权益结算的股份支付换取职工或其他方提供服务时所形成的其他资本公积，以及采用权益法核算长期股权投资时，被投资单位除净损益、其他综合收益和利润分配以外的所有者权益的其他变动所形成的其他资本公积等。

其他综合收益是指企业根据企业会计准则规定未在损益中确认的各项利得和损失扣除所得税影响后的净额。属于其他综合收益的情况主要包括以下方面：一是以公允价值计量且其变动计入其他综合收益的金融资产。二是按照权益法核算的在被投资单位其他综合收益中所享有的份额导致的其他资本公积的增加或减少。三是计入其他资本公积的现金流量套期工具利得或损失中属于有效套期的部分及其后续的转出。四是境外经营外币报表折算差额的增加或减少。五是与计入其他综合收益项目相关的所得税影响。

盈余公积和未分配利润合称为留存收益。盈余公积是指企业从实现的利润中提取或形成的留存于企业内部的积累。未分配利润是指企业留于以后年度分配的利润或待分配利润。

（四）收入

1. 收入的概念

收入的概念有广义和狭义之分。通常会计所说的收入是狭义的收入概念，即收入是指会计主体在日常活动中形成的、会导致所有者权益（或净资产）增加的、与所有者投入资本无关的经济利益的总流入。广义的收入是将会计主体日常活动以及非日常活动所形成的经济利益流入全部纳入收入的范畴。

当会计主体是企业时，根据企业所从事日常活动的性质不同，收入包括销售商品收入、提供劳务收入、让渡资产使用权收入、利息收入、租金收入和股利收入等。根据企业所经营业务的主次不同，收入包括主营业务收入、其他业务收入等。其中，主营业务收入是指企业为完成其经营目标所从事的经常性活动所实现的收入。其他业务收入则是指企业为完成其经营目标所从事的与经常性活动相关的活动实现的收入。

2. 收入的确认

企业与客户之间的合同同时满足下列条件的，企业应当在客户取得相关商品控制权时确认收入：（1）合同各方已批准该合同并承诺将履行各自义务；（2）该合同明确了合同各方与所转让的商品相关的权利和义务；（3）该合同有明确的与所转让商品或提供服务相关的支付条款；（4）该合同具有商业实质，即履行该合同将改变企业未来现金流量的风险、时间分布或金额；（5）企业因向客户转让商品而有权取得的对价很可能收回。

（五）费用

1. 费用的概念

费用的概念有广义和狭义之分。通常会计所说的费用是狭义的费用概念，即会计主体在日常活动中发生的会导致所有者权益（或净资产）减少的、与向所有者分配利润无关的经济利益的总流出。广义的费用是指会计主体所发生的各种费用和损失。

费用的产生包括多种情形，以企业为例，企业为生产商品和提供劳务等发生的直接材料、直接人工、商品进价以及其他直接费用，应当直接计入生产经营成本；企业为生产商品和提供劳务而发生的各项间接费用，应当按照一定标准分配之后计入生产经营成本。企业的行政管理部门在组织和管理生产经营过程中发生的各项管理费用和财务费用，以及为销售和提供劳务而发生的进货费用、销售费用等，应当作为期间费用，直接计入当期损益。

2. 费用的确认

会计主体的费用确认需要满足：（1）与费用相关的经济利益很可能流出财务会计主体；（2）经济利益的流出会导致资产的减少或负债的增加；（3）经济利益流出的金额能够可靠地计量。从费用确认的条件可以发现，会计主体在确认费用时，需要同时确认资产的减少或者负债的增加。比如，企业计提固定资产折旧或无形资产摊销，一方面会导致费用的增加，另一方面也会导致固定资产、无形资产等资产的减少，因此在确认费用项目增加的同时，还需要确认资产项目的减少。再如，企业计算应该支付的行政管理部门人员的工资，一方面会导致费用的增加，另一方面也会导致应付职工薪酬等负债的增加，因此需要同时确认费用项目和负债项目。

（六）利润

利润是会计主体（主要指营利性组织）在一定会计期间的经营成果。以企业为例，会计上通常将企业的利润看作是广义收入与广义费用之间的差额。具体来看，企业的利润主要包括收入减去费用后的净额、直接计入当期利润的利得和损失等。通常情况下，企业获取利润的情况可以通过营业利润、营业外收支净额、利润总额、净利润等几个方面来进行呈现。

营业利润是指企业从事生产经营活动中取得的利润，它是企业最基本的经营活动所产生的成果，应当是企业利润的主要来源。营业利润的计算是采用营业收入减去营业成本、税金及附加、销售费用、管理费用、研发费用、财务费用，加上其他收益、投资收益、公允价值变动收益，再减去信用减值损失、资产减值损失，再加上资产处置收益得到。

营业外收支净额指企业在一定会计期间内正常经营活动以外所产生的各项收入与支出相

抵后的余额。其中，营业外收入是指企业在营业利润以外取得的各种收入，比如，非流动资产毁损报废利得、政府补助、盘盈利得、罚款收入、捐赠利得等。营业外支出是指企业在营业利润以外发生的各项支出，比如，非流动资产毁损报废损失、罚款支出、公益性捐赠支出、盘亏损失等。

利润总额是指企业在一定会计期间取得的缴纳所得税前的经营总成果，即税前利润。利润总额包括营业利润和营业外收支净额。利润总额是衡量企业经营业绩情况的一项非常重要的财务指标。如果利润总额为负，说明企业的收入抵不上成本开支及应缴的非所得税税费，即发生亏损。如果利润总额为零，说明企业一定会计期间的经营所带来的收入正好与发生的支出相等，企业盈亏平衡。如果利润总额大于零，说明企业一定会计期间的经营所带来的收入大于所产生的支出，即通常所说的企业盈利，这种情况应当是企业所追求的最低目标。

净利润是指企业的税前利润扣除所得税费用后的余额。可见，净利润的多少取决于利润总额和所得税税率两个因素。净利润是衡量一个企业经营效益的主要指标。通常情况下，企业的净利润越多，说明其经营效益较好；反之，净利润越少，说明企业的经营效益较差。

由于会计计算利润采用的是广义收入减去广义费用得到的差额，即在一定会计期间所获得收入与所发生费用相抵后的金额，因此利润的确认与计量，实质上依然是有关收入与费用的确认与计量。

第四节 会计科目

一、会计科目的概念

会计科目是对会计要素的具体内容进行分类核算的类目。会计要素的具体内容多种多样，为了全面、系统、详细地核算和监督各项经济活动的发生情况，以及由此而引起的各项会计要素的增减变动，有必要按照各项会计要素分别设置更加具体的类目，即会计科目。

二、会计科目的分类

（一）按照反映的经济内容分类

按照具体反映经济内容的不同，会计科目通常可以划分为不同类型。比如在企业中，会计科目主要包括资产类、负债类、共同类、所有者权益类、损益类和成本类科目。在行政事业单位中，会计科目主要包括资产类、负债类、净资产类、收入类和费用类科目。

（二）按照核算内容的详略分类

按照隶属关系的不同，会计科目通常可以划分为总账科目和明细科目。明细科目又可以划分为二级明细科目、三级明细科目等。总账科目又称一级科目，其反映各种经济业务的概括情况，二级明细科目是对总账科目的进一步分类，三级明细科目是对二级明细科目的进一步分类，依此类推。

三、会计科目的设置

企业会计科目分为资产类、负债类、共同类、所有者权益类、成本类、损益类六大类，详见表6-1。行政事业单位财务会计科目分为资产类、负债类、净资产类、收入类、费用类五大类，详见表6-2。

表6-1　企业会计科目表

一、资产类

序号	编号	会计科目	适用范畴	序号	编号	会计科目	适用范畴
1	1001	库存现金		43	1471	存货跌价准备	
2	1002	银行存款		44	1481	持有代售资产	
3	1003	存放中央银行款项	银行专用	45	1482	持有代售资产减值准备	
4	1011	存放同业	银行专用	46	1501	债权投资	
5	1012	其他货币资金		47	1502	债权投资减值准备	
6	1021	结算备付金	证券专用	48	1503	其他债权投资	
7	1031	存出保证金	金融共用	49	1504	其他权益工具投资	
8	1101	交易性金融资产		50	1511	长期股权投资	
9	1111	买入返售金融资产	金融共用	51	1512	长期股权投资减值准备	
10	1121	应收票据		52	1518	继续涉入资产	
11	1122	应收账款		53	1521	投资性房地产	
12	1123	预付账款		54	1531	长期应收款	
13	1131	应收股利		55	1532	未实现融资收益	
14	1132	应收利息		56	1541	存出资本保证金	保险专用
15	1201	应收代位追偿款	保险专用	57	1601	固定资产	
16	1211	应收分保账款	保险专用	58	1602	累计折旧	
17	1212	应收分保合同准备金	保险专用	59	1603	固定资产减值准备	
18	1213	应收保户储金	保险专用	60	1604	在建工程	
19	1214	应收分保未到期责任预备金	保险专用	61	1605	工程物资	
20	1215	应收分保保险责任预备金	保险专用	62	1606	固定资产清理	
21	1221	其他应收款		63	1611	未担保余值	租赁专用
22	1231	坏账准备		64	1621	生产性生物资产	农业专用
23	1301	贴现资产	银行专用	65	1622	生产性生物资产累计折旧	农业专用
24	1302	拆出资金	金融共用	66	1623	公益性生物资产	农业专用
25	1303	贷款	银行和保险共用	67	1631	油气资产	石油天然气开采专用
26	1304	贷款损失准备	银行和保险共用	68	1632	累计折耗	石油天然气开采专用

续表

一、资产类

序号	编号	会计科目	适用范畴	序号	编号	会计科目	适用范畴
27	1311	代理兑付证券	银行和保险共用	69	1701	无形资产	
28	1321	代理业务资产		70	1702	累计摊销	
29	1401	材料采购		71	1703	无形资产减值准备	
30	1402	在途物资		72	1711	商誉	
31	1403	原材料		73	1801	长期待摊费用	
32	1404	材料成本差异		74	1811	递延所得税资产	
33	1405	库存商品		75	1821	独立账户资产	
34	1406	发出商品		76	1901	待处理财产损溢	
35	1407	商品进销差价		77	企业自主设置	合同履约成本	
36	1408	委托加工物资		78	企业自主设置	合同履约成本减值准备	
37	1411	周转材料		79	企业自主设置	合同取得成本	
38	1421	消耗性生物资产	农业专用	80	企业自主设置	合同取得成本减值准备	
39	1431	贵金属	银行专用	81	企业自主设置	应收退货成本	
40	1441	抵债资产	金融共用	82	企业自主设置	合同资产	
41	1451	损余物资	保险专用	83	企业自主设置	合同资产减值准备	
42	1461	融资租赁资产	租赁专用	84	企业自主设置	买入返售金融资产	

二、负债类

序号	编号	会计科目	适用范畴	序号	编号	会计科目	适用范畴
85	2001	短期借款		105	2311	代理买卖证券款	保险专用
86	2002	存入保证金	金融共用	106	2312	代理承销证券款	证券和银行共用
87	2003	拆入资金	金融共用	107	2313	代理兑付证券款	
88	2004	向中央银行借款	银行专用	108	2314	代理业务负债	
89	2011	吸收存款	银行专用	109	2401	递延收益	
90	2012	同业存放	银行专用	110	2501	长期借款	
91	2021	贴现负债	银行专用	111	2502	应付债券	
92	2101	交易性金融负债		112	2504	继续涉入负债	
93	2111	卖出回购金融资产款	金融共用	113	2601	未到期责任准备金	保险专用
94	2201	应付票据		114	2602	保险责任准备金	保险专用
95	2202	应付账款		115	2611	保户储金	保险专用
96	2203	预收账款		116	2621	独立账户负债	保险专用
97	2211	应付职工薪酬		117	2701	长期应付款	
98	2221	应交税费		118	2702	未确认融资费用	
99	2231	应付利息		119	2711	专项应付款	
100	2232	应付股利		120	2801	预计负债	

续表

二、负债类

序号	编号	会计科目	适用范畴	序号	编号	会计科目	适用范畴
101	2241	其他应付款		121	2901	递延所得税负债	
102	2245	持有待售负债		122	企业自主设置	合同负债	
103	2251	应付保单红利	保险专用	123	企业自主设置	贷款	
104	2261	应付分保账款	保险专用	124	企业自主设置	贷款损失准备	

三、共同类

序号	编号	会计科目	适用范畴	序号	编号	会计科目	适用范畴
125	3001	清算资金往来	银行专用	128	3201	套期工具	
126	3002	货币兑换	金融共用	129	3202	被套期项目	
127	3101	衍生工具					

四、所有者权益类

序号	编号	会计科目	适用范畴	序号	编号	会计科目	适用范畴
130	4001	实收资本		137	4301	其他综合收益	
131	4002	资本公积		138	4401	其他权益工具	
132	4101	盈余公积		139	企业自主设置	其他综合收益——信用减值准备	
133	4102	一般风险准备	金融共用	140	企业自主设置	其他综合收益——套期储备	
134	4103	本年利润		141	企业自主设置	其他综合收益——套期损益	
135	4104	利润分配		142	企业自主设置	其他综合收益——套期成本	
136	4201	库存股					

五、成本类

序号	编号	会计科目	适用范畴	序号	编号	会计科目	适用范畴
143	5001	生产成本		147	5401	工程施工	建造承包商专用
144	5101	制造费用		148	5402	工程结算	建造承包商专用
145	5201	劳务成本		149	5403	机械作业	建造承包商专用
146	5301	研发支出					

六、损益类

序号	编号	会计科目	适用范畴	序号	编号	会计科目	适用范畴
150	6001	主营业务收入		169	6421	手续费及佣金支出	金融专用
151	6011	利息收入	金融共用	170	6501	提取未到期责任准备金	保险专用
152	6021	手续费及佣金收入	金融共用	171	6502	提取保险责任准备金	保险专用
153	6031	保费收入	保险专用	172	6511	赔付支出	保险专用
154	6041	租赁收入	租赁专用	173	6521	保户红利支出	保险专用
155	6051	其他业务收入		174	6531	退保金	保险专用
156	6061	汇兑损益	金融专用	175	6541	分出保费	保险专用
157	6101	公允价值变动损益		176	6542	分保费用	保险专用

续表

六、损益类							
序号	编号	会计科目	适用范畴	序号	编号	会计科目	适用范畴
158	6111	投资收益		177	6601	销售费用	
159	6115	资产处置损益		178	6602	管理费用	
160	6117	其他收益		179	6603	财务费用	
161	6201	摊回保险责任准备金	保险专用	180	6604	勘探费用	石油天然气开采专用
162	6202	摊回赔付支出	保险专用	181	6701	资产减值损失	
163	6203	摊回分保费用	保险专用	182	6702	信用减值损失	
164	6301	营业外收入		183	6711	营业外支出	
165	6401	主营业务成本		184	6801	所得税费用	
166	6402	其他业务成本		185	6901	以前年度损益调整	
167	6403	税金及附加		186	企业自行设置	套期损益	
168	6411	利息支出	金融专用	187	企业自行设置	净敞口套期损益	

表 6－2　　行政事业单位财务会计科目表

序号	编号	会计科目
一、资产类		
1	1001	库存现金
2	1002	银行存款
3	1011	零余额账户用款额度
4	1021	其他货币资金
5	1101	短期投资
6	1201	财政应返还额度
7	1211	应收票据
8	1212	应收账款
9	1214	预付账款
10	1215	应收股利
11	1216	应收利息
12	1218	其他应收款
13	1219	坏账准备
14	1301	在途物品
15	1302	库存物品
16	1303	加工物资
17	1401	待摊费用
18	1501	长期股权投资
19	1502	长期债权投资

续表

序号	编号	会计科目
20	1601	固定资产
21	1602	固定资产累计折旧
22	1611	工程物资
23	1613	在建工程
24	1701	无形资产
25	1702	无形资产累计摊销
26	1703	研发支出
27	1801	公共基础设施
28	1802	公共基础设施累计折旧（摊销）
29	1811	政府储备物资
30	1821	文物文化资产
31	1831	保障性住房
32	1832	保障性住房累计折旧
33	1891	受托代理资产
34	1901	长期待摊费用
35	1902	待处理财产损溢
二、负债类		
36	2001	短期借款
37	2101	应交增值税
38	2102	其他应交税费
39	2103	应缴财政款
40	2201	应付职工薪酬
41	2301	应付票据
42	2302	应付账款
43	2303	应付政府补贴款
44	2304	应付利息
45	2305	预收账款
46	2307	其他应付款
47	2401	预提费用
48	2501	长期借款
49	2502	长期应付款
50	2601	预计负债
51	2901	受托代理负债
三、净资产类		
52	3001	累计盈余
53	3101	专用基金

续表

序号	编号	会计科目
54	3201	权益法调整
55	3301	本期盈余
56	3302	本年盈余分配
57	3401	无偿调拨净资产
58	3501	以前年度盈余调整
四、收入类		
59	4001	财政拨款收入
60	4101	事业收入
61	4201	上级补助收入
62	4301	附属单位上缴收入
63	4401	经营收入
64	4601	非同级财政拨款收入
65	4602	投资收益
66	4603	捐赠收入
67	4604	利息收入
68	4605	租金收入
69	4609	其他收入
五、费用类		
70	5001	业务活动费用
71	5101	单位管理费用
72	5201	经营费用
73	5301	资产处置费用
74	5401	上缴上级费用
75	5501	对附属单位补助费用
76	5801	所得税费用
77	5901	其他费用

第五节　会计信息载体

一、会计信息载体的概念

会计信息载体是指记录和反映会计主体实际发生的经济业务的会计凭证、会计账簿、会计报告和其他会计资料等。会计信息载体不仅要记录和反映经济业务发生的时间、业务主体和内容、数据、金额及经办人员等信息，还要记录和反映由初始会计信息加工后的全面、综合和连续的信息资料，同时还要记录和反映对外输出的各类会计信息。会计信息载体按照介质材料的不同，可以划分为纸质载体和电子载体两类。会计信息载体按照记录业务和内容的不同，可以划分为会计凭证、会计账簿、会计报表以及其他会计资料等。

二、会计信息载体的内容

（一）不同介质材料的会计信息载体

1. 纸质载体

纸质载体是指以计算机打印出来的书面形式的会计资料及其所附的原始凭证。纸质档案对会计主体的经营管理决策具有重要作用，但在使用过程中也存在诸多问题，比如，管理成本高。一方面纸质档案的打印和保管成本很高，另一方面对纸质文件的装订、管理、匹配、贴票等需要耗费大量的人力和时间成本。另外，信息之间不能建立索引关联。档案资料的借阅、检索、调用等存在较大难度，还可能会发生丢失和毁坏等安全问题。并且财会人员的工作量很大。纸质档案整理不但耗时耗力，而且对于个人专业能力的培养和提升作用不大。此外，信息数据共享受到限制。这不利于会计工作效率的提高，进而对会计服务于财务会计主体的经营决策效率等方面也会产生消极的影响。

2. 电子载体

电子载体是指以磁性介质形式储存的会计核算的专业材料，是记录和反映经济活动的重要资料和证据，包括电子凭证、电子账簿、电子报表、其他电子会计核算资料等。在使用过程中，会计档案也存在着一些问题，比如对环境的依赖性强。电子档案依赖于计算机的硬件和软件系统，磁性介质对环境的要求较高，要防水、防火、防尘、防磁等，数据丢失和毁损的风险较大。另外，缺乏直观可视性。存储在磁性介质上的电子档案必须在特定的计算机硬件和软件环境中可视。并且要求的技术性和控制复杂性较高。一方面对会计电子档案系统操作和利用的技术要求较高，另一方面对计算机软件控制、输入数据的机内检验等程序化控制要求也较多。此外，安全与保密措施的要求高。电子数据是以数字编码的形式存储在各种磁性介质上的，磁性介质的体积小、存储容量大、数据高度集中，比较容易泄密。

随着数字技术、人工智能、云计算等信息技术的进步以及经济环境的变化，基于会计准则的发展以及对财务会计具体业务的深入理解，进一步完善和发展会计信息载体，使纸质载体与电子载体相互融合和协同促进，更好地强化财务会计服务于财务会计主体的经营管理工作，以及更便捷地为利益相关者提供决策有用的信息，最终优化市场效率，是会计信息载体未来发展的方向。

（二）不同记录业务和内容的会计信息载体

1. 会计凭证

会计凭证是记录经济业务、明确经济责任的书面证明，是提供会计信息、监督和控制经济活动、登记账簿和加强经济责任的重要依据。根据填制程序和用途，会计凭证可以划分为原始凭证和记账凭证两类。

（1）原始凭证。原始凭证是在经济业务发生时取得的书面证明，是证明经济业务和事项发生内容和完成情况的唯一合法凭证，是填制记账凭证、登记明细账的依据。根据来源的不同，原始凭证可以划分为自制原始凭证和外来原始凭证。自制原始凭证通常包括一次凭证（比如提货单）、累计凭证（比如限额领料单）和汇总原始凭证（比如发出材料汇总表）

等。外来原始凭证主要是一次凭证。

原始凭证作为经济业务发生的原始证明，其内容通常包括：原始凭证名称；填制凭证的日期；填制凭证的编号；接受凭证单位名称；经济业务的基本内容、数量、单价、金额；填制单位及经办人员的签章以及有必要在原始凭证上注明的其他内容。

原始凭证需要财会人员认真审核，主要包括记录真实、内容齐全、填制及时以及签章等手续完备等方面，即包括合法、合规、合理性审核，完整性审核以及正确性审核。对于真实性、合法性不满足规定的原始凭证不予受理；对完整性、正确性欠缺的原始凭证予以退回并要求更正补充。审核无误的原始凭证，才能作为编制记账凭证的依据。

（2）记账凭证。记账凭证是在审核无误的原始凭证的基础上，根据账务核算要求加以归类整理填制的，作为编制会计分录、登记账簿依据的一种凭证。根据反映经济业务范围的不同，记账凭证可以划分为专用记账凭证和通用记账凭证。专用记账凭证通常包括收款凭证、付款凭证和转账凭证等。通用记账凭证主要包括复式记账凭证和单式记账凭证等。

记账凭证的内容通常包括：填制单位的名称；记账凭证的名称；记账凭证的日期和编号；经济业务的内容摘要；账户名称（比如一级、二级和明细账账户名称）、记账方向和金额；所附原始凭证的张数；填制、审核、记账、会计主管人员签章等。

记账凭证的填制和保管需要满足：一是记录真实，即要根据审核无误的原始凭证填制，内容齐全。二是必须附有原始凭证。如果一张原始凭证涉及多张记账凭证，原始凭证可以附在主要的一张记账凭证后，其他记账凭证注明附有原始凭证的记账凭证的编号。三是填制必须清晰、工整，并且签章等手续要完备。四是需要按照会计事项的发生日期排序整理、制证、记账。

记账凭证的审核需要注意，在格式上，摘要需要简明扼要、会计分录编制正确、附件齐全、连续编号。在内容上，一是合法性审核，包括记账凭证附有原始凭证的情况，原始凭证齐全、内容合法的情况，记账凭证内容与所附原始凭证的相符情况等。二是正确性审核，包括应借应贷科目的准确性、账户对应关系、金额是否准确等。三是完整性审核，包括日期、摘要、编号等要素是否填写齐全且清楚，签章等手续是否完备等。

2. 会计账簿

会计账簿简称账簿，是按照会计科目开设账户并由具有一定格式、相互联系的账页组成的，以会计凭证作为依据，用来序时地、分类地记录各项经济业务的会计簿籍。按照用途不同，会计账簿可以划分为序时账簿、分类账簿和备查账簿。按照外在形式不同，会计账簿可以划分为订本式账簿、活页式账簿和卡片式账簿等。

序时账簿亦称日记账，是按照经济业务发生时间先后顺序、逐日逐笔登记经济业务的账簿，按照经济业务内容的不同可以划分为普通日记账和特种日记账。普通日记账是用来登记全部经济业务发生情况的日记账，即把每日发生的经济业务按照发生的先后顺序编成会计分录登记入账。特种日记账是把重要的项目按经济业务发生的先后顺序记入日记账，即反映特定项目的详细情况。

分类账簿主要包括总分类账簿和明细分类账簿。总分类账也称总账，是指按总分类账户（会计科目）开设账户并设置账页的会计簿籍，用以记录和核算资产、负债、所有者权益、收入、费用、利润的总括情况，是编制财务报表的依据。明细分类账亦称明细账，是按明细分类账户（明细科目）开设账户并设置账页的会计簿籍，用于对总账科目进行明细核算，主要有收入明细账、支出明细账和往来款项明细账等。

会计账簿的使用需要遵循一定的要求，主要包括：

一是会计账簿以每一会计年度为限进行使用。每一账簿启用时，应填写“经管人员一览表”和“账簿目录”，并附于账簿扉页。

二是手工记账必须使用蓝黑或碳素墨水书写。红色墨水可以用于登记收入负数，以及划线、改错、冲账使用。会计账簿必须按照编定的页码连续记录，不得跳行或隔页。如果因为工作疏忽出现跳行或隔页，应当在空行或空页上用红色墨水划对角线，注明“此行空白”或“此页空白”字样，予以注销，并由记账人员签名盖章。记账要清晰、整洁、书写规范。

三是会计账簿应当根据审计过的会计凭证登记。记账时应当将记账凭证的编号记入账簿，并且在完成记账后，记账凭证需要用“✓”注明，表示该记账凭证已登记入账。

四是账簿记录如果发生错误应当及时更正，按月结账。账簿记录应该按月结账，求出本期发生额和余额。账簿记录时可能会出现错误，比如填制凭证或记账时用错会计科目、过账错误或者合计错误等，需要及时更正，一般用划线更正法或红字更正法。

在结账之前，如果发现账簿记录出现文字或数字计算错误，而记账凭证没有错误，可以采用划线更正法。即在错误的文字或数字正中横划一条红线，表示注销，但原有字迹仍可辨认，以备复查。然后，将正确的文字或数字用蓝字写在划线上面，并由记账人员在更正处盖章。

在结账之后，如果发现账簿登记串户，而记账凭证没有错误，可以直接在原错记的账户中用红字冲去，然后在应记的账户中补记相同的数字并由记账人员在更正处签章。

如果由于记账凭证出现错误导致账簿记录错误，无论是否结账，都应当采用红字更正法，用红字填制一张与原错误记账凭证内容完全相同的记账凭证，并用红字登记入账冲销原错误记录，然后用蓝字填制一张正确的记账凭证并用蓝字登记入账。

3. 会计报告

会计报告是在账簿记录及其他有关资料的基础上，采用表格和文字形式，会计主体对外提供的反映会计主体某一特定日期的财务状况以及某一会计期间的经营成果（运行情况）、现金流量等会计信息的文件资料。会计报表、会计报表附注以及其他相关的信息和资料是构成会计报表的主要内容。在企业中，会计报表主要包括资产负债表、利润表、现金流量表、所有者权益变动表及其他相关附表。资产负债表是反映会计主体在某一特定日期的财务状况的会计报表。利润表是反映会计主体在某一会计期间的经营成果的会计报表。现金流量表是反映会计主体在某一会计期间的现金和现金等价物流入和流出的会计报表。会计报表附注是为了便于会计信息使用者对会计报表内容的理解，对报表中列示项目所做的进一步解释，以及未能在报表中列示项目的说明等。

第六节　会计记账方法

会计记账方法是根据会计主体所发生的经济业务（或会计事项），采用特定的原理、记账符号和记账规则，采用一定的计量单位，利用文字和数字进行记录的一种专门方法。按照登记经济业务方式的不同，会计记账方法可以分为单式记账法和复式记账法。

一、单式记账法

单式记账法是一种比较简单的记账方法，是指在会计核算中，对每一项经济业务只进行单方面的、不完整的记载，即只在一个账户进行登记的方法。一般情况下，只登现金收支和债权债务结算事项，有些也登记实物收付，账户与账户之间没有必然的内在联系，也没有相互平衡的思想，登账手续简单。单式记账法不能全面反映经济业务的来龙去脉，并且会计记录之间不存在勾稽关系，不利于检查账户记录的正确性。

二、复式记账法

复式记账法是对任何一笔经济业务，采用相等的金额在两个或两个以上账户中相互联系地进行登记的方法。复式记账法下账户之间可以形成勾稽关系。可以促进对经济业务来龙去脉的了解以及对账簿记录正确性的检验，从而对企业经济活动能够起着全面控制的作用。

复式记账法的基本理论依据是“资产 = 负债 + 所有者权益”这一平衡等式。

复式记账法包括很多种形式，比如借贷记账法、增减记账法、收付记账法等。其中，借贷复式记账法是国际通用的一种复式记账法。

（一）借贷记账法的概念

借贷记账法是指以会计等式作为记账原理，以“借”“贷”作为记账符号，来反映经济业务增减变化的复式记账方法。

以企业为例，借贷记账法以“资产 = 负债 + 所有者权益”这一会计等式为记账原理，以“借”“贷”为记账符号，包括资产类、负债类、所有者权益类、成本费用类、收益类等账户结构，遵循“有借必有贷，借贷必相等”的记账规则，来反映会计要素的增减变化。

（二）借贷记账法的内容

1. 以“借”“贷”为记账符号

借贷记账法以“借”“贷”为记账符号，每个账户的结构都包括“借方”“贷方”和“余额”三栏。账户结构的左方代表借方，右方代表贷方。需要注意的是，借方、贷方反映会计要素数量变化的增减性质是不固定的，不同性质的账户，借方和贷方所登记的内容不同。比如资产类账户、成本费用类账户，借方记录增加额，贷方记录减少额；负债类账户、所有者权益类账户、损益类账户，借方记录减少额，贷方记录增加额。

2. 以“有借必有贷、借贷必相等”为记账规则

这里意味着，对于每项经济业务，记录借方账户，必然需要同时记录贷方账户，并且记录的借方账户的金额必然等于记录的贷方账户的金额。借方和贷方记录的可以是同类账户或者不同类账户，但必然是借、贷两个记账方向。

3. 试算平衡

由于处理每项经济业务都遵循“有借必有贷、借贷必相等”的记账规则，因此在一定时期内（比如一个月度、一个季度或一个年度），所有账户的借贷发生额合计必然相等，并且所有账户的借方期末余额合计数与贷方期末余额合计数也必然是相等的。即：

所有账户期初借方余额合计 = 所有账户期初贷方余额合计

所有账户本期借方发生额合计 = 所有账户本期贷方发生额合计

所有账户期末借方余额合计 = 所有账户期末贷方余额合计

4. 借贷记账法的具体运用

企业每一项经济业务的发生，都会引起资产、负债、所有者权益等会计要素发生相应变动。通常包括以下几种情况：

（1）资产与负债或所有者权益同时增加，资金总额增加。当这类经济业务和事项发生时，一方面要将发生金额记录在资产类账户的借方，另一方面要同时以相同金额记录在负债或所有者权益的贷方。

（2）资产与负债或所有者权益同时减少，资金总额减少。当这类经济业务和事项发生时，一方面要将发生金额记录在资产类账户的贷方，另一方面要同时以相同金额记录在负债或所有者权益的借方。

（3）发生经营收入，导致资产和收入同时增加，资金总额增加。当这类经济业务和事项发生时，一方面要将发生金额记录在资产类账户的借方，另一方面要同时以相同金额记录在收入账户的贷方。

（4）发生经营费用，导致资产减少与费用增加，资金总额不变。这类经济业务和事项发生时，一方面要将发生金额记录在资产类账户的贷方，另一方面要同时以相同金额记录在费用账户的借方。

（5）资产内部不同资产项目一增一减，资金总额不变。这类经济业务和事项发生时，一方面要将发生金额记录在某一资产账户的借方，另一方面要同时以相同金额记录在另一资产账户的贷方。

（6）负债或所有者权益一增一减，资金总额不变。这类经济业务和事项发生时，一方面要将发生金额记录在某一负债或所有者权益账户的贷方，另一方面要同时以相同金额记录在另一负债或所有者权益账户的借方。

复习思考题

1. 会计是什么？其主要包括哪些内容？
2. 会计的作用和目标是什么？
3. 会计核算的基本假设有哪些？
4. 什么是会计记账基础？种类有哪些？
5. 会计信息质量要求有哪些？
6. 什么是会计要素？其主要包括哪些内容？相互之间有哪些联系？
7. 会计科目是什么？种类有哪些？
8. 什么是会计信息载体？主要包括哪些内容？
9. 什么是复式记账法？它主要包括哪些内容？

思政思辨题

1. 我国把创新驱动发展战略作为国家未来经济发展全局战略的核心内容，在此背景下，会计应如何更好地进行角色定位？为了在国家经济的创新发展中发挥作用，会计可能的变革方向和内容是什么？

2. 高质量发展是全面建设社会主义现代化国家的首要任务，在大数据背景下，会计应如何更好地服务于会计主体的经营管理从而为促进我国经济的高质量发展贡献力量？

3. 如何理解马克思的“经济越发展，会计越重要”这个重要论断？

第七章

财务管理学中的控制学

内容简介

本章主要介绍财务控制的概念和目标、财务控制的原则和方法、财务控制的要素、财务控制环境及其可能存在的风险与应对措施、财务控制活动及其可能存在的风险与应对措施、财务控制手段及其可能存在的风险与应对措施以及行政事业单位财务控制的内容。

学习目标

通过本章的学习，要求了解财务控制的概念和目标，掌握财务控制的原则和方法，了解财务控制的要素，了解财务控制环境及其可能存在的风险与应对措施，了解财务控制活动及其可能存在的风险与应对措施，了解财务控制手段及其可能存在的风险与应对措施，了解行政事业单位财务控制的内容。

第一节 财务控制概述

本书所讲的财务控制就是人们常说的内部控制。本书之所以使用财务控制代替内部控制，主要基于两方面原因：第一，一个财务管理主体内部发生的所有经济活动都跟资产的取得、使用和保全有关，因此，一个财务管理主体内部发生的所有经济活动都是财务活动。而内部控制实质是对经济活动亦即财务活动进行控制，因此有理由把内部控制叫作财务控制。第二，内部控制中的“内部”二字，没有明确的指向，使人不明白内部控制究竟是控制什么，从词组构成的角度来说，这个词组是不规范的。而财务控制这个词组则鲜明地告诉人们它是控制财务活动的，开宗明义地宣示了内部控制的实质。基于此，本书采用财务控制代替内部控制，并且将两者通用，即财务控制就是内部控制，内部控制也是财务控制。

一、财务控制的概念和目标

（一）企业财务控制的概念和目标

企业财务控制是指由企业董事会、监事会、经理层和全体员工实施的、旨在实现控制目标的过程。企业财务控制的目标是合理保证企业经营管理合法合规、资产安全、财务报告及相关信息真实完整，提高经营效率和效果，促进企业实现发展战略。

（二）行政事业单位财务控制的概念和目标

行政事业单位财务控制是指单位为实现控制目标，通过制定制度、实施措施和执行程序，对经济活动的风险进行防范和管控。单位财务控制的目标主要包括：合理保证单位经济活动合法合规、资产安全和使用有效、财务信息真实完整，有效防范舞弊和预防腐败，提高公共服务的效率和效果。

二、财务控制的原则

（一）全面性原则

财务控制应当贯穿决策、执行和监督全过程，覆盖企业（单位）及其所属单位的各种业务和事项。

（二）重要性原则

财务控制应当在全面控制的基础上，关注重要业务事项和高风险领域。

（三）制衡性原则

财务控制应当在治理结构、机构设置及权责分配、业务流程等方面形成相互制约、相互监督，同时兼顾运营效率。

（四）适应性原则

财务控制应当与企业经营规模、业务范围、竞争状况和风险水平等相适应，并随着情况的变化及时加以调整。

（五）成本效益原则

财务控制应当权衡实施成本与预期效益，以适当的成本实现有效控制。

三、财务控制的方法

（一）不相容岗位相互分离

合理设置财务控制关键岗位，明确划分职责权限，实施相应的分离措施，形成相互制约、相互监督的工作机制。

（二）内部授权审批控制

明确各岗位办理业务和事项的权限范围、审批程序和相关责任，建立重大事项集体决策和会签制度。相关工作人员应当在授权范围内行使职权、办理业务。

（三）归口管理

根据本单位实际情况，按照权责对等的原则，采取成立联合工作小组并确定牵头部门或牵头人员等方式，对有关经济活动实行统一管理。

（四）预算控制

强化对经济活动的预算约束，使预算管理贯穿于单位经济活动的全过程。

（五）财产保护控制

建立资产日常管理制度和定期清查制度，采取资产记录、实物保管、定期盘点、账实核对等措施，确保资产安全完整。

（六）会计控制

建立健全本单位财会管理制度，加强会计机构建设，提高会计人员业务水平，强化会计人员岗位责任制，规范会计基础工作，加强会计档案管理，明确会计凭证、会计账簿和财务会计报告处理程序。

（七）单据控制

要求单位根据国家有关规定和单位的经济活动业务流程，在内部管理制度中明确界定各项经济活动所涉及的表单和票据，要求相关工作人员按照规定填制、审核、归档、保管单据。

（八）信息内部公开

建立健全经济活动相关信息内部公开制度，根据国家有关规定和单位的实际情况，确定信息内部公开的内容、范围、方式和程序。

四、财务控制的要素

（一）内部环境

内部环境是单位实施财务控制的基础，一般包括治理结构、机构设置及权责分配、内部审计、人力资源政策、单位文化等。

（二）风险评估

风险评估是单位及时识别、系统分析经营活动中与实现财务控制目标相关的风险，合理确定风险应对策略。

（三）控制活动

控制活动是单位根据风险评估结果，采用相应的控制措施，将风险控制在可承受度之内。

（四）信息与沟通

信息与沟通是单位及时、准确地收集、传递与财务控制相关的信息，确保信息在单位内部、单位与外部之间进行有效沟通。

（五）内部监督

内部监督是单位对财务控制建立与实施情况进行监督检查，评价财务控制的有效性，发现财务控制缺陷，及时加以改进。

第二节　财务控制环境

以企业为例，财务控制环境主要由组织架构、发展战略、人力资源、社会责任、企业文化五个要素组成。

一、组织架构

（一）组织架构的概念和可能存在的风险

组织架构是企业按照国家有关法律法规、股东（大）会决议和企业章程，结合本企业实际，明确股东（大）会、董事会、监事会、经理层和企业内部各层级机构设置、职责权限、人员编制、工作程序和相关要求的制度安排。

企业要实施发展战略，必须要有科学的组织架构，主要包括治理结构和内部机构设置。如果企业治理结构形同虚设，缺乏科学决策、良性运行机制和执行力，就可能发生经营失败；如果内部机构设计不科学，权责分配不合理，也可能导致机构重叠、职能交叉或缺失，运行效率低下。

（二）组织架构风险的应对措施

1. 企业应当根据国家有关法律法规的规定，明确董事会、监事会和经理层的职责权限、任职条件、议事规则和工作程序，确保决策、执行和监督相互分离和制衡。同时强调，企业的重大决策、重大事项、重要人事任免及大额资金支付业务等（即通常所说的“三重一大”），应当按照规定的权限和程序实行集体决策审批或者联签制度；任何个人不得单独进行决策或者擅自改变集体决策意见。

2. 企业应当按照科学、精简、高效、透明、制衡的原则，综合考虑企业性质、发展战略、文化理念和管理要求等因素，合理设置内部职能机构，明确各机构的职责权限，避免职能交叉、缺失或权责过于集中，形成各司其职、各负其责、相互制约、相互协调的工作机制。

3. 企业应当根据组织架构的设计规范，对现有治理结构和内部机构设置进行全面梳理，确保企业治理结构、内部机构设置和运行机制等符合现代企业制度要求。

4. 企业拥有子公司的，应当建立科学的投资管控制度，通过合法有效的形式履行出资人职责、维护出资人权益，重点关注子公司特别是异地、境外子公司的发展战略、年度财务预决算、重大投融资、重大担保、大额资金使用、主要资产处置、重要人事任免、财务控制体系建设等重要事项。对子公司控制一直是企业集团层面关注的一个重要问题，组织架构应用指引在综合调研的基础上提出此项要求，对实务操作具有重要指导作用。

二、发展战略

（一）发展战略的概念和可能存在的风险

发展战略是指企业在对现实状况和未来趋势进行综合分析和科学预测的基础上，制定并实施的长远发展目标与战略规划。

企业作为市场经济的主体，要想求得长期生存和持续发展，关键在于制定并有效实施适应外部环境变化和自身实际情况的发展战略。

实际工作中，有些企业缺乏明确的发展战略或发展战略实施不到位，结果导致企业盲目发展，难以形成竞争优势，丧失发展机遇和动力；也有些企业发展战略过于激进，脱离企业实际能力或偏离主业，导致过度扩张、经营失控甚至失败；还有一些企业发展战略频繁变动，导致资源严重浪费，最后危及企业的生存和持续发展。

（二）发展战略风险的应对措施

1. 要求企业健全组织机构，在董事会下设立战略委员会，或指定相关机构负责发展战略管理工作。同时，对战略委员会的成员素质、工作规范提出相应要求。战略委员会成员应当具有较强的综合素质和实践经验，其任职资格和选任程序应当符合有关法律法规和企业章程的规定。

2. 明确要求企业应在充分调查研究、科学分析预测和广泛征求意见的基础上制定发展目标，而不是靠拍脑袋，盲目制定发展战略。在制定目标过程中，应综合考虑宏观经济政策、国内外市场需求变化、技术发展趋势、行业及竞争对手状况、可利用资源水平和自身优势与劣势等影响因素。

3. 强调战略规划应当根据发展目标制定，明确发展的阶段性和发展程度，确定每个发展阶段的具体目标、工作任务和实施路径。

4. 要求董事会从全局性、长期性和可行性等维度，严格审议战略委员会提交的发展战略方案，之后再报经股东（大）会批准实施。

5. 从抓实施的角度，要求企业根据发展战略制定年度工作计划，编制全面预算，将年度目标分解、落实，确保发展战略有效实施。

6. 要求战略委员会加强对发展战略实施情况的监控，定期收集和分析相关信息。发现明显偏离发展战略的情况，要及时报告；对确需对发展战略作出调整的情形，要遵循规定的权限和程序调整发展战略。

三、人力资源

（一）人力资源的概念和可能存在的风险

人力资源是指企业组织生产经营活动而录（任）用的各种人员，包括董事、监事、高级管理人员和全体员工。现代企业竞争的关键在于人力资源的竞争。人力资源对实现企业发展战略起到重要的智力支持作用，实现人力资源的合理配置，可以全面提升企业核心竞争力。

如果人力资源缺乏或过剩、结构不合理、开发机制不健全，企业发展战略可能难以实现；如果人力资源激励约束制度不合理、关键岗位人员管理不完善，则可能导致人才流失、经营效率低下，而如果人力资源退出机制不当，又可能导致法律诉讼或企业声誉受损。

（二）人力资源风险的应对措施

1. 企业应当根据人力资源总体规划，结合生产经营实际需要，制定年度人力资源需求计划。也就是说，人力资源要符合发展战略需要，符合生产经营对人力资源的需求，尽可能做到“不缺人手，也不养闲人”。

2. 企业应当根据人力资源能力框架要求，明确各岗位的职责权限、任职条件和工作要求，通过公开招聘、竞争上岗等多种方式选聘优秀的人才，防止“人情招聘”、暗箱操作。

3. 企业确定选聘人员后，应当依法签订劳动合同，建立劳动用工关系；已选聘人员要进行试用和岗前培训，试用期满考核合格后，方可正式上岗。

4. 企业应当建立和完善人力资源的激励约束机制，设置科学的业绩考核指标体系，对各级管理人员和全体员工进行严格考核与评价，并制定与业绩考核挂钩的薪酬制度，以留住引进来的优秀人才。

5. 企业应当建立健全员工退出（辞职、解除劳动合同、退休等）机制，明确退出的条件和程序，确保员工退出机制得到有效实施。只有退出机制健全，退出条件和程序清楚，才能够防范和化解当前企业人力资源退出方面存在的诸多问题，使企业人力资源管理步入良性循环的轨道。

四、社会责任

（一）社会责任的概念和可能存在的风险

社会责任是指企业在发展过程中应当履行的社会职责和义务，主要包括安全生产、产品

（含服务，下同）质量、环境保护、资源节约、促进就业、员工权益保护等。企业认真履行社会责任，对于实现其与社会、环境的全面协调可持续发展具有重要促进作用。

当前企业在履行社会责任方面主要存在以下四个方面的重要风险：一是安全生产措施不到位，责任不落实，可能导致企业发生安全事故；二是产品质量低劣，侵害消费者利益，可能导致企业巨额赔偿、形象受损，甚至破产；三是环境保护投入不足，资源耗费大，造成环境污染或资源枯竭，可能导致企业巨额赔偿、缺乏发展后劲，甚至停业；四是促进就业和员工权益保护不够，可能导致员工积极性受挫，影响企业发展和社会稳定。

（二）社会责任风险的应对措施

1. 要求企业设立安全管理部门和安全监督机构，建立严格的安全生产管理体系、操作规范和应急预案，强化安全生产责任追究制度，切实做到安全生产。

2. 要求企业规范生产流程，建立严格的产品质量控制和检验制度，严把质量关，禁止缺乏质量保障、危害人民生命健康的产品流向社会。

3. 要求企业提高员工的环境保护和资源节约意识，建立环境保护与资源节约制度，认真落实节能减排责任，积极开发和使用节能产品，发展循环经济，降低污染物排放，提高资源综合利用效率。

4. 要求企业依法保护员工的合法权益，保障员工依法享有劳动权利和履行劳动义务，保持工作岗位相对稳定，积极促进充分就业。

5. 针对目前少数企业对公益事业（比如接纳大学生实习等）、慈善事业等漠不关心的情况，社会责任应用指引指出，企业应当按照“产学研用”相结合的社会需求，积极创建实习基地，大力支持社会有关方面培养、锻炼社会需要的应用型人才；同时，积极履行社会公益方面的责任和义务，关心帮助社会弱势群体，支持慈善事业。

五、企业文化

（一）企业文化的概念和可能存在的风险

企业文化是指企业在生产经营实践中逐步形成的、为整体团队所认同并遵守的价值观、经营理念和企业精神，以及在此基础上形成的行为规范的总称。企业文化是企业的灵魂，渗透于企业的一切经营管理活动之中，是推动企业持续发展的不竭动力。

现实中，有些企业之所以经营不成功，往往是在企业文化建设方面存在严重问题。比如，企业缺乏积极向上的企业文化，导致员工丧失对企业的信心和认同感，缺乏凝聚力和竞争力；企业缺乏开拓创新、团队协作和风险意识，导致企业发展目标难以实现，影响可持续发展；企业缺乏诚实守信的经营理念，导致舞弊事件的发生，造成企业损失，影响企业信誉，等等。

（二）企业文化风险的应对措施

1. 要求企业积极培育具有自身特色的企业文化，充分体现企业特色的发展愿景、积极向上的价值观、诚实守信的经营理念、履行社会责任和开拓创新的企业精神，以及团队协作和风险防范意识，以此引导和规范员工行为，打造以主业为核心的企业品牌，形成整体团队的向心力，促进企业长远发展。

2. 要求企业重视并购重组后的企业文化建设，平等对待被并购方的员工，促进并购双方的文化融合。这是基于当前企业并购实务中企业文化融合过程中特别提供的指引，应引起相关企业的高度重视。

3. 要求董事、监事、经理和其他高级管理人员在企业文化建设中发挥主导和垂范作用，以自身的优秀品格和脚踏实地的工作作风，带动影响整个团队，共同营造积极向上的企业文化环境。

4. 要求企业加强企业文化的宣传贯彻，促进文化建设在内部各层级的有效沟通，并确保全体员工共同遵守；同时，要求企业文化建设融入生产经营全过程，切实做到文化建设与发展战略的有机结合，增强员工的责任感和使命感，规范员工的行为方式，使员工自身价值在企业发展中得到充分体现。也就是说，企业文化建设不能停留在企业最高层，不能停留在文本上，不能停留在泛泛的宣贯上，不能脱离生产经营过程，不能背离发展战略，而应融入企业的肌体、汇入企业的血脉。

第三节 财务控制活动

财务控制活动主要包括资金活动、采购业务、资产管理、销售业务、研究与开发、工程项目、担保业务、业务外包、财务报告九项活动。

一、资金活动

（一）资金活动的概念和可能存在的风险

资金活动是指企业筹资、投资和资金营运等活动的总称。资金是企业生产经营循环的血液，是企业生存和发展的基础，决定着企业的竞争能力和可持续发展能力。

企业资金活动中可能存在的风险无一不是重要风险，一旦变为现实，危害重大。概括地讲，企业资金活动面临的重要风险包括：一是筹资决策不当，引发资金结构不合理或无效筹资，可能导致企业筹资成本过高或债务危机；二是企业投资决策失误，引发盲目扩张或丧失发展机遇，可能导致资金链断裂或资金使用效益低下；三是资金调度不合理、营运不畅，可能导致企业陷入财务困境或资金冗余；四是资金活动管控不严，可能导致资金被挪用、侵占、抽逃或遭受欺诈。

（二）资金活动风险的应对措施

1. 要求企业根据筹资目标和规划，结合年度全面预算，拟订筹资方案，并对筹资方案进行科学论证；重大筹资方案还应当形成可行性研究报告，全面反映风险评估情况。

2. 要求企业对筹资方案进行严格审批后，按照规定权限和程序筹集资金。同时，严格按照筹资方案确定的用途使用资金，防止资金挪用；确需改变资金用途的，应当履行相应的审批程序。

3. 要求企业加强债务偿还和股利支付环节的管理，对偿还本息和支付股利等作出适当安排，防止发生违约风险，导致诉讼损失。

4. 要求企业根据投资目标和规划，合理安排资金投放结构，科学确定投资项目，拟订投资方案，重点关注投资项目的收益和风险；选择投资项目应当突出主业，谨慎从事衍生金融产品等高风险投资。

5. 对于采用并购方式进行投资的企业，要求严格控制并购风险，重点关注并购对象的隐性债务、承诺事项、可持续发展能力、员工状况及其与本企业治理层及管理层的关联关系，合理确定支付对价，确保实现并购目标。

6. 要求企业加强对投资方案的可行性研究，并按照规定的权限和程序对投资项目进行决策审批；审批后，与被投资方签订投资合同或协议，明确出资时间、金额、方式、双方权利义务和违约责任等内容。

7. 要求企业加强投资收回和处置环节的控制；对于到期无法收回的投资，应当建立责任追究制度。

8. 要求企业应当加强资金营运全过程的管理，统筹协调内部各机构在生产经营过程中的资金需求，切实做好资金在采购、生产、销售等各环节的综合平衡，实现资金营运的良性循环，提升资金营运效率。

二、采购业务

（一）采购业务的概念和可能存在的风险

采购业务是指购买物资（或接受劳务）以及支付款项等相关活动的总称。

实际工作中，部分企业在办理采购业务时不同程度地存在以下问题：一是采购计划安排不合理，市场变化趋势预测不准确，造成库存短缺或积压，导致企业生产停滞或资源浪费；二是供应商选择不当，采购方式不合理，招投标或定价机制不科学，授权审批不规范，致使采购物资质次价高，出现舞弊或遭受欺诈；三是采购验收不规范，付款审核不严，造成采购物资、资金损失或信用受损。

（二）采购业务风险的应对措施

1. 要求企业的采购业务尽量集中，避免多头采购或分散采购，以提高采购业务效率，降低采购成本，堵塞管理漏洞。

2. 要求企业建立采购申请制度，依据购买物资或接受劳务的类型，确定归口管理部门，明确相关部门或人员的职责权限及相应的请购和审批程序。

3. 要求企业建立科学的供应商评估和准入制度，根据市场情况和采购计划合理选择采购方式，建立科学的采购物资定价机制，并根据确定的供应商、采购方式、采购价格等情况签订采购合同，明确双方权利、义务和违约责任。

4. 要求企业建立严格的采购验收制度，确定检验方式，由专门的验收机构或验收人员进行验收，对于验收过程中发现的异常情况，应当查明原因并及时处理。

5. 要求企业加强采购付款的管理，明确付款审核人的责任和权利，严格审核采购预算、合同、相关单据凭证和审批程序等内容，审核无误后按照合同规定及时办理付款。

6. 要求企业建立退货管理制度，对退货条件、退货手续、货物出库、退货货款回收等作出明确规定，并在采购合同中明确退货事宜，及时收回退货货款。

三、资产管理

（一）资产管理的概念和可能存在的风险

资产管理是指对各项有形的、无形的资产进行日常的管理。加强各项资产管理，保证资产安全完整，提高资产使用效能，有利于维持企业正常生产经营，有利于促进企业发展战略的实现。

当前，企业在存货、固定资产和无形资产等资产的管理实务中，存在的问题主要包括：一是存货积压或短缺，造成流动资金占用过量、存货价值贬损或生产中断；二是固定资产更新改造不够、使用效能低下、维护不当或产能过剩，致使企业缺乏竞争力、资产价值贬损、安全事故频发或资源浪费；三是无形资产缺乏核心技术、权属不清、技术落后、存在重大技术安全隐患，导致法律纠纷、缺乏可持续发展能力。

（二）资产管理风险的应对措施

1. 要求企业采用先进的存货管理技术和方法，规范存货管理流程，明确存货取得、验收入库、原料加工、仓储保管、领用发出、盘点处置等环节的管理要求，充分利用信息系统，强化会计、出入库等相关记录，确保存货管理全过程的风险得到有效控制。

2. 要求企业根据各种存货采购间隔期和当前库存，综合考虑企业生产经营计划、市场供求等因素，合理确定存货采购日期和数量，确保存货处于最佳库存状态。

3. 要求企业加强房屋建筑物、机器设备等各类固定资产的维护、清查、处置管理，重视固定资产的技术升级和更新改造，不断提升固定资产的使用效能，确保固定资产处于良好运行状态。

4. 要求企业强化对生产线等关键设备运转的监控，严格操作流程，实行岗前培训和岗位许可制度，确保设备安全运转。

5. 要求企业严格执行固定资产投保政策，及时办理投保手续。

6. 要求企业规范固定资产抵押管理，确定固定资产抵押程序和审批权限等。

7. 要求企业加强对品牌、商标、专利、专有技术、土地使用权等无形资产的管理，促进无形资产有效利用，充分发挥无形资产对提升企业核心竞争力的作用。

四、销售业务

（一）销售业务的概念和可能存在的风险

销售业务是指企业出售商品（或提供劳务）以及收取款项等相关活动的总称。企业应当加强销售、发货、收款等环节的管理，采取有效控制措施，规范销售行为，扩大市场份额，确保实现销售目标。

企业销售过程中存在的重要风险主要包括：一是销售政策和策略不当，市场预测不准确，销售渠道管理不当等，导致销售不畅、库存积压、经营难以为继；二是客户信用管理不到位，结算方式选择不当，账款回收不力等，造成销售款项不能收回或遭受欺诈；三是销售过程存在舞弊行为，可能导致企业利益受损。

（二）销售业务风险的应对措施

1. 要求企业加强市场调查，合理确定定价机制和信用方式，根据市场变化及时调整销售策略，灵活运用多种策略和营销方式，促进销售目标实现，不断提高市场占有率。

2. 要求企业与客户进行业务洽谈、磋商或谈判，关注客户信用状况、销售定价、结算方式等相关内容，并签署销售合同，明确双方的权利和义务。

3. 要求企业销售部门按照经批准的销售合同开具相关销售通知，发货和仓储部门严格按照销售通知所列项目组织发货，确保货物的安全发运。

4. 完善客户服务制度，加强客户服务和跟踪，提升客户满意度和忠诚度，不断改进产品质量和服务水平。

5. 完善应收款项管理制度，明确销售、财会等部门的职责，并严格考核，实行奖惩。

6. 要求企业加强应收款项坏账的管理；应收款项全部或部分无法收回的，应当查明原因，明确责任。

五、研究与开发

（一）研究与开发的概念和可能存在的风险

研究与开发是指企业为获取新产品、新技术、新工艺等所开展的各种研发活动，是企业进行自主创新的重要手段。企业通过研发新产品和新技术，创造新工艺，能够增强核心竞争力，促进发展战略实现。

但是，研究与开发活动通常隐含着重大风险。比如：研究项目未经科学论证或论证不充分，可能导致创新不足或资源浪费；研发人员配备不合理或研发过程管理不善，可能导致研发成本过高、舞弊或研发失败；研究成果转化应用不足、保护措施不力，可能导致企业利益受损。

（二）研究与开发风险的应对措施

1. 企业应当结合研发计划，提出研究项目立项申请，开展可行性研究，编制可行性研究报告。

2. 研究项目应当按规定权限和程序进行审批，重大研究项目应当报经董事会或类似权力机构集体审议决策。

3. 企业应当加强对研究过程的管理，合理配备专业人员，严格落实岗位责任制，确保研究过程高效、可控。

4. 企业应当建立和完善研究成果验收制度，组织专业人员对研究成果进行独立评审和验收。

5. 企业应当明确界定核心研究人员范围和名册清单，签署保密协议，并在劳动合同中约定研究成果归属、离职条件、离职移交程序、离职后保密义务、离职后竞业限制年限及违约责任等内容。研发骨干人员的管理应当引起研发型企业的高度重视。

6. 企业应当加强研究成果的开发与保护，形成科研、生产、市场一体化的自主创新机制，促进研究成果转化为实际生产力。

六、工程项目

（一）工程项目的概念和可能存在的风险

工程项目是企业自行或者委托其他单位所进行的建造、安装活动的总称。

工程项目通常与企业发展战略密切相关，周期较长，并涉及大额资金及物资的流转，存在较大的风险：一是如果工程立项缺乏可行性研究或者可行性研究流于形式，很可能导致难以实现预期效益或项目失败；二是如果项目招标暗箱操作，存在商业贿赂，可能导致中标人实质上难以承担工程项目、中标价格失实及相关人员涉案；三是如果工程造价信息不对称，技术方案不落实，概预算脱离实际，可能导致项目投资失控；四是倘若工程物资质次价高，工程监理不到位，项目资金不落实，可能导致工程质量低劣，进度延迟或中断；五是如果竣工验收不规范，最终把关不严，会导致工程交付使用后存在重大隐患。

（二）工程项目风险的应对措施

1. 企业应当根据发展战略和年度投资计划，提出项目建议书，编制可行性研究报告，并组织内部相关机构专业人员进行充分论证和评审，在此基础上，按照规定的权限和程序进行决策。重大工程项目应当报经董事会或类似决策机构集体审议批准；任何个人不得单独决策或擅自改变集体决策意见。

2. 企业应当采用公开招标的方式，择优选择具有相应资质的承包单位和监理单位，规范工程招标的开标、评标和定标工作，不得将应由一个承包单位完成的工程肢解为若干部分发包给几个承包单位。

3. 企业应当加强工程造价的管理，明确初步设计概算、施工图预算的编制方法，按照规定的权限和程序进行审核和批准，确保概预算科学合理。

4. 企业应当加强工程建设过程的监控，实行严格的概预算管理和工程监理制度，及时备料，科学施工，保障资金，落实责任，确保工程项目达到设计要求。工程建设过程中涉及项目变更的，应当严格审批；重大项目变更还应当按照项目决策和概预算控制的有关程序和要求重新履行审批手续。

5. 企业收到承包单位的工程竣工报告后，应当及时编制竣工决算，开展竣工决算审计，办理竣工验收手续。

6. 企业应当建立完工项目后评估制度，重点评价工程项目预期目标的实现情况和项目投资效益等，并以此作为绩效考核和责任追究的依据。

七、担保业务

（一）担保业务的概念和可能存在的风险

担保是企业按照公平、自愿、互利的原则向被担保人提供一定方式的保证并依法承担相应法律责任的行为。对外担保涉及被担保人和提供担保人（企业）。

担保业务通常存在以下重要风险：一是如果企业对担保申请人的资信状况调查不深，审批不严或越权审批，可能会导致企业担保决策失误或遭受欺诈；二是如果对被担保人在担保期内出现的财务困难或经营陷入困境等状况监控不力，且采取的应对措施不当，可能会导致企业承担法律责任；三是如果被担保人和提供担保人在担保过程中存在舞弊行为，可能会导致经办、审批等相关人员涉案或企业利益受损。因此，一般情况下，企业应当严格限制担保业务，如确需对外提供担保的，应当在担保业务政策及相关管理制度中明确担保的对象、范围、方式、条件、程序、担保限额和禁止担保等事项，规范调查评估、审核批准、担保执行等环节的工作流程及控制措施，确实防范担保业务风险。

（二）担保业务风险的应对措施

1. 企业应当对担保申请人进行资信调查和风险评估，并出具书面报告。企业自身不具备条件的，应委托中介机构对担保业务进行调查和评估。对于符合条件的担保申请人，经办人员应当在职责范围内，按照审批人员批准意见办理担保业务；对于审批人员超越权限审批的担保业务，经办人员有权拒绝办理。

2. 企业应当加强对子公司担保业务的统一监控，企业内设机构未经授权不得办理担保业务；企业为关联方提供担保的，与关联方存在经济利益或近亲属关系的有关人员在评估与审批环节应当予以回避。

3. 企业应当根据审核批准的担保业务订立担保合同，定期监测被担保人的经营情况和财务状况，了解担保项目的执行、资金的使用、贷款的归还、财务运行及风险等情况，确定担保合同有效履行。

4. 企业应当加强对担保业务的会计系统控制，建立担保事项台账，及时足额收取担保费用；规范对反担保财产的管理，妥善保管被担保人用于反担保的财产和权利凭证，定期核实财产的存续状况和价值，发现问题及时处理。

5. 企业应当在担保合同到期时，全面清理用于担保的财产、权利凭证，按照合同约定及时终止担保关系。

八、业务外包

（一）业务外包的概念和可能存在的风险

业务外包是企业利用专业化分工优势，将日常经营中的部分业务委托给本企业以外的专业服务机构或其他经济组织（承包方）完成的经营行为。

目前，业务外包活动已经广泛应用于电信、手机、金融等各行各业，为企业优化资源配置、加速业务重组、提高经营效率提供了活力。但是，企业在将业务外包的同时，也承担着一些重大风险，主要包括：一是外包范围和价格确定不合理，承包方选择不当，可能导致企业遭受损失；二是业务外包监控不严、服务质量低劣，可能导致企业难以发挥业务外包的优势；三是业务外包存在商业贿赂等舞弊行为，可能导致企业相关人员涉案。

（二）业务外包风险的应对措施

1. 要求企业合理确定外包业务范围，综合考虑成本效益原则，权衡利弊，避免将核心业务外包。

2. 要求企业拟定业务外包实施方案，按照规定的权限和程序审核批准。重大外包业务方案应当提交董事会或类似决策机构审批。

3. 要求企业按照批准的业务外包实施方案，择优选择外包业务的承包方，签订外包合同，合理确定外包价格，严格控制外包业务成本，切实做到相关业务外包后的成本在保证质量的前提下低于原经营方式。外包业务涉及保密的，还要求企业在外包业务合同或另行签订的保密协议中明确规定承包方的保密义务和责任。

4. 要求企业加强业务外包实施的管理，注重与承包方的沟通与协调，并对承包方的履约能力进行持续评估。有确凿证据表明承包方存在重大违约行为，导致外包业务合同无法履行的，企业应当及时终止合同并更换承包方；承包方违约并造成企业损失的，企业应当进行索赔，并追究相关责任人责任。

九、财务报告

（一）财务报告的概念和可能存在的风险

财务报告是企业财务信息对外报告的主要形式之一。对上市公司而言，财务报告是投资者进行决策的重要依据；对国有企业而言，财务报告则可能成为政府进行经济决策时关注的重要信息来源。

总结我国企业尤其是上市公司近年来财务舞弊和财务管理失误等方面的案例，财务报告存在以下重要风险：一是企业财务报告的编制违反会计法律法规，导致企业承担法律责任、遭受损失和声誉受损；二是企业提供虚假财务报告，误导财务报告使用者，造成报告使用者的决策失误，干扰市场秩序；三是企业不能有效利用财务报告，难以及时发现企业经营管理中的问题，可能导致企业财务和经营风险失控。

（二）财务报告风险的应对措施

1. 要求企业编制财务报告时，重点关注会计政策和会计估计；对财务报告产生重大影响的交易和事项的处理，还要按照规定的权限和程序进行审批。

2. 要求企业按照国家会计法律法规，根据登记完整、核对无误的会计账簿记录和其他有关资料编制财务财告，做到内容完整、数字真实、计算准确，不得漏报或者随意进行取舍；企业集团还应编制合并财务报表，明确合并财务报表的合并范围和合并方法，如实反映企业集团的财务状况、经营成果和现金流量。

3. 要求企业依照法律法规和国家统一的会计准则、制度的规定，及时对外提供财务报告；财务报告须经注册会计师审计的，注册会计师及其所在的会计师事务所出具的审计报告应当随同财务报告一并提供。

4. 要求企业重视财务报告分析工作，定期召开财务分析会议，充分利用财务报告反映的综合信息，全面分析企业的经营管理状况和存在问题。财务分析报告结果应当及时传递给企业内部有关管理层级。

第四节　财务控制手段

财务控制手段主要有财务预算、合同管理、内部信息传递、信息系统等。

一、财务预算

（一）财务预算的概念和可能存在的风险

财务预算是一个单位对其未来经济活动的过程和结果所做的详细而具体的数量说明。财务预算作为一种全方位、全过程、全员参与编制与实施的预算管理模式，通过将企业的资金流与实物流、信息流相整合优化了企业的资源配置，提高了资金的使用效率。

实际工作中，企业财务预算管理存在以下重要风险：一是不编制预算或预算不健全，可能导致企业经营缺乏约束或盲目发展；二是预算目标不合理、编制不科学，可能导致企业资源浪费或发展目标难以实现；三是预算缺乏刚性、执行不力、考核不严，可能导致预算管理流于形式。

（二）财务预算风险的应对措施

1. 企业应当建立和完善预算编制工作制度，明确编制依据、编制程序、编制方法等内容，确保预算编制依据合理、程序适当、方法科学，避免预算指标过高或过低。

2. 企业应当根据发展战略和年度生产经营计划，综合考虑预算期内经济政策、市场环境等因素，按照上下结合、分级编制、逐级汇总的程序，编制年度全面预算。

3. 企业预算管理委员会应当对预算管理工作机构提交的预算方案进行研究论证，从企业发展全局角度提出建议，形成全面预算草案，并提交董事会审核。企业全面预算按照相关法律法规及企业章程的规定报经审议批准后，应当以文件形式下达。

4. 企业应当加强对预算执行的管理，预算执行的单位必须以预算为依据，认真组织生产经营和投融资活动，严格预算执行和控制。企业预算工作机构和各预算执行单位还应当建立预算执行情况分析制度，定期召开预算执行分析会议，妥善解决预算执行中存在的问题。

5. 企业应当建立严格的预算执行考核制度，对各预算执行单位和个人进行考核，切实做到有奖有惩、奖惩分明。必要时，企业可实行预算执行情况内部审计制度。

二、合同管理

（一）合同管理的概念和可能存在的风险

合同是企业与自然人、法人及其他组织等平等主体之间设立、变更、终止民事权利义务关系的协议。合同包括书面合同和口头合同。在市场经济环境下，合同已成为企业最常见的契约形式，甚至可以说，市场经济就是合同经济。合同管理就是对合同的谈判、签订、履行、追责、解除等各个环节进行管理。

然而，合同管理往往又是企业财务控制中最为疏忽和薄弱的环节之一，存在极大的风险或隐患：一是如果企业未订立合同、未经授权对外订立合同、合同对方主体资格未达要求、合同内容存在重大疏漏和欺诈，会导致企业合法权益受到侵害；二是如果合同未全面履行或监控不当，又可能导致企业诉讼失败，经济利益受损；三是如果合同纠纷处理不当，则会损害企业利益、信誉和形象。

（二）合同管理风险的应对措施

1. 企业对外发生经济行为，除即时结清方式外，应当订立书面合同。对于影响重大、涉及较高专业技术或法律关系复杂的合同，应当组织法律、技术、财会等专业人员参与谈判，必要时可聘请外部专业人员参与相关工作；谈判过程中的重要事项和参与谈判人员的主要意见，应当予以记录并妥善保存。

2. 企业应当根据协商、谈判结果，拟定合同文本，明确双方的权利义务和违约责任，并严格进行审核。合同文本须报经国家有关主管部门审查或备案的，应当履行相应程序。

3. 企业应当按照规定的权限和程序与对方当事人签署合同。正式对外订立的合同，应当由企业法定代表人或其授权代理人签名或加盖有关印章。属于上级管理权限的合同，下级单位不得签署。

4. 企业应当加强合同信息安全保密工作，未经批准，不得以任何形式泄露合同订立与履行过程中涉及的商业机密或国家机密。

5. 企业应当对合同履行实施有效监控，发现有失公平、条款有误或对方有欺诈行为，或因政策调整、市场变化等客观因素，已经或可能导致企业利益受损等情形，应当按照规定程序及时报告，并经双方协商一致，按照规定权限和程序办理合同变更或解除事宜；存在合同纠正情形的，应依据国家相关法律法规，在规定时效内与对方当事人协商并按照规定权限和程序及时报告，协商无法解决的，根据合同约定选择仲裁或诉讼方式解决。

6. 企业应当建立合同履行情况评估制度，至少于每年年末对合同履行的总体情况和重大合同履行的具体情况进行分析评估，对分析评估中发现的不足或问题应及时加以改进。

三、内部信息传递

（一）内部信息传递的概念和可能存在的风险

内部信息传递是企业内部各管理层级之间通过内部报告形式传递生产经营管理信息的过程。

企业在内部信息传递中主要存在以下重要风险：一是如果企业内部报告系统缺失、功能不健全，内容不完整，可能会影响生产经营有序运行；二是如果内部信息传递不通畅、不及时，则可能导致企业决策失误、相关政策措施难以落实；三是如果内部信息传递中泄露商业秘密，则会削弱企业的核心竞争力。

（二）内部信息传递风险的应对措施

1. 企业应当根据发展战略、风险控制和业绩考核要求，科学规范不同级次内部报告的指标体系，采用经营快报等多种形式，全面反映与企业生产经营管理相关的各种内外部信息。

2. 企业应当制定严密的内部报告流程，充分利用信息技术，强化内部报告信息集成和共享，将内部报告纳入企业统一信息平台，构建科学的内部报告网络体系。

3. 企业应当拓宽内部报告的渠道，通过落实奖惩措施等多种有效方式，广泛收集合理化建议。

4. 企业应当重视内部报告的使用，各级管理人员应当充分利用内部报告管理和指导企业的生产经营活动，及时反映全面预算执行情况，协调企业内部相关部门和各单位的运营进度；企业应当有效利用内部报告进行风险评估，准确识别和系统分析企业生产经营活动中的内外部风险，确定风险应对策略。

四、信息系统

（一）信息系统的概念和可能存在的风险

信息系统是信息内部传递和信息对外报告的技术手段，是企业利用计算机和通讯技术，对财务控制进行集成、转化和提升所形成的信息化管理平台。

通过信息系统强化财务控制，有利于减少人为因素，提高控制的效率和效果。

同时也应意识到，信息系统自身也存在下列风险，需要加强管理和控制。一是信息系统缺乏或规划不合理，可能造成信息孤岛或重复建设，导致企业经营管理效率低下；二是系统开发不符合财务控制要求，授权管理不当，可能导致无法利用信息技术实施有效控制；三是系统运行维护和安全措施不到位，可能导致信息泄露或毁损，系统无法正常运行。

（二）信息系统风险的应对措施

1. 企业应当根据信息系统建设整体规划提出项目建设方案，明确建设目标、人员配备、职责分工、经费保障和进度安排等相关内容，按照规定的权限和程序审批后实施。

2. 企业开发信息系统，应当将生产经营管理业务流程、关键控制点和处理规则嵌入系统程序，实现手工环境下难以实现的控制功能。

3. 企业应当加强信息系统开发全过程的跟踪管理，组织开发单位与内部各单位的日常沟通和协调，督促开发单位按时保质完成编程工作，对配备的硬件设备和系统软件进行检查验收，组织系统上线运行等。企业还应当组织独立于开发单位的专业人员对开发完成的信息系统进行验收测试，并做好信息系统上线的各项准备工作。

4. 企业应当加强信息系统运行与维护的管理，制定信息系统工作程序、信息管理制度以及各模块子系统的具体操作规范，及时跟踪、发现和解决系统运行中存在的问题，确保信息系统按照规定的程序、制度和操作规范持续稳定运行。

5. 企业应当重视信息系统运行中的安全保密工作，确定信息系统的安全等级，建立不同等级信息的授权使用制度、用户管理制度和网络安全制度，并定期对数据进行备份，避免损失。对服务器等关键信息设备，未经授权，任何人不得接触。

第五节　行政事业单位财务控制

一、行政事业单位的定义

《现代汉语词典》认为，"行政单位"是指行使国家权力的机关或部门，又称行政机关或行政部门。"事业单位"是指接受国家或地方财政拨款，从事教育、科技、文化、卫生、社会保障等活动，具备法人条件的社会服务组织。《行政事业单位内部控制规范（试行）》中所指的行政事业单位是指各级党的机关、人大机关、行政机关、政协机关、审判机关、检察机关、各民主党派机关、人民团体和事业单位。其中，事业单位是指国家为了社会公益目的，由国家机关举办或者其他组织利用国有资产举办的，从事教育、科技、文化、卫生等活动的社会服务组织。

二、行政事业单位财务控制的内容

行政事业单位财务控制的内容主要包括风险评估、单位层面的财务控制、业务层面的财务控制、监督与评价四个方面。其中，风险评估包括评估机制和评估内容。单位层面的财务控制包括机构设置、人员配备、技术配备和制度建设。业务层面的财务控制包括预算业务控制、收支业务控制、政府采购业务控制、资产控制、建设项目控制、合同控制。监督与评价包括内部和外部的监督与评价。

（一）行政事业单位风险评估机制和内容

1. 经济活动风险定期评估机制

（1）经济活动风险评估至少每年进行一次；

（2）外部环境、经济活动或管理要求等发生重大变化的，应及时对经济活动风险进行重估；

（3）成立风险评估工作小组，单位领导担任组长；

（4）风险评估结果要形成书面报告并提交单位领导。

2. 单位层面风险评估的重点内容

（1）财务控制工作的组织情况。包括是否确定财务控制职能部门或牵头部门；是否建立单位各部门在财务控制中的沟通协调和联动机制。

（2）财务控制机制的建设情况。包括经济活动的决策、执行、监督是否实现有效分离；

权责是否对等；是否建立健全议事决策机制、岗位责任制、内部监督等机制。

(3) 内部管理制度的完善情况。包括内部管理制度是否健全；执行是否有效。

(4) 财务控制关键岗位工作人员的管理情况。包括是否建立工作人员的培训、评价、轮岗等机制；工作人员是否具备相应的资格和能力。

(5) 财务信息的编报情况。包括是否按照国家统一的会计制度进行账务处理和财务报告编制。

(6) 其他情况。

3. 业务层面风险评估的重点内容

(1) 预算管理情况。包括在预算编制过程中单位内部各部门间沟通协调是否充分，预算编制与资产配置是否相结合、与具体工作是否相对应；是否按照批复的额度和开支范围执行预算，进度是否合理，是否存在无预算、超预算支出等问题；决算编报是否真实、完整、准确、及时。

(2) 收支管理情况。包括收入是否实现归口管理，是否按照规定及时向财会部门提供收入的有关凭据，是否按照规定保管和使用印章和票据等；发生支出事项时是否按照规定审核各类凭据的真实性、合法性，是否存在使用虚假票据套取资金的情形。

(3) 政府采购管理情况。包括是否按照预算和计划组织政府采购业务；是否按照规定组织政府采购活动和执行验收程序；是否按照规定保存政府采购业务相关档案。

(4) 资产管理情况。包括是否实现资产归口管理并明确使用责任；是否定期对资产进行清查盘点，对账实不符的情况及时进行处理；是否按照规定处置资产。

(5) 建设项目管理情况。包括是否按照概算投资；是否严格履行审核审批程序；是否建立有效的招投标控制机制；是否存在截留、挤占、挪用、套取项目资金的情形；是否按照规定保存项目相关档案并及时办理移交手续。

(6) 合同管理情况。包括是否实现合同归口管理；是否明确应当签订合同的经济活动范围和条件；是否有效监控合同履行情况；是否建立合同纠纷协调机制。

(7) 其他情况。

(二) 行政事业单位“单位层面”的财务控制

1. 单位应当单独设置财务控制职能部门或者确定财务控制牵头部门，负责组织协调财务控制工作。同时，应当充分发挥财会、内部审计、纪检监察、政府采购、基建、资产管理等部门或岗位在财务控制中的作用。

2. 单位经济活动的决策、执行和监督应当相互分离。单位应当建立健全集体研究、专家论证和技术咨询相结合的议事决策机制。单位的重大经济事项应当由领导班子集体研究决策。重大经济事项的认定标准应当根据有关规定和本单位实际情况确定，一经确定，不得随意变更。

3. 单位应当建立健全财务控制关键岗位责任制，明确岗位职责及分工，确保不相容岗位相互分离、相互制约和相互监督。财务控制关键岗位主要包括预算业务管理、收支业务管理、政府采购业务管理、资产管理、建设项目管理、合同管理以及内部监督等经济活动的关键岗位。单位应当实行财务控制关键岗位工作人员的轮岗制度。

4. 财务控制关键岗位工作人员应当具备与其工作岗位相适应的资格和能力。单位应当加强财务控制关键岗位工作人员业务培训和职业道德教育，不断提升其业务水平和综合素质。

5. 单位应当建立会计机构，配备会计人员，根据实际发生的经济业务按照国家统一的会计制度及时进行账务处理、编制财务会计报告，确保财务信息真实、完整。

6. 单位应当充分运用现代科学技术手段加强财务控制。对信息系统建设实施归口管理，将经济活动及其财务控制流程嵌入单位信息系统中，减少或消除人为操纵因素，保护信息安全。

（三）行政事业单位“业务层面”的财务控制

1. 预算业务控制

（1）单位应当建立健全预算编制、审批、执行、决算与评价等预算管理制度，合理设置岗位，明确相关岗位的职责权限，确保预算编制、审批、执行、评价等不相容岗位相互分离。

（2）单位的预算编制应当做到程序规范、方法科学、编制及时、内容完整、项目细化、数据准确。

（3）单位应当将经过法定程序批复的预算在单位内部的各个部门之间进行指标分解、审批下达，规范内部预算追加调整程序，发挥预算对经济活动的管控作用。

（4）单位应当根据批复的预算安排各项收支，确保预算严格有效执行。

（5）单位应当建立健全预算执行分析机制，定期召开预算执行分析会议，研究解决预算执行中存在的问题。

（6）单位应当加强决算管理，确保决算真实、完整、准确、及时，加强决算分析，强化决算分析结果的运用。

（7）单位应当加强预算绩效管理，建立“预算编制有目标、预算执行有监控、预算完成有评价、评价结果有反馈、反馈结果有应用”的全过程预算绩效管理机制。

2. 收支业务控制

（1）单位应当建立健全收入管理制度，合理设置岗位，明确相关岗位的职责权限，确保收款、会计核算等不相容岗位相互分离。

（2）单位的各项收入应当由财会部门归口管理并进行会计核算，严禁设立账外账。

（3）有政府非税收入收缴职能的单位，应当按照规定项目和标准征收政府非税收入，按照规定开具财政票据，做到收缴分离、票款一致，并及时、足额上缴国库或财政专户，不得以任何形式截留、挪用或者私分。

（4）单位应当建立健全票据管理制度，财政票据、发票等各类票据应有专人管理，各类票据的申领、启用、核销、销毁均应履行规定手续。

（5）单位应当建立健全支出内部管理制度，确定单位经济活动的各项支出标准，明确支出报销流程，按照规定办理支出事项。

（6）单位应当按照支出业务的类型，明确内部审批、审核、支付、核算和归档等支出各关键岗位的职责权限。实行国库集中支付的，应当严格按照财政国库管理制度有关规定执行。

（7）根据国家规定可以举借债务的单位应当建立健全债务管理制度，明确债务管理岗位的职责权限。大额债务的举借和偿还属于重大经济事项，应当进行充分论证，并由单位领导班子集体研究决定。同时，应当做好债务的会计核算和档案保管工作。加强债务的对账和检查控制，定期与债权人核对债务余额，进行债务清理，防范和控制财务风险。

3. 政府采购业务控制

（1）单位应当建立健全政府采购预算管理、政府采购活动管理、政府采购验收管理等政府采购管理制度，明确相关岗位的职责权限，确保政府采购需求制定与内部审批、招标文件准备与复核、合同签订与验收、验收与保管等不相容岗位相互分离。

（2）单位应当加强政府采购预算的管理，根据本单位实际需求和相关标准编制政府采购预算，按照已批复的预算安排政府采购计划。

（3）单位应当加强政府采购活动的管理，对政府采购活动实施归口管理，在政府采购活动中建立政府采购、资产管理、财会、内部审计、纪检监察等部门或岗位相互协调、相互制约的机制。

（4）单位应当加强政府采购项目验收的管理，根据规定的验收制度和政府采购文件，由指定部门或专人对所购物品的品种、规格、数量、质量和其他相关内容进行验收，并出具验收证明。

（5）单位应当加强政府采购业务质疑投诉答复的管理，指定牵头部门负责、相关部门参加，按照国家有关规定做好政府采购业务质疑投诉答复工作。

（6）单位应当加强政府采购业务的记录控制，妥善保管政府采购预算、各类批复文件、招标文件、投标文件、评标文件、合同文本、验收证明等相关资料。定期对政府采购业务信息进行分类统计，并在内部进行通报。

（7）单位应当加强涉密政府采购项目安全保密的管理，与相关供应商或采购中介机构签订保密协议或者在合同中设定保密条款。

4. 资产控制

（1）单位应当建立健全资产管理制度，对资产实行分类管理，合理设置岗位，明确相关岗位的职责权限，确保资产安全和有效使用。

（2）单位应当建立健全货币资金管理岗位责任制，不得由一人办理货币资金业务的全过程，不得由一人保管收付款项所需的全部印章，确保不相容岗位相互分离。

（3）单位应当加强银行账户的管理，严格按照规定的审批权限和程序开立、变更和撤销银行账户。

（4）单位应当加强货币资金的核查控制，指定不办理货币资金业务的会计人员定期和不定期盘点库存现金，核对银行存款，检查是否账实相符、账账相符，对存在的问题要及时查明原因，并按照相关规定处理。

（5）单位应当对资产实行归口管理，明确资产使用和保管的责任部门和责任人。贵重资产、危险资产、有保密等特殊要求的资产，应当指定专人保管、专人使用，并规定严格的接触限制条件和审批程序。

（6）按照国有资产管理相关规定，明确资产的调剂、租借、对外投资、处置的程序、审批权限和责任。

（7）单位应当加强资产的实物管理，建立资产台账，定期清查盘点资产，财会、资产管理、资产使用等部门应当定期对账，确保账实相符。

（8）单位应当建立资产信息管理系统，做好资产的统计、报告、分析工作，实现对资产的动态管理。

（9）单位应当加强对外投资的决策控制、执行控制、收益控制和处置控制，建立责任追究制度。

5. 建设项目控制

（1）单位应当建立健全建设项目管理制度，合理设置岗位，明确内部相关部门和岗位的职责权限，确保项目建议与可行性研究、可行性研究与项目决策、概预算编制与审核、项目实施与价款支付、竣工决算与竣工审计等不相容岗位相互分离。

（2）单位应当建立建设项目的集体决策机制，决策过程及各方面意见应当形成书面文件，与相关资料一同妥善归档保管。

（3）单位应当建立建设项目的审核机制。项目建议书、可行性研究报告、概预算、竣工决算报告等应当由单位内部的规划、技术、财会、法律等相关工作人员或委托具有相应资质的中介机构进行审核，出具审核意见。

（4）单位应当依据国家有关规定组织建设项目招标工作，并接受有关部门的监督，同时采取签订保密协议、限制接触等必要措施，确保标底编制、评标等工作在严格保密的情况下进行。

（5）单位应当按照审批单位下达的投资计划和预算对建设项目资金实行专款专用，严禁截留、挪用和超批复内容使用资金。

（6）单位应当加强建设项目档案的管理，做好相关文件、材料的收集、整理、归档和保管工作。

（7）经批准的投资概算是工程投资的最高限额，如有调整，应当按照国家有关规定报经批准。

（8）建设项目竣工后，单位应当按照规定的时限及时办理竣工决算，组织竣工决算审计，并根据批复的竣工决算和有关规定办理建设项目档案和资产移交等工作。建设项目已实际投入使用但超时限未办理竣工决算的，单位应当根据对建设项目的实际投资暂估入账，转作相关资产管理。

6. 合同控制

（1）单位应当建立健全合同管理制度，对合同实施归口管理，合理设置岗位，明确合同授权审批和签署权限，妥善保管和使用合同专用章，严禁未经授权擅自以单位名义对外签订合同。

（2）单位应当加强合同订立的管理，对于影响重大、涉及较高专业技术或法律关系复杂的合同，应当组织法律、技术、财会等工作人员参与谈判。

（3）单位应当建立合同履行监督审查制度，有效监控合同履行情况。合同履行过程中，因对方或单位自身原因导致可能无法按时履行的，应当及时采取应对措施。

（4）财会部门应当根据合同履行情况办理价款结算和进行账务处理。未按照合同条款履约的，财会部门应当在付款之前向单位有关负责人报告。

（5）合同归口管理部门应当加强合同登记的管理，定期对合同进行统计、分类和归档，详细登记合同的订立、履行和变更情况。与单位经济活动相关的合同应当同时提交财会部门作为账务处理的依据。

（6）单位应当加强合同信息安全保密工作，未经批准，不得以任何形式泄露合同订立与履行过程中涉及的国家秘密、工作秘密或商业秘密。

(7) 单位应当加强合同纠纷的管理。合同发生纠纷的，单位应当在规定时效内与对方协商谈判。合同纠纷协商一致的，双方应当签订书面协议；合同纠纷经协商无法解决的，经办人员应向单位有关负责人报告，并根据合同约定选择仲裁或诉讼方式解决。

（四）行政事业单位财务控制的评价与监督

1. 单位应当建立健全内部监督制度，明确各相关部门或岗位在内部监督中的职责权限，确定内部监督检查的方法、范围和频率，规定内部监督的程序和要求，对财务控制建立与实施情况进行内部监督检查和自我评价。内部监督应当与财务控制的建立和实施保持相对独立。

2. 内部审计部门应当定期或不定期检查单位内部管理制度和机制的建立与执行情况以及财务控制关键岗位和人员的设置情况等，及时发现财务控制存在的问题并提出改进建议。

3. 单位负责人应当指定专门部门或专人负责对单位财务控制的有效性进行自我评价并出具评价报告。

4. 国务院财政部门及其派出机构和地方各级人民政府财政部门应当对单位财务控制的建立和实施情况进行监督检查，提出检查意见和建议，并督促单位进行整改。

5. 国务院审计机关及其派出机构和地方各级人民政府审计机关对单位进行审计时，应当调查了解单位财务控制建立和实施的有效性，揭示财务控制的缺陷，提出审计处理意见和建议，并督促单位进行整改。

复习思考题

1. 财务控制的对象是什么？
2. 企业和行政事业单位财务控制的目标分别是什么？
3. 财务控制的原则是什么？方法有哪些？
4. 财务控制的五要素是什么？
5. 财务控制环境的五要素是什么？它们各自可能存在什么风险？如何应对这些风险？
6. 财务控制活动主要包括哪九项活动？它们各自可能存在什么风险？如何应对这些风险？
7. 财务控制手段主要有哪些？它们各自可能存在什么风险？如何应对这些风险？
8. 行政事业单位财务控制的内容主要包括哪四个方面？
9. 如何理解行政事业单位“单位层面”的财务控制和“业务层面”的财务控制的区别？

思政案例题

证监会公布2020年证监稽查20起典型违法案例

2021年01月30日08:35 | 来源：人民网—金融频道

人民网北京1月30日电（记者杜燕飞）证监会29日晚间公布了2020年证监稽查20起典型违法案例，康美药业、康得新、獐子岛等财务造假案在列。

根据记者的梳理，20起典型违法违规案例中，包括6起财务造假案、5起信息披露违法违规案、2起中介未勤勉尽责案、2起内幕交易案、2起市场操纵案、1起证券公司出借客户账户案、1起利用未公开信息交易案和1起违反私募基金管理规定案。

一、康得新财务造假案。本案系一起上市公司连续多年财务造假的典型案件。2015年至2018年，康得新复合材料集团股份有限公司编造虚假合同、单据虚增收入和成本费用，累计虚增利润115亿元。本案表明，财务舞弊严重破坏市场诚信基础和投资者信心，严重破坏信息披露制度的严肃性，监管部门坚决依法从严查处上市公司财务造假等恶性违法行为。

二、康美药业财务造假案。本案系一起上市公司系统性财务造假典型案件。2016年至2018年，康美药业股份有限公司实际控制人、董事长等通过虚开和篡改增值税发票、伪造银行单据，累计虚增货币资金887亿元，虚增收入275亿元，虚增利润39亿元。本案显示，上市公司财务信息披露的真实、准确和完整是市场健康发展的基础，大股东、实际控制人和董事、监事、高级管理人员要讲真话、做真账，维护信息披露制度的严肃性。

三、獐子岛财务造假案。本案系一起上市公司"寅吃卯粮"、调节利润的恶性舞弊案件。獐子岛集团股份有限公司（简称獐子岛）少报当年扇贝采捕海域、少计成本，虚增2016年利润；随后将以前年度已经采捕但未结转成本的虚假库存一次性核销，虚减2017年利润，连续两年财务报告严重失实。本案表明，上市公司财务造假的背后是法人治理缺位、内控管理混乱，必须压实大股东、实际控制人和董事、监事、高级管理人员等"关键少数"的法定责任。

四、辅仁药业信息披露违法违规案。本案系一起大股东及关联方长期非经营性占用上市公司资金的典型案件。2015年至2018年，辅仁药业集团制药股份有限公司（简称辅仁药业）大股东及其关联方长期非经营性占用辅仁药业及子公司资金，期末余额分别为4.1亿元、5.8亿元、4.7亿元和13.4亿元，辅仁药业未在相关年度报告和重组文件中依法披露。本案表明，上市公司大股东、实际控制人漠视中小股东权益，长期肆意占用上市公司资金，必将受到法律严惩。

五、凯迪生态信息披露违法违规案。本案系一起上市公司信息披露违法典型案件。凯迪生态环境科技股份有限公司（简称凯迪生态）未在2017年年报中披露陈义龙实际控制凯迪生态及其大股东的重要事实，隐瞒与陈义龙相关公司间10余亿元的关联交易，形成关联方非经营性占用资金8.8亿元。本案表明，上市公司大股东、实际控制人必须严格履行法定信息披露义务，不得刻意隐瞒关联交易，侵害中小股东的知情权。

六、东方金钰财务造假案。本案系一起上市公司虚构业务的典型造假案件。2016年至2018年上半年，东方金钰股份有限公司为完成营业收入、利润总额等业绩指标，伪造翡翠原石采购、销售合同，控制19个银行账户伪造采购、销售资金往来，累计虚构利润3.6亿元。本案表明，上市公司系统性财务造假严重影响上市公司质量提高，严重侵害投资者合法权益，是不可触碰的监管"高压线"。

七、雅本化学信息披露违法违规案。本案系一起上市公司新冠肺炎疫情期间"蹭热点"，违规披露信息典型案件。2020年2月，雅本化学股份有限公司多次披露子公司为抗疫相关医药中间体主要供应商，并虚构境内外销售客户7家，2017年至2019年相关销售收入实为968万元，夸大为11 548万元，市场份额15%～20%。本案表明，"蹭热点"、夸大其词严重误导投资者，依法应予严惩。

八、长园集团财务造假案。本案系一起上市公司并购标的财务造假的典型案件。2016年长园集团股份有限公司（简称长园集团）收购长园和鹰智能科技有限公司（简称长园和鹰）80%股权。为使长园和鹰完成业绩承诺，由时任董事长组织虚构海外销售，提前、重复确认收入，累计虚增利润3亿元。本案表明，给上市公司注入"有毒资产"，严重损害投资者利益，重组参与各方均应承担相应责任。

九、中健网农财务造假案。本案系一起新三板公司财务造假典型案件。厦门中健网农股份有限公司采用违规确认收入、虚构客户回款、编造送货单等方法，2016年至2017年累计虚构收入1.6亿元。同时，该公司还存在未按规定披露关联交易及关联方资金占用等违法行为。本案表明，新三板挂牌公司要严格按照公众公司的治理要求，依法履行信息披露义务，恪守合规底线。

十、史一兵信息披露违法违规案。本案系一起实际控制人指使上市公司违规披露的典型案件。2019年1月至3月，万达信息股份有限公司（简称万达信息）实际控制人史一兵，指使将万达信息及子公司累计7.4余亿元资金划转至关联方，并调整会计科目予以掩饰，史一兵被行政处罚。本案警示，上市公司实际控制人滥用控制地位，授意、指挥上市公司违规披露信息，依法应予严惩。

十一、富贵鸟债券信息披露违法违规案。本案系一起债券虚假陈述典型案件。富贵鸟股份有限公司在债券"14富贵鸟"和"16富贵01"募集说明书中，分别隐瞒13亿元、24亿元对外担保，挪用募集资金用于购买理财产品或从事资金拆借。本案表明，债券发行人要严格遵守信息披露制度，真实、准确、完整、及时和公平地披露信息，促进债券市场健康发展。

十二、兴华所未勤勉尽责案。本案系一起审计机构未充分履行审计程序被处罚的典型案件。2018年，北京兴华会计师事务所为林州重机集团股份有限公司（简称林州重机）提供年报审计服务时，监盘程序未执行到位，未取得充分适当的审计证据，导致未发现林州重机2017年虚增在建工程2亿元，出具的《审计报告》存在虚假记载。本案表明，中介机构应当忠实履行核查验证职责，切实发挥"看门人"作用。

十三、大华所未勤勉尽责案。本案系一起审计机构未充分关注重要事项被处罚的典型案件。2018年，大华会计师事务所为奥瑞德光电股份有限公司提供年报审计服务时，未对销售回款异常等事项予以必要关注，未发现销售收入不符合确认条件、控股股东非经营性占用资金等重要情况，出具的《审计报告》存在虚假记载和重大遗漏。本案警示，中介机构应当对舞弊迹象保持必要的职业怀疑和充分关注，严把执业质量关口，否则必将付出沉痛代价。

十四、恒泰证券出借客户账户案。本案系一起证券公司将客户资金账户、证券账户提供给他人使用被处罚的典型案件。2018年3月至6月，恒泰证券股份有限公司机构交易部某业务团队将35个客户账户提供给他人使用，恒泰证券及相关责任人员被行政处罚。本案表明，证券经营机构应当切实加强合规管控，全面落实账户实名制要求，筑牢市场诚信体系的第一道防线。

十五、汪耀元等人内幕交易案。本案系一起巨额内幕交易案。2015年初，健康元药业集团股份有限公司（以下简称健康元）实际控制人筹划减持股份、引入新的投资方，在此期间，汪耀元与内幕信息知情人密切联络、接触，与亲属共同控制21个账户买入"健康元"10亿余元，获利9亿余元，被罚没36亿余元。本案表明，利用内幕信息从事交易，不仅损害其他投资者利益，而且破坏市场公平交易秩序，依法应予严惩。

十六、张秋菊等11人内幕交易案。本案系一起内幕交易窝案。2017年5月16日，易见供应链管理股份有限公司披露大股东筹划变更控制权。内幕信息知情人胡某、李某将信息泄露给同学、同事、朋友、医生等人并引起再次传递，导致11人内幕交易被处罚。本案警示，内幕信息知情人务必律己慎行，严守秘密，切勿从事内幕交易或将未公开信息泄露给其他无关人员。

十七、吴联模操纵市场案。本案系一起上市公司实际控制人操纵本公司股价的典型案件。凯瑞德控股股份有限公司（以下简称凯瑞德）实际控制人吴联模在2015年至2016年配资14亿余元，炒作"凯瑞德"股价；同时操控上市公司利好信息发布节奏影响股价，非法获利8 500余万元，被处罚没款5.1亿余元。本案表明，上市公司大股东、实际控制人应当依法参与公司治理，推动公司聚焦主业，规范发展，切勿触碰操纵市场等违法红线。

十八、远大石化跨市场操纵期货合约案。本案系一起跨期货现货市场操纵的典型案件。证监会查明，2016年5月至8月，远大石化有限公司（简称远大石化）利用资金优势，控制18个期货账户，大量连续买入聚丙烯期货合约PP1609，同时在现货市场通过直接购买、代采代持等方式大量囤积现货，制造聚丙烯需求旺盛氛围，影响期货合约价格，涉嫌操纵期货市场犯罪。2020年9月，法院判决远大石化罚没款7.4亿元，董事长吴某有期徒刑4年并处罚金500万元。本案表明，操纵市场制造虚假价格，引发市场波动，扰乱市场正常秩序，监管部门始终保持高压态势。

十九、赵艰申利用未公开信息交易被刑事追责案。本案系一起公募基金从业人员实施"老鼠仓"交易的典型案件。证监会查明，2013年至2017年，赵艰申在财通基金管理有限公司、上投摩根基金管理有限公司任职期间，与其参与管理的4只基金趋同交易39亿余元，非法获利1 523万元，涉嫌犯罪。2020年10月赵艰申被法院判处有期徒刑4年，没收违法所得并处罚金2 280万元。本案表明，资产管理行业从业人员要严守职业准则，为投资者最大利益忠实履行管理职责，远离利益输送等违法红线。

二十、永安信违反私募基金管理规定案。本案系一起私募基金管理人违反私募基金管理规定的典型案件。永安信（天津）股权投资基金管理有限公司违反规定，未对83只私募基金进行备案；单只私募基金投资者人数超过200人上限；将固有财产、他人财产与基金财产混同投资，受到行政处罚。本案警示，私募基金及其从业人员要恪守合法合规运作底线，高度自律，诚信经营。

需要讨论的问题：

1. 证监会公布这20起典型违法案例的目的是什么？

2. 证监会公布的这20起典型违法案例中，既有上市公司财务造假案例、信息披露违法案例，又有会计师事务所未勤勉尽责案例，还有自然人内幕交易案例和操纵市场案例等。这说明财务控制环境不仅包括内部环境，还有外部环境。请结合这20起典型违法案例讨论财务控制外部环境的构成要素和治理措施。

3. 作为单位的实控人或者经营管理者，应该秉持什么样的财务控制理念？

4. 作为单位的普通员工，应该秉持什么样的财务控制理念？作为一个社会人，又应该秉持什么样的财务控制理念？

第八章

财务管理学中的分配学

内容简介

本章主要介绍财务分配的概念、内容、主体、客体、原则以及公司职工薪酬分配、公司债权人利益分配、公司政府利益分配、公司下游客户和社会公众利益分配与公司股东利益分配的理论和方法。

学习目标

通过本章的学习，要求了解财务分配的概念、内容、主体、客体、原则，掌握公司职工薪酬分配、公司债权人利益分配、公司政府利益分配、公司下游客户和社会公众利益分配以及公司股东利益分配的理论和方法。

第一节　财务分配概述

一、财务分配的概念

在社会各项财务管理活动中，财务分配是指对财务资源进行分割和分派的过程，即对财务资源的分配。

财务资源具体包括有形资源和无形资源。有形资源是指能够看得见、摸得着的可以量化的资产（资金），如货币资金、应收款项、存货、固定资产等。无形资源是指植根于组织历史，伴随组织的成长而积累起来的，以独特的方式存在，并且不易被竞争对手了解和模仿的资产（资金），如各种无形资产和信息资源等。

广义地说，财务资源不仅包含社会商品价值中的 V + M 部分，还包含生产过程中消耗掉的各种生产资料，包括原材料、辅助材料、燃料、厂房、机器设备，以及用来投资或生产的资金，包括应收账款、有价证券等，即社会商品价值中的 C 部分。也就是说，广义的财务资源包括社会商品价值中的 C + V + M 三个部分。

二、财务分配的内容

如上所述，财务分配是对财务资源的分配，而财务资源又包含了社会商品价值中的 C +

V+M 三个部分，因此，财务分配的内容就是 C、V、M 这三个部分的价值。其中，C 是社会生产过程中消耗掉的各种生产资料的转移价值，包括原材料、辅助材料、燃料等劳动对象以及厂房、机器设备等劳动手段磨损部分的价值，也就是物化劳动的转移价值，财务分配主体要合理地在各个生产部门中分配生产资料价值；V 是劳动者为个人需要所创造的必要商品的价值，相当于以工资形式支付给劳动者的劳动报酬，也就是生产过程中活劳动耗费所创造的价值，是用于劳动力再生产的价值，即劳动力的价值，财务分配主体也要合理地在各个劳动者之间分配这部分价值；M 是劳动者为社会需要所创造的价值，即剩余价值，由国家公权部门、生产者和投资人共同参与这部分价值的分配，国家公权部门通常采取征收税费的方式参与分配，生产者通常采取奖金、提留等方式参与分配，投资人则主要以分红的方式参与分配。

三、财务分配的主体

如本书第一章所述，从财务管理主体来看，财务管理学科应该包括国家财务管理学（含国家财政管理学、国家税收管理学、国家金融管理学、国家外汇管理学等）、公众财务管理学（含社会保障基金管理学、住房公积金管理学等）、行政事业单位财务管理学、公司财务管理学、非营利组织财务管理学、家庭和个人财务管理学。因此，财务分配应该包括国家财务分配、公众财务分配、行政事业单位财务分配、公司财务分配、非营利组织财务分配以及家庭和个人财务分配。国家财务分配的主体是国家，公众财务分配的主体是社会保障基金管理机构和住房公积金管理机构，行政事业单位财务分配的主体是行政事业单位，公司财务分配的主体是公司，非营利组织财务分配的主体是非营利组织，家庭和个人财务分配的主体是家庭和个人。

四、财务分配的客体

财务分配的客体是指财务分配的对象，即向谁分配。不同的财务管理主体，其财务分配的客体是不同的。国家财务分配的客体包括国家机关、各级行政机构、全体国民以及国际上的利益相关者。公众财务分配的客体是社会保险参保人、住房公积金缴纳者和全体国民。行政事业单位财务分配的客体是本级机构和人员以及下级机构和人员。公司财务分配的客体是公司的各种利益相关者，包括股东、债权人、雇员、客户、供应商、政府、社会公众等。非营利组织财务分配的客体是非营利组织的本级机构和人员以及下级机构和人员。家庭和个人财务分配的客体是家庭成员或个人。

五、财务分配的原则

（一）国家财务分配的原则

我国的财务分配原则是建立在社会主义的本质要求和市场经济运行规则之上的，因此财务分配的原则充分体现了社会主义和市场经济的基本特征。

1. 按劳分配为主体，多种分配方式并存的原则。按劳分配不仅体现了社会主义制度的基本特征，而且与市场经济的基本原则相一致。按劳分配作为分配方式的主体，是公有制经济在国民经济中占主导地位所决定的。公有制是按劳分配的前提和基础，按劳分配是公有制的实现和体现。按劳分配为社会主义市场经济的发展提供了动力机制。按劳分配默认不同等的个人天赋，默认不同等的工作能力是天然特权，多劳多得，少劳少得，不劳不得，这就为提高经济活动的效率提供了内在动力。按劳分配可以和社会主义市场经济有机地统一起来。由于所有制形式和经营方式的多样化，决定了在收入分配形式上的多样性。因此承认市场机制作用带来的额外收入，允许一部分非劳动收入。允许属于个人的资本等生产要素参与收益分配。坚持按劳分配为主体，并不是以限制或否定其他分配方式为条件，而是只有发展其他多种分配方式，才有按劳分配的主体地位。同时，发展多种分配方式，并不是为了否定按劳分配的主体地位，恰恰相反，只有在坚持以按劳分配为主体的前提下，其他分配方式才能得到应有的发展。

2. 效率优先、兼顾公平的原则。社会主义市场经济要求做到效率和公平的正确结合。经济学上的效率，可以用经济活动中所消耗的劳动量与所获得的劳动成果的比率来衡量。如果所消耗的劳动量少，取得的劳动成果多，则经济活动的效率高；如果所消耗的劳动量多，取得的劳动成果小，则经济活动的效率低。所谓公平，主要是指一定社会中人们之间利益和权利分配的合理化：在社会主义初级阶段的经济生活中，公平的内涵主要包括：第一，机会均等。这是指每个人都有同样的付出劳动的机会和发挥自己才干的机会。第二，规则平等。规则平等是指劳动者在收入分配过程中遵守同样的规则，在规则面前人人平等。第三，差距适度，共同富裕。

（二）公众财务分配的原则

1. 公平分配原则。公众财务分配坚持公平分配原则，就是通过再分配纠正市场机制导致的财富分配不公平状况，实现社会分配公平，缩小贫富差距。

2. 效益原则。公众财务分配效益原则是以市场机制发挥基础性作用为基点的，遵循市场效率准则来安排财政支出，优化资源配置，以最小的社会成本取得最大的社会效益。这个原则包括宏观和微观两个含义：从宏观上看，要实现社会均衡。达到这一均衡的标准是政府支出给社会带来的利益应大于由政府课税或用其他方式取得收入所付出的代价。从微观上看，要进行成本—效益分析。

3. 稳定与发展原则。在社会总供给大于社会总需求时增加财政支出，反之则减少财政支出。

（三）行政事业单位财务分配的原则

1. 依法分配原则。行政事业单位财务分配必须严格执行国家有关法律、法规和财务规章制度，在法律、法规、制度的框架内进行分配。

2. 厉行节约、勤俭办事业原则。行政事业单位财务分配必须遵循厉行节约、勤俭办事业的原则，禁止奢侈浪费。

3. 量入为出原则。国家分配给各级行政事业单位的资金是有限的，各单位必须量入为出，有多少资金就办多少事情，严禁过度负债。

4. 保证重点、兼顾一般原则。行政事业单位可供分配的资金有限，因此必须坚持保证重点、兼顾一般的原则。

5. 社会效益和经济效益相兼顾原则。行政事业单位财务分配既要讲社会效益，也要讲经济效益，努力使两个效益达到最大化。

6. 国家、单位和个人三者利益相兼顾原则。行政事业单位的财务分配涉及国家、单位和个人三者的经济利益，在遵循个人利益服从单位利益、单位利益服从国家利益的基础上尽量做到互相兼顾。

（四）公司财务分配的原则

1. 依法分配原则。公司的财务分配必须依法进行。为了规范公司的财务分配行为，维护各利益相关者的合法权益，国家颁布了相关法规。这些法规规定了公司财务分配的基本要求、一般程序和重要比例，公司应当认真执行，不得违反。

2. 分配与积累并重原则。公司的财务分配必须坚持积累与分配并重的原则。公司通过经营活动赚取收益，既要保证公司简单再生产的持续进行，又要不断积累公司扩大再生产的财力基础。恰当处理分配与积累之间的关系，留存一部分净收益以供未来分配之需，能够增强公司抵抗风险的能力，同时，也可以提高公司经营的稳定性与安全性。

3. 兼顾各方利益原则。公司的财务分配必须兼顾各方面的利益。公司是经济社会的基本单元，公司的财务分配涉及国家、股东、债权人、职工等多方面的利益。正确处理他们之间的关系，协调其矛盾，对公司的生存、发展是至关重要的。公司在进行收益分配时，应当统筹兼顾，维护各利益相关者的合法权益。

4. 投资与收益对等原则。公司进行财务分配应当体现“谁投资谁受益”“收益大小与投资比例相对等”的原则。这是正确处理投资者利益关系的关键。公司在向投资者分配收益时，应本着平等一致的原则，按照投资者投资额的比例进行分配，不允许任何一方随意多分多占，以从根本上实现收益分配中的公开、公平和公正，保护投资者的利益。

（五）非营利组织财务分配的原则

1. 依法理财原则。这是非营利组织财务管理应遵循的最基本的原则。非营利组织是法人单位，受到国家的很多法律法规的约束，在进行财务分配时必须依法行事，严禁触犯国家的法律法规。

2. 勤俭节约原则。这是非营利组织财务管理必须长期遵循的基本原则。非营利组织的资金来源通常都是有限的，容不得铺张浪费，财务分配一定要勤俭节约。

3. 量力而行和尽力而为相结合原则。非营利组织大多都是服务性质的民间组织，资金来源有限、资金规模有限，因此在财务分配上要量力而行、尽力而为，有多少资金就办多少事情，能办多少事情就尽力办多少事情。

4. 社会效益与经济效益相统一原则。非营利组织大多都是不以营利为目的的民间组织，但不以营利为目的并不是说不讲求经济效益，在追求社会效益的同时，也要讲求经济效益，使有限的资金发挥尽可能大的经济效益。

（六）家庭和个人财务分配的原则

1. 量入为出、整体规划原则。财务分配应该切实考虑每个家庭和个人的经济收支状况和风险承受能力，综合分析家庭和个人各方面的财务需求及相互之间的影响，合理制定一个整体性的解决方案。

2. 收益与安全平衡原则。注重经济效益，追求家庭和个人资产的保值与增值。但保值是增值的前提，为家庭和个人建立一个能够帮助其安然面对大病、灾难、失业等各种意外情况的资金保障系统是家庭和个人财务分配的一个关键问题。合理利用理财工具平衡收益与安全之间的关系，在有效管理各种风险的基础上努力实现家庭和个人资产保值增值的最大化。

3. 终身理财原则。家庭和个人理财不是一蹴而就、急功近利的短视行为，而是一个长期、动态、贯穿人生始终的过程。处于不同阶段的家庭和个人对于生活和财务的需求是不一样的，财务分配必须考虑阶段性和延续性，正确处理消费、资本投入与收益之间的矛盾，实现资产的动态平衡。

第二节　公司职工薪酬分配

一、职工和职工薪酬的定义

（一）职工的定义

职工是指与公司订立正式劳动合同的所有人员，含全职、兼职和临时职工，也包括未与公司订立正式劳动合同但由公司正式任命的人员，如董事会成员、监事会成员和内部审计委员会成员等。

在公司的计划、领导和控制下，虽未与公司订立劳动合同或未由其正式任命，但向公司所提供服务与职工所提供服务类似的人员，也属于职工的范畴，包括通过公司与劳务中介公司签订用工合同而向公司提供服务的人员。

（二）职工薪酬的定义

职工薪酬是指公司为获得职工提供的服务或解除劳动关系而给予的各种形式的报酬或补偿。具体包括：短期薪酬、离职后福利、辞退福利和其他长期职工福利。公司提供给职工配偶、已故员工遗属及其他受益人等的福利，也属于职工薪酬。

二、职工薪酬的范围

根据《企业会计准则第 9 号——职工薪酬》的规定，职工薪酬范围包括：

（一）短期薪酬

短期薪酬是指公司在职工提供相关服务的年度报告期间结束后 12 个月内需要全部予以支付的职工薪酬，因解除与职工的劳动关系给予的补偿除外。短期薪酬具体包括：

1. 职工工资、奖金、津贴和补贴；
2. 职工福利费；
3. 医疗保险费、工伤保险费和生育保险费等社会保险费；
4. 住房公积金；
5. 工会经费和职工教育经费；
6. 短期带薪缺勤；
7. 短期利润分享计划；
8. 非货币性福利；
9. 其他短期薪酬。

（二）离职后福利

离职后福利是指公司为获得职工提供的服务而在职工退休或与公司解除劳动关系后，提供的各种形式的报酬和福利，短期薪酬和辞退福利除外。

（三）辞退福利

辞退福利是指公司在职工劳动合同到期之前解除与职工的劳动关系，或者为鼓励职工自愿接受裁减而给予职工的补偿。

（四）其他长期职工福利

其他长期职工福利是指除短期薪酬、离职后福利、辞退福利之外所有的职工薪酬，包括长期带薪缺勤、长期残疾福利、长期利润分享计划等。

三、职工薪酬政策的制定

职工薪酬政策是组织制定的、为薪酬决定与支付的重要环节提供基本指导方针的政策。对各级各类员工的工资和福利水平、等级、发放方式产生影响，同时也对工资增长基准、提升与降级政策、加班工资政策等产生作用。通常由董事会委派的人力资源或薪酬政策委员会制定确认，由人力资源部门负责具体的实施。

（一）制定原则

职工薪酬政策的制定原则可以概括为以下几点：

1. 公平性原则：外部公平性、内部公平性、个人公平性。

2. 竞争性原则：与同地区同行业同等要求同等职位相比，薪酬福利具有竞争力。

3. 激励性原则：结构和指标比较合理，能最大限度调动广大员工的积极性。

4. 经济性原则：按“所产生的价值比成本更重要”的原则，用最少的钱办最多的事。

5. 合法性原则：符合国家《劳动法》和其他相关法律法规。

具体而言，作为职工薪酬政策的制定者，应该考虑和其他公司的同等工作相比，本公司应该支付什么样的薪酬水平，如何获得劳动力市场的薪酬竞争力，报酬收入如何在员工之间分配，什么样的分配方式可以最大限度地调动员工的积极性，什么样的报酬结构更适应公司对人力资源开发管理的需要；等等。

（二）职工薪酬政策

职工薪酬政策可以分为外部薪酬政策和内部薪酬政策。外部薪酬政策侧重公司的薪酬水平和外部竞争力，内部薪酬政策主要调整薪酬的纵向等级结构和横向要素组合方式。两个问题都与公平付薪有直接的关系。具体如下：

1. 外部薪酬政策

外部薪酬政策制定的目标是加大公司的竞争力。在激烈的市场竞争中，人才的竞争是关键，而依靠高薪吸引人才是公司普遍实施的战略手段之一。公司在大多数情况下会面临这样的两难选择：没有薪酬优势，无法吸引高质量的人才，还会导致已获得人才的流失：如果工资水平过高，又会面临加大成本预算、价格上涨，以及工资冻结、延滞支付等问题。因此，选择什么样的工资水平和工资支付方式，是公司外部薪酬政策关注的焦点。

外部薪酬政策有三种对策模式：

（1）领先对策，即在同行业或同地区市场上保持优势薪酬水平。一般而言，实施这种政策的公司有以下几种情况：公司处于快速成长期，企图利用薪酬机制吸引人才：公司效益好，崇尚劳资合作与利益分享；公司资力雄厚，为了体现公司实力等。当然，采取领先薪酬水平政策的公司也不乏一些求贤若渴的中小公司。

（2）居中对策，即在同行业或同地区市场上保持中等薪酬水平。这是一种跟随战略，薪酬水平随市场波动。实施这种政策的公司风险小，不刻意通过报酬获得外部竞争优势，或者说可以不主要依靠外部薪酬优势来吸引和获取人才。现实中，一些实力雄厚的大公司比实力并不十分雄厚的中小公司更倾向于采取这种薪酬政策。

（3）滞后对策，即在同行业或同地区市场上保持较低薪酬水平。一般而言，实施这种政策的公司有以下几种情况：受人工成本约束，公司处于衰退期或遇到财务危机；注重其他形式的补偿（高福利），注重长期报酬激励（期权）等。

至于公司选择哪一种薪酬政策，要视公司的性质和现状而决定。目前通用的对薪酬水平的确定指标一般是根据薪酬调查来确定标准值。它的专用术语是价位值。例如，25P～50P（低位值）、50P～75P（中位值）、75P以上（高位值）等。

2. 内部薪酬政策

内部薪酬政策的重点是如何提高薪酬效率和激励员工。概括而言，就是处理好公司内部的公平与效率的关系。付给员工的报酬是公司成本的主要组成部分，在总投入一定的情况下，人工成本的降低，意味着收益的增加，这是不言而喻的。但是一味地降低人工成本，并不一定能够为公司带来更大的效益，因为人力资源是一种特殊的公司资源，它的内在价值外在于对公司的贡献之上。要实现这一点，就要设法将公司的经营目标通过薪酬管理，落实在员工的行为激励上。

公司内部薪酬政策有两项任务：其一，促进公司薪酬结构的合理性。具体而言，就是使公司的薪酬等级、级差，以及薪酬在岗位和职务之间的分布合理，体现公平付薪的原则。其二，促进员工薪酬结构的有效性，即使各薪酬要素之间的配置有效，集中体现按照贡献支付劳动报酬的原则。组织能否留住和激励员工，很大程度上是通过公司内部的报酬机制和报酬结构实现的。合理而公平的薪酬结构是报酬机制的核心，也是公司薪酬政策制定的基准线。

四、职工薪酬方案的制定

（一）薪酬方案的目标

薪酬方案，也称薪酬项目、薪酬计划等，一般是指为贯彻公司薪酬战略和薪酬政策，配合公司现存的薪酬制度而实施的短期行动部署和具体措施，包括薪酬抑制和薪酬激励两类方案。

在现代公司薪酬管理中，薪酬方案的设计与实施是为了达到三个目的：

1. 促进薪酬管理与公司经营的更好结合。

2. 促进薪酬管理与公司人力资源需求的有效配置。

3. 提高员工绩效。

（二）制定原则

在制定职工薪酬方案时，需要掌握四个原则：

1. 提供能够吸引和留住公司急需人员的薪酬水平。

2. 避免人工成本的盲目上升，维持组织有支付能力的薪酬水平。

3. 避免因部分员工薪酬水平的提高，导致公司整体薪酬结构严重失衡。

4. 坚持薪酬分配“两个公平原则”，关注新方案实施后可能产生的负面影响，特别是对非受益者或较小受益者的影响。

（三）使用较为普遍的职工薪酬方案

1. 人工成本控制方案

人工成本控制方案主要是针对薪酬脱离公司效益刚性上涨的问题而采取的一种薪酬对策。引起薪酬刚性上涨的原因有：生活费用的上涨、工会斗争、劳动力市场需求变化等。这种状况对公司造成两种不利的影响：一是加大了人工成本；二是难以推行以绩效为主的薪酬制度，打击员工的积极性。薪酬长期脱离公司效益，会导致公司经营业绩不佳，迫使公司不得不缩减人员规模，控制人工成本的支出。人工成本控制方案的核心是降低公司薪酬水平、调整薪酬结构，或者降低部分人员的薪酬。

2. 货币激励方案

货币激励方案是一种物质奖励方案，目的是吸引和留住公司所需要的人才，特别是公司紧缺人才。从薪酬要素的作用看，基础薪酬是保底薪酬，激励性不强。为了调动员工的积极性，或者为了在劳动力市场上取得薪酬优势，需要发挥浮动薪酬的作用，实施货币薪酬奖励方案。

3. 福利激励方案

目前一些现代大公司越来越重视公司福利对激励员工的重要作用。在当今的人才市场竞争中，高质量的公司福利是吸引员工的必不可少的“秘密武器”。在传统的公司薪酬福利管理中，公司之所以热衷于福利，主要是为了安抚员工和享受政府对福利的优惠政策。

除此之外，薪酬方案还包括实施以单一或几种薪酬要素为主的综合性薪酬管理计划，其目的是引导和约束员工的某些绩效行为，或者对某员工群体的绩效进行激励等。例如，为了提高员工的技能水平，推行技能薪酬方案；为了激励员工的团队意识，推行增益分享方案；为了强化公司与员工的合作关系，推行员工持股、股权激励等长期激励薪酬方案等。

第三节　公司债权人利益分配

一、公司债权人的定义和范围

公司债权人是指公司外部拥有本公司债权的机构和个人，主要包括金融机构、债券持有者、提供赊购的上游客户、预付货款的下游客户等。

1. 金融机构。金融机构是公司债权资金的主要提供者，公司通过与金融机构签定借款合同，从金融机构取得各种类型的贷款。金融机构在给公司提供贷款时，一般都要求公司以信用担保或财产抵押、质押的形式给金融机构提供还款保障，并要求和监督公司按照贷款合同约定的用途使用资金。

2. 债券持有者。债券持有者是指持有公司发行在外的债券的机构和个人。在采用发行债券的方式筹措长期资金时，资金贷方即为债券持有者，为购买债券之人，在债券法律关系中处于债权人地位。债券持有者主要有个人和机构投资者，后者如保险公司、投资信托公司、商业银行、公司法人等。各类债券持有者购买债券的共同目的是获取利息和资本收益。

3. 提供赊购的上游客户。提供赊购的上游客户是指公司采取赊购的方式购买商品或劳务时，给公司提供商品或劳务的单位和个人。在公司产业链中，提供商品或劳务的供应商就是上游客户。公司从上游客户赊购的商品或劳务构成公司的债务性资金来源，上游客户构成公司赊购商品或劳务的债权人。公司这种债务性资金来源一般无需支付利息，合约只规定到期支付货款。

4. 预付货款的下游客户。预付货款的下游客户是指购买本公司商品或劳务、提前预付货款的单位和个人。预先收取下游客户的货款、在未来某一个约定的时间再给客户提供商品或劳务，这也构成公司的债务性资金来源。

二、公司债权人利益分配的形式

公司债权人利益分配的形式主要包括偿还本金和支付利息两种。公司应该按照合同的约定积极筹措资金来偿还到期的本金并支付利息。常见的还本付息方式主要有分期付息到期还本、分期还本付息、分期等额偿还本息以及到期一次性偿还本息等，公司应该与债权人协商具体的还本付息方式。如果是发行债券，公司应该充分考虑资本市场（尤其是债券市场）的行情，确定一个合理的还本付息方式。

第四节　公司政府利益分配

一、公司政府利益的定义和形式

公司政府利益是指政府以国家权力机关的身份而不是以投资人的身份从公司所获取的利益，其获取的形式主要是征收各项税费和要求国有或国有控股公司上缴利润等。

二、税收的种类和征收办法

（一）税收的种类

目前我国的税收制度共设有 18 种税，不同的征税对象是一个税种区别于另一个税种的主要标志。税种的名称一般以征税对象来命名，如对增值额课税的税种，称为增值税，对资源课税的税种，称为资源税等。我国现行的 18 个税种按照其性质和作用大致可以分为下列五类，如表 8 - 1 所示。

表 8 - 1　　我国现行 18 个税种分类表

类别	税种
商品和劳务税类	增值税、消费税、关税
所得税类	企业所得税、个人所得税
财产税类	房产税、车船税、契税、车辆购置税
资源税类	资源税、城镇土地使用税、土地增值税
行为目的税类	印花税、耕地占用税、环境保护税、烟叶税、城市维护建设税、船舶吨税

（二）税款的征收办法

《中华人民共和国税收征收管理法实施细则》第三十八条规定：税务机关根据保证国家税款及时足额入库、方便纳税人、降低税收成本的原则，确定税款征收的方式。目前我国主要有以下几种税款征收管理方法：

1. “查账”征收方法

查账征收是指税务机关根据纳税人的会计账册资料，依照税法规定计算征收税款的一种方式。它适用于经营规模较大、财务会计制度健全、能够如实核算和提供生产经营状况，以及正确计算应纳税款的纳税人。

2. “查定”征收方法

查定征收是指税务机关根据纳税人的从业人员、生产设备、原材料耗用情况等因素，查实核定其在正常生产经营条件下应税商品的产量、销售额，并据以征收税款的一种方式。如果纳税人的实际产量超过查定产量时，由纳税人报请补征；实际产量不及查定产量时，可由纳税人报请重新核定。这种方式适用生产经营规模较小、商品零星、税源分散、会计账册不健全的小型厂矿和作坊。

3. “查验”征收方法

查验征收是指税务机关对纳税人应纳税商品，通过查验数量，按照市场一般销售单价计算其收入并据以征收税款的一种方式。这种方式适用于对零星分散、流动性大的税源，如城乡集贸市场的临时经营和机场、码头等场外经销商品的税款征收。

4. “定期定额”征收方法

定期定额征收是指税务机关根据纳税人自报及有关单位评议情况，核定其一定时期应税收入及应纳税额并分月征收的一种方式。这种方式适用于对生产经营规模较小、营业额和所得额不能准确计算的小型工商业户的税款征收。若纳税人在定期内生产经营情况发生较大变化，应税收入超过或低于其原定数额20%时，应及时向税务机关申报调整；税务机关应在规定时间内予以核定。

5. “代收代缴”征收方法

代收代缴是指依照税法规定，负有代收代缴税款义务的单位和个人，在向纳税人收取款项的同时，依法收取纳税人应纳的税款并按照规定的期限和缴库办法申报解缴的一种方式。如《消费税暂行条例》规定，纳税人委托加工的应税消费品，由受托方在向委托方交货时代收代缴税款。这种方式的适用范围仅限于税法中明确规定的情形。

6. “代扣代缴”征收方法

代扣代缴是指按照税法规定，负有代扣代缴税款义务的单位和个人，在向纳税人支付款项时，依法从其支付款项中扣收纳税人应纳的税款并按照规定的期限和缴库办法申报解缴的一种方式。采用这种方法是为了简化征收手续，方便群众纳税，便于管理，对减少逃税、偷税具有一定作用。

7. “委托代征代缴”征收方法

委托代征代缴是指税务机关委托某些单位或个人代替税务机关执行税收征收任务的一种征收管理方法。采用这种征收管理方法的是零星、分散和流动性大的税款征收，如集贸市场的税收、车船税收等。采用这种方式，有利于加强零散税源的控管，提高征管效率。税务机关应加强代征单位和人员的管理，以确保应收尽收。

三、公司政府利益分配的原则

1. 依法纳税原则

依法纳税是每个法人、自然人应尽的义务，国家法规不容忍任何单位和个人践踏，各种逃税、偷税行为是国家法律所不允许的。作为纳税主体的公司法人，依法纳税不仅仅是公司的义务，也是公司生存的根本原则。

《税收征管法》规定："对纳税人偷税的，由税务机关追缴其不缴或者少缴的税款、滞纳金，并处不缴或者少缴的税款50%以上5倍以下的罚款；构成犯罪的，依法追究刑事责任。"

2. 准确计税原则

纳税人应正确理解纳税人、课税对象、税率、纳税期限、纳税地点、有关减免税的规定等方面内容，全面掌握各种税费的计税依据和税率，正确计算应纳税款。计税依据判断是否准确是正确计算应纳税款的关键。

3. 按时缴税原则

按时缴税是指纳税人应当按照税收法律、行政法规的规定，将当期应该缴纳的税款，在规定期限内进行缴纳；扣缴义务人应当将纳税人当期应缴纳的税款进行代收或者代扣之后，在规定期限内将税款进行解缴。纳税人、扣缴义务人如果未按照规定期限缴纳税款，或者未按照规定期限解缴税款，税务机关将责令限期缴纳，从滞纳税款之日起，按日加收滞纳税款万分之五的滞纳金。

4. 科学节税原则

科学节税是指纳税人在深刻理解、准确掌握税法及相关法律的基础上，在不违反法律、法规（税法及其他相关的法律、法规）的前提下，通过对纳税主体（自然人、法人）的经营活动或投资行为等涉税事项做出事先安排，以达到少缴税或递延缴纳税收的行为。公司应该怎样纳税，纳多少税，需要公司结合自己的实际情况和公司所处的阶段制定相应的方案，在合理合法的基础上最小化公司成本。节税的本质是改变交易，而不是违反税法，在税收收入征管工作方面，属于反避税。偷税不同于节税，它是利用非法技术手段逃避纳税义务的行为。

5. 合理避税原则

合理避税是指纳税人在尊重税法、依法纳税的前提下，采取一些适当规避本可以不用或者可以少缴纳的税负，减少公司税收成本支出。合理避税不是逃税，而是一种正常的法律行为，是公司本来就拥有的权利。

第五节　公司下游客户和社会公众利益分配

一、下游客户的利益分配

（一）下游客户利益分配的定义与形式

1. 定义

下游客户是指公司商品或劳务的消费者或经销商。下游客户利益分配是指公司向消费者或经销商提供商品或劳务的过程。

2. 形式

下游客户利益分配的形式主要有保证商品质量、提供商品信息、按合同供货以及做好售后服务等，具体如下：

（1）保证商品质量。质量是公司生存和发展的根本，要提高商品质量，必须全员参与，每位员工都有义务和责任做好商品质量，并牢固树立质量意识，严格控制和执行好商品的操作流程。要求公司领导和每位员工全身心地投入到商品质量管理当中，把质量目标灌输到每个员工的心中。主要从进料检验、生产过程、出厂检验、售后服务等方面去控制，从而确保商品的整体质量。

（2）提供商品信息。公司向顾客或其他经销商提供有关商品的质量、性能、用途、有效期限等信息，具体包括价格、产地、生产者、用途、性能、规格、等级、主要成分、生产日期、有效期限、检验合格证明、使用方法说明书、售后服务，或者服务的内容、规格、费用等，这些信息必须是真实的，并符合下列要求：①有商品质量检验合格证明；②有中文标明的商品名称、生产厂厂名和厂址；③根据商品的特点和使用要求，需要标明商品规格、等级、所含主要成分的名称和含量的，用中文相应予以标明；需要事先让消费者知晓的，应当在外包装上标明，或者预先向消费者提供有关资料；④限期使用的商品，应当在显著位置清晰地标明生产日期和安全使用期或者失效日期；⑤使用不当，容易造成商品本身损坏或者可能危及人身、财产安全的商品，应当有警示标志或者中文警示说明。裸装的食品和其他根据商品的特点难以附加标识的裸装商品，可以不附加商品标识。

（3）按合同供货。公司与顾客或其他经销商签订供货合同，在合同中明确规定供货内容、数量、时间、交货地点、货款支付方式、货物质量标准、验货方式、逾期供货（或付款）的违约责任等。

销售合同是指平等主体的自然人、法人、其他组织之间设立、变更、终止民事权利义务关系的协议。签订销售合同需要遵守诚实信用的原则。销售合同的签订程序具体可概括为两个阶段：要约和承诺。

（4）做好售后服务。售后服务是商品被销售后由厂商、销售商或服务商为客户所提供的有偿或无偿的培训、商品调试、问题咨询、客户回访、商品维护和升级等服务，其服务质量评价标准是客户满意度。

（二）下游客户利益分配的原则

1. 顾客至上、服务第一原则

顾客至上就是一切以顾客为主，能为顾客的利益考虑。服务至上就是在服务质量上没有最好只有更好，让顾客有实至名归的感觉，这样才能让顾客回头。

在互联网被广泛运用的现代社会，顾客购买、选择的自由度加大，因此他们变得越来越苛刻和难以满足，他们在决定选择哪个商家时比以往谨慎得多。他们越来越在乎商家的服务态度，而不仅仅是价格的高低。在这种新形势下，赢得永久的顾客忠诚便成为公司整个营销策略的基础。

2. 质量优先原则

质量优先就是以质量为中心，把品质放在第一位。在市场经济快速发展、公司间竞争日趋激烈的今天，商品的质量对于公司的重要性日益明显。公司竞争的实质就是质量的竞争，商品质量的高低是公司有没有核心竞争实力的重要指标，是市场营销的后盾，提高商品质量是保证公司占领市场从事经营的重要手段，也是公司提高效益的源泉，一个公司要做大做强，在努力创新的基础上，必须努力提高商品质量水平。纵观国内外长久不衰的知名公司，都有着质量过硬的商品品牌，所以说质量是公司的生命，是公司的灵魂。

二、社会公众的利益分配

（一）社会公众利益分配的定义与形式

1. 定义

社会公众是指受公司生产经营活动直接或间接影响的各种群体的总称。社会公众对公司的态度，会对公司的生产经营活动产生很大的影响，它既可以有助于公司树立良好的形象，也可能会破坏公司的形象。所以公司必须处理好与社会公众的关系，争取公众的支持，为自己营造和谐、宽松的生产经营环境。

社会公众利益是指公司向受其生产经营活动影响的社会公众所分配的利益，如公司在节能减排、保护资源、改善环境、损害损伤救治和补偿等方面的投资就属于社会公众利益。

2. 形式

社会公众利益分配的形式主要有购买、安装和使用节能减排、保护资源和改善环境等方面的设备和设施，对受到公司生产经营活动损害损伤者进行医疗救治和补偿等。

（二）社会公众利益分配的原则

1. 依法环评原则

环境影响评价过程中应贯彻执行我国环境保护相关的法律法规、标准、政策，分析建设项目与环境保护政策、资源能源利用政策、国家产业政策和技术政策等有关政策及相关规划的相符性，并关注国家或地方在法律法规、标准、政策、规划及相关主体功能区划等方面的新动向。

2. 依法治理原则

公司发展涉及社会公众利益，公司在快速发展的同时，应加强生态环境保护，进行生产结构调整，加大国有公司和金融体制改革力度，真正做到以法治促改革发展、促公平正义、促和谐稳定。

第六节　公司股东利益分配

一、股东利益分配的定义和形式

（一）定义

股东利益分配是指公司向股东分配利润或者分配剩余财产。公司利润分配的基础是净利润，即公司缴纳所得税后的利润。一般情况下，股东都是根据其实际缴纳的出资额在资本总额中的比例来计算利润，但是如果全体股东一致约定不按照出资比例分配利润的，所有股东就可以按照约定的方式与比例进行利润分配，而非必须按照实缴出资额分配利润。

（二）形式

公司股东利益分配的主要形式有分配税后利润、分配剩余财产等，具体如下：

1. 分配税后利润

分配税后利润是指将公司实现的净利润，按照国家法律法规和公司章程或制度规定的分配形式和分配顺序，在公司和投资者之间进行的分配。公司利润分配的对象是公司缴纳所得税后的净利润，这些利润是公司的权益，公司有权自主分配。根据法律规定，税后利润分配的顺序为：（1）弥补不能由税前利润弥补的以前年度亏损；（2）提取法定盈余公积金；（3）提取任意盈余公积金；（4）向投资者分配利润。

2. 分配剩余财产

分配剩余财产是指公司全部清算财产扣除清算损益、清偿债务及缴纳所得税后的剩余部分。公司剩余财产的分配原则一般应按照公司合同、章程的有关条款处理，充分体现公平、对等的精神，兼顾各方利益。

二、公司利润分配理论

关于股利与股票市价间的关系，存在着不同的观点，并形成了不同的利润分配理论，其发展经历了传统股利理论阶段和现代股利理论阶段。

（一）传统股利理论

股利政策的传统理论是围绕“股利政策是否影响公司的市场价值”这一命题展开的，相应地形成了三种观点：MM 股利无关论、“一鸟在手”理论和税差理论。

1. MM 股利无关论

MM 股利无关论是美国财务学家米勒（Miller）和莫迪格莱尼（Modigliani）于 1958 年创建的。该理论认为在完全资本市场的条件下，股利政策不会对公司的价值或股价产生任何影响，股利完全取决于投资项目需用盈余后的剩余，投资者对于盈利的留存或发放股利毫无偏好。

2. “一鸟在手”理论

“一鸟在手”理论（Bird - in - the - hand Theory）源于谚语“双鸟在林不如一鸟在手”，是流行最广泛和最持久的股利理论。该理论认为，用留存收益再投资给投资者带来的收益具有较大的不确定性，并且投资的风险随着时间的推移会进一步增大，因此，投资者更喜欢现金股利，而不愿意将收益留存在公司内部，而去承担未来的投资风险。

3. 税差理论

税差理论（Tax Difference Theory）是法阿尔（Farrar）和赛尔文（Selwyn）于 1976 年对存在税收条件下股利支付政策是否影响公司价值所进行的研究中提出来的。该理论认为，由于普遍存在的税率的差异及纳税时间的差异，资本利得收入比股利收入更有助于实现收益最大化目标，公司应当采用低股利政策。

（二）现代股利理论

传统的股利理论各有一定的局限性，并且得出的结论是相互矛盾的，均不能通过市场得到完全的解释。在此基础上，西方财务理论研究者进一步放松了 MM 理论的假设，对股利政策提出了不少合理的解释，形成了各种现代股利理论。现代股利理论主要集中在股利为什么会引起股票价格变化这一问题，归纳起来主要有以下几种具有代表性的观点。

1. 剩余股利理论

剩余股利理论（Residual theory of dividend）认为，在现实经济中，如果存在发行费用，就可能对公司的股利政策有影响。因为支付这些费用，公司必须发行更多的股票。也就是公司发行新股的成本高于内部留存利润的成本，于是发行费用的存在改变了公司对内部融资还是发行新股融资的漠不关心的态度，只有当利润超过投资需求时，公司才发放股利。因此，公司在股权融资时，首先使用内部资金，只有当内部资金充分利用后，才考虑发行新股。在满足所有投资后，如果内部资金还有剩余，则支付股利，如果没有剩余，就不付股利。利用剩余股利理论就可以解释为什么迅速成长的公司几乎不发放股利，而成熟的发展比较平缓的公司则倾向于实施高股利政策。

2. “客户效应”理论

“客户效应”理论（Clientele Effect Theory）是对税差理论的进一步发展，也可以说是广义的税差理论。该理论从股东的边际所得税率出发，认为每个投资者所处的税收等级不同，有的边际税率高（如富有的投资者），而有的边际税率低（如养老金等），由此会引起他们对待股利的态度不一样，前者偏好低股利支付率或不支付股利的股票，后者则喜欢高股利支付率的股票。据此，公司会相应调整其股利政策，使股利政策符合股东的愿望，当达到均衡时，高股利支付率的股票将吸引处于低边际税率等级的投资者；而低股利支付率的股票则将吸引处于高边际税率等级的投资者。据此，公司的任何股利政策都不可能满足所有股东对股利的要求，股利政策的变化只是吸引了喜爱这一股利政策变化的投资者。因此，公司只要在一段时间内保持其股利政策相对稳定，那么总能吸引一部分投资者购买其股票。

3. 信号理论

信号理论认为，在信息不对称的情况下，公司可以通过股利政策向市场传递有关公司未来盈利能力的信息，从而影响公司的股价。一般来讲，预期未来盈利能力强的公司往往愿意通过相对较高的股利支付水平，把自己同预期盈利能力差的公司区别开来，以吸引更多的投资者。

4. 代理成本理论

代理成本理论（Agency Cost Theory）是研究在利益相冲突和信息不对称的环境下，委托人如何设计最优契约激励代理人。代理理论认为，股利政策相当于是协调股东与管理者之间代理关系的一种约束机制。高水平的股利支付政策将有助于降低公司的代理成本，但同时也增加了公司的外部融资成本，因此，最优的股利政策应使两种成本之和最小化。

5. 股权结构理论

股权结构理论（Ownership Structure Theory）以信息经济学为基础，以信号传递理论来解释股权结构对股利政策的影响。该理论认为，股权集中的公司，信息不对称程度较低，对股利传递的信息的要求程度也较低，公司没有必要发放较高的股利来传递利好信息，比如股东与管理者一致的家族公司，或者那些受银行和产业集团控制的大公司。而股权结构越分散的公司，公司所有权与经营权越分离，代理成本就越大，也就越需要股利政策传递公司的信息。因为随着公司股权结构的分散，公司管理者拥有公司股票的比例逐渐降低，管理者对公司产出的权利要求部分就减少了，这使管理者通过“投资”的方式从公司闲置现金获得收益的动机增强。而且公司股权结构越分散，监督管理者经营行为的股东人数就越少，使公司股东与管理者之间的代理成本增大，因此，股东需要公司支付较高股利以传递管理者行为信息，降低代理成本。

6. 股利迎合理论

股利迎合理论（Catering Theory of Dividend）放宽了 MM 股利无关论中“市场有效性”

的假设，提出如果市场是有效的，那么股利政策就应由公司特征决定；如果市场不是完全有效的，那么公司制定股利政策时，就会迎合投资者的偏好。该理论主要由三个基本要素构成：一是投资者对公司发放股利的偏好随时间变化；二是有限套利的存在使投资者不一致的需求能够影响股价；三是理性的管理者能够权衡当前股票被错误定价所带来的短期收益与长期运行成本之间的利弊，从而迎合投资者的偏好制定股利政策。该理论认为，当投资者对支付股利的公司有偏好时，管理者则支付股利迎合投资者；而当投资者不喜欢股利时，管理者则不发股利。该理论的核心就是管理者给予投资者他们现在最想要的。

三、公司利润分配原则

公司利润分配必须遵守国家财经法规，兼顾国家、所有者和公司各方面的利益，尊重公司的自主权，加强公司的经济责任，使利润分配机制发挥利益激励与约束功能以及对再生产的调节功能，充分调动各方面的积极性，促进公司经济效益的不断提高和公司的长期发展。因此，公司利润分配必须遵循下列原则：

（一）依法分配原则

公司利润分配的对象是公司缴纳所得税后的净利润，这些利润是公司的权益，公司有权自主分配。国家有关法律、法规对公司利润分配的基本原则、一般次序和重大比例也作了较为明确的规定，其目的是保障公司利润分配的有序进行，维护公司和所有者、债权人以及职工的合法权益，促使公司增加积累，增强风险防范能力。国家有关利润分配的法律和法规主要有公司法、外商投资企业法等，公司在利润分配中必须切实执行上述法律、法规。利润分配在公司内部属于重大事项，公司的章程必须在不违背国家有关规定的前提下，对本公司利润分配的原则、方法、决策程序等内容作出具体而又明确的规定，公司在利润分配中也必须按规定办事。

（二）资本保全原则

资本保全是责任有限的现代公司制度的基础性原则之一，公司在分配中不能侵蚀资本。利润的分配是对经营中资本增值额的分配，不是对资本金的返还。按照这一原则，一般情况下，公司如果存在尚未弥补的亏损，应首先弥补亏损，再进行其他分配。

（三）充分保护债权人利益原则

债权人的利益按照风险承担的顺序及其合同契约的规定，公司必须在利润分配之前偿还所有债权人到期的债务，否则不能进行利润分配。同时，在利润分配之后，公司还应保持一定的偿债能力，以免产生财务危机，危及公司生存。此外，公司在与债权人签订某些长期债务契约的情况下，其利润分配政策还应征得债权人的同意或审核方能执行。

（四）多方及长短期利益兼顾原则

利益机制是制约机制的核心，而利润分配的合理与否是利益机制最终能否持续发挥作用的关键。利润分配涉及投资者、经营者、职工等多方面的利益，公司必须兼顾，并尽可能地保持稳定的利润分配。在公司获得稳定增长的利润后，应增加利润分配的数额或百分比。同时，由于发展及优化资本结构的需要，除依法必须留用的利润外，公司仍可以出于长远发展的考虑，合理留用利润。在积累与消费关系的处理上，公司应贯彻积累优先的原则，合理确定提取盈余公积金和分配给投资者利润的比例，使利润分配真正成为促进公司发展的有效手段。

四、公司利润分配政策

在股利分配实务中，股份制公司要综合考虑各种因素来确定自己的股利政策。公司一般采用的股利政策有以下几种：

（一）剩余股利政策

股利分配与公司的资本结构相关，而资本结构又是由投资所需资金构成的，因此，实际上股利政策受到投资机会及其资金成本的双重影响。剩余股利政策就是在公司有着良好的投资机会时，根据一定的目标资本结构（最佳资本结构），测算出投资所需的权益资本。将其从盈余中留出，然后将剩余的盈余作为股利予以分配。

（二）固定或稳定增长股利政策

这一股利政策将每年发放的现金股利保持稳定或稳中有增的态势，其一般做法是将现金股利固定在某一水平上，并在较长的时期内保持不变，只有当公司认为未来盈余会显著地不可逆转地增长时，才提高年度的股利发放额。不过，在通货膨胀的情况下，大多数公司的盈余会随之提高，且大多数投资者也希望公司能够提供足以抵消通货膨胀不利影响的股利，因此在长期通货膨胀的年代里也应提高股利发放额。

（三）固定股利支付率政策

固定股利支付率政策要求公司确定一个现金股利占税后利润的固定比率，以后每年按此固定比率从税后利润中支付现金股利。

在这一股利政策下，每年股利额随公司经营的好坏而上下波动，盈余较多的年份股利额高，而盈余较少的年份股利额少。股利额随公司盈余变化而不断发生变动，由此传递给外界一个公司经营不稳定的信息，不利于股票价格的稳定与上涨，所以，很少有公司采用这一股利政策。

（四）低正常股利加额外股利政策

低正常股利加额外股利政策是一种较常见的股利政策，它是将一个较低的股利水平作为每年正常发放的股利，然后，根据公司经营业绩和其他经营状况，决定是否在正常股利之外增加额外股利。这一股利政策有两方面好处：

第一，这种股利政策为公司，特别是利润和资金需求浮动范围较大的公司提供了一定的灵活性。当公司盈余较少或投资需要较多资金时，可维持较低的但正常的股利，股东不会有股利随利润起伏跌落的感觉；当盈余有较大幅度增加时，则可适度增发股利，使他们增强对公司的信心，有利于稳定公司股票价格。

第二，这种股利政策可使那些依靠股利度日的股东每年至少可以得到虽然较低，但比较稳定的股利收入，从而吸引这部分股东。

总之，不论采用哪种股利政策，公司都要避免股利的不规则变化。公司有稳定的股利支付政策，一方面可以吸引投资者，因为投资者多倾向于稳定股利的股票；另一方面，稳定的股利会使公司的权益成本最低，股票价格最高，有利于培养一个良好的融资环境。股利政策不是一个孤立的决策，应与投资决策和筹资决策结合起来考虑，还应该考虑公司的现金流量和资金成本，同时要考虑由于不对称信息给投资者的正向或负向的信号作用。通过对各种因素进行综合分析后，才能得出适合于公司的股利政策。

五、公司利润分配方式

实践中，我国上市公司的股利分配方式主要有现金股利、股票股利、公积金转增股本、混合分配四种方式。

（一）现金股利

在我国，现金股利通常称为“红利”。发放现金股利称为派现或分红。投资者之所以投资于股票，很大程度上是寄希望于股票的高收益，而收益的最终体现是现金的流入。派发现金比例的高低体现了公司的实力及给股东的回报能力。即现金股利发放的多少，将直接影响到公司的股票价格。但并不是现金股利发放得越多越好，要综合上市公司自身的情况，因为发放现金股利除了要有累计盈余外，还需要有充足的现金储备，往往会给公司带来一定的资金压力。对于公司来说，基于长期成长与财务经营的需要，必须保留现金以备购置固定资产或用于其他途径。所以，当公司有足额未指定用途的累计盈利并且有足够的现金时，可以支付现金股利；反之，则应选择其他股利形式。

（二）股票股利

在我国，发放股票股利称为送股。这种形式运用较多，是仅次于现金股利的常用股利发放形式。股票股利其实是一种两全齐美的股利分配方案，对股东来说，以股票的形式获取股利，随即将红股抛出便可兑现；若保有红股，则对其增值有着极大的想象空间。对公司来说，以增发股票的形式作为股利：一是可以控制现金流出，当公司利润增加，预期未来有许多不错的投资机会，准备扩展其业务时，或当年公司现金流入紧张，需要现金以供周转时，公司往往会放弃现金股利而代之以股票股利；二是可以稀释流通在外的本公司股票价格，从而吸引更多的中小投资者；三是可以给股东某些有益的暗示，股票股利的发放说明公司可能有更好的投资机会，公司的增长潜力会因之放大，未来的收益可能会抵补发放股票股利而稀释的每股收益且有剩余，等等。

（三）公积金转增股本

公积金转增股本是我国上市公司一种常见的股本扩张方式，主要包括资本公积转增股本和盈余公积转增股本，是指公司将资本公积或盈余公积转化为股本，并未改变股东的权益，却增加了股本的规模，因而客观结果类似于股票股利。股票股利和公积金转增股本都具有扩大公司股本规模、股东不需要缴纳认购款项的特点，为此，投资者往往将二者混为一谈。其实，公积金转增股本与股票股利有着本质上的区别：股票股利来自公司的年度税后利润，只有在公司有盈余的情况下，才能向股东分派股票股利，而公积金转增股本则来自资本公积（资本公积转增股本可以不受公司本年度可分配利润多少的限制）或盈余公积，只需将公司账面上的资本公积或盈余公积减少一些，增加相应的注册资本就可以了。因此从严格意义上来说，资本公积转增股本并不属于利润分配，因为资本公积不是来源于利润；但盈余公积转增股本属于利润分配，因为盈余公积来源于利润。

（四）混合分配

我国上市公司在股利发放中，既可单独使用某一形式，也可根据需要混合使用上述多种方式。混合分配方式是指上市公司在发放股利时，不是只选用一种方式，而是将几种方式进行组合使用。混合方式包含有派现、送股和公积金转增股本三种方式，具体包括四种情况：派现加送股、派现加转增、送股加转增、派现加送股加转增。在现实生活中，许多上市公司会结合自身具体状况，在权衡股本扩张、收益增长速度、资金需求等各种因素后，采取混合的股利分配方式，以实现公司的经营目标。

复习思考题

1. 财务分配的概念及内容是什么？
2. 财务分配的原则及意义是什么？
3. 职工薪酬政策有哪些？
4. 发行债券的策略是什么？
5. 公司政府利益分配的原则是什么？
6. 下游客户利益分配的含义及形式是什么？
7. 利润分配理论有哪些？
8. 利润分配方式有哪些？

思政思辨题

1. 在国家财务分配中，如何处理好国内事务与国际事务之间的分配关系？如何处理好国内各项事业之间的分配关系？如何处理好全国各个地区之间的分配关系？

2. 在公司财务分配中，如何处理好高管人员、普通职工、债权人、投资人、上下游客户、政府、社会公众之间的分配关系？

3. 在家庭和个人财务分配中，如何处理好生存型消费与享受型消费之间的分配关系？如何处理好消费与投资之间的分配关系？如何处理好资产投资与教育投资之间的分配关系？

第九章

财务管理学中的分析学

内容简介

本章主要介绍财务分析的内容、方法和工具，并阐述财务分析的方法和工具在公司现金流量分析、资产结构分析、资金结构分析、资产结构与资金结构协调性分析、资产创收能力分析、资产创利能力分析、资产周转能力分析、资产成长能力分析、营业收现率分析、营业毛利率分析、营业利润率分析、利润总额来源构成分析、净利润来源构成分析以及主业是否突出、主业是否拥有较高的毛利率等分析中的基本应用技巧。

学习目标

通过本章的学习，要求了解财务分析的内容、方法和工具，掌握财务分析的方法和工具在公司现金流量分析、资产结构分析、资金结构分析、资产结构与资金结构协调性分析、资产创收能力分析、资产创利能力分析、资产周转能力分析、资产成长能力分析、营业收现率分析、营业毛利率分析、营业利润率分析、利润总额来源构成分析、净利润来源构成分析以及主业是否突出、主业是否拥有较高的毛利率等分析中的基本应用技巧。

第一节　财务分析的内容、方法和工具

一、财务分析的主要内容

财务分析，顾名思义，就是对一个财务管理主体的财务管理活动过程和结果进行分析。财务分析分为内部人分析和外部人分析。内部人分析是指财务管理主体内部的人所做的分析；外部人分析是指财务管理主体外部的人所做的分析。内部人分析和外部人分析的目标通常不太相同，所分析的内容也有一定程度的差别。同时，不同类型的财务管理主体，由于它们的财务管理活动内容和特点不同，财务分析的内容也会不同。比如，行政事业单位、公司、非营利组织、家庭和个人这些类型的财务管理主体，它们的财务管理活动差别较大，财务分析的内容差别也较大。此外，财务分析还分为年度分析、半年度分析、季度分析、月度分析甚至每旬、每周、每天的分析，它们的分析内容也会有所差异。一般来说，年度分析属

于全面分析，分析的内容是最多的。本书以公司的年度财务分析为例探讨财务分析的主要内容。

公司财务分析的内容至少应该包括（不限于）现金流量分析，资产结构分析，资金结构分析，资产结构与资金结构的协调性分析，资产创收能力、创利能力分析，资产周转能力、增长能力分析，营业收入构成和营业收入质量分析，成本费用构成和成本费用效率分析，利润构成和利润质量分析，利润分配分析，实际税负水平分析，保本点和保利点分析，职工劳动生产率分析，风险分析，社会贡献水平和社会积累水平分析等。

二、财务分析的基本方法

（一）比较分析法

比较分析法是指将本公司财务指标的实际值与标准值进行比较，通过比较来衡量本公司财务指标的发展水平，同时总结经验、找出差距、发现问题、提出对策的一种财务分析方法。根据对比的标准值不同，比较分析法分为横向比较分析法和纵向比较分析法两种。

1. 横向比较分析法：是指将本公司财务指标的实际值与本公司之外的标准值进行比较的一种比较分析法。比如将本公司财务指标的实际值与全国先进水平、全国平均水平、行业先进水平、行业平均水平、地区先进水平、地区平均水平等进行比较，通过比较，了解本公司财务指标的发展水平在全国、行业或地区所处的地位，从而评估自身的竞争能力或者发现自身的发展差距，制定改进方案。

2. 纵向比较分析法：是指将本公司财务指标的实际值与本公司自身的标准值进行比较的一种比较分析法。比如将本公司财务指标的实际值与本公司历史最好水平、上期水平、上年同期水平、本期预算水平等进行比较，通过比较，了解本公司财务指标的实际值与本公司历史最好水平、上期水平、上年同期水平、本期预算水平等的差距，以评价本公司财务指标是改善了还是恶化了，改善的原因是什么，有哪些可以总结的经验；恶化的原因是什么，需要如何改进。

比较分析法是财务分析最基本的方法，运用的关键就是选择对比的标准值，不管是横向比较还是纵向比较，选好对比的标准值是成功运用该方法的关键。而选择对比的标准值时，最重要的一点就是注意所选标准值的可比性。如果所选标准值的可比性不强，比较就没有多大意义。比如，一家物流公司选择一家房地产公司来进行对比，可比性就不强；一家大型集团公司选择自己刚刚创业、还是单一法人制公司时的财务指标作为对比的标准值，可比性也不强。

（二）比率分析法

比率分析法是指以同一期的两个财务指标进行比较，求出比率，用于分析和评价公司现金流量、财务状况、经营成果和未来发展前景的一种财务分析方法。按照用于对比的两个财务指标的关系不同，比率分析法可以分为结构比率分析法和相关比率分析法两种。

1. 结构比率分析法：结构比率是指个体指标值占总体指标值的百分比，比如固定资产占资产总额的百分比、现金资产占流动资产的百分比、流动负债占负债总额的百分比、某一业务的营业收入占营业收入总额的百分比等。

2. 相关比率分析法：相关比率是指互相有密切联系、但性质不同的两个指标值的比率，如资产负债率，分子是负债、分母是资产，是两个性质不同的会计要素，但它们却有着密切的联系，即资产可以通过负债获得，负债需要用资产来偿还，将它们放在一起计算出资产负债率，就可以反映出资产总额中通过负债获得的占多大比重。其余的如流动比率、速动比率、应收账款周转次数、净资产利润率、营业收入利润率等，都属于相关比率。

（三）趋势分析法

趋势分析法是指将同一个财务指标在若干个连续或不连续的会计期间的指标值进行对比，以观察其发展变化趋势的一种财务分析方法。通过趋势分析法可以了解一个财务指标在若干个连续或不连续的会计期间的发展速度、增长速度以及平均发展速度、平均增长速度。按照对比方法的不同，发展速度分为定基发展速度和环比发展速度，相应地，增长速度也分为定基增长速度和环比增长速度。

1. 定基发展速度是指以一个固定的会计期间为基期，后续每一期的指标值都与这个固定基期的指标值进行对比所得到的百分比，计算公式如下：

$$定基发展速度 = 各期指标值 \div 基期指标值$$

2. 环比发展速度是指每一期的指标值都与其前一期的指标值进行对比所得到的百分比，计算公式如下：

$$环比发展速度 = 各期指标值 \div 前期指标值$$

3. 平均发展速度是指财务指标在若干个会计期间平均的发展速度，计算公式如下：

$$平均发展速度 = \sqrt[n]{第\ n\ 期指标值 \div 第\ 1\ 期指标值}$$

4. 定基增长速度是指各期指标值相对于固定基期指标值的增长速度，计算公式如下：

$$定基增长速度 = 定基发展速度 - 1$$

5. 环比增长速度是指每一期的指标值相对于其前一期指标值的增长速度，计算公式如下：

$$环比增长速度 = 环比发展速度 - 1$$

6. 平均增长速度是指财务指标在若干个会计期间平均的增长速度，计算公式如下：

$$平均增长速度 = 平均发展速度 - 1$$

（四）因素分析法

因素分析法是依据分析对象（即某一个财务指标）与其影响因素之间的关系，按照一定的程序和方法，分别确定各个因素的变动对分析对象发生变动所产生的影响程度的一种财务分析方法。运用这一方法需要假设，当分析某一个因素对分析对象发生变动的影响程度时，只有这个因素发生变动，其他因素都不发生变动，这样依次确定每一个因素单独变动对分析对象发生变动所产生的影响程度。根据具体的计算方法不同，因素分析法又分为连环替代法和差量计算法两种。

1. 连环替代法

（1）含义：连环替代法是在财务分析中确定引起某个财务指标变动的各个因素的影响程度的一种计算方法。这种方法是在假定一个因素发生变动时，其他因素保持不变的条件下计算的，故带有一定的假定性。其特点是：在许多因素对某一指标综合发生作用的情况下，顺序把其中一个因素当作可变因素，把其他因素当作不变因素，然后逐个进行替换计算，确定各个因素变动对该指标变动的影响程度。运用连环替代法，能够测定各个因素对财务指标的影响程度，有利于判断经济责任，加强财务管理。

（2）应用的前提条件：财务指标与它的构成因素之间有着因果关系，能够构成一种代数式。注意这个代数式不一定是乘积关系，加减乘除都可以。

（3）应用步骤：

①找到与财务指标有因果关系的构成因素。

②给这些构成因素排列顺序，即要确定在以后的计算中因素替换的顺序。这是很重要的一步。替换的顺序不一样则计算结果就不一样。替换顺序的确定有一个原则：先替换数量指标，后替换质量指标；先替换基础指标，后替换派生指标；先替换实物指标，后替换货币指标。

③在基期的水平上进行连续替换，每次只替换一个因素，而且这个过程要严格地按照上述已经确定好的替换顺序依次进行。这里有一个重要的假定：在整个替换的过程中，当替换某个因素时，排在它前面的因素要保持实际期的水平，排在它后面的因素要保持基期水平。

④计算每个因素单独变动对差额的影响。注意每一次替换行为都会产生一个新的财务指标和新的代数式。在计算每个因素单独变动对差额的影响时，这个新的代数式要与它前面的紧邻的代数式相减，得出差额，而不是与基期的代数式相减。

⑤将各因素单独变动对差额的影响数汇总相加，将相加之后的合计数与“实际期－基期”的差额进行验证，若相等则结束工作。

2. 差量计算法

差量计算法又称差量分析法或差额计算法、差额分析法，是因素分析法的一种简化形式，它是利用各个因素的目标值与实际值的差额来计算其对财务指标的影响程度。差量计算法作为连环替代法的简化形式，其因素分析的原理与连环替代法是相同的。区别只在于分析程度上，差量计算法比连环替代法简单，即它可直接利用各影响因素的实际数与基期数的差额，在其他因素不变的假设条件下，计算各因素对分析指标的影响程度，或者说差量计算法是将连环替代法的第三步骤和第四步骤合并为一个步骤进行。

【例 9－1】 某公司 2022—2023 年销售收入、销量、单价的变动情况如表 9－1 所示，试分别用连环替代法和差量计算法分析销量和单价变动对销售收入变动的影响程度。

表 9－1　某公司 2022—2023 年销售收入、销量、单价变动情况表

项目	2023 年	2022 年	差异
销售收入（万元）	3 900	3 500	+400
销量（台）	300	250	+50
单价（万元）	13	14	－1

分析过程和结果如下：

1. 连环替代法

销售收入＝销量×单价

2023 年的销售收入＝300×13＝3 900（万元）

2022 年的销售收入＝250×14＝3 500（万元）

销售收入 2023 年比 2022 年增加：3 900－3 500＝400（万元）

（1）分析销量的变动对销售收入变动的影响：

销量变动后的销售收入 =300×14 =4 200（万元）

销量变动后的销售收入减去销量变动前的销售收入 =4 200 -3 500 =700（万元）

即由于销量的增加使销售收入增加700万元。

(2) 分析单价的变动对销售收入变动的影响:

单价变动后的销售收入 =300×13 =3 900（万元）

单价变动后的销售收入减去单价变动前的销售收入 =3 900 -4 200 = -300（万元）

即由于单价的降低导致销售收入减少300万元。

(3) 两个因素共同影响的结果 =700 +（-300）=400（万元），即两个因素共同影响的结果是销售收入2023年比2022年增加了400万元。

2. 差量计算法

(1) 2023年销量比2022年增加了50台，如果单价不变，则2023年销售收入就会增加50×14 =700（万元）。

(2) 2023年单价比2022年下降了1万元，按2023年的销量300台计算，销售收入因此而减少300万元。

(3) 两个因素共同影响的结果 =700 +（-300）=400（万元），即两个因素共同影响的结果是销售收入2023年比2022年增加了400万元。

三、财务分析的基本工具

财务分析的工具有很多，常用的主要有文字、数字、模型、表格、图形、软件等。

(一) 文字

文字是用得最多的一种财务分析工具，无论是内部人分析还是外部人分析，也无论是年度分析、半年度分析、季度分析、月度分析还是每旬、每周、每天的分析，再无论是全面分析还是专题分析，文字都是用得最多的一种分析工具。状态的描述、问题的剖析、原因的探究、建议的提出等，都需要使用文字。

(二) 数字

财务管理活动是“数字工厂”，每天都会生产出大量的数字，因此，数字就成了使用量仅次于文字的一种财务分析工具。数字有原始数字和派生数字，有零星数字和汇总数字，还有单体数字和合并数字等。原始数字是指没有经过加工的数字，派生数字是指经过加工（如利用模型计算出来）的数字；零星数字是指散落在各种数字源的数字，汇总数字是指把零星数字汇总计算出来的数字；单体数字是指单一个体的数字，合并数字是指把单体数字合并计算出来的数字。财务分析要根据分析目标和分析对象的具体情况来选择适用的数字。

(三) 模型

模型又可称为公式，是财务分析不可或缺的一种重要工具。财务分析需要用到一系列财务指标，而很多财务指标都不是原始指标（原始数字），都需要按照一定的模型计算出派生指标（派生数字）后才能进行分析。因此，对财务指标计算模型的掌握和运用是财务分析的一种重要技术要求。

(四) 表格

表格也是财务分析很常用的一种工具。表格分为普通表格和Excel表格等。财务分析的过程中经常要绘制很多普通表格，利用普通表格来呈现各种数字，使数字变得直观、易懂，便于阅读和理解。财务分析的过程中还经常用到 Excel 表格。Excel 表格具有数据记录与整理、数据加工与计算、数据统计与分析、图形表格制作、信息传递和共享、数据处理自动化等功能，是财务分析的一个好帮手，善于利用它，可以大大提高财务分析的效率和质量。

（五）图形

财务分析中经常利用图形来呈现比较数字、比率数字、趋势数字、自然数字等。所谓比较数字，是指反映事物横向比较或纵向比较结果的数字，比如某公司本年度资产净利率比同行业先进水平低了 2.3 个百分点，但却比上年度提高了 1.6 个百分点。所谓比率数字，是指反映两个互相有联系的财务指标的比率的数字，比如某公司本年度的资产净利率为 5.38%。所谓趋势数字，是指反映事物发展趋势的数字，比如某公司本年末资产总额的发展速度为 126.78%、增长速度为 26.78%。所谓自然数字，是指没有经过加工处理的数字，比如某公司本年末资产总额为 632 亿元、营业收入为 154 亿元。常用的财务分析图形主要有曲线图、柱状图、饼状图、条形图、雷达图等。

（六）软件

财务分析软件（又称财务分析系统）是指专门用于财务分析工作的计算机软件，包括以各种语言及架构实现的用于完成财务分析工作的计算机程序。财务分析软件通过财务数据整合能力，使财务分析人员能够便捷地获取财务分析所需的数据；财务分析软件通过内置主流的财务分析方法和综合评价体系，为财务分析人员提供先进的财务分析手段；财务分析软件通过预定义的指标体系和分析报表体系以及用户自定义能力，帮助财务分析人员快速进行财务分析工作；财务分析软件借助计算机规则处理能力，使用财务分析人员预定义的预警规则，能够自动监控财务数据并在满足预警条件时进行预警，由此可以有效支持对所辖企业财务风险监控的效果。财务分析软件按分析对象划分，分为单企业财务分析软件和集团财务分析软件；按分析数据划分，分为财务报表分析软件和综合财务分析软件；按实现方式划分，可分为固化功能的财务分析软件和可自定义的财务分析软件。很多软件开发公司都开发有自己的财务分析软件投放市场，各个财务管理主体应该结合自身的需求选择合适的财务分析软件。

第二节　财务分析方法和工具的基本应用

本书以 AB 公司和 CD 公司 2019 年、2020 年和 2021 年的年度报告为资料，站在医生给人进行体检的视角，阐述财务分析方法和工具的基本应用。基于读者可以理解的原因，本书除了隐去这两家公司的真实名称之外，还对其财务数据做了技术处理。

AB 公司是一家上市公司，2021 年 12 月 31 日，资产总额为 447.80 亿元，负债总额为 254.21 亿元，资产负债率为 56.77%，股本总数为 78.82 亿股。公司主要投资建设、经营以电力生产、销售为主业的电力能源项目，业务包括水力发电、火力发电和风力发电、售电等。

CD 公司也是一家上市公司。2021 年 12 月 31 日，资产总额为 201.91 亿元，负债总额为 174.26 亿元，资产负债率为 86.31%，股本总数为 10.36 亿股。公司主营业务为电力生产和销售以及油品贸易。

一、公司的体重、高矮、胖瘦如何？——主要财务状况分析

公司的体重是指公司的资产规模，公司的高矮是指公司的负债，而公司的胖瘦则是指公司的净资产。“体重 = 高矮 + 胖瘦” 犹如 “资产 = 负债 + 净资产”。一个人体重的大小受到其高矮和胖瘦的影响，一家公司资产规模的大小则受到其负债和净资产规模的影响。一个既高且胖的人，其体重一般也很大，即：体重大 = 高佬 + 肥仔，这就好比一家负债很多、净资产也很多的大公司一样，其资产规模也很大；相反，一个既矮且瘦的人，其体重一般也很小，即：体重小 = 矮鬼 + 瘦猴，这也好比一家负债很少、净资产也很少的小公司一样，其资产规模也很小。此外，在不增加净资产的情况下，公司也可以通过高负债来增加它的资产，这就好比一个人，虽然他瘦，但如果他高，那他的体重还是比较大的；同时，在不增加负债的情况下，公司也可以通过高引资来增加它的资产，这就好比一个人，虽然他矮，但如果他胖，那他的体重还是比较大的。可见，“资产 = 高负债 + 低净资产” 亦即 “体重 = 高佬 + 瘦猴” 的公司，属于高负债公司；“资产 = 低负债 + 高净资产” 亦即 “体重 = 矮鬼 + 肥仔” 的公司，属于低负债公司；而 “资产 = 中负债 + 中净资产” 亦即 “体重 = 不高不矮 + 不胖不瘦” 的公司，属于中负债公司。

AB 公司和 CD 公司 2019—2021 年的财务状况变动情况如表 9－2 所示。

表 9－2　　2019—2021 年 AB 公司、CD 公司财务状况变动表

指标	2019 年	2020 年	2021 年
资产总额（亿元）	459.52 （144.05）	439.57 （159.95）	447.80 （201.91）
负债总额（亿元）	293.52 （120.17）	268.31 （134.27）	254.21 （174.26）
净资产总额（亿元）	166.00 （23.88）	171.26 （25.68）	193.59 （27.65）
资产负债率	63.88% （83.42%）	61.04% （83.94%）	56.77% （86.31%）

说明：（1）表中括号外的数据是 AB 公司的数据，括号内的数据是 CD 公司的数据，后文各个表格中的数据归属，如无另外说明，均如此表。（2）表中数据取自两家公司相应年度的年度报告中的合并报表数据或者根据两家公司相应年度的年度报告中合并报表数据计算得到，后文各个表格中的数据来源，如无另外说明，亦均如此表。

由表 9－2 可知，2019—2021 年，AB 公司的体重是先减后增，但没有能够恢复到 2019 年的水平；而 CD 公司的体重则是一路飙升，由 2019 年仅占 AB 公司体重的 31%，飙升到 2021 年占 AB 公司体重的 45%。但从资产负债率来看，AB 公司逐年下降至 2021 年的 56.77%，且三年都在 60% 左右；而 CD 公司则逐年上升至 2021 年的 86.31%，且三年均在 80% 以上。可见，AB 公司属于 “体重 = 不高不矮 + 不胖不瘦” 的中负债公司，CD 公司则属于 “体重 = 高佬 + 瘦猴” 的高负债公司。

二、公司的心脏正常吗？——现金流量分析

一个人的心脏是否正常，可以通过检查血液循环是否正常来判断。血液循环正常，表明

心脏正常。现金是公司的血液，现金流动（流入、流出）就好比血液循环。公司的现金流动正常，公司的心脏才正常。而公司的现金流动是否正常，可以从现金流量占比和现金流量质量两个方面来判断。

（一）从现金流量占比看公司的心脏是否正常

现金流量占比包括流入量占比和流出量占比。公司的现金流量包括经营活动现金流量、投资活动现金流量和筹资活动现金流量。所谓现金流入量占比就是指经营活动现金流入量、投资活动现金流入量和筹资活动现金流入量各自在现金流入总量中所占的比重。所谓现金流出量占比就是指经营活动现金流出量、投资活动现金流出量和筹资活动现金流出量各自在现金流出总量中所占的比重。一家正常经营的公司，其经营活动现金流入量占比和经营活动现金流出量占比都应该是最高的，如果出现投资活动现金流入量占比或筹资活动现金流入量占比高于经营活动现金流入量占比的情况，或者出现投资活动现金流出量占比或筹资活动现金流出量占比高于经营活动现金流出量占比的情况，就表明该公司的现金流动出现了异常，亦即公司的心脏出现了异常。

AB 公司和 CD 公司 2019—2021 年的现金流量占比如表 9－3 所示。

表 9－3　　2019—2021 年 AB 公司、CD 公司现金流量占比变动表

指标	2019 年	2020 年	2021 年
经营活动现金流入量占比	54.17% (72.41%)	56.37% (78.15%)	37.44% (76.84%)
投资活动现金流入量占比	0.51% (2.15%)	0.35% (2.56%)	0.37% (0.30%)
筹资活动现金流入量占比	45.32% (25.44%)	43.28% (19.29%)	62.19% (22.86)
经营活动现金流出量占比	22.56% (70.88%)	26.60% (76.46%)	16.39% (71.84%)
投资活动现金流出量占比	10.44% (5.48%)	4.29% (1.50%)	9.89% (7.60%)
筹资活动现金流出量占比	67.00% (23.64%)	69.11% (22.04%)	73.72% (20.56%)

由表 9－3 可知，AB 公司的经营活动现金流入量占比 2019 年和 2020 年虽然都高于投资活动现金流入量占比和筹资活动现金流入量占比，但筹资活动现金流入量占比也不低，两年分别达到 45.32% 和 43.28%。到了 2021 年，经营活动现金流入量占比只有 37.44%，而筹资活动现金流入量占比却高达 62.19%。再看经营活动现金流出量占比，三年依次为 22.56%、26.60%、16.39%，远远低于筹资活动现金流出量占比（三年依次为 67.00%、69.11%、73.72%）。出现这种异常情况，除了因为该公司是以水力发电为主要的营业收入来源（见后文表 9－25）从而导致其经营活动现金流出量相对较少之外，应该还跟其每年都需要偿还大额债务（表 9－2 显示负债总额 2020 年减少 25.21 亿元、2021 年减少 14.10 亿元）和投资活动现金流出量占比相对较高（三年依次为 10.44%、4.29%、9.89%）有关，

同时还跟其每年都派发大额现金股利（见后文表 9－29）有关。

CD 公司 2019—2021 年连续三年的经营活动现金流入量占比和经营活动现金流出量占比都在 70% 以上，出现这种情况应该跟该公司的业态发生了变化有关。CD 公司虽然名为“电力”，但其主业已经发生了变化，油品业务收入占营业收入总额的比重 2019—2021 年依次为 82.65%、91.43%、87.33%（见后文表 9－26），而油品的买进、卖出必然导致大额的经营活动现金流出量和经营活动现金流入量，因而造成该公司连续三年经营活动现金流入量占比和经营活动现金流出量占比都在 70% 以上，从这个方面看，该公司的经营活动是正常的。

（二）从现金流量质量看公司的心脏是否正常

现金流量质量可以采用经营活动现金流入量对经营活动现金流出量的满足系数和营业收入净现率这两个指标来衡量。

经营活动现金流入量对经营活动现金流出量的满足系数 = 经营活动现金流入量 ÷ 经营活动现金流出量，该系数越大，表明现金流量质量越好。

营业收入净现率 = 经营活动现金净流量 ÷ 营业收入 ×100%，该比率越高，表明现金流量质量越好。

AB 公司和 CD 公司 2019—2021 年的现金流量质量如表 9－4 所示。

表 9－4　2019—2021 年 AB 公司、CD 公司现金流量质量变动表

指标	2019 年	2020 年	2021 年
经营活动现金流入量对经营活动现金流出量的满足系数	2.36 (1.01)	2.09 (1.02)	2.28 (1.07)
经营活动现金净流量（亿元）	65.13 (0.66)	54.19 (4.75)	55.72 (15.61)
营业收入总额（亿元）	95.14 (119.33)	90.43 (264.62)	89.74 (187.54)
营业收入净现率	68.46% (0.55%)	59.92% (1.80%)	62.09% (8.32%)

由表 9－4 可知，2019—2021 年，AB 公司的经营活动现金流入量对经营活动现金流出量的满足系数连续三年都在 2 以上，营业收入净现率也连续三年都在 50% 以上。而 CD 公司的经营活动现金流入量对经营活动现金流出量的满足系数连续三年都没有达到 1.1，营业收入净现率也连续三年都没有达到 10%。从这个方面看，AB 公司的现金流量质量显著优于 CD 公司。

（三）综合判断

综合表 9－3 和表 9－4 的分析，AB 公司的心脏虽然因为业态特征的影响和大额还债、大额派现的影响而显得有点异常，但总体来看，其健康水平的保障程度还是比较高的（现金流量质量较好）。CD 公司的心脏虽然貌似正常，但总体来看，其健康水平的保障程度却较低（现金流量质量较差）。

三、公司的身材匀称吗？——资产结构分析

一个人的身材是否匀称，主要看其头部、肩部、胸部、腰部、臀部和四肢的搭配是否合

理。类似地，一家公司的“身材”是否匀称，也主要看其各类资产的搭配是否合理。身材 = 上半身 + 下半身；上半身 = 头部 + 肩部 + 胸部 + 腰部 + 双手；下半身 = 臀部 + 双腿。资产 = 长期资产 + 短期资产；长期资产 = 固定资产 + 无形资产 + 在建工程 + 其他长期资产；短期资产 = 现金资产 + 债权资产 + 存货资产 + 其他短期资产。

（一）从资产总额的长短期构成看公司的身材是否匀称

资产总额的长短期构成是指长期资产和短期资产在资产总额中所占的比重。AB 公司、CD 公司 2019—2021 年长短期资产的构成情况如表 9－5 所示。

表 9－5　　2019—2021 年 AB 公司、CD 公司长短期资产构成变动表

指标	2019 年	2020 年	2021 年
资产总额（亿元）	459.52 （144.05）	439.57 （159.95）	447.80 （201.91）
长期资产占比	91.99% （64.98%）	91.77% （64.17%）	91.70% （70.19%）
短期资产占比	8.01% （35.02%）	8.23% （35.83%）	8.30% （29.81%）

由表 9－5 可知，AB 公司的长期资产占比连续三年都接近 92%，这与其主业高度集中于电力业务有直接的关系。2019—2021 年，AB 公司的电力业务收入占营业收入总额的比重依次为 97.81%、97.24%、99.29%（见后文表 9－25），由此可见，AB 公司只专注于电力业务。而电力行业属于重资产行业，因此，AB 公司的长期资产占比很高，这是行业特点所致，是正常的、合理的，亦即 AB 公司的身材是匀称的。再看 CD 公司，由于其主业已经由电力业务转移到了油品业务（具体见后文表 9－26 中的油品业务收入占营业收入总额的比重），油品作为一种存货势必增加了公司的短期资产，从而导致 CD 公司的长期资产占比水平显著低于、而短期资产占比水平则显著高于 AB 公司的水平，这也是 CD 公司的业态特征所导致的。既然如此，CD 公司的长期资产占比就不应该仍然高达 70% 左右，而短期资产占比却只有 30% 左右。鉴于其油品业务收入占营业收入总额的比重高达 90% 左右的现实，其短期资产占比应该再高一些才是正常的、合理的，从这个方面看，CD 公司的身材略欠匀称。但公司的身材是否真正匀称，除了观察其长短期资产的构成比例之外，还要观察其长期资产内部构成比例和短期资产内部构成比例。

（二）从长期资产的内部构成看公司的身材是否匀称

长期资产的内部构成是指各种长期资产在长期资产总额中所占的比重。AB 公司、CD 公司 2019—2021 年长期资产的内部构成情况如表 9－6 所示。

表 9－6　　2019—2021 年 AB 公司、CD 公司长期资产内部构成变动表

指标	2019 年	2020 年	2021 年
固定资产占比	87.29% （30.50%）	86.20% （30.19%）	81.29% （35.51%）

续表

指标	2019 年	2020 年	2021 年
在建工程占比	6.83% （42.53%）	8.08% （41.83%）	11.63% （39.03%）
无形资产占比	1.72% （3.31%）	1.75% （3.86%）	1.71% （3.25%）
其他长期资产占比	4.16% （23.66%）	3.97% （24.12%）	5.37% （22.21%）
合计	100%	100%	100%

由表 9－6 可知，2019—2021 年，在长期资产的内部构成中，AB 公司的固定资产占比连续三年都在 80% 以上，在建工程占比虽然逐年提高但总体水平却不高，说明这三年 AB 公司秉持的是稳定发展战略，对长期资产投资的力度不大。CD 公司的固定资产占比虽然连续三年都在 30% ～35% 徘徊，但其在建工程占比却连续三年都稳定在 40% 左右，说明其这三年秉持的是扩张发展战略（这一点从表 9－2 中其资产总额呈跳跃式增长的态势也可得到证明），并试图通过实施这种发展战略来提高其固定资产占比水平。

（三）从短期资产的内部构成看公司的身材是否匀称

短期资产的内部构成是指各种短期资产在短期资产总额中所占的比重。AB 公司、CD 公司 2019—2021 年短期资产的内部构成情况如表 9－7 所示。

表 9－7　　2019—2021 年 AB 公司、CD 公司短期资产内部构成变动表

指标	2019 年	2020 年	2021 年
现金资产占比	58.46% （38.85%）	51.52% （32.75%）	50.67% （33.68%）
债权资产占比	34.68% （35.24%）	37.41% （26.85%）	36.87% （22.75%）
存货资产占比	2.96% （21.27%）	6.83% （33.21%）	4.44% （29.25%）
其他短期资产占比	3.90% （4.64%）	4.24% （7.19%）	8.02% （14.32%）
合计	100%	100%	100%

由表 9－7 可知，2019—2021 年，在短期资产的内部构成中，AB 公司的现金资产占比连续三年都在 50% 以上，存货资产占比却连续三年都没有超过 7%；而 CD 公司的现金资产占比连续三年都保持在 30% ～40% 这个区间内，存货资产占比从 2019 年的 21.27% 飙升到 2020 年的 33.21% 之后，2021 年虽有所回落但仍然保持在 29.25% 的水平。AB 公司的现金资产占比较高、存货资产占比很低，CD 公司的现金资产占比相对较低、存货资产占比相对较高，这都是由两家公司的行业特点和业态特征所决定的。

（四）综合判断

综合表 9－5、表 9－6 和表 9－7 的分析，结合两家公司的行业特点、业态特征和所秉持的发展战略可以判断，这三年间，AB 公司的身材是比较匀称的，即 AB 公司的资产结构是比较合理的。而 CD 公司的身材正处在适当调理的过程当中（比如通过增加在建工程投资来提高未来的固定资产占比水平），即 CD 公司的资产结构不太合理，正处在调整的过程中。

四、公司的营养搭配合理吗？——资金结构分析

人体所需要的营养是通过饮食来摄入的。一个人每天都要食用若干种食物来满足营养的需要，但如果食用的食物搭配不当，就会造成营养搭配不合理。资金是公司的营养，它主要来源于股权人的投入和债权人的借给，即：资金 = 债权资金 + 股权资金，其中，债权资金 = 银行借款 + 应付款项 + 应付债券 + 其他债权资金，同时，债权资金 = 短期债权资金 + 长期债权资金。股权资金 = 归属于母公司股东权益 + 少数股东权益，其中，归属于母公司股东权益 = 股本 + 其他权益工具 + 资本公积 + 其他综合收益 + 盈余公积 + 未分配利润。公司的“营养搭配”是指公司资金的来源构成，资金来源构成合理，“营养搭配”就合理，反之，则不合理。

（一）从资金总额的来源构成看公司的营养搭配是否合理

资金总额的来源构成是指债权资金和股权资金在资金总额中所占的比重。AB 公司、CD 公司 2019—2021 年资金总额来源构成情况如表 9 - 8 所示。

表 9 - 8　　2019—2021 年 AB 公司、CD 公司资金总额来源构成变动表

指标	2019 年	2020 年	2021 年
资金总额（亿元）	459.52 (144.05)	439.57 (159.95)	447.80 (201.91)
债权资金占比	63.88% (83.42%)	61.04% (83.94%)	56.77% (86.31%)
股权资金占比	36.12% (16.58%)	38.96% (16.06%)	43.23% (13.69%)

注：债权资金即为负债，股权资金即为股东权益。

由表 9 - 8 可知，2019—2021 年，AB 公司资金总额来源于股权人投入的比重逐年提高，三年依次为 36.12%、38.96%、43.23%；来源于债权人借给的比重则逐年降低，三年依次为 63.88%、61.04%、56.77%，这种来源构成，亦即营养搭配是比较合理的、稳健的。CD 公司资金总额来源于股权人投入的比重逐年降低，三年依次为 16.58%、16.06%、13.69%；来源于债权人借给的比重则逐年提高，三年依次为 83.42%、83.94%、86.31%，这种来源构成，亦即营养搭配是不够合理的、冒险的。

（二）从资金总额的长短期构成看公司的营养搭配是否合理

资金总额的长短期构成是指长期资金（即长期负债 + 股权资金）和短期资金（即流动负债）在资金总额中所占的比重。AB 公司、CD 公司 2019—2021 年的长、短期债权资金构成情况如表 9 - 9 所示。

由表 9 - 9 可知，2019—2021 年，AB 公司的短期资金占比一直保持在 20% 左右，长期资金占比则保持在 80% 左右；CD 公司的短期资金占比一直保持在 60% 左右，长期资金占比

表 9－9　　2019—2021 年 AB 公司、CD 公司长、短期资金构成变动表

指标	2019 年	2020 年	2021 年
资金总额（亿元）	459.52 (144.05)	439.57 (159.95)	447.80 (201.91)
长期资金占比	78.95% (36.05%)	77.43% (43.43%)	85.65% (41.84%)
短期资金占比	21.05% (63.95%)	22.57% (56.57%)	14.35% (58.16%)

则保持在 40% 左右。短期资金（流动负债）占比较高会使潜在的短期偿债风险较大，从这个方面看，AB 公司的长、短期资金构成，亦即营养搭配是比较合理的、稳健的，CD 公司的长、短期资金构成，亦即营养搭配是不够合理的、冒险的。

（三）从债权资金的流动性构成看公司的营养搭配是否合理

债权资金的流动性构成是指短期债权资金（即流动负债）和长期债权资金（即长期负债）在债权资金总额中所占的比重。AB 公司、CD 公司 2019—2021 年债权资金流动性构成情况如表 9－10 所示。

表 9－10　　2019—2021 年 AB 公司、CD 公司债权资金流动性构成变动表

指标	2019 年	2020 年	2021 年
债权资金总额（亿元）	293.52 (120.17)	268.31 (134.27)	254.21 (174.26)
短期债权资金占比	32.96% (76.65%)	36.98% (67.39%)	25.29% (67.38%)
长期债权资金占比	67.04% (23.35%)	63.02% (32.61%)	74.71% (32.62%)

由表 9－10 可知，2019—2021 年，AB 公司的短期债权资金占比一直保持在 30% 左右，长期债权资金占比则保持在 70% 左右；CD 公司的短期债权资金占比一直保持在 70% 左右，长期资金占比则保持在 30% 左右。短期债权资金占比较高会使潜在的短期偿债风险较大，从这个方面看，AB 公司的债权资金流动性构成，亦即营养搭配是比较合理的、稳健的，CD 公司的债权资金流动性构成，亦即营养搭配是不够合理的、冒险的。

（四）从债权资金的来源构成看公司的营养搭配是否合理

债权资金的来源构成是指银行借款、应付款项等各种来源的债权资金在债权资金总额中所占的比重。AB 公司、CD 公司 2019—2021 年债权资金来源构成情况如表 9－11 所示。

表 9－11　　2019—2021 年 AB 公司、CD 公司债权资金来源构成变动表

指标	2019 年	2020 年	2021 年
债权资金总额（亿元）	293.52 (120.17)	268.31 (134.27)	254.21 (174.26)

续表

指标	2019 年	2020 年	2021 年
银行借款占比	76.54% (37.94%)	77.18% (34.13%)	66.76% (31.10%)
应付款项占比	12.05% (30.16%)	11.53% (57.91%)	24.30% (52.02%)
其他负债占比	11.41% (31.90%)	11.29% (7.96%)	8.94% (16.88%)

注：银行借款包括短期借款和长期借款，应付款项包括应付票据、应付账款、预收款项、应付职工薪酬、应交税费、应付债券、长期应付款、其他应付款等。

由表 9－11 可知，2019—2021 年，AB 公司的银行借款占比一直保持在 70% 左右，应付款项占比徘徊在 10% ~25%，其他负债占比则保持在 10% 左右。债权资金来源的这种构成是否合理，需要结合 AB 公司的行业特点、业态特征以及它的负债水平来判断。AB 公司属于电力行业，它的电力业务收入占营业收入总额的比重三年依次为 97.81%、97.24%、99.29%（见后文表 9－25），在电力业务收入中，水电业务收入占比连续三年都在 80% 以上（见后文表 9－25），这种行业特点和业态特征决定了 AB 公司的原材料采购业务发生比较少，加上电力销售一般很少存在预收账款的情况（AB 公司年度报告显示，年末预收款项 2019 年仅为 611 万元，2020 年仅为 134 万元，2021 年则为 0），这就使 AB 公司的应付款项占比必然不会太高。再加上它的总体负债水平不高（资产负债率三年依次为 63.88%、61.04%、56.77%），由此可以判断，AB 公司的债权资金来源构成，亦即营养搭配符合其行业特点和业态特征，是比较合理的、稳健的。

CD 公司的银行借款占比连续三年都保持在 30% ~40%，应付款项占比则在后两年都超过了 50%，这应该也是符合它的业态特征的。CD 公司已经蜕变成一家以油品业务为主业的“电力”公司，其油品业务收入占营业收入总额的比重连续三年都超过 80%（见后文表 9－26），在油品贸易过程中形成较大规模的应付款项也属正常，由此可以判断，CD 公司的债权资金来源构成，亦即营养搭配也符合其行业特点和业态特征，也是比较合理的、稳健的。

（五）从股权资金的来源构成看公司的营养搭配是否合理

股权资金的来源构成是指归属于母公司的股东权益和少数股东权益在股东权益总额中所占的比重。AB 公司、CD 公司 2019—2021 年股权资金来源构成情况如表 9－12 所示。

表 9－12　　2019—2021 年 AB 公司、CD 公司股权资金来源构成变动表

指标	2019 年	2020 年	2021 年
股权资金总额（亿元）	166.00 (23.88)	171.26 (25.68)	193.59 (27.65)
归属于母公司股东权益占比	84.80% (78.85%)	84.74% (79.36%)	86.27% (81.96%)
少数股东权益占比	15.20% (21.15%)	15.26% (20.64%)	13.73% (18.04%)

由表9-12可知，2019—2021年，AB公司和CD公司归属于母公司股东权益都在80%或70%以上，股权资金来源构成，亦即营养搭配是比较合理的。

（六）从归属于母公司股东权益的来源构成看公司的营养搭配是否合理

归属于母公司股东权益的来源构成是指股本、其他权益工具、资本公积、其他综合收益、盈余公积、未分配利润在归属于母公司股东权益中所占的比重。AB公司、CD公司2019—2021年归属于母公司股东权益的来源构成情况如表9-13所示。

表9-13 2019—2021年AB公司、CD公司归属于母公司股东权益的来源构成变动表

指标	2019年	2020年	2021年
归属于母公司股东权益总额（亿元）	140.77 (18.83)	145.13 (20.38)	167.01 (22.67)
股本占比	43.07% (43.97%)	54.31% (40.63%)	47.19% (45.68%)
其他权益工具占比	0.00% (0.00%)	0.00% (0.00%)	8.39% (0.00%)
资本公积占比	10.63% (14.71%)	8.85% (14.72%)	7.79% (5.07%)
其他综合收益占比	0.04% (19.54%)	0.08% (0.00%)	0.59% (0.00%)
盈余公积占比	10.83% (8.76%)	12.09% (10.35%)	11.89% (10.85%)
未分配利润占比	35.43% (13.01%)	24.67% (34.30%)	24.15% (38.40%)

由表9-13可知，2019—2021年，AB公司、CD公司归属于母公司股东权益的来源构成中，股本占比最高且都在40%以上，资本公积占比和盈余公积占比都在10%左右徘徊，这些都是正常的、合理的。未分配利润占比，AB公司由2019年的35.43%回落到2020年的24.67%和2021年的24.15%，这与其2020年和2021年的净利润总额较2019年有较大幅度减少、现金分红金额占净利润的比重较2019年有较大幅度提高有关（见后文表9-29）；CD公司由2019年的13.01%上升到2020年的34.30%和2021年的38.40%，这与其2020年和2021年的净利润总额较2019年有较大幅度增加、现金分红金额占净利润的比重则相对较低（连续三年都不超过30%）有关（见后文表9-29）。公司根据自己的盈利水平、现金持有水平和投资活动对现金的需求情况来决定现金分红水平，这是正常的经营行为，因此，其未分配利润占比也看不出有什么不合理的地方。由此可以判断，2019—2021年，AB公司、CD公司归属于母公司股东权益的来源构成，亦即营养搭配是比较合理的。

（七）综合判断

综合表9-8至表9-13的分析，AB公司无论是资金总额来源构成，还是债权资金长短期构成、流动性构成、来源构成，抑或是股权资金来源构成、归属于母公司股东权益的来源构成，都是比较合理的。CD公司资金总额来源构成、债权资金的长短期构成、债权资金流动性构成不够合理，但债权资金来源构成、股权资金来源构成、归属于母公司股东权益的来源构成是比较合理的。综合判断，AB 公司的营养搭配是合理的，CD 公司的营养搭配则需要做些调整。

五、公司的身材与营养成分协调吗？——资产结构与资金结构协调性分析

人的身材需要与营养成分协调，既不能出现营养不良的状况，也不能出现营养过剩的状况。同理，公司的资产结构也需要与资金结构协调，比如长期资产占比要与长期资金占比协调，现金资产金额、速动资产金额、流动资产金额要与流动负债金额协调，资产总额要与负债总额协调等。

（一）从长期资产占比与长期资金占比的协调性看公司的身材和营养成分是否协调

从防范财务风险的角度来看，长期资产占用的资金应该由长期资金来满足。由于资产总额与资金总额是恒等的，因此，长期资产占比与长期资金占比应该大致相当才有利于防范财务风险。一般认为，长期资产占比减去长期资金占比之差在正的 10 个百分点或负的 10 个百分点之内，表明长期资产占比与长期资金占比大致相当，长期资产占比与长期资金占比的协调性属于稳健型；如果长期资产占比减去长期资金占比之差超过正的 10 个百分点（即大于正的 10 个百分点），就表明长期资产占比远高于长期资金占比，长期资产占比与长期资金占比的协调性属于冒险型，而且超过越多就越冒险；如果长期资产占比减去长期资金占比之差超过负的 10 个百分点（即小于负的 10 个百分点），就表明长期资产占比远低于长期资金占比，长期资产占比与长期资金占比的协调性属于保守型，而且超过越多就越保守。

AB 公司、CD 公司 2019—2021 年的长期资产占比与长期资金占比情况如表 9－14 所示。

表 9－14　2019—2021 年 AB 公司、CD 公司长期资产占比与长期资金占比变动表

指标	2019 年	2020 年	2021 年
资产（资金）总额（亿元）	459.52 （144.05）	439.57 （159.95）	447.80 （201.91）
长期资产占比	91.99% （64.98%）	91.77% （64.17%）	91.70% （70.19%）
长期资金占比	78.95% （36.05%）	77.43% （43.43%）	85.65% （41.84%）
长期资产占比减去长期资金占比（百分点）	13.04 （28.93）	14.34 （20.74）	6.05 （28.35）

由表 9－14 可知，2019—2021 年，AB 公司的长期资产占比减去长期资金占比之差由 2019 年的 13.04 个百分点和 2020 年的 14.34 个百分点，降低到 2021 年的 6.05 个百分点，亦即长期资产占比与长期资金占比的协调性由 2019 年、2020 年的稍微冒险型调整到 2021 年的稳健型。CD 公司的长期资产占比减去长期资金占比之差连续三年都在 20 个百分点以上，甚至 2019 年和 2021 年达到了将近 30 个百分点的程度，说明 CD 公司的长期资产占比与长期资金占比的协调性属于高度冒险型。

（二）从资产与负债的协调性看公司的身材和营养成分是否协调

资产与负债的协调性包括现金资产金额、速动资产金额、流动资产金额与流动负债金额

的协调性以及资产总额与负债总额的协调性。其中，现金资产金额、速动资产金额、流动资产金额与流动负债金额的协调性需要通过现金比率、速动比率、流动比率来判断，资产总额与负债总额的协调性需要通过资产比率（即资产总额与负债总额的比率）来判断。AB 公司、CD 公司 2019—2021 年的现金比率、速动比率、流动比率、资产比率如表 9 – 15 所示。

表 9 – 15　2019—2021 年 AB 公司、CD 公司现金比率、速动比率、流动比率、资产比率变动表

指标	2019 年	2020 年	2021 年
现金比率	0.22 （0.21）	0.19 （0.21）	0.29 （0.17）
速动比率	0.37 （0.43）	0.34 （0.42）	0.55 （0.36）
流动比率	0.38 （0.55）	0.36 （0.63）	0.58 （0.51）
资产比率	1.57 （1.20）	1.64 （1.19）	1.76 （1.16）

由表 9 – 15 可知，2019—2021 年，AB 公司、CD 公司的现金比率、速动比率、流动比率都不高，说明它们的短期偿债能力都不强。资产比率，AB 公司逐年提高且每年都在 1.5 以上，说明其长期偿债能力相对较强；CD 公司则逐年降低且每年都不超过 1.2，说明其长期偿债能力相对较弱。

（三）综合判断

综合表 9 – 14 和表 9 – 15 的分析，AB 公司的资产结构与资金结构整体上是比较协调的，但局部有些不协调，亦即身材与营养成分整体比较协调、局部有些不协调。CD 公司的资产结构与资金结构不仅整体不协调，而且局部也不协调，亦即身材与营养成分整体和局部都不协调。

六、公司的蛮力如何？巧力又如何？——资产创收能力与创利能力分析

人的力气有蛮力和巧力之说。光有蛮力没有巧力，蛮力就发挥不了太大的作用；光有巧力没有蛮力，巧力就失去了力量的源泉。公司也有蛮力和巧力。

（一）从资产创收率看公司的蛮力

资产创收率反映资产创造营业收入的能力，这种能力相当于公司的蛮力。

资产创收率 =（当期营业收入总额 ÷ 当期平均资产总额）×100%，它表示每百元资产能够创造营业收入的金额。

AB 公司、CD 公司 2019—2021 年的资产创收率如表 9 – 16 所示。

由表 9 – 16 可知，2019—2021 年，AB 公司的资产创收率连续三年都只有 20% 多一点，而 CD 公司则连续三年分别高达 87.87%、174.09%、103.65%，说明 AB 公司的资产创收能力（即蛮力）不如 CD 公司大，这是行业特点和业态特征决定的。AB 公司属于重资产公司，只专注于电力业务，资产创收率自然不会太高。CD 公司主业已经变成了油品贸易，正常情况下资产创收率都会比较高。

表 9－16　　2019—2021 年 AB 公司、CD 公司资产创收率变动表

指标	2019 年	2020 年	2021 年
营业收入总额（亿元）	95.14 (119.33)	90.43 (264.62)	89.74 (187.54)
平均资产总额（亿元）	470.12 (135.80)	449.55 (152.00)	443.69 (180.93)
资产创收率	20.24% (87.87%)	20.12% (174.09%)	20.23% (103.65%)

（二）从资产创利率、净资产创利率和每股收益看公司的巧力

资产创利率反映资产创造净利润的能力，这种能力相当于公司的一种巧力。

资产创利率 =（当期净利润总额 ÷ 当期平均资产总额）×100%，它表示每百元资产能够创造净利润的金额。

净资产创利率反映净资产创造净利润的能力，这种能力相当于公司的另一种巧力。

净资产创利率 =（当期净利润总额 ÷ 当期平均净资产总额）×100%，它表示每百元净资产能够创造净利润的金额。

每股收益反映每股股票创造净利润的能力，这种能力相当于公司的又一种巧力。

每股收益 = 当期净利润总额 ÷ 当期加权平均股数。

根据当期净利润总额和加权平均股数的计算口径不同，每股收益又分为基本每股收益和稀释每股收益。

基本每股收益 = 当期归属于普通股股东的净利润总额 ÷ 当期实际发行在外普通股的加权平均股数，其中，当期实际发行在外普通股的加权平均股数 = 期初股数 + [本年股数增加数 ×（存在月数 - 1）÷12] - [本年股数减少数 ×（减少月数 - 1）÷12]。

稀释每股收益是假设公司所有发行在外的稀释性潜在普通股均已转换为普通股，按此假设分别调整当期归属于普通股股东的净利润总额和实际发行在外的普通股的加权平均股数。其中，稀释性潜在普通股，是指假设当期转换为普通股后会减少每股收益的那些潜在普通股，如可转换债券、认股权证、股份期权等。

AB 公司、CD 公司 2019—2021 年的资产创利率、净资产创利率和基本每股收益如表9－17 所示。

表 9－17　　2019—2021 年 AB 公司、CD 公司资产创利率、净资产创利率、基本每股收益变动表

指标	2019 年	2020 年	2021 年
净利润总额（亿元）	27.11 (1.01)	23.99 (1.91)	24.95 (2.88)
平均资产总额（亿元）	470.12 (135.80)	449.55 (152.00)	443.69 (180.93)
平均净资产总额（亿元）	170.91 (24.54)	168.63 (24.78)	182.43 (26.67)

续表

指标	2019 年	2020 年	2021 年
资产创利率	5.77% (0.74%)	5.37% (1.26%)	5.62% (1.59%)
净资产创利率	15.86% (4.12%)	14.23% (7.71%)	13.68% (10.80%)
基本每股收益（元）	0.30 (0.08)	0.27 (0.18)	0.28 (0.31)

由表 9－17 可知，2019—2021 年，AB 公司的资产创利率、净资产创利率和基本每股收益都明显优于 CD 公司（除 2021 年的基本每股收益之外），说明 AB 公司的资产创利能力（即巧力）强于 CD 公司。

（三）综合判断

综合表 9－16 和表 9－17 的分析可以判断，AB 公司的蛮力（即资产创收能力）虽然不如 CD 公司，但巧力（即资产创利能力）却强于 CD 公司。

七、公司身体的灵活性和耐力性如何？——资产周转能力和成长能力分析

人的身体既需要有灵活性，也需要有耐力性。同理，公司的身体也需要有灵活性和耐力性，前者主要是通过资产的周转能力来体现，后者主要是通过公司的成长能力来体现。

（一）从资产的周转能力看公司身体的灵活性

资产的周转能力是指资产在一个会计期间内周转的次数或者资产每周转一次所需要的天数。本书主要采用应收账款周转次数、流动资产周转次数和资产总额周转次数来判断公司身体的灵活性。

AB 公司、CD 公司 2019—2021 年的资产周转能力如表 9－18 所示。

表 9－18　　2019—2021 年 AB 公司、CD 公司资产周转能力变动表

指标	2019 年	2020 年	2021 年
应收账款周转次数（次）	8.56 (33.06)	8.75 (76.04)	7.76 (39.07)
流动资产周转次数（次）	2.42 (2.65)	2.48 (4.91)	2.45 (3.19)
资产总额周转次数（次）	0.20 (0.88)	0.20 (1.74)	0.20 (1.04)

由表 9－18 可知，2019—2021 年，AB 公司的应收账款周转次数、流动资产周转次数和资产总额周转次数连续三年都显著少于 CD 公司，说明 AB 公司的灵活性（即资产的周转能力）显著弱于 CD 公司。

（二）从公司的成长能力看公司身体的耐力性

公司的成长能力是指公司关键财务指标的增长率，本书主要采用资产总额增长率、营业

收入增长率和净资产增长率来判断公司身体的耐力性。

AB 公司、CD 公司 2019—2021 年的成长能力如表 9－19 所示。

表 9－19　　2019—2021 年 AB 公司、CD 公司成长能力变动表

指标	2019 年	2020 年	2021 年
资产总额增长率	－4.41% （12.94%）	－4.34% （11.04%）	1.87% （26.23%）
营业收入增长率	－1.31% （16.48%）	－4.95% （121.75%）	－0.76% （－29.13%）
净资产增长率	－5.58% （－5.24%）	3.17% （7.54%）	13.04% （7.67%）

由表 9－19 可知，AB 公司的资产总额 2019 年、2020 年都是负增长，直到 2021 年才小幅增长；营业收入则连续三年都是负增长；净资产 2019 年是负增长，2020 年小幅增长，2021 年有较大幅度增长。CD 公司的资产总额连续三年都有较大幅度增长；营业收入在 2019 年、2020 年的大幅度增长之后，2021 年则大幅度负增长；净资产在 2019 年出现负增长之后，2020 年和 2021 年则有较大幅度增长。整体来看，AB 公司的耐力性（即成长能力）不如 CD 公司。

（三）综合判断

综合表 9－18 和表 9－19 的分析可以判断，AB 公司不仅灵活性（即资产的周转能力）不如 CD 公司，耐力性（即公司的成长能力）也不如 CD 公司。

八、公司的朋友圈给力吗？家里人也给力吗？——营业收现率、营业毛利率和营业利润率分析

人有朋友圈和家里人，公司也有“朋友圈”和“家里人”。公司的“朋友圈”是指公司的客户，“家里人”是指公司内部的机构和人员。

（一）从营业收现率看公司的朋友圈是否给力

营业收现率＝（经营活动现金流入量÷营业收入）×100%，反映每百元营业收入能够带来的经营活动现金流入量。营业收现率越高，表明朋友圈（客户）越给力。AB 公司、CD 公司 2019—2021 年的营业收现率如表 9－20 所示。

表 9－20　　2019—2021 年 AB 公司、CD 公司营业收现率变动表

指标	2019 年	2020 年	2021 年
营业收入总额（亿元）	95.14 （119.33）	90.43 （264.62）	89.74 （187.54）
经营活动现金流入量（亿元）	113.04 （144.79）	104.04 （306.25）	99.11 （237.80）
营业收现率	118.81% （121.34%）	115.05% （115.73%）	110.44% （126.80%）

由表 9 - 20 可知，2019—2021 年，AB 公司、CD 公司的营业收现率连续三年都在 110% 以上，说明这三年两家公司的朋友圈（客户）都比较给力，但 CD 公司的营业收现率更高一些，说明其朋友圈（客户）更加给力。

（二）从营业毛利率、营业利润率看公司的家里人是否给力

营业毛利率 =（营业毛利 ÷ 营业收入）×100%，反映每百元营业收入能够带来的营业毛利的金额。

因为营业毛利是营业收入减去营业成本和营业税金及附加后的余额，而营业成本的大小主要是由生产或采购环节决定的，所以，营业毛利率主要是衡量生产和采购部门的家里人是否给力。营业毛利率越高，表明生产或采购部门的家里人越给力。

营业利润率 =（营业利润 ÷ 营业收入）×100%，反映每百元营业收入能够带来的营业利润的金额。

因为营业利润是营业毛利减去期间费用后的余额，而期间费用的大小主要是由销售、管理、财务等部门决定的，所以，营业利润率主要是衡量销售、管理、财务等部门的家里人是否给力。营业利润率越高，表明销售、管理、财务等部门的家里人越给力。

AB 公司、CD 公司 2019—2021 年的营业毛利率、营业利润率如表 9 - 21 所示。

表 9 - 21　2019—2021 年 AB 公司、CD 公司营业毛利率、营业利润率变动表

指标	2019 年	2020 年	2021 年
营业收入总额（亿元）	95.14 (119.33)	90.43 (264.62)	89.74 (187.54)
营业毛利总额（亿元）	46.92 (7.38)	42.86 (11.78)	42.42 (9.44)
营业毛利率	49.32% (6.18%)	47.40% (4.45%)	47.27% (5.03%)
营业利润总额（亿元）	33.34 (1.28)	29.30 (2.52)	30.04 (3.44)
营业利润率	35.04% (1.07%)	32.40% (0.95%)	33.47% (1.83%)

由表 9 - 21 可知，2019—2021 年，AB 公司的营业毛利率、营业利润率连续三年都远远高于 CD 公司，说明 AB 公司的家里人比 CD 公司的家里人给力，这与两家公司的行业特点和业态特征有很大的关系。

（三）从净利润的含金量看公司的朋友圈和家里人合力给出的力道是否强劲

净利润含金量 = 经营活动现金净流量 ÷ 净利润，反映每 1 元的净利润有多少元的经营活动现金净流量作为质量保证。

因为经营活动现金净流量主要取决于公司的朋友圈（如下游客户是否及时支付货款以及上游客户是否给予赊购等），而净利润主要取决于公司的家里人（如成本管理是否达到较高水平），所以，净利润含金量主要是衡量公司的朋友圈和家里人合力给出的力道是否强劲。净利润含金量越高，表明公司的朋友圈和家里人合力给出的力道就越强劲。AB 公司、

CD 公司 2019—2021 年的净利润含金量如表 9 - 22 所示。

表 9 - 22　　2019—2021 年 AB 公司、CD 公司净利润含金量变动表

指标	2019 年	2020 年	2021 年
经营活动现金净流量（亿元）	65.13 (0.66)	54.19 (4.75)	55.72 (15.61)
净利润总额（亿元）	27.11 (1.01)	23.99 (1.91)	24.95 (2.88)
净利润含金量（元）	2.40 (0.65)	2.26 (2.49)	2.23 (5.42)

由表 9 - 22 可知，2019—2021 年，AB 公司的净利润含金量连续三年都保持在 2.20 ~ 2.40，说明这三年中其朋友圈和家里人合力给出的力道比较强劲而且比较均衡。CD 公司的净利润含金量 2019 年只有 0.65，但 2020 年和 2021 年却分别高达 2.41 和 5.42，说明其朋友圈和家里人在 2020 年、特别是 2021 年合力给出的力道比 AB 公司的还要强劲。

（四）综合判断

综合表 9 - 20、表 9 - 21 和表 9 - 22 的分析可以判断，AB 公司、CD 公司的朋友圈都比较给力，但相比而言 CD 公司更给力。家里人则是 AB 公司更给力。朋友圈和家里人合力给出的力道，AB 公司三年都比较强劲而且均衡；CD 公司 2019 年很弱，但 2020 年、特别是 2021 年却比 AB 公司更强劲。

九、公司的生理正常吗？——利润来源构成分析

生理是指机体的生命活动和体内各个器官的机能。人的生理正常是指人的生命活动（如七情六欲、吃喝拉撒、工作休息、走亲访友等）正常和体内各个器官（如肝脏、肾脏、脾胃、心肺等）的机能正常。公司的生理正常是指公司的生产经营活动正常和内部各个机构的运转正常。一家公司的生理是否正常可以从若干个定量、定性的方面来判断，本书仅从利润总额的来源构成和净利润的来源构成这两个方面来判断。

（一）从利润总额的来源构成看公司的生理是否正常

由公式“利润总额 = 营业利润 + 营业外收支净额”可以得出，公司利润总额的来源构成包括营业利润和营业外收支净额。正常情况下，利润总额 > 营业利润 > 0，而且 0 < 营业利润占利润总额的比重≤100%。如果利润总额 < 营业利润，就意味着营业外收支净额是负数，必然导致营业利润占利润总额的比重大于 100%，使利润总额的来源构成出现异常的情况。

AB 公司、CD 公司 2019—2021 年的利润总额来源构成情况如表 9 - 23 所示。

表 9 - 23　　2019—2021 年 AB 公司、CD 公司利润总额来源构成变动表

指标	2019 年	2020 年	2021 年
利润总额（亿元）	33.46 (1.44)	28.96 (2.51)	29.62 (3.57)

续表

指标	2019 年	2020 年	2021 年
营业利润（亿元）	33.34 (1.28)	29.30 (2.52)	30.04 (3.44)
营业外收支净额（亿元）	0.12 (0.16)	-0.34 (-0.01)	-0.42 (0.13)
营业利润占利润总额的比重	99.64% (88.89%)	101.17% (100.40%)	101.42% (96.36%)

由表 9-23 可知，AB 公司 2020 年和 2021 年的营业利润占利润总额的比重都大于 100%，原因是这两年的营业外收支净额均为负数，这是一种异常情况；CD 公司的营业利润占利润总额的比重也在 2020 年大于 100%，原因也是这一年的营业外收支净额为负数，也属于异常情况。

（二）从净利润的来源构成看公司的生理是否正常

由公式“净利润 = 利润总额 - 所得税费用”可以得出，公司的净利润来源于利润总额减去所得税费用后的余额。正常情况下，0 < 净利润 < 利润总额，0 < 净利润占利润总额的比重 ≤ 100%。如果净利润 = 利润总额，就意味着所得税费用为 0；如果净利润 > 利润总额，就意味着所得税费用 < 0（即所得税费用为负数）。所得税费用为 0 和所得税费用 < 0 的出现，都表明公司存在某些特殊（或异常）情况。

AB 公司、CD 公司 2019—2021 年的净利润来源构成情况如表 9-24 所示。

表 9-24　2019—2021 年 AB 公司、CD 公司净利润来源构成变动表

指标	2019 年	2020 年	2021 年
利润总额（亿元）	33.46 (1.44)	28.96 (2.51)	29.62 (3.57)
净利润总额（亿元）	27.11 (1.01)	23.99 (1.91)	24.95 (2.88)
所得税费用（亿元）	6.35 (0.43)	4.97 (0.60)	4.67 (0.69)
净利润占利润总额的比重	81.02% (70.14%)	82.84% (76.10%)	84.23% (80.67%)
所得税费用占利润总额的比重	18.98% (29.86%)	17.16% (23.90%)	15.77% (19.33%)

由表 9-24 可知，2019—2021 年，AB 公司、CD 公司的净利润占利润总额的比重连续三年都没有超过 100%，属于正常的情况。此外，所得税费用占利润总额的比重可以代表公司所得税的税负水平。从表 9-24 可看到，2019—2021 年 AB 公司、CD 公司的所得税费用占利润总额的比重都逐年下降，说明它们的所得税税负水平在逐年下降，但 CD 公司的占比水平明显高于 AB 公司的占比水平，说明 CD 公司的所得税税负水平明显高于 AB 公司的所

得税税负水平。

（三）综合判断

综合表9－23和表9－24的分析，可以判断AB公司和CD公司的生理（即利润来源构成）总体上还是正常的，但需要通过控制营业外支出的发生来加以调理。此外，在所得税税负水平方面，CD公司明显高于AB公司。

十、公司的心理健康吗？——主营业务分析和利润分配分析

人的心理是指人的大脑反映客观现实的过程，如感觉、知觉、思维、情绪等，也泛指人的思想、感情等内心活动。人的心理通常都会以某种能够让别人感受得到的方式表现出来。公司的心理是指公司作出经营决策、投资决策、筹资决策的过程。公司的心理是否健康，也可以通过若干个定量、定性的方面来判断，本书仅从公司是否偏离主业、主业是否有较高的毛利率以及是否积极分红这三个方面来判断。

（一）从是否偏离主业看公司的心理是否健康

公司是否偏离主业主要根据其营业收入构成来判断。如果主营业务收入占营业收入总额的比重超过50%，则认为公司尚未偏离主业，否则就偏离了主业。AB公司、CD公司2019—2021年的营业收入总额构成情况分别如表9－25和表9－26所示。

表9－25　　2019—2021年AB公司营业收入总额构成变动表

指标	2019年	2020年	2021年
营业收入总额（亿元）	95.14	90.43	89.74
其中：电力业务收入（亿元） （占营业收入总额的比重）	93.06 （97.81%）	87.93 （97.24%）	89.10 （99.29%）
其中：水电业务收入（亿元） （占电力业务收入的比重）	82.47 （88.62%）	76.73 （87.26%）	73.99 （83.04%）
其中：火电业务收入（亿元） （占电力业务收入的比重）	8.13 （8.74%）	9.04 （10.28%）	12.66 （14.21%）
其中：风电业务收入（亿元） （占电力业务收入的比重）	2.46 （2.64%）	2.16 （2.46%）	2.45 （2.75%）

（注：本表仅为AB公司的数据，表中括号外的数据是收入的绝对数据，括号内的数据是收入的相对数据，亦即收入所占的比重。）

表9－26　　2019—2021年CD公司营业收入总额构成变动表

指标	2019年	2020年	2021年
营业收入总额（亿元）	119.33	264.62	187.54
其中：电力业务收入（亿元） （占营业收入总额的比重）	19.27 （16.15%）	21.34 （8.06%）	22.53 （12.01%）
其中：电力销售收入（亿元） （占营业收入总额的比重）	16.06 （13.46%）	17.76 （6.71%）	15.94 （8.50%）

续表

指标	2019 年	2020 年	2021 年
其中：发电业务收入（亿元） （占营业收入总额的比重）	3.21 （2.69%）	3.58 （1.35%）	6.59 （3.51%）
其中：油品业务收入（亿元） （占营业收入总额的比重）	98.63 （82.65%）	241.95 （91.43%）	163.77 （87.33%）
其中：其他业务收入（亿元） （占营业收入总额的比重）	1.43 （1.20%）	1.33 （0.51%）	1.24 （0.66%）

（注：本表仅为 CD 公司的数据，表中括号外的数据是收入的绝对数据，括号内的数据是收入的相对数据，亦即收入所占的比重。）

由表 9－25 和表 9－26 可知，2019—2021 年，AB 公司主营业务（电力业务）收入占营业收入总额的比重连续三年都在 97% 以上，说明其主业非常突出，心理很健康。CD 公司从其公司名称来看，应该属于电力行业，电力业务应该是其主营业务，但其电力业务（含电力销售和发电业务）收入占营业收入总额的比重连续三年都不超过 20%，而油品业务收入占营业收入总额的比重却连续三年都在 80% 以上，可见其已经严重偏离了原先的主业，心理很不健康。

（二）从主业是否有较高的毛利率看公司的心理是否健康

正常情况下，一家公司应该把主要的资金投放到毛利率较高的行业，使其主营业务具有较高的毛利率。如果一家公司主营业务的毛利率很低却还继续经营，或者试图把主营业务转移到一个毛利率很低的行业，那是不正常的。AB 公司、CD 公司 2019—2021 年的主营业务毛利率分别如表 9－27 和表 9－28 所示。

表 9－27　　2019—2021 年 AB 公司主营业务毛利率变动表

指标	2019 年	2020 年	2021 年
电力业务毛利率	50.62%	47.83%	48.70%
其中：水电业务毛利率	58.32%	56.57%	57.27%
其中：火电业务毛利率	－23.44%	－21.51%	2.55%
其中：风电业务毛利率	37.29%	27.25%	28.30%

（注：本表仅为 AB 公司的数据。）

表 9－28　　2019—2021 年 CD 公司主营业务毛利率变动表

指标	2019 年	2020 年	2021 年
电力销售毛利率	13.20%	16.15%	13.51%
发电业务毛利率	55.93%	60.18%	56.41%
油品业务毛利率	3.06%	2.62%	1.56%

（注：本表仅为 CD 公司的数据。）

由表 9－27 和表 9－28 可知，2019—2021 年，AB 公司的主营业务（电力业务）毛利率连续三年都保持在 50% 左右，其中水电业务的毛利率连续三年都接近 60%，再看表 9－25，其水电业务收入占电力业务收入的比重连续三年都在80%以上，可见，AB公司主营业务毛利率比较高，而且专注于发展毛利率更高的水电业务，说明其心理很健康。CD公司发电业务的毛利率连续三年都高达60%左右，但其发电业务收入占营业收入总额的比重连续三年都没有超过4%（见表9-26）；电力销售的毛利率连续三年都在15%左右，但其销售收入占营业收入总额的比重连续三年却都只有10%左右；油品业务的毛利率连续三年都不超过4%，但其销售收入占营业收入总额的比重却连续三年都高达80%以上（见表9-26）。如果说CD公司想把（或者说已经把）主营业务转移到毛利率很低的油品贸易上来，那么，这种选择是不明智的。

（三）从是否积极分红看公司的心理是否健康

公司是否积极分红，主要看是否每年都分红、每10股派发现金数的大小以及现金分红金额占净利润比重的高低。AB公司、CD公司2019—2021年的每10股派发现金数和现金分红金额占净利润的比重如表9-29所示。

表9-29　2019—2021年AB公司、CD公司现金分红情况变动表

指标	2019年	2020年	2021年
净利润总额（亿元）	27.11 （1.01）	23.99 （1.91）	24.95 （2.88）
每10股派发现金数（元）	2.5 （0.25）	1.9 （0.60）	1.9 （0.75）
现金分红金额（亿元）	15.16 （0.21）	14.98 （0.50）	14.98 （0.78）
现金分红金额占净利润的比重	55.92% （20.79%）	62.44% （26.18%）	60.04% （27.08%）

由表9-29可知，2019—2021年，AB公司和CD公司连续三年都发放现金股利，但从每10股派发现金数和现金分红金额占净利润的比重这两个指标来看，AB公司的分红更为积极。

（三）综合判断

综合表9-25至表9-29的分析可以判断，AB公司的心理更为健康，而CD公司则需要稍加疏导。

十一、总结与展望

正如人的身体机能出现了问题，必须要找到导致问题出现的根源才能对症下药一样，利用财务指标对公司进行体检，发现公司某些方面出现问题，也必须要找到导致这些问题出现的主要原因，然后才能采取有针对性的措施加以改进。而且，一个病征（问题）的出现，有可能是好几个原因导致的结果，只有把所有的原因都一个一个地找出来，分别采取措施，才能消除病征（解决问题）。此外，本书是从外部人的视角利用财务指标对公司进行体检，不容易探究得到导致问题出现的全面、具体的原因。当公司内部人利用财务指标对公司进行体检时，应该汇集本公司财务、业务、技术等各领域的专门人才来共同判断、共同分析，然后得出结论和建议，就如同医院里的各科专家对一个病患进行集体会诊一样。

复习思考题

1. 财务分析的内容主要有哪些？站在所有者、经营者、债权人等不同的角度分析，财务分析的内容有差异吗？

2. 财务分析的基本方法和基本工具主要有哪些？

3. 财务分析法中的比较分析法、比率分析法、趋势分析法和因素分析法各自主要有什么特点？

4. 因素分析法中的连环替代法，各个因素替换的顺序要遵循什么原则？

5. 现金流量分析主要是分析什么？

6. 资产结构分析和资金结构分析各自主要是分析什么？

7. 资产结构与资金结构为什么要协调？从哪几个方面去判断它们是否协调？

8. 资产的创收能力、创利能力、周转能力和成长能力主要分别用什么财务指标来分析？

9. 营业收现率、营业毛利率、营业利润率和净利润含金量分别用来评价什么？

10. 如何评价一家公司的主业是否正常？

课外作业题

表9-30、表9-31和表9-32分别是XY公司2020年、2021年和2022年的资产负债表、利润表和现金流量表的简表，请根据表中数据计算XY公司的以下分析数据：

1. 以2020年为基期，2021年、2022年资产总额、负债总额、股东权益总额、营业收入总额、净利润总额的定基增长速度、环比增长速度和平均增长速度。

2. 计算并比较XY公司2020年、2021年和2022年三年年末的长期资产占比、债权资金占比、长期资金占比。

3. 计算并比较XY公司2020年、2021年和2022年三年年末的长期资产占比与长期资金占比的协调性指标以及现金资产、速动资产、流动资产与流动负债的协调性指标。

4. 计算并比较XY公司2021年和2022年两年的资产创收率、资产创利率和净资产创利率。

5. 计算并比较XY公司2021年和2022年两年的应收账款周转次数、存货周转次数、流动资产周转次数和资产总额周转次数。

6. 计算并比较XY公司2020年、2021年和2022年三年的营业收现率、营业毛利率、营业利润率和净利润含金量。

7. 计算并比较XY公司2020年、2021年和2022年三年的经营活动现金流入量占比和经营活动现金流出量占比。

表 9－30　　**XY 公司 2020—2022 年资产负债表简表**　　单位：元

项目	2020 年 12 月 31 日	2021 年 12 月 31 日	2022 年 12 月 31 日
资　　产			
流动资产：			
货币资金	468 609 523	358 119 145	432 408 191
交易性金融资产	–	–	–
应收票据	3 962 530	2 250 000	1 519 976
应收账款	309 675 644	189 511 532	195 739 122
预付款项	277 055 854	216 443 559	223 563 336
应收利息	–	–	–
应收股利	–	–	–
其他应收款	28 545 298	43 175 829	35 084 241
存货	187 650 974	557 131 921	346 675 439
一年内到期的非流动资产	–	–	–
其他流动资产	–	1 417 875	3 676 727
流动资产合计	1 275 499 823	1 368 049 861	1 238 667 032
非流动资产：			
可供出售金融资产	–	–	–
持有至到期投资	–	–	–
长期应收款	–	–	–
长期股权投资	45 630 450	43 496 302	36 282 962
投资性房地产	1 317 516	595 065	572 864
固定资产	2 233 182 498	2 635 882 069	2 588 253 487
在建工程	35 206 715	20 832 343	5 027 535
工程物资	3 222 665	7 756 791	5 717 248
固定资产清理	–	–	–
生产性生物资产	–	–	–
油气资产	–	–	–
无形资产	17 445 211	21 829 031	25 471 973
开发支出	–	–	–
商誉	–	–	–
长期待摊费用	21 080 759	11 113 323	3 531 205
递延所得税资产	4 529 225	5 401 059	8 403 831
其他非流动资产	–	–	–
非流动资产合计	2 361 615 039	2 746 905 983	2 673 261 105
资 产 总 计	3 637 114 862	4 114 955 844	3 911 928 137
负债及股东权益			
流动负债：			

续表

项目	2020 年 12 月 31 日	2021 年 12 月 31 日	2022 年 12 月 31 日
短期借款	1 376 000 000	1 880 472 000	1 380 000 000
交易性金融负债	–	–	–
应付票据	–	5 000 000	5 000 000
应付账款	296 594 054	585 049 076	351 382 265
预收款项	59 834 211	34 060 121	93 818 224
应付职工薪酬	20 914 358	21 874 516	46 446 169
应交税费	83 601 489	2 826 961	31 595 350
应付利息	–	321 692	731 132
应付股利	–	–	–
其他应付款	103 474 095	113 782 511	113 610 028
一年内到期的非流动负债	155 950 000	26 600 000	30 000 000
其他流动负债	–	–	–
流动负债合计	2 096 368 207	2 669 986 877	2 052 583 168
非流动负债：			
长期借款	46 600 000	20 000 000	315 000 000
应付债券	–	–	–
长期应付款	–	–	3 000 000
专项应付款	412 132	410 000	120 000
预计负债	–	–	–
递延所得税负债	–	–	–
其他非流动负债	3 260 710	12 754 389	17 196 182
非流动负债合计	50 272 842	33 164 389	335 316 182
负 债 合 计	2 146 641 049	2 703 151 266	2 387 899 350
股东权益：			
股本	286 640 000	286 640 000	286 640 000
资本公积	801 356 294	800 513 443	801 080 926
减：库存股	–	–	–
盈余公积	104 633 986	106 319 198	118 357 551
未分配利润	121 898 155	35 347 209	126 554 453
归属于母公司股东权益合计	1 314 528 435	1 228 819 850	1 332 632 930
少数股东权益合计	175 945 378	182 984 728	191 395 857
股东权益	1 490 473 813	1 411 804 578	1 524 028 787
负债及股东权益合计	3 637 114 862	4 114 955 844	3 911 928 137

表 9－31　　**XY 公司 2020—2022 年利润表简表**　　单位：元

项　　目	2020 年	2021 年	2022 年
一、营业收入	3 135 942 466	3 297 842 311	3 531 908 311
减：营业成本	2 541 256 548	2 754 735 882	2 866 886 148
税金及附加	22 477 961	22 595 624	25 627 772
销售费用	43 120 055	6 4198 784	70 437 669
管理费用	261 589 748	278 262 346	304 033 471
财务费用	110 511 475	126 566 913	113 268 166
资产减值损失	14 425 400	938 825	2 817 409
加：公允价值变动收益	–	–	–
投资收益（损失以负号填列）	392 566	543	－7 213 339
其中：对联营企业和合营企业的投资收益	77 362	－234 147	－7 213 339
汇兑收益	–	–	–
二、营业利润	142 953 845	50 544 480	141 624 337
加：营业外收入	14 123 534	1 139 4551	10 017 681
减：营业外支出	5 324 139	12 036 453	2 624 342
其中：非流动资产处置损失	2 966 828	6 303 753	1 183 152
三、利润总额	151 753 240	49 902 578	149 017 676
减：所得税费用	21 847 603	12 419 588	16 624 499
四、净利润	129 905 637	37 482 990	132 393 177
其中：归属于母公司所有者的净利润	129 835 994	26 923 861	121 877 197
少数股东损益	69 643	10 559 129	10 515 980
五、每股收益			
（一）基本每股收益	0.4900	0.0900	0.4300
（二）稀释每股收益	0.4900	0.0900	0.4300

表 9－32　　**XY 公司 2020—2022 年现金流量表简表**　　单位：元

项　　目	2020 年	2021 年	2022 年
一、经营活动产生的现金流量			
销售商品、提供劳务收到的现金	3 464 617 813	3 854 993 752	4 061 723 127
收到的税费返还	7 103 248	1 449 778	24 416 500
收到其他与经营活动有关的现金	24 428 672	67 878 749	39 578 470
现金流入小计	3 496 149 733	3 924 322 279	4 125 718 097
购买商品、接受劳务支付的现金	2 578 269 946	2 896 080 260	2 738 064 474
支付给职工以及为职工支付的现金	272 869 434	302 718 318	336 283 280
支付的各项税费	255 568 738	326 795 424	261 583 517
支付其他与经营活动有关的现金	85 877 917	125 738 499	175 557 216
现金流出小计	3 192 586 035	3 651 332 501	3 511 488 487

续表

项　　目	2020 年	2021 年	2022 年
经营活动产生的现金流量净额	303 563 698	272 989 778	614 229 610
二、投资活动产生的现金流量			
收回投资收到的现金	–	1 314 691	–
取得投资收益收到的现金	315 204	220 000	–
处置固定资产、无形资产和其他长期资产收回的现金净额	1 005 228	13 090 878	677 887
处置子公司及其他营业单位收到的现金净额	–	–	–
收到其他与投资活动有关的现金	32 805	638 089	–
现金流入小计	1 353 237	15 263 658	677 887
购建固定资产、无形资产和其他长期资产支付的现金	303 414 875	502 818 909	194 497 646
投资支付的现金	–	–	–
取得子公司及其他营业单位支付的现金净额	–	–	–
支付其他与投资活动有关的现金	–	–	–
现金流出小计	303 414 875	502 818 909	194 497 646
投资活动产生的现金流量净额	–302 061 638	–487 555 251	–193 819 759
三、筹资活动产生的现金流量			
吸收投资收到的现金	267 952 000	–	–
其中：子公司吸收少数股东投资收到的现金	–	–	–
取得借款收到的现金	2 404 652 080	2 125 272 000	2 151 000 000
发行债券收到的现金	–	–	–
收到其他与筹资活动有关的现金	12 320 628	6 664 000	21 614 043
现金流入小计	2 684 924 708	2 131 936 000	2 172 614 043
偿还债务支付的现金	2 211 992 361	1 775 400 792	2 354 449 512
分配股利、利润或偿付利息支付的现金	334 289 464	239 233 722	140 007 767
其中：子公司支付给少数股东的股利、利润	–	–	–
支付其他与筹资活动有关的现金	975 000	13 292 628	24 177 605
现金流出小计	2 547 256 825	2 027 927 142	2 518 634 884
筹资活动产生的现金流量净额	137 667 883	104 008 858	–346 020 841
四、汇率变动对现金的影响额	–6 205	66 238	–99 965
五、现金及现金等价物净增加额	139 163 738	–110 490 377	74 289 045
加：期初现金及现金等价物余额	329 445 785	468 609 523	358 119 146
六、期末现金及现金等价物余额	468 609 523	358 119 146	432 408 191

第十章

财务管理学中的审计学

内容简介

本章主要介绍审计的概念、分类、内容、方法和发展趋势；阐述审计目标设定、审计计划制定、审计工作执行的主要内容；分析审计证据的概念、特征、种类和获取，以及审计抽样的概念、方法、风险和实施；最后介绍审计工作总结以及审计报告的相关内容。

学习目标

通过本章的学习，要求深刻理解审计的概念、分类、内容和方法，了解审计的发展趋势；熟悉审计的目标，掌握审计计划制定、审计工作执行、审计证据获取和审计抽样实施的具体过程，了解如何总结审计工作和出具审计报告。

第一节　审计概述

一、审计的概念

根据《现代汉语词典》的解释，审计的含义包括两种：一种是“审查核定财政收支、预算、决算等”；另一种是社会审计，也称民间审计，即“由有关政府部门或会计职业团体审核批准的注册会计师或社会审计组织所进行的受托审计”。结合本书第一章所述，财务管理的主体包括国家、行政事业单位、企业、民间非营利组织、家庭和个人等。因此，从这个角度上来讲，审计可以看作是由国家授权或接受委托的专职机构和人员，根据国家法律法规、会计准则、审计准则和会计理论，运用专门的技术方法，对被审计单位的财政财务收支、经营管理活动及其相关资料的真实性、正确性、合法合规性以及效益性进行审查和监督，评价经济责任和鉴证经济业务，并形成鉴证结果的独立性监督活动。简言之，审计就是针对被审计单位的财政财务收支、经营管理活动及其相关资料，获取和判断有关认定的证据，据以审查这些认定与既定标准相符的程度，即对认定的客观和公允情况进行监督，并形成鉴证结果的过程。

二、审计的分类

审计形态并非一成不变，审计根据不同的分类标准可以分成不同的类别。比如，按照审计主体的不同，审计可以划分为政府审计、内部审计和民间审计。政府审计亦称国家审计，是指由国家审计机关根据国家法律法规和会计理论，对被审计单位财政财务收支、经营管理活动及其相关资料进行独立审查，监督其真实性、正确性、合法合规性以及效益性的行为。政府审计主要包括政府财政收支审计、政府绩效审计和国有企业财务审计。内部审计是指被审计单位内部审计机构和内部审计人员运用规范的审计方法，审查和监督自身的经济活动和经济业务、内部控制和风险管理的适当性和有效性，促进治理完善和目标实现的过程。民间审计亦称社会审计、注册会计师审计，是指由民间审计组织（即会计师事务所）接受委托，根据国家法律法规、公认会计原则、公认审计准则和会计理论，对被审计单位的财务报表及其相关资料进行独立监督和鉴证的活动。

按照审计的目的和内容的不同，审计可分为财务报表审计、经营审计和合规审计。财务报表审计是指对被审计单位的财务报表及其相关资料进行审计，判断其是否按照公认会计准则等特定标准进行公允列报的审计活动。经营审计亦称管理审计或绩效审计，是指审计人员对被审计单位的经营程序和方法进行审计，以评价其经营活动的效果和效率的审计活动。合规审计是指审计人员对被审计单位的经济活动或经济业务遵循法律、法规、程序、规则，以及遵守经营合同或财务报告要求的情况进行的审计活动。

按照审计范围的不同，审计可以划分为全面审计、局部审计等。全面审计也称全部审计，是指根据审计的目的和要求对被审计单位的全部经济活动与全部会计资料的真实性、准确性、合法合规性和有效性进行详细和完全的审计。局部审计是指对被审计单位一定期间内的部分经济活动或经济业务以及所涉及的部分职能部门进行的审计，可以是对某一相同性质的经济业务进行审计，如收入审计；也可以是对某类经济业务的某个方面进行审计，如收入的真实性审计等。

此外，审计还可以按照其他标准进行分类，比如按照审计时间是否具有规律性，审计可以划分为定期审计和不定期审计。按照审计技术的不同发展阶段，审计可以划分为账项基础审计、内部控制导向审计和风险导向审计。

三、审计的业务

审计的业务多种多样，不同类型审计业务内容的具体表现也不相同。随着不同时期经济发展需求的转变，审计在业务范围和业务内容上得到了广泛的拓展。具体包括以下方面：

（一）审计与鉴证业务

审计与鉴证业务是审计最常见的业务内容，通常主要包括财务报表审计、内部控制审计、财务报表审阅等。财务报表审计是审计人员针对被审计单位的财务报表及其相关资料是否按照国家法律法规、公认会计准则和统一会计制度等既定标准进行编制，收集审计证据并进行分析和判断，最终形成书面审计报告的过程。审计过程中需要关注两项重要内容：一是财务报表及其相关资料遵循既定标准的情况；二是财务报表及其相关资料是否真实、公允地反映了被审计单位的财政财务收支和经营管理活动的情况。

内部控制审计是审计人员对被审计单位内部控制有效性进行确认和评价的过程。审计人员确认和评价的内容主要包括被审计单位的控制设计、控制运行缺陷和缺陷等级，分析控制运行缺陷的形成原因以及提出改进建议等。

财务报表审阅是审计人员在对被审阅单位财务报表实施审阅程序的基础上，说明是否注意到某些事项，使其相信财务报表没有按照适用的会计准则和相关会计制度的规定编制，未能在所有重大方面公允反映被审阅单位的财务状况、经营成果和现金流量的鉴证业务。虽然同是针对管理层对财务报表项目的认定与既定标准的比较，但与财务报表审计业务相比，财务报表审阅提供的保证水平较低，且所需要的审计证据也较少。

此外，随着信息技术的快速发展和广泛应用，现实经济实务中还出现了对诸如网络认证服务、系统认证服务等信息技术的鉴证业务需求，即要求审计人员对电子信息的可靠性、安全性等方面做出鉴证。

（二）其他保证和非保证服务

除了审计与鉴证业务以外，审计还提供其他不需要出具书面报告的具有保证性质的服务，以及不符合鉴证业务性质的非保证服务。比如风险评估保证、绩效评价保证、电子商务保证等保证服务，以及会计服务、税务服务、管理咨询服务等非保证服务。

风险评估保证是指审计人员对被审计单位所承受风险的可能性和大小等风险信息进行认证，常见的是对被审计单位自身评估的风险、被审计单位确定和控制风险的系统、被审计单位所面临的主要风险等方面进行独立评价。

绩效评价保证是指与被审计单位绩效评价信息的相关性和可靠性保证相关的审计认证活动。认证的内容常见的有针对被审计单位整体或某一层次的绩效评价、与同行业其他经营主体相比较的绩效情况，比如产品质量保证等。

电子商务保证是指审计人员提供的与电子交易及其传递信息的真实性与安全性相关的保证业务。比如与电子银行支付卡、保密系统、电子系统软件等相关的审计保证服务。

此外，在非保证服务中，会计服务包括代理记账、编制会计报表、处理工资单等。会计服务通常是向规模较小、内部控制制度较为薄弱的中小企业提供。税务服务包括税务代理和税务筹划等。税务代理通常是帮助编制单位和个人纳税申报表并办理纳税等事项；税务筹划是在符合法律法规的框架下为客户制定的符合客户利益的纳税方案。管理咨询服务包括对被服务单位的治理结构、预算管理、信息系统等方面提供咨询和建议。

四、审计的方法

（一）基本审计方法

在经济发展的不同阶段，根据经济活动的实际情况和业务需求，审计所运用的技术方法也不同，主要包括账项基础审计、内部控制导向审计、风险导向审计等。账项基础审计也称详细审计，主要存在于审计发展的早期，是在被审计单位业务规模较小，并且业务相对较为简单的情况下，审计人员以会计凭证和会计账簿为主要审查对象，以揭弊查错、保护资产安全和完整为目的的审计监督活动。

随着经济发展愈加复杂，审计业务规模扩大以及会计账目逐渐增多，账项基础审计越来越不能满足信息使用者对更多经营管理活动以及内部控制运行状况等的信息需要，内部控制导向审计就此产生。内部控制导向审计要求审计人员对被审计单位的内部控制制度进行全面的了解和评价，据此评估审计风险、制定审计计划、确定审计范围，在此基础上实施实质性测试、获取审计证据以及形成审计意见。内部控制导向审计降低了审计成本，同时保证了审计质量。

随着经济实践中财务舞弊事件的不断发生，审计的关注重点逐渐转为如何控制审计风险。风险导向审计要求审计人员综合考虑被审计单位所面临的环境和风险，综合分析其经济业务中可能出现的错误和舞弊情况，在此基础上制定审计计划和实施审计程序。风险导向审计包括传统风险导向审计和现代风险导向审计，前者认为审计风险主要受被审计单位固有风险（如管理者能力、行业环境、业务性质等导致的风险）、控制风险（如账户或交易存在错报，内部控制未能防止、发现或纠正的风险）和检查风险（如审计师实施审计程序未能发现账户或交易存在错报的风险）的影响。后者在审计视角上，更注重对被审计单位经营战略的分析；在审计方法上，更注重运用分析性程序来识别可能的重大错报风险，并且对内部控制有效性的评价更注重对例外项目的详细审计，减少对接近预期值的账户余额的测试；在审计证据上，除传统风险导向审计获得的证据外，还包括对被审计单位及其环境的了解而获得的证据。

（二）具体审计方法

在审计业务执行过程中，审计人员可以单独或组合采用以下具体审计方法：

1. 检查记录或文件。检查记录或文件是指审计人员对被审计单位内、外部生成的记录或文件进行审查，记录或文件的形式可以是纸质、电子或其他介质。比如客户订单、发货单、销售发票、合同等。检查记录或文件所获得的审计证据的可靠性取决于其来源和性质，一般来说，外部记录和文件通常更加可靠。

2. 检查有形资产。检查有形资产是指审计人员对被审计单位的资产实物进行审查，包括被审计单位的固定资产、现金、存货等。

3. 观察。观察是指审计人员察看被审计单位工作人员的工作流程或执行程序，比如对客户现金日记账记录过程进行观察。

4. 询问。询问是指审计人员以书面或口头的方式向相关知情人员获取信息并做出评价的过程，包括财务信息和非财务信息。

5. 函证。函证是指审计人员以直接来自第三方的对有关信息和现存状况的声明为基础，进行评价并获取审计证据的过程。由于来自独立被审计单位的第三方，函证往往被认为是可靠性较高的审计证据获取方式。

6. 重新计算与重新执行。重新计算是指审计人员通过人工或者借助计算机辅助技术，对会计记录中的数据进行准确性核对。比如重新计算存货总额、重新加总日记账等。重新执行是指审计人员通过人工或者借助计算机辅助技术，重新独立执行作为被审计单位内部控制组成部分的程序或控制。比如利用银行存款日记账和银行对账单重新编制银行存款余额调节表等。

7. 分析程序。分析程序是指被审计人员通过对比数据，包括财务数据之间、财务数据和非财务数据之间的对比，对财务信息做出评价的程序。比如对被审计单位财务报表及其相关资料中的重要比率进行分析性复核等。

第二节　审计目标

一、审计目标的发展历程

（一）揭错查弊阶段

审计的揭错查弊阶段起始于1720年民间审计的英国南海公司案，并于20世纪30年代结束。随着资本主义市场经济的建立和完善，股份制公司开始出现，两权分离逐渐成为这一时期企业的显著特征。在所有权与经营权分离的大背景下，公司经营管理人员对公司股东承担资本保值增值的责任。随之便产生了如何维护企业资产的安全性和完整性这一新的难题。

早期的审计发展以英国为主，以南海公司案为里程碑，在所有权与经营权分离的情况下，公司经营管理人员舞弊或经营不善给股东带来了巨额损失。18 世纪的英国只有国王和议会才能授予公司特许设立权，这就意味着公司需要同时满足政治保护人的利益和投资者的期望，在这种情况下，准确的会计信息成为政府和投资者的普遍追求。随着英国工业革命的不断加深，审计的范围也不断得到扩展，然而由于审计能力有限，揭弊查错逐渐发展成为突出的审计目标。

（二）财务报表真实性公允性验证阶段

审计的财务报表真实性公允性验证目标主要体现在 20 世纪 30 年代到 80 年代这一阶段。20 世纪初，随着工业的发展，公司规模呈现出迅速扩大的势头。传统的以揭错查弊为目标的详细审计方式无法满足形势发展需要，在此背景下，对重要账户进行分析审查以确保财务报表真实性公允性的追求逐渐取代了传统的详细审计，促使审计目标从揭错查弊转变为财务报表真实性公允性验证。

促使审计目标发生这一转变的审计需求环境主要体现在：一是企业风险承担者的转变。企业风险的承担者由银行转为股东，相应地对会计信息的关注重点由财务状况转为盈利能力。二是管理者经济责任的扩大。在经历了第二次世界大战之后，股份制公司大量增加，管理者的经济责任扩大，此时企业管理的责任从原有的股东和债权人扩大至利益相关者，利益相关者对企业财务信息的需求有所增加。三是学术界的推动。随着 1929—1933 年经济危机带来的广泛冲击，学术界也出现了质疑揭错查弊审计目标的声音。四是审计职业团体的推动。1936 年，美国注册会计师协会发表修订版《独立注册会计师对财务报表的审查》，明确规定审计师应审查财务报表，“财务报表审计”一词正式形成，审计目标正式转向“对财务报表的真实性公允性进行验证和报告”。

（三）揭错查弊与财务报表真实性公允性验证并重阶段

审计的揭错查弊与财务报表真实性公允性验证并重目标始于 20 世纪 80 年代至 2002 年美国公众公司会计监督委员会（PCAOB）成立。20 世纪末，在上述审计需求和审计供给严重不匹配的背景下，财务报表真实性公允性验证的审计目标面临着多方挑战。在此情况下，AICPA 根据审计需求积极探索审计供给方式的优化路径，一是推动审计技术的不断发展。通过成立“审计人员职责委员会”，调查公众对审计的期望、审计人员认识的差距以及存在的问题，改进审计技术；二是发布系列审计准则公告推动审计目标的转变。其中 1988 年发布的第 53 号，第 54 号审计准则公告提出审计人员应当承担揭露和报告客户舞弊和差错的责任以及揭露非法行为的责任；1997 年发布的第 82 号审计准则公告进一步明确注册会计师应承担鉴别和揭露某些舞弊行为的责任；2002 年发布的第 99 号审计准则公告分别对审计人员揭露差错、舞弊和非法行为作出修正，重新强调了揭露差错和舞弊的重要性。这些推动了审计目标从财务报表真实性公允性验证转变为揭错查弊与财务报表真实性公允性验证并重。

（四）高强度保证阶段

审计的高强度保证阶段开始于 2002 年美国《萨班斯—奥克斯利法案》（SOX 法案）对

高强度审计目标的要求以及美国公众公司会计监督委员会（PCAOB）成立。21 世纪初，美国陆续爆发了一系列财务丑闻，审计师在其中扮演了不光彩的角色，审计需求和供给之间差距又一次拉大，揭弊查错与财务报表真实性公允性验证并重的审计目标已经无法满足经济环境的需要，审计目标呈现出高强度保证的新发展趋势。

2002 年美国出台的《SOX 法案》给审计师提出了更加严格的标准，要求审计师更加谨慎、全面地发表审计意见，同时要求会计师事务所收缩业务范围，对审计失败的处罚条款也更加严厉和细化。并且根据该法案，审计行业的监管由 PCAOB 代替，该部门采取独立的态度，更加注重对公众的保护，由此审计行业进入严格的独立管制时期。我国审计准则也要求“注册会计师能够对财务报表整体不存在舞弊或错误导致的重大错报获取合理保证”，其中“合理保证”是指一种高水平保证。

二、审计的总体目标

审计总体目标是审计工作预计要达到的效果，它是指引审计人员顺利完成总体审计工作的大方向。审计目标的实现取决于一系列审计执业行为。实质上，审计人员获取审计证据，加以分析和判断并发表审计意见的过程，就是审计目标的实现过程。由于不同类型审计预计要达到的效果不同，因此审计总体目标的具体表达具有差异性。

就财务报表审计而言，《中国注册会计师审计准则第 1101 号——注册会计师的总体目标和审计工作的基本要求》对其总体目标做出了规定。根据该准则的规定，财务报表审计的总体目标包括两方面内容：一是发表审计意见。即获取关于被审计单位财务报表整体是否不存在由于舞弊或错误导致的重大错报的合理保证，从而注册会计师能够对被审计单位财务报表是否在所有重大方面按照适用的财务报告编制基础编制发表审计意见。二是出具审计报告并与被审计单位沟通。即根据审计结果对被审计单位财务报表出具审计报告并与其管理层和治理层沟通。

此外，根据该准则的规定，注册会计师在审计过程中如果不能获取合理保证，并且发表保留意见也不足以向财务报表信息使用者报告和传递相关信息，在这种情况下，注册会计师应当出具无法表示意见的审计报告，或者根据法律法规终止审计业务或解除业务约定。

三、审计的具体目标

审计的具体目标是为了实现审计总体目标而进行的目标分解，它是影响审计总体目标实现的决定因素。根据不同的审计总体目标，审计具体目标也可以分解为不同的表现内容。

对于财务报表审计来说，审计的具体目标是审计人员通过实施审计程序，确认被审计单位管理层在财务报表中对各类交易和事项、账户及披露做出的明确或隐含的表达（即管理层认定）是否恰当。

通常情况下，根据财务报表的具体构成，管理层认定可以划分为两大类：一类是关于各类交易、事项及相关披露的认定，另一类是关于账户余额及相关披露的认定。

（一）关于各类交易、事项及相关披露的认定的具体内容和审计目标

1. 关于各类交易、事项及相关披露的认定的具体内容

（1）发生。表示已发生的与被审计单位有关各事项均已记录或披露。

（2）完整性。表示应记录的均已记录，应披露的均已披露。

（3）准确性。表示相关金额和其他数据已得到适当记录，披露已得到适当计量和描述。

（4）截止。表示已记录于正确的会计期间。

（5）分类。表示已记录于恰当的账户。

（6）列报。表示已适当汇总或分解并明确说明，相关披露在适用的财务报告基础下具有相关性和可理解性。

2. 关于各类交易、事项及相关披露的认定的审计目标

（1）发生。审计目标：确认已记录的交易真实发生。

（2）完整性。审计目标：确认已发生的交易已被记录，且所有应列入财务报表的相关披露已被包括在内。

（3）准确性。审计目标：确认已记录的交易以正确的金额反映，并且相关披露已正确计量和描述。

（4）截止日期。审计目标：确认接近资产负债表日的交易记录在恰当的期间。

（5）分类。审计目标：确认被审计单位记录的交易已得到适当分类。

（6）列报。审计目标：确认被审计单位的交易和事项已正确汇总或分解并清楚说明，在适用的财务报告基础下相关披露符合相关性和可理解性的要求。

（二）关于账户余额及相关披露的认定的具体内容和审计目标

1. 关于账户余额及相关披露的认定的具体内容

（1）存在。表示已记录的均存在。

（2）权利和义务。表示入账的资产和负债符合权利和义务的定义。

（3）完整性。表示应记录的已记录，应包括的已包括在内。

（4）准确性、计价和分摊。表示已经以适当的金额纳入财务报表，与其相关的计价或分摊调整已恰当记录，相关披露已恰当计量和描述。

（5）分类。表示已记录于恰当的账户。

（6）列报。表示已适当汇总或分解并明确说明，在适用的财务报告基础下，相关披露具有相关性和可理解性。

2. 关于账户余额及相关披露的认定的审计目标

（1）存在性。审计目标：确认在资产负债表上所列示的资产、负债和权益账户的余额在资产负债表日确实存在。

（2）权利和义务。审计目标：确认资产属于被审计单位的权利，负债是被审计单位的义务。

（3）完整性。审计目标：确认应当列入的资产、负债和所有者权益的金额均已列入。

（4）准确性、计价和分摊。审计目标：确认资产、负债和所有者权益已经以恰当的金额列示于财务报表，与其相关的计价或分摊调整已恰当记录，相关披露已恰当计量和描述。

（5）分类。审计目标：确认资产、负债和所有者权益已记录于恰当的账户。

（6）列报。审计目标：确认资产、负债和所有者权益已恰当汇总或分解并清楚说明，在适用的财务报告基础下相关披露符合相关性和可理解性的要求。

第三节　审计计划

在确认接受被审计单位的委托之后、执行具体审计程序之前，必须开展审计计划的工作，计划审计工作贯穿于整个审计项目实施过程中，审计人员应当根据审计工作的实际执行情况不断修正、调整审计计划。不同类型审计的审计计划工作存在差异，但总体而言，按照计划的详尽程度以及范围可以将审计计划划分为总体审计策略和具体审计计划两大层次。

一、总体审计策略

总体审计策略是审计人员全面开展审计工作全过程的方案，也可作为制定具体审计计划的指南，对审计业务范围、审计工作开展的时间安排、方向等内容进行确认和规划。就财务报表审计而言，《中国注册会计师审计准则第 1201 号——计划审计工作》第七条规定，注册会计师应当制定总体审计策略，以确定审计工作的范围、时间安排和方向，并指导具体审计计划的制定。

（一）审计师在制定总体审计策略时应考虑的几个因素

1. 审计范围

审计范围的确定要以审计业务的特点为依据。这些特点包括所依据的会计准则与相关会计制度的规定、所处行业对财务报告的具体要求、被审计单位各组成部分的分布情况等。

2. 审计时间

以审计业务的报告目标为依据，安排开展审计工作的时间进度，并列出每一个进度需要与管理层、操作层沟通的事项。

3. 审计方向

以影响审计业务的重要因素的认定结果作为确定项目组工作方向的依据。这些重要因素包括恰当的重要性水平，可能存在较高重大错报风险的方面、重要组成部分和账户余额、被审计单位和所处环境，财务报告的要求、获取审计证据的必要性、内部控制的有效性的测试结果以及最近发生的其他有关方面的重大变化。

此外，审计人员在制定总体审计策略时，还应考虑以前为被审计单位提供其他业务时所掌握的资料，在审计计划的准备初期所开展的初步业务活动的结果。

（二）审计人员需要在总体审计策略中列明的内容

1. 审计资源在特定审计领域间的分配，对高风险领域的审计需要分配有相应经验的项目组成员，复杂问题可以借助专家的工作等，以适当反映审计人员对审计范围、审计工作时间安排和方向的考虑结果。

2. 审计资源分配到各审计领域的具体数量，如每一个审计领域需要安排多少项目组成员、高风险领域的审计需要配备什么级别的审计人员等。

3. 这些资源的调配时间安排，可在审计阶段或期中关键截止日期选择调配时间等。

4. 管理、指导和监督资源利用的方法等。

二、具体审计计划

具体审计计划是审计人员为界定拟实施审计程序的性质、时间和范围等内容，在总体审计策略的基础上，制定的一套较为详细的审计程序执行方案。以财务报表审计为例，以现代风险导向审计理论为基础，审计人员需要运用风险分析与评估的方法，将审计风险控制在一定的可接受水平之内。此外，对于报表使用者而言，财务报表可能存在的错报或漏报是否重要，审计人员也必须加以考虑。也就是说，制定具体的审核方案，需要经过审计风险的认定和重要性水平的认定。

（一）审计风险的认定

审计风险是指在被审计单位财务报表存在重大错报的情况下，注册会计师出具不恰当的审计意见的可能性。值得注意的是，注册会计师在财务报表未出现重大错报时，错误地认为财务报表存在重大错报的情形不属于审计风险范畴。重大错报风险与检查风险共同决定审计风险的大小。

通常情况下，审计人员设置的审计风险水平一定时，可接受的检查风险与认定层次重大错报风险的评估结果反向相关。重大错报的风险水平越高，可接受的检查风险越低；重大错报的风险水平越低，可接受的检查风险越高。上述变化关系可用下列数学模型表示：

审计风险 = 重大错报风险 × 检查风险

其中，重大错报风险是指被审计单位财务报表本身存在重大错报的可能性，其独立于财务报表审计而客观存在。审计人员对重大错报风险的考虑应当兼顾财务报表层次和认定层次两个层次。财务报表层次重大错报风险可能会影响多项认定，与财务报表整体之间的联系是较为广泛的。此类风险通常与管理层诚信的缺乏，治理层的不作为等被审计单位的控制环境因素有关，也可能会受到经济不景气、被审计单位所处行业进入衰退期等外部因素影响。财务报表层次重大错报风险的内涵较为宽泛，不会具体到某类交易、账户余额和列报的认定。但是，此类风险的存在会增加某个或多个认定发生重大错报的概率，与被审计单位舞弊引发的风险尤其相关。

认定层次的重大错报风险主要涉及各类交易、账户余额和列报的认定，对认定层次重大风险的考虑可有助于审计人员针对认定层次确定实施进一步审计程序的性质、时间和范围。认定层次重大错报风险可进一步细分为固有风险和控制风险两个方面。

固有风险是指假设不存在内部控制时，某一类别的交易或账户的认定出现重大错报或漏报的可能性，该错报单独考虑或是连同其他错报一起考虑，会构成重大错报。固有风险水平的高低可能会在不同的交易、账户余额和列报及其认定的类别之间存在差异。比如，复杂计算比简单计算出现错误的概率更高，会计估计如果存在重大计量不确定性，发生错报的可能性也会更高。固有风险与被审计单位及其环境中的某些因素有关，比如管理层对财务报告可靠性的态度，被审计单位业务的复杂程度或所在行业的特性与行业所处的生命周期阶段等。

控制风险是指某项交易、账户余额或披露的认定发生了重大错报，该错报单独或连同其他错报是重大的，但没有被客户的内部控制及时防止、发现及纠正的可能性。控制风险的大小是由与财务报表编制有关的内部控制设计和运行的有效性决定的。

检查风险是指注册会计师执行审计程序后未能发现财务报表存在的认定层次错报的可能性，该错报单独或连同其他错报产生的影响是重大的。检查风险会受到审计风险应对程序设计的合理性及执行的有效性的影响。出于对审计效率的考量，一般情况下，审计人员并不会对所有的交易、账户余额和列报采取全面检查，如果审计人员选择了不恰当的审计程序、审计程序执行不到位或者错误理解了审计证据等原因，检查风险降至为零的可能性极小。

根据审计风险模型，假定审计人员将某一交易、账户余额或列报的认定的可接受的审计风险水平设定为5%，而经风险评估后显示，重大错报风险水平的评估结果为25%，此种情况下，可接受的检查风险水平为20%。在实务中，审计人员对风险水平的描述也采用“低”“中”“高”等文字。

（二）重要性水平的认定

重要性由审计人员根据具体环境对错报金额和性质的判断而决定。如果某一信息的错报（包括漏报）单独或汇总起来预期会对财务报表使用者的经济决策产生影响，那么该错报会被认为是重要的。重要性水平是针对错报的金额大小而言的，重要性水平的认定会直接影响审计计划。总体来看，重要性水平的认定需要考虑以下几个因素。

1. 职业判断的运用

重要性水平的认定需要立足于被审计单位所处的具体环境进行职业判断，这一过程会受到审计人员的判断能力、判断方法以及专业经验积累等因素的影响。不同的审计人员对同一个被审计单位财务报表的重要性水平进行判断的结果可能不尽相同，因此在认定重要性水平时需要合理运用职业判断。

2. 兼顾金额与性质

通常认为，大金额的错报要比小金额的错报更重要。但某些小金额的错报从数量上考虑可能不重要，但若从性质上考虑可能是重要的，比如涉及舞弊或违法行为的错报、可能引起合同履行义务的错报、报表科目本身的性质、出现于分部报告或中期报告中的错报等。因此，某些难以从金额上判断是否重要的错报，应该结合其性质考虑重要性水平。

3. 小额错报或漏报的累积影响

对于单个在金额和性质上来看都不重要的小额错报或漏报，审计人员也应当给予必要的关注。如果同样的小金额错报或漏报经常出现，量变引起质变，可能会累积成大额错报或漏报，进而对财务报表产生重大影响。

4. 区分财务报表层次和交易账户层次

为实现对财务报表的公允性发表恰当的审计意见的审计总体目标，审计人员必须考虑财务报表层次的重要性水平。然而，财务报表所列报的信息来源于各项交易和账户，所以审计人员还必须同时考虑交易和账户层次的重要性。

5. 审计效率与效果

随着现代经济业务复杂程度加剧以及提高审计效率的需要，审计人员在执业过程中一般采用抽样审计方法。抽样审计方法的运用需要审计人员兼顾审计效率和审计质量，实质上这就要求其在对审计重要性水平的认定时需要在审计效率与效果之间进行权衡。

（三）设定审计计划

审计人员应当基于审计风险和重要性水平设定审计计划，设定审计计划的具体步骤如图10-1所示。

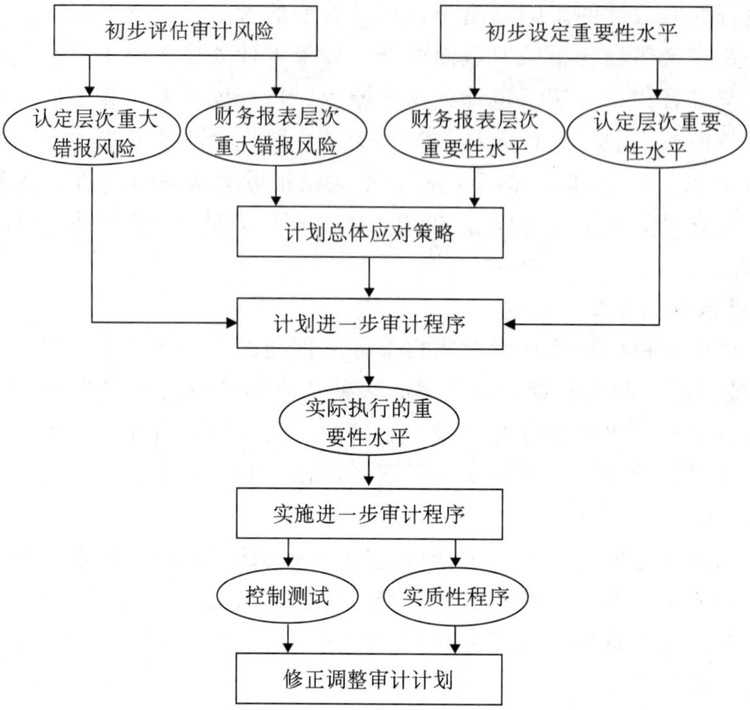

图 10-1 审计计划设定流程图

1. 初步评估审计风险与认定重要性水平

审计计划的设定依赖于审计人员对审计风险评估和重要性水平认定的结果。因此，审计人员在设定审计计划之初，既要利用风险分析工具形成对重大错报风险的初步评估结果，还需设定恰当的重要性水平。

2. 针对财务报表层次的重大错报风险与重要性水平计划总体应对策略

计划审计工作阶段，审计人员确定总体应对策略需要以评估的重大财务报表层次重大错报风险与重要性水平作为依据，在总体应对策略的基础上计划进一步审计程序。

3. 针对认定层次的重大错报风险与重要性水平计划进一步审计程序

财务报表披露的信息来源于对各类交易、账户余额或列报信息的汇总整理，审计人员只有对上述认定层次实施进一步审计程序才能最终确定财务报表整体是否公允。因此，审计人员在计划进一步审计程序时，需同时考虑各类交易、账户余额和列报认定层次的重大错报风险及其重要性水平。

4. 以实际执行的重要性水平实施进一步审计程序

实际执行的重要性水平是审计人员确定的低于财务报表整体重要性的一个或多个金额，设定该重要性水平的目的在于将未更正和未发现的错报的汇总数超过财务报表整体重要性水平的可能性降至适当的低水平。统计抽样误差的存在可能导致最初确定的财务报表整体重要性水平过于“乐观”，所以实际执行的重要性水平也是出于对审计谨慎性的考量。实际执行的重要性一般为财务报表整体重要性的 50% ~70%。但实际执行的重要性水平的确定并非简单机械的计算，需要审计人员充分运用职业判断，结合实际加以判断。

5. 修正调整审计计划

审计计划工作并非审计业务的一个孤立阶段，而是一个持续的、不断修正调整的过程，贯穿于整个审计业务的始终。如果审计人员在审计过程中对被审计单位有了更深入的了解后，认为前期对重要性水平的判断或者对某类交易、账户余额和列报的重大错报风险的评估与实际情况存在较大偏差时，需要对审计风险和重要性水平进行修改，审计计划也要相应地进行修正调整。

三、控制测试和实质性程序

根据现代风险导向审计的逻辑思想，审计人员在制定具体审计计划时，为了更好地应对风险还可以考虑进一步的审计程序，主要包括计划控制测试和计划实质性程序。

（一）控制测试

控制测试是指对被审计单位内部控制在防止或发现并纠正认定层次发生重大错报方面运行有效性的测评审计程序。控制测试并非必须实施，只有在认定层次重大错报风险的评估阶段，审计人员合理预期被审计单位的内部控制是有效的，或者仅实施实质性程序不足以提供充分、适当的审计证据时，审计人员才会实施控制测试。实施控制测试需要合理确定控制测试的性质、时间和范围。

1. 确定控制测试的性质

控制测试的性质是指控制测试过程中审计人员所采用的审计程序的类型及其组合，通常包括询问、检查记录和文件以及重新执行等程序。确定控制测试的性质应当考虑下列因素：

（1）控制的具体特征。某些控制可能存在反映控制运行有效性的文件记录（如人工控制），对该文件记录的检查可以成为审计人员获取控制运行有效性的审计证据的途径。某些控制可能不存在能够证明控制运行有效性的文件记录（如自动化控制），在这种情况下，审计人员可以考虑采用询问和观察程序。

（2）控制与认定的相关性。控制与认定的相关性能够影响审计证据的证明力度。对于某项认定，可能存在与认定直接或间接相关的多种控制，测试证据与特定认定的相关程度越高，所能够提供的证明力度就越强。

（3）自动化控制实施的其他考虑。自动化控制的有效性在很大程度上受其他一般控制运行的影响。审计人员在分析自动化控制的有效性时，可以结合其应用执行情况的证据以及一般控制运行效果的证据来进行综合评价。

2. 确定控制测试的时间

控制测试的时间是指对控制实施测试的时间以及控制测试适用的时点或期间这两个方面。如果针对某一时点的控制进行测试，比如对被审计单位期末存货盘点进行控制测试，审计人员获取的证据仅能证明该时点控制运行的有效性；如果针对某一期间的控制进行测试，审计人员获取的证据可证明该期间控制运行的有效性。审计人员在确定控制测试的时间以及控制测试适用的时点或期间时，应当以控制测试的目的为依据，并且需要结合期中和往期控制测试所获得审计证据的情况。

3. 确定控制测试的范围

控制测试的范围是指审计人员针对某项控制活动实施测试的次数。为合理确定控制测试的范围，应当充分考虑以下因素：

（1）被审计单位执行控制的频率。一般来说，在拟信赖的期间内，被审计单位执行控制的频率越高，拟定的控制测试的范围相应就越大。

（2）控制运行的时间长度。在审计期间内，控制测试的范围往往随着拟信赖的控制运行的时间长度增加而增大。

（3）对审计证据的质量要求。通常情况下，对证明控制能够防止、发现并纠正认定层次重大错报所需获取审计证据的可靠性与相关性要求越高，往往意味着控制测试的范围就越大。

（4）控制测试获取审计证据的依赖程度。一方面，审计人员对控制运行有效性的信赖程度越高，拟定的控制测试的范围也会越大。另一方面，与认定有关的其他控制获取的审计证据的充分性和适用性越高，审计人员也可以适当缩小拟定的控制测试的范围。

（5）控制的预期偏差。拟定的控制测试范围随控制预期偏差的增大而增大。

（二）实质性程序

实质性程序是指审计人员实施的用于发现认定层次重大错报的审计程序。审计人员应当对所有重大方面的交易、账户余额和列报执行实质性程序。实施实质性程序需要合理确定实质性程序的性质、时间和范围。

1. 确定实质性程序的性质

实质性程序的性质是指对实质性程序的类型及其组合的选择，包括细节测试和实质性分析程序两种基本类型。细节测试是对各类交易账户、账户余额和列报的具体细节进行测试，以直接的手段对财务报表认定层次存在错报与否进行识别。细节测试的适用情况通常为获取与某些认定相关的审计证据，如存在、准确性、计价等。实质性分析是审计人员对财务数据、财务数据与非财务数据之间的关系研究，进而评价财务报表所披露信息的准确性与完整性，适用范围通常为在一段时间内存在可预期关系的大量交易。

2. 确定实质性程序的时间

期中审计证据是审计人员确定实质性程序时间的重要考量。一方面，审计人员需要考虑是否在期中实施实质性程序。这就要求审计人员运用职业判断，对期中、期末执行实质性程序所消耗的审计资源合计与只在期末实施实质性程序所消耗的审计资源进行比较。另一方面，审计人员需要考虑期中和往期所获取审计证据的情况。如果期中执行了实质性程序，为了将期中测试的结论合理延伸至期末，审计人员需要对剩余期间进一步执行实质性程序，或将实质性程序与控制测试结合运用。此外，审计人员往期获得的审计证据，根据《中国注册会计师审计准则第 1231 号——针对评估的重大错报风险采取的应对措施》应用指南，一般对本期相关事项的证明效力很弱或没有，不足以应对本期的重大错报风险。

3. 确定实质性程序的范围

确定实质性程序的范围需要重点考虑实施控制测试的结果、剩余风险的高低以及评估的认定层次重大错报风险这三个方面。控制测试的结果越差、剩余风险和认定层次的重大错报风险越高，审计人员往往需要扩大实质性程序的范围。此外，实质性程序的范围还会受到审计人员所设定的重要性水平和可接受的检查风险水平之间的联合影响。一般情况下，重要性水平越低，实质性程序的范围会越大，即二者之间呈现反向关系；在同一重要性水平下，审计人员可接受的检查风险越小，越需要扩大实质性程序的范围。因此，审计人员对实质性程序范围的确定，需要同时考虑重大错报风险和重要性水平。

第四节　审计执行

结合本书第一章所述，财务管理是管理那些跟资产取得、资产使用和资产保全有关的事情。为了更清楚地讨论财务管理中的审计执行问题，这里以财务报表审计为例，围绕资产取得、资产使用、资产保全三个环节的审计执行工作进行梳理，重点介绍存货、固定资产、货币资金应关注的审计内容和应对措施。

一、资产取得环节审计

资产取得环节审计主要围绕资产取得过程中可能存在的重大错报风险设立审计目标，并根据目标设计和执行控制测试和实质性程序。

（一）货币资金取得环节审计

货币资金审计主要是对被审计单位的现金、银行存款和其他货币资金的收付业务及其结存情况的真实性、正确性和合法性进行审计。鉴于近年来货币资金舞弊案例不断增加，货币资金取得环节的审计尤为重要。

1. 库存现金

（1）审计目标：

① 考虑被审计单位库存现金的真实性，了解其是否真正属于被审计单位拥有。

② 考虑被审计单位现金收取业务相关记录的完整性。

（2）控制测试：

① 根据实际情况，询问与货币资金环节相关的人员，观察与货币资金取得相关的特定控制的运行和执行情况，收集和库存现金内部控制相关的重要资料。

② 将收款凭证进行分类，抽取部分与现金相关的凭证进行检查；将收款凭证与应付账款明细账的相关记录进行核对，查看记录是否相符；对库存现金日记账中与收入相关的金额进行检查与核对，查看金额是否正确；检查核对实际收款与发票金额是否一致。

（3）实质性程序：

① 对库存现金日记账和总账进行核对查验，检查相关余额是否一致；对库存现金进行监盘，编制库存现金监盘表。

② 查抽收取的大额现金。查抽其原始凭证内容完整与否，授权审批手续是否完备，核对账户的进账情况，若发现有关事项与被审计单位生产经营业务无关，应进一步调查原因，在底稿中进行记录；检查现金取得的日期是否正确。

2. 银行存款

（1）审计目标：

① 确定资产负债表日，被审计单位的银行存款是否真实存在，是否属于被审计单位所有。

② 确定银行存款相关的收取业务都已进行相应的记录，且记录完整可靠。

（2）控制测试：

① 了解被审计单位银行存款内部控制的情况。

② 检查银行存款收款凭证。

(3) 实质性程序:

① 对银行存款余额进行函证。

② 取得并检查银行存款余额调节表;对大额或异常的银行存款进行检查;对银行存款进行截止测试,检验截止的正确性。

(二) 存货与固定资产取得环节审计

鉴于存货与固定资产在取得方式、资产结构上具有相似性,而货币资金的取得流程和时间较短,构成较单一,先列示存货与固定资产相关的审计目标。

1. 审计目标

(1) 与资产取得的相关业务记录是否完整。

(2) 验收入库的资产是否真实、正确。

(3) 资产取得成本的构成和成本计算是否正确。

(4) 资产取得的业务分类是否正确。

(5) 资产取得的日期记录是否正确。

(6) 资产取得业务的账务处理是否真实、合理、正确。

2. 控制测试

(1) 检查验明付款凭单后相关的单据是否完备、检查验明核准购入资产是否具有相应的标记、检查验明资产相关凭证注销是否具有相应的标记、检查验明内部的核查是否具有相应的标记。

(2) 检查订货单、验收单、卖方发票连续编号的完整性。

(3) 检查批准资产购入的价格和折扣标记。

(4) 检查工作手册和会计科目表。

(5) 检查工作手册,检查是否有卖方发票存在却未被记录的情况。

(6) 检查开展内部核查时是否具有相应的标记。

3. 实质性程序

(1) 关注异常金额的存在,重新核对相关明细账;检查发票单据等与资产取得相关的资料是否合理和真实;按照取得资产的记录至盘存记录进行追查。

(2) 核对验收单与发票,按照票单到明细账的方向进行查验。

(3) 重新比较和计算已经记录在明细账中的价格与成本,比较业务相关的单票和其他文件,检查取得过程中与成本相关的发票书写是否正确。

(4) 将卖方发票记载的内容与相关的科目作比较,检查分类是否恰当。

(5) 比较取得资产相关票证单据与明细账中记载的日期。

(6) 检查资产入账金额的正确性,加计取得资产的采购明细账,检查相应的总账、应付账款和明细账,以此判断业务处理的正确性。

二、资产使用环节审计

在资产使用环节中,涉及的业务较多,资产的计量和记录复杂,需要审计人员具备较强的职业判断。

（一）货币资金

库存现金使用环节的审计目标主要是确定相关的现金付款业务的记录是否完整；确定库存现金的金额增减是否正确，余额是否合理且正确。此环节的审计主要对现金付款凭证进行检查、对库存现金日记账进行抽取核对。

银行存款使用环节的审计目标主要是确定有关银行存款业务的记录是否完整；确定银行存款的金额增减是否正确，余额是否合理且正确。此环节的审计主要对银行存款付款凭证进行检查、对银行存款日记账和总账进行核对；抽取银行存款余额调节表，对其编制的正确性进行复核查验；对银行存款余额进行函证。

（二）存货

1. 审计目标

（1）确定存货增减变动记录的完整性。

（2）确定存货计价方法的恰当性，以及相应金额在报表中是否得到恰当的列示。

（3）确定存货状况，包括品质、数量等，判断存货跌价准备的真实与完整。

（4）确定存货使用过程中相关业务是否真实。

（5）发出成本是否合规、正确。

（6）存货发出账务的处理是否真实、合规和正确。

2. 实质性程序

（1）核对存货项目明细账和总账的余额是否相符、函证存放在公共仓库的存货。

（2）进行计价测试。审核存货价格的组成，查看内容是否合理，了解计价方法，并选取存货样本进行测试。

（3）通过监盘观察和了解存货的质量与状态，复核相关的资料；获取存货跌价准备明细表，重新加计，确认结果，并将结果与总账和明细账进行核对。

（4）审查发出业务是否以计划、定额、合同为依据，并办理了审批手续；凭证和手续是否合规、齐全；发出的数量是否合理、正确。

（5）审查存货发出成本的计价方法是否符合会计制度的规定，按实际成本核算的企业在发出存货时是否选用了先进先出、加权平均等方法；发出成本的计价是否正确；计价方法是否遵循了一贯性原则，有无随意变更方法，造成成本不实，致使利润虚假的问题。

（6）查明生产用存货或销售用存货账务处理是否正确。

（三）固定资产

1. 审计目标

（1）确定固定资产计价方法的恰当性，以及相应金额在报表中是否得到恰当的列示。

（2）确定固定资产折旧政策的恰当性。

（3）判断折旧的合理性、一贯性。

（4）判断固定资产减值准备计提的充分性、完整性，考虑减值方法的恰当性。

2. 实质性程序

（1）进行计价测试。审核固定资产的价格组成，查看内容是否合理，了解计价方法，同时获取或编制固定资产和累计折旧的分类汇总表。

（2）审查固定资产折旧政策的执行情况。检查折旧范围、折旧方法是否符合会计准则规定，如有无扩大或缩小固定资产折旧范围、随意变更折旧方法的问题。

（3）将折旧与固定资产原值的比率同上期进行比较，以此结果分析折旧额的合理和准确；对固定资产折旧计算表进行审阅和复核，并对照凭证和固定资产相关资料，审核固定资产的原值，核实其分类与折旧率的确定，同时结合资产增减情况，重新计算折旧额的正确性。

（4）对固定资产减值准备明细表进行复核，重新计算，查验结果是否正确，并将总账与明细账进行核对；判断计提固定资产减值准备的依据是否恰当且充分，判断会计处理是否正确；进行分析程序，计算固定资产占期末固定资产原值的比率并与上期进行比较；对固定资产的质量状况进行查验。

三、资产保全环节审计

被审计单位可能存在不按规定使用资产，致使资产减值流失，或内部管理混乱，缺乏监督机制，导致资产未入账，形成账外资产等情况。为应对资产受侵占和侵蚀的风险，审计人员应将资产内部控制系统及其使用过程中的增减变动和盘存清理等，作为资产保全审计的主要内容。

（一）货币资金的占用

库存现金的保全环节主要审查是否存在现金短缺与挪用情况；是否存在账外现金。审计人员应制定相应的存货盘点计划，拟定盘点程序，对库存现金采取灵活、突击式检查；翻阅库存现金日记账，核对库存现金日记账与现金收付款凭证是否相符；银行存款的保全环节主要检查银行余额调节表及复核审批情况，检查资金流水的情况。

（二）存货监盘

在存货监盘中，关注企业是否对存货实施保护措施，保管人员与记录、批准人员是否独立；账面存货与实际存货是否相符。观察盘点现场，对将要进行盘点的存货进行了解，考虑盘点范围的合理性，观察盘点计划的执行是否一致且完整，检查记录的存货数量与状况是否与盘点相一致；检查盘点过的存货，核对盘点结果与记录是否存在出入并进行记录。

（三）固定资产增减

固定资产保全环节主要审查固定资产的增减是否合理合法；判断会计相关业务的处理是否合规；审查固定资产增减变动中的价格计量是否合规；检查增减的固定资产有无写入相关计划并获得审批，并核对增减环节的合同、发票等凭证是否完备；抽查固定资产增减变动的价值计量是否正确，记入的科目是否正确；区别固定资产增减的原因，根据文件及凭单逐项审查。

第五节　审计证据

一、审计证据的概念

国内外关于审计证据的概念并没有统一观点。基于事实理论，美国审计学者沃尔特（1969）认为证据应被视为事实，即用证据可以推断某一件事实的存在。王文彬（1992）认为审计证据应作为客观事件存在。依据理论认为，审计证据是得出审计意见的依据和来源。

信息理论认为，审计证据是审计过程中用于证明意见需要使用的资料或信息，是对证据的实物载体的描述。美国注册会计师协会将审计证据定义为审计人员在得出审计结论与发表审计意见需要使用到的全部信息，包括财务报表中的信息和其他信息。

可见，基于不同理论视角审计证据的定义存在显著差异。结合本章第一节所述，审计是针对被审计单位的财政财务收支、经营管理活动及其相关资料，获取和判断有关认定的证据，据以审查这些认定与既定标准相符的程度并形成鉴证结果的过程。那么，审计证据可以理解为审计人员在审计过程中综合运用多种方法获取的资料或信息，主要用途是证实或证伪被审计单位对财政财务收支、经营管理活动及其相关资料的认定与既定标准的符合程度。

二、审计证据的特征

（一）数量特征体现充分性

审计证据需要达到一定数量才能支撑审计意见，因此可以将充分性作为评价数量特征的指标。审计人员合理判断所需审计证据数量主要受以下因素影响：

1. 审计项目的重要性

审计项目的重要性与所需审计证据的数量有关，审计项目越重要，形成审计意见所需审计证据的数量就越多。

2. 重大错报风险

重大错报风险与审计证据的数量呈正相关。重大错报风险的高低又与审计项目的性质、被审计单位业务的性质呈正相关，与被审计单位的内部控制有效程度、管理层与财会人员的诚信水平、经营成果和财务情况呈负相关。

3. 审计人员的业务能力及经验

审计人员需要通过业务能力与经验判断分析审计证据得出审计意见，业务经验能够提高判断的准确性。审计人员的业务水平越高，需要检阅的审计证据数量就越少。

4. 审计过程中发现错误

如果在审计过程中已发现某审计事项出现错误或舞弊情况，则说明被审计单位很有可能在其余项目也存在错误，需要审计人员扩大审计范围，增加审计事项的抽样样本数量。

5. 审计证据的类型和获取途径

从外部获取第三方出具的审计证据由于其流通过程未经过被审计单位内部，具有较高的独立性，可靠性高于从被审计单位内部获取的审计证据。因此外部审计证据数量通常较少，内部审计证据所需数量较多。

（二）质量特征体现适当性

适当性是指审计证据支持审计意见的可靠程度和相关程度，通常可靠程度和相关程度越高，形成审计判断所需审计证据数量越少。

1. 可靠性

可靠性是指审计证据是否符合客观事实，可靠性主要受审计证据的来源和性质、实施审计环境影响。

2. 相关性

相关性是指审计证据和审计意见构建逻辑关系的强弱，审计人员只能借助与审计目标相关的审计证据形成专业判断。

三、审计证据的种类

审计证据按照不同的标准可以划分为不同种类，通常分类如下：

（一）根据形态分类

1. 实物证据。是指通过到达现场监盘核对得出关于实物资产的证据。实地盘点的对象通常包括固定资产、库存现金、库存商品、产成品。实物证据可以证明被审计单位的实物资产真实存在，但无法确定是否归属于被审计单位。

2. 书面证据。是指通过审查与被审计单位记录业务有关的书面资料而取得的证据，比如原始凭证、记账凭证、试算平衡表、汇总表和明细表等。书面证据是业务发生的凭证，是得出审计意见的主要依据，但容易被篡改，因此不能直接取信，需要进一步判断其可信度。

3. 口头证据。是指对与审计事项有关的内部人员进行询问，内部人员针对审计问题的口头回复和说明。由于无法完全排除主观因素的影响，口头证据通常不作为直接证据，但可为审计提供线索。

4. 视听或电子证据。是指以影音磁带及其他可供计算机储存形式存在的证据，可用于证实或证伪审计证据。

5. 鉴定和勘验证据。是指出于审计过程需要，由审计单位指定具有专业能力的第三方人员对相关审计事项出具鉴定证明的证据。

6. 环境证据。是指审计人员对被审计单位的环境进行分析后得出的证据，通常是对被审计单位财会人员素质与业务能力的评价。

（二）按照来源分类

1. 内部证据。是指审计人员从内部获得的各种审计证据，形式主要为合同等书面证据和对被审计单位工作人员的口头询证。

2. 外部证据。是指审计人员从被审计单位以外的机构、部门和第三方获得的证据，比如为应收账款的函证回函、银行对账单等。

3. 亲历证据。是指审计人员实际进行盘查、编制得出的证据，主要包括审计人员实地盘点编制的盘点表等。

（三）按照对结论的支持程度分类

1. 直接证据。是指与审计事项直接相关，可直接证明事项真实性的证据。

2. 间接证据。是指与需要证明的目标审计事项不直接相关，仅为证明审计事项起到支撑辅佐作用的证据。

四、审计证据的获取

审计人员可以通过多种途径获取审计证据。以财务报表审计为例，常见的审计证据的获取途径如下：

（一）监盘

监盘是指审计人员亲自到达审计环境对审计项目进行现场考察，常见盘点对象为财务部门出纳保管的库存现金、办公场所的固定资产、生产车间的原材料、仓库存储的产成品和库存商品等实物资产。盘点的目的首先是确认实物真实存在，其次是是否与账簿、报表记录相符。

（二）观察

观察是指审计人员到达被审计单位工作场所，对其审计环境和内控制度实施情况进行观察。观察对象通常为各类资产的存放情况、内控制度实施情况、资源的利用程度以及员工的考勤情况。

（三）询问

询问是指审计人员对被审计单位的董监高和财会主管人员针对审计项目进行提问，获得对方的口头回复。

（四）函证

函证是指审计人员对被审计单位以外的来往机构发函，请求对方确认被审计单位与该机构的往来数额是否真实。在财务审计中，函证通常指对账户所属银行进行发函。

（五）检查

检查是指审计人员对被审计单位内部的书面凭证与实体财产的核对。

（六）重新计算

重新计算是指审计人员在检查被审计单位内部会计凭证、明细表、账簿和报表等资料时对审计项目的数据进行验算和加总。

（七）重新执行

重新执行是指审计人员使用大数据、人工智能等方法，模拟实施被审计单位的内部控制流程，用以验证其有效性。

（八）分析程序

分析程序是指审计人员对函证后会计凭证与财务报表中的数据和分析指标进行计算、比较，以判断指标的变动趋势，了解被审计单位的经营情况。在分析过程中出现异常项目和数值异常变动，需要审计人员重点调查。常见分析方法有：将本期数值和上期或上年同期数值进行比较、将预算金额与实际发生金额比较、将企业经营情况与行业头部或平均数值进行比较。

第六节　审计抽样

一、审计抽样的概念

审计抽样主要是指对被审计单位具有审计相关性的总体中低于百分之百的项目实施审计程序，使每一抽样单元都有被选中的机会，从而能够为审计提供合理的依据，进而对总体做出结论。总体是审计人员从中抽取样本并期望借以得出结论的数据集合。抽样单位是总体中的项目构成的数据集合。审计抽样能够让审计人员通过对抽样项目的某一特征的审计证据进行选取和评价，从而形成有关审计的整体结论。审计抽样并非所有审计程序都可以适用，比如在控制测试中，检查程序可以采用审计抽样，询问、观察、重新执行则不能使用。

二、审计抽样的方法

审计抽样的方法分为统计抽样方法和非统计抽样方法。审计人员在判断和选择抽样方法时需要考虑成本和效益两个方面，要求审计人员运用职业判断和经验分析。

（一）统计抽样

统计抽样是一种利用数学和概率统计，根据随机原则抽取样本，并据以推断总体的审计抽样方法。这里需要注意两个方面：一是需要随机选取样本，即合理保证总体中的项目有相同的被抽取机会。二是审计判断需要结合科学的概率统计方法，即要求审计人员采用合理的数学和统计方法（如设定可靠的参数）来确定样本规模和可信水平，随机抽取样本和评价抽样结果。统计抽样能够以客观的态度和科学的方法来判断抽样风险，并且能够做到精准控制风险，可以有效帮助审计人员提高效率，所获取的证据更加具有充分性和专业性，但也有可能产生额外的不必要的支出。比如，需要通过专门培训获得特殊的专业技能等。

（二）非统计抽样

非统计抽样是指以审计人员的自身经验和主观标准来确定样本规模、评价样本结果的一种方法。审计人员的经验和判断对于这一方法的使用效果具有重要的作用。非统计抽样通常适用于总体规模较小或某些样本难以获取的情形。非统计抽样的样本选取不符合随机原则，样本代表性较低，抽样效果在很大程度上取决于审计人员的经验和能力，并且抽样结果只能定性评价。显然，非统计抽样与统计抽样相比，统计抽样的科学性和一致性更能实现对审计风险的有效量化。

三、审计抽样的风险

（一）抽样风险

抽样风险是指审计人员通过样本得出的结论，和对总体实施与样本相同的审计程序得出的结论不一致的可能性。抽样风险是由审计抽样引起的，与样本规模和抽样方法都有密切关系。因此，不管是控制测试还是细节测试，审计人员可以通过选取正确合理的抽样方法，或者改变样本规模来降低抽样风险。抽样风险的分类如表 10－1 所示。

表 10－1　抽样风险的分类

审计测试	影响审计效果的抽样风险	影响审计效率的抽样风险
控制测试	信赖过度风险	信赖不足风险
细节测试	误受风险	误拒风险

1. 控制测试的抽样风险

控制测试的抽样风险主要包括信赖过度风险和信赖不足风险。前者是指审计人员根据样本推断的控制有效性高于其实际有效性的可能性。后者是指审计人员根据样本推断的控制有效性低于其实际有效性的可能性。如果审计人员评估的控制有效性高于其实际有效性，会低估重大错报风险水平，从而不恰当地减少审计证据，使审计效果下降。反之，如果审计人员评估的控制有效性低于其实际有效性，会高估重大错报风险水平，从而不恰当地增加审计程序，使审计效率降低。

2. 实质性程序中细节测试的抽样风险

细节测试的抽样风险主要包括误受风险和误拒风险。前者是指某项重大错报实际上存在但审计人员推断其不存在的可能性。审计人员如果推断重大错报不存在，则一般会导致审计人员停止测试并得出无重大错报的结论。这会影响审计效果，容易造成审计人员发表不恰当审计意见的问题。后者是指审计人员认为某项重大错报存在但实际不存在的可能性。这会导致审计人员实施不必要的审计程序，浪费审计资源，降低审计效率。

（二）非抽样风险

非抽样风险是指审计人员由于一些与抽样规模没有关系的因素而得出错误结论的可能性。在审计过程中，审计人员选择与审计目标不匹配的测试目标和审计程序、不恰当地定义偏差或错报、不能精确地分析审计过程中发现的情况等，即审计人员自身素质和经验误判的各种情况，都会导致非抽样风险。

四、审计抽样的实施

审计抽样实施的过程如图 10－2 所示。

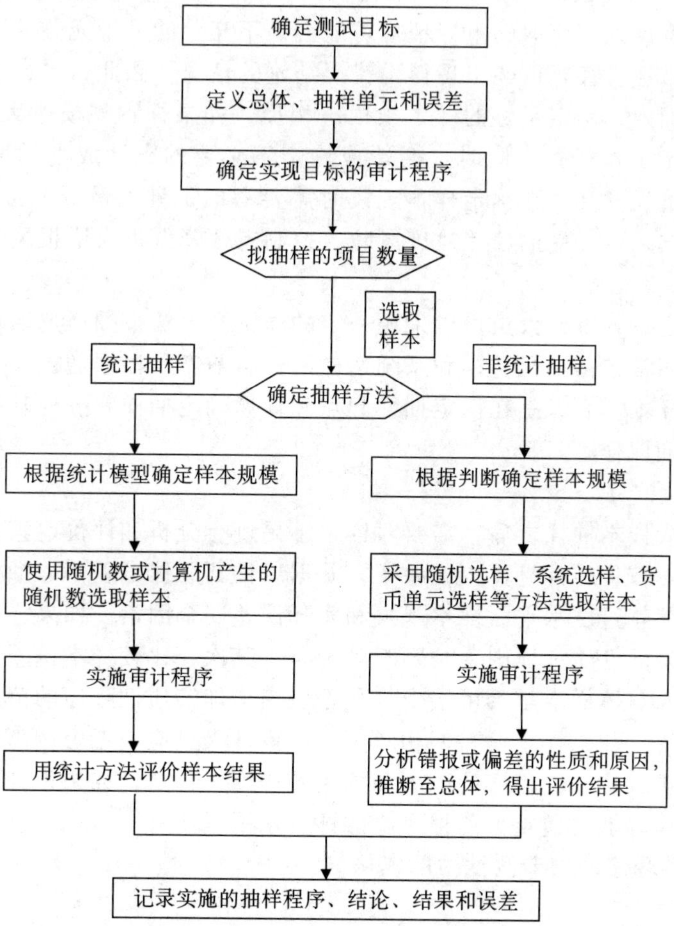

图 10－2　审计抽样实施流程图

（一）在控制测试中的实施

1. 设计样本

首先，明确控制测试审计抽样的目标。控制测试审计抽样的主要目的是获取关于控制在所审计期间的运行情况、是否得到一贯执行、以何种方式执行等据以评价其有效性的证据。其次，确定总体和抽样单元。总体应适合于特定的审计目标，且其中的项目应具有同质性，不同质的项目会影响抽样结果的可靠性。抽样单元是能够提供控制运行证据的项目，比如文件、记录等。最后，确定偏差和测试时间。审计人员可以根据对被审计单位控制的理解，设定反映控制测试运行情况的条件，据以确定测试目标以及可能出现的偏差。此外，在测试时间方面，审计人员一般选取期中实施控制测试，还需要考虑如何补充实质性程序以将期中测试的证据延伸至期末。

2. 选取样本

（1）确定抽样方法。审计人员在选择样本项目时，无论采用统计抽样还是非统计抽样方式，都要在总体上让每个抽样单元都有被选中的机会。主要包括简单随机选样、随意选样、系统选样和整群选样四种基本方法，审计人员应该根据具体需求选取抽样方法。

（2）确定样本规模和抽取样本。在审计抽样中，如果样本规模过小，无法反映出审计对象总体的特征，审计人员获取的审计证据可能会是不充分的，不充分的审计证据就会大大降低审计结论的可靠性，甚至可能出现得出错误结论的情况。因此，审计人员应当在可接受抽样风险的水平范围内，确定足够的样本规模。相反，如果样本规模过大，样本数量较多，则又会增加大量审计工作任务，同时也会造成许多不必要的审计成本的增加，降低审计效率，审计抽样变得毫无意义。在确定样本规模时需要考虑审计人员愿意接受的最大偏差率、预计发生误差的比率、可接受的信赖过度风险、控制有效降低重大错报风险的程度、总体的规模等因素。

样本规模确定之后，审计人员可以采用一定的原则和方法来抽样选取样本。审计人员可以采用的统计方法通常包括随机选样和系统选样两种。前者是根据随机原则从审计对象总体的所有项目中抽取样本。后者是在设定抽样起点和计算确定抽样间隔的基础上，从抽样起点根据间隔有顺序地抽取样本。

3. 评价样本结果

审计人员在完成样本抽样之后，需要对样本结果进行分析和评价，其目的是确定实质性程序的范围和程度。首先，计算样本偏差率，并据以推断总体偏差率。抽样结果的偏差率主要取决于可接受的信赖过度水平、样本规模和实际误差三个因素。如果样本偏差率较大，审计人员需要找到偏差的性质和原因，并判断其影响。其次，比较样本偏差率与审计人员可容忍偏差率，据以判断总体样本是否可接受、是否应当增加实质性程序的范围和程度，或者对其他控制进行测试等。如果样本偏差率相对更高，审计人员应当考虑调高对应重大错报风险的评价水平并考虑扩大实质性程序的范围和加大其程度；反之，如果审计人员可容忍偏差率相对更高，可以考虑降低对应重大错报风险的评价水平。

（二）在实质性程序的细节测试中的实施

1. 设计样本

首先，确定细节测试审计抽样的目标。细节测试审计抽样的主要目的是对财务报表数据的各类认定进行测试以便识别是否存在重大错报。其次，定义总体和抽样单元。总体的定义需要考虑适当性和完整性。适当性是指总体要适合特定的审计目标。完整性是指数量上能够满足评价财务报表数据各类认定的需要。值得注意的是，如果审计人员根据职业判断，认为某些账户余额或交易类型存在风险较大或影响金额重大，应当对其进行单独测试，而不是包含在总体中。另外，抽样单元的确定需要结合审计目标和所实施审计程序的具体性质。抽样单元可能是某个账户余额、某项交易或其中的一个记录等。

2. 选取样本

（1）确定抽样方法。审计人员在细节测试中使用的统计抽样方法主要包括货币单元抽样、均值估计抽样、差额估计抽样和比率估计抽样。货币单元抽样也称金额单元抽样、累计货币金额抽样、综合属性变量抽样等，其是以货币单元作为抽样单元，项目金额越大，被抽中的概率就越大。差额估计抽样是以样本实际金额与账面金额的平均差额来估计总体实际金额与账面金额的平均差额，然后乘以总体规模，从而得出估计的总体实际金额与账面金额的差额（即总体错报）。比率估计抽样是以样本的实际金额与账面金额之间的比率关系来估计总体实际金额与账面金额之间的比率关系，然后乘以总体账面金额，从而得出估计的总体实际金额。

（2）确定样本规模和抽取样本。样本规模取决于审计目标和抽样方法的效率，同时还需要考虑审计人员可容忍错报水平、估计重大错报风险的程度、可接受的误受风险水平、依赖其他实质性程序的程度、总体规模和标准差等。比如，在一定的误受风险水平下，审计人员可容忍错报水平越低，所需要的样本规模就越大。而根据审计风险模型，在审计风险一定时，估计的重大错报风险水平越高，检查风险就越低，所需要的样本规模也越大。如果审计人员可以依赖其他实质性程序的程度越高，意味着需要通过审计抽样获得的保证越低，需要的样本规模可以缩小。此外，样本规模的确定还需要审计人员结合专业的判断和经验综合考虑。在样本规模确定以后，审计人员可以根据随机抽样或系统抽样来选取样本。

3. 评价样本结果

首先，根据样本结果来进行分析推断总体错报。如果在期中实施时用到审计抽样，审计人员需要实施进一步审计程序，以确定能否将期中测试得出的结论合理延伸至期末。此外，还需要考虑错报的性质和原因以及其他可能存在的关联性。其次，考虑抽样风险，得出总体错报的最佳估计。当推断的错报接近或超过可容忍错报时，总体中的实际错报金额很可能超过了可容忍错报，因此，审计人员要进行全面比较并且综合考虑，以评价样本结果。最后，得出总体结论。审计人员在对总体错报进行推断时，需要对抽样风险、错报的性质和原因进行详细分析，再运用专业的合理判断得出总体结论。

第七节　审计报告

一、总结审计工作

在完成审计测试流程及对各项交易和账户余额的审计工作后，审计人员需要对审计工作整体进行总结评价，并进一步采取措施获取审计证据，对审计工作进行收尾终结，其中包括评价在审计程序中发现的重大事项及错报、对审计工作进行复核、从管理层处获取必要的书面声明、关注不同阶段的审计期后事项的影响等方面，在此基础上审计人员确定发表审计意见的类型，出具相应审计报告。下面以财务报表审计为例，分析总结审计工作的主要内容。

（一）评价审计中的重大事项及错报

在审计工作中，审计人员会发现一些对审计计划、审计程序及审计意见等产生影响的重大事项，如被审计单位的会计政策选择、运用和披露情况；与管理层及其他人员讨论沟通时得到的重要信息；期中复核中发现的会对审计方法产生影响的事项等。审计人员需要对这些重大事项进行评价并采取相应的行动，以处理这些重大事项对审计工作产生的影响，具体行动包括：更改审计程序，提高抽样比例或是采取替代性措施；调整总体审计策略及具体审计计划，调节不同科目的重要性水平；向内外部专业人士咨询等。

审计人员还需要评价通过审计程序识别出来的错报。审计人员需要对错报进行累积考虑，当这些错报对财务报表的影响重大时，审计人员应当判断是否需要修改审计计划。与此同时，审计人员需要及时与管理层沟通，要求管理层对错报进行更正，以保证财务报表的准确性，同时降低本期未更正错报对未来期间财务报表的影响。在审计人员与管理层沟通过相关错报后，管理层拒绝进行更正的情况下，说明管理层对于错报的理解与审计人员存在差异，审计人员应当询问管理层原由，并要求管理层提供书面声明，证明管理层对于这些错报的态度。

在此基础上，审计人员需要评价未更正错报的影响，具体从两方面进行：

1. 判断未更正错报是否超过财务报表整体重要性。在作此评价前，审计人员需要重新评估重要性，因为先前重要性的确定通常是由未经审计的财务结果估计得到，错报的发生可能对财务报表的有关科目产生影响，并进而影响估计的重要性，审计人员应当根据实际财务结果重新确定重要性，并据此评价未更正错报的影响。

2. 考虑未更正错报的性质及发生的特定环境。除了从定量方面评价未更正错报的影响，审计人员还需要考虑未更正错报的性质及发生的特定环境等定性方面的因素，以评价未更正错报对财务报表整体的影响，其中包括：错报的影响能否被其他错报相抵消；错报与被审计单位选择和运用的会计政策的关联程度；错报对被审计单位履行合同的影响程度，如债务合同等；错报与被审计单位激励措施的关联程度，例如，收入方面的错报会影响管理层的奖金与其他激励等。

（二）复核审计工作

审计工作的复核是为了保证审计业务质量而进行的管理工作，该工作应当贯穿审计计划阶段、执行阶段和完成阶段的全过程，复核可以分为项目组内部复核和项目质量复核，项目组内部复核包括经验丰富的项目组成员对经验相对欠缺的项目组成员工作实施的复核以及项目负责经理实施的现场复核，属于第一级复核；项目合伙人执行的对复杂、高风险领域的复核，以及对项目负责经理的监督，属于第二级复核；会计师事务所就项目质量复核实施的政策与程序，属于第三级复核。复核的事项包括但不限于：审计工作是否按照审计准则及法律法规执行；重大事项是否存在争议；重大判断及结论是否客观；审计难点是否经过咨询，由此得出的审计结论是否合理；舞弊风险的评估及对策；关联交易情况的测试及认定；审计证据是否充分、适当等。

（三）期后事项

期后事项是财务报表日之后发生的事项。依据期后事项对财务报表的影响，可以划分为财务报表日后调整事项和财务报表日后非调整事项。财务报表日后调整事项影响的事项与确认发生在财务报表日之前，审计人员需要据此对财务报表有关账户余额做出调整及说明，例如，已经确认收入的商品日后被退回、某项资产在财务报表日后发现应当计提更多减值、重大诉讼影响被审计单位确认负债。财务报表日后非调整事项影响的有关情况则在财务报表日后发生，不需调整本期财务报表，但可以在附注中予以适当披露，包括财务报表日后发生的重大诉讼、资产重组事项、自然灾害导致的重大损失情况等。

根据期后事项发生的时间段，可以划分为三种类型，财务报表日到审计报告日之间的期后事项，为第一时段期后事项；审计报告日至财务报表报出日之间的期后事项，为第二时段期后事项；财务报表报出日后发生的期后事项，为第三时段期后事项。财务报表日为财务报表所涵盖的报告日期的截至时间，审计报告日为审计人员完成审计工作的时间，财务报表报出日是审计报告和财务报表提交给第三者的日期，财务报表批准日为被审计单位认可对财务报表负责的日期。由于审计人员需要获取被审计单位对财务报告负责的声明作为审计证据的一部分，因此在实务中审计报告日与财务报表批准日通常在同一天，如图 10－3 所示。

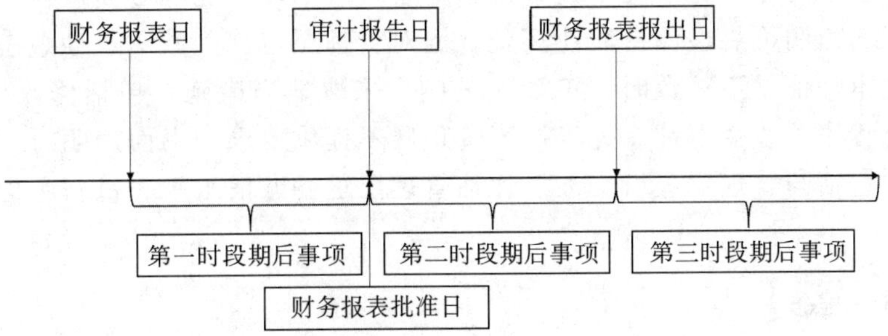

图 10－3　期后事项按发生的时间段分类

对于不同时段的期后事项，审计人员应当采取不同的审计程序与处理方式。对于第一时段期后事项，由于其发生时间在审计报告日之前，因此，审计人员应当将这类期后事项作为审计工作的一部分，通过设计实施专门的审计程序，主动识别处理这类期后事项对财务报表的影响，保证受这些事项影响的财务报表有关部分进行恰当的披露与调整，并与适用的财务报表编制基础相符。对于第二时段期后事项及第三时段期后事项，审计人员没有义务主动实施审计程序进行识别，在审计报告日后，审计人员的审计业务责任已经结束，因而更多通过媒体报道、举报信、监管部门通知等被动方式获知影响财务报表的期后事项，在获知相关事项后，审计人员依旧需要与被审计单位进行沟通，通知其对有必要修改的财务报表进行修改，并实施相应审计程序，对修改后的财务报表出具新的审计报告。对于第三时段期后事项，审计人员还需要确认管理层已经通过恰当措施，让收到修改前的审计报告与财务报表的有关人员获知审计报告及财务报表的调整修正状况。在管理层未采取适当措施的情况下，审计师应当告知财务报表使用者不要信赖该审计报告。

（四）书面声明

书面声明是被审计单位向审计人员提供的书面陈述，目的是补充支持其他审计证据以及确认某些事项，其本身也作为审计证据的一部分。书面声明可以分为两类：一类是与确认管理层责任有关，另一类是对其他事项进行确认。确认管理层责任的书面声明主要对财务报表的编制情况及管理层提供的信息和交易的完整性进行确认：在财务报表编制方面，管理层需要出具书面陈述，说明已经执行了在审计合同中约定的，依据适用的财务报表编制基础进行财务报表的编制。在提供的信息和交易的完整性方面，管理层应确认其已经按照审计合同，向审计人员提供了必要信息，并确保审计人员在接触所有相关信息及有关人员时不会受到限制；财务报表中已经记载反映了报告日期中发生的所有交易。对其他事项进行确认的书面声明是审计人员在对财务报表或具体认定的审计过程中，用以支持补充其他审计证据，认为有必要向管理层获取的书面声明，包括与特别认定相关的书面声明、与其他信息相关的额外书面声明、与财务报表有关的额外书面声明等。

书面声明应当以声明书的形式送报给审计人员，一般包含：收件人；确认事项；公司名称、盖章及地址；管理层签名及盖章；日期等内容。书面声明作为审计证据的一部分，其日期应当与审计报告日接近，但不能在审计报告日之后，这样可以尽量避免审计工作及审计证据的遗漏，同时书面声明应当涵盖审计报告针对的所有财务报表内容与期间。

书面声明虽然提供了必要的审计证据，但其并不能替代审计程序，审计人员依旧需要实施具体审计程序获取充分、适当的审计证据，对管理层尽职情况等方面进行审计。同时，审计人员需要对书面声明可靠性保持职业怀疑，当对管理层道德、诚信、勤勉态度存在疑虑或书面声明与其他审计证据不一致时，审计人员应当采取适当措施，包括修改风险评估结果、进一步调整审计程序、改变审计意见等。当管理层不提供要求的书面声明时，审计人员应当采取应对举措，包括与管理层进行交涉、评估管理层道德诚信水平、重新考虑该事项对审计意见的影响等。

二、出具审计报告

（一）审计报告的内涵

审计报告是审计人员发表的审计情况书面报告，上面记载着审计人员通过执行审计工作，获取充分、适当的审计证据后，对被审计单位的财务报表发表的审计意见。审计报告是审计人员审计工作的总结，审计人员对已审计的财务报表是否实现公允反映，以及财务报表的编制情况是否符合适用的编制基础做出结论，审计人员通过发表审计报告完成业务约定书所约定的责任。审计报告内容应当包括以下部分：（1）标题；（2）收件人；（3）审计意见；（4）形成审计意见的基础；（5）管理层责任；（6）注册会计师责任；（7）其他报告责任；（8）报告日期；（9）注册会计师签名及盖章；（10）会计师事务所名称、地址和盖章。

（二）得出审计报告需要考虑的事项

审计人员在依据审计准则完成审计程序后，需要对获取的审计证据进行整理分析，并判断错报对于财务报表影响的重大程度及广泛性，从而发表审计意见，形成审计报告。

具体而言，在发表审计意见时，审计人员需要考虑以下方面：

1. 审计人员需要考虑是否获得了充足的审计证据。审计人员在审计过程中不断获取新的信息，对被审计单位的认知也不断变化，相应的审计计划也需要持续更新。审计人员需要判断当前获取的审计证据是否能够满足评估重大错报风险的需要，例如，审计人员在函证过程中，遇到获取回函比例过低的情况时，应当考虑是否需要增加发函数量或采取替代性措施，以完成对相关科目的审计。审计人员应当在必要时补充收集更多审计证据，以保证审计证据的充分、适当。当然，审计过程中也会发生无法获取充分、适当的审计证据的情况，如超出审计人员的审计时间安排、管理层对审计行为施加限制、被审计单位会计记录损毁等情况，此时审计人员需要进一步判断，因此产生的未发现错报对财务报表的影响程度。

2. 审计人员需要判断错报是否重大且具有广泛性。错报是财务报表项目实际报告情况与其按照适用的财务报告编制基础所应当列示的差异，它既包括已经发现的错报，也包括由于无法获取充足审计证据而未发现的错报。审计人员需要判断错报是否影响财务报表使用者理解财务报表及相关决策、错报对财务报表整体的影响程度以及错报是否超过审计计划中确定的重要性水平。

3. 审计人员需要评价财务报表的编制是否符合适用的编制基础。财务报告编制基础包括对会计政策、会计处理及披露等方面做出的要求，被审计单位应当选择适用于自身情况的会计政策，并对所选择的重要会计政策进行恰当披露，合理安排财务报表整体结构和内容，保证财务报表编制符合财务报表编制基础，对相关交易与事项进行如实列报，以实现公允反映。审计人员应当考察被审计单位对重要会计政策的选择、披露、运用情况，财务报表列报信息的相关性、可靠性、可比性和可理解性，以及管理层进行的会计估计的中立性等方面，从而对财务报表的编制情况做出合理评价。

（三）审计报告的类型

根据审计人员对财务报表发表的不同审计意见，审计报告可以分为无保留意见与非无保留意见。审计人员发表无保留意见时，说明审计人员认为财务报表实现了公允反映，并且财务报表的编制符合适用的财务报告编制基础。而当审计人员发表非无保留意见时，则说明存在或可能存在错报会对财务报表整体产生重大影响，依据审计人员获取审计证据的情况，有两种可能：一是审计人员能够获取足够的审计证据，得出错报对财务报表整体产生重大影响的结论；二是审计人员无法依据所取得的审计证据，判断会产生重大影响的错报不存在于财务报表中。

非无保留意见可以进一步依据错报影响财务报表的广泛性情况，分为保留意见、否定意见或无法表示意见。当存在对财务报表的影响不具有广泛性的错报时，审计人员发表保留意见，有以下两种情况：一是根据获取的审计证据，审计人员认为重大错报存在于财务报表中，但不具有广泛影响；二是审计人员无法获取充足审计证据以作判断，但认为财务报表整体中可能存在未发现的重大错报，但影响不具有广泛性。当审计人员能够根据获取的审计证据作出判断，认为财务报表整体中存在重大错报并且会产生广泛影响时，审计人员应当发表否定意见。当审计人员无法获取足够审计证据以作为判断基础，但认为财务报表中可能存在未发现的重大错报并且具有广泛影响时，审计人员应当发表无法表示意见。

除了以上提及的审计报告类型以外，审计人员还可以根据实际情况在审计报告中加入强调事项段、与持续经营相关的重大不确定性事项段及其他事项段，添加这些事项段并不影响审计人员发表的审计意见。强调事项段及与持续经营相关的重大不确定性事项段所提及的事项已经在财务报表中列报或披露。强调事项段的添加是为了提醒财务报表使用者，该事项的发生对于其理解财务报表至关重要。与持续经营相关的重大不确定性事项段提醒的事项则与持续经营假设有关，审计人员认为被审计单位作出的持续经营假设是合适的，但存在重大风险，认为需要提醒财务报表使用者注意。其他事项段则未在财务报表中提及过，其添加的原因与财务报表使用者理解审计人员的责任、审计报告或审计工作有关。

复习思考题

1. 什么是审计？审计主要有哪些分类？
2. 审计的目标是什么？审计目标如何随审计环境发生变化？
3. 审计计划是什么？如何进行控制测试和实质性程序？
4. 如何实施资产取得、资产使用、资产保全环节的审计？
5. 审计证据是什么？如何获取审计证据？
6. 统计抽样是什么？非统计抽样是什么？二者有哪些优缺点？
7. 如何在控制测试中实施审计抽样？
8. 如何在实质性程序的细节测试中实施审计抽样？
9. 如何总结审计工作？
10. 审计报告是什么？审计报告的类型和含义是什么？

思政思辨题

1. 请结合风险导向审计的原理，讨论在大数据和人工智能越来越普遍应用的现实经济背景下，审计应如何改进工作方法和程序来控制风险和改进服务质量，从而在我国经济的高质量发展中更好地履行“经济警察”角色的作用？

2. 党的二十大报告提出“转变政府职能，优化政府职责体系和组织结构，提高行政效率和公信力”，请讨论审计在这其中能够发挥什么样的作用？

3. 请讨论审计在维护国家安全方面能够起到什么作用？

第十一章

财务管理学中的关系学

内容简介

本章主要介绍财务关系的概念和分类与国家财务关系、社会保障机构财务关系、行政事业单位财务关系、公司财务关系、非营利组织财务关系、家庭和个人财务关系的构成内容以及公司财务关系的管理方法。

学习目标

通过本章的学习，要求了解财务关系的概念和分类以及国家财务关系、社会保障机构财务关系、行政事业单位财务关系、公司财务关系、非营利组织财务关系、家庭和个人财务关系的构成内容，掌握公司财务关系的管理方法。

第一节　财务关系概述

一、财务关系的概念与分类

（一）财务关系的概念

财务关系是指财务管理主体在组织财务管理活动的过程中与内外部各个利益相关者之间发生的经济利益关系。财务管理主体的财务管理活动表面上看是资产（资金）的增减变动，其实，资产（资金）的增减变动离不开人与人之间的经济利益关系，这就是财务关系。财务关系体现着财务管理活动的本质特征，并影响着财务管理活动的规模、速度。

（二）财务关系的分类

1. 内部财务关系

内部财务关系是指财务管理主体内部各个利益相关者（高管层、中层、基层的单位和员工）之间在组织财务管理活动的过程中因依照内部管理制度所赋予的权限履行各自的职责而形成的经济利益关系，体现了财务管理主体内部各个利益相关者之间的权责利关系。

2. 外部财务关系

外部财务关系是指财务管理主体与外部各个利益相关者（投资人、债权人、上下游客户、政府相关部门、社会公众等）之间依照相关法律法规和组织章程所赋予的权限履行各自的职责而形成的经济利益关系，体现了财务管理主体外部各个利益相关者之间的权责利关系。

二、国家财务关系

（一）内部财务关系

1. 中央和地方的财务关系

一般来讲，中央和地方财务关系包括三个方面：一是收入划分，也就是以税收为主体的政府收入在政府之间如何安排；二是财政事权和支出责任划分，也就是事该由哪级政府干，钱该由哪级政府出；三是转移支付制度，事和钱都分清楚之后，政府间的财力盈缺如何调节，如果地方收入不能满足干事的需求，如何通过科学规范的转移支付得到弥补。在此基础上，通过建立预算管理制度，明确财政收支活动的基本规则，保障财政发挥职能作用，促进中央和地方各级政府分工协作、有序运转、有效履职。

2. 中央和部委的财务关系

中央和部委的财务关系主要是指中央规定各部委的任务和职责，各部委代表国家行使管理职权，坚决贯彻党中央、国务院的决策部署，对国家大政方针了然于胸，协调各方面关系。

（二）外部财务关系

1. 与其他国家的财务关系

与其他国家的财务关系是指国家与其他国家之间在组织国际收支项目活动时与各方面所发生的经济利益关系，具体地说，是国家与其他国家在发生商品和服务交易、转移支付、贷款、长短期投资等交易活动时所产生的经济利益关系。商品交易主要包括有形商品的进出口，如石油、钢铁、玉米、服装、汽车等；服务交易主要包括运输、旅游、通讯服务、建筑服务、保险服务、金融服务、计算机和信息服务、专用权利使用费和特许费、咨询服务、其他商业服务和别处未提及的政府服务等方面的收入与支出；转移支付包括政府或官方的转移收支（如经济援助、战争赔款、人道主义捐款等）和私人的转移收支（如侨民汇款、定居在国外的退休人员的年金支付、私人捐款等）；资本转移是指涉及固定资产所有权的变更及债权债务的减免等导致交易一方或双方资产存量发生变化的转移项目，主要包括固定资产转移、债务减免、移民转移和投资捐赠等；非生产、非金融资产交易是指非生产性有形资产（土地和地下资产）和无形资产（专利、版权、商标和经销权等）的收买与放弃；长短期投资包括直接投资、证券投资（间接投资）和其他投资（包括国际信贷、预付款等）。

2. 与国际组织的财务关系

国际组织是现代国际生活的重要组成部分，它是指两个以上国家或其政府、人民、民间团体基于特定目的，以一定协议形式而建立的各种机构。国际组织分为政府间组织和非政府间组织，也可分为区域性国际组织和全球性国际组织。政府间的国际组织有联合国、欧洲联盟、非洲联盟、东南亚国家联盟（东盟）、世界贸易组织等，非政府间的国际组织有国际足球联合会、乐施会、创行、国际奥林匹克委员会、国际红十字会等，各种国际组织在当今世界发挥着重要的作用。目前，我国加入的国际组织有联合国、国际移民组织、红十字国际委员会、红十字会与红新月会国际联合会、国际刑事警察组织、国际清算银行、世界能源理事会、二十国集团、金砖国家、世界经济论坛、亚欧会议、世界动物卫生组织、世界气象组织、地球观测组织、亚洲基础设施投资银行等。中国加入国际组织一方面推动了本国经济的发展，增强了我国的综合国力，提升了我国的国际地位，为改革开放和现代化建设创造了良好的国际环境；另一方面，也为促进世界和平与发展做出了重要贡献。加入国际组织就必然与这些国际组织之间发生财务关系。

三、社会保障机构的财务关系

（一）内部财务关系

社会保障机构的内部财务关系是指社会保障机构内部各部门之间的资金往来，是一种内部结算关系，同时社会保障机构与其职工之间是劳动雇佣条件下的劳动报酬分配关系。

（二）外部财务关系

社会保障机构的外部财务关系主要包括社会保障机构与资金提供者的财务关系、社会保障机构与服务对象之间的财务关系、社会保障机构与社会监督机构的财务关系等。

1. 社会保障机构与资金提供者的财务关系

社会保障的经费来源主要是依靠成员参加社会保险所缴纳的社会保险基金，社会保障基金主要是由政府、企业、非营利组织和个人共同支付，从而形成所属关系或委托代理关系。

2. 社会保障机构与服务对象之间的财务关系

按照我国社会保障体系的主要内容可将社会保障机构与服务对象之间的财务关系分为以下几种：

（1）社会保险对象为社会工作者，社会工作者履行缴费义务，有权获得相应的社会保险补偿。主要是指养老保险、医疗保险、失业保险、工伤保险、生育保险以及住房公积金等。

（2）社会救济对象为生活有困难的居民。指由国家财政拨款、资助的社会保障计划，为生活有困难的居民提供最低生活保障，主要有贫困救助制度、灾害救助制度、医疗救助制度、教育救助制度、住房救助制度等。这些制度使部分社会成员获得物质帮助，以此解决相关项目的保障问题。地方政府需要根据当地的生活水平，确定最低生活标准，低于生活标准的家庭可以提出申请，通过收入调查后，可享受最低生活保障待遇。

（3）社会福利对象为所有公民。指国家运用财政资金对社会成员提供的津贴以及各种免费或低费使用的物质文化生活设施。

（4）社会优抚对象是特定社会成员及其家人。指政府运用财政资金对特定社会成员及其家人带有褒奖性质的物质援助。我国为确保优抚对象及其权益，颁布了《革命烈士褒扬条例》《军人抚恤优待条例》《退役士兵安置条例》等法规，规定对烈士与牺牲军人家属、残疾军人、复员军人等重点优抚对象，实行定期定量补助；对义务兵家属，普遍发放优待金；对残疾军人等重点优抚对象，实行医疗费用减免；城镇退役士兵可以享受一次性就业安置费，对自谋职业的安置对象发放一次性经济补助等。

3. 社会保障机构与社会监督机构的财务关系

社会保障机构要建立健全内部监督、检查制度，严格执行国家各项规章制度，严肃财经纪律，严防贪污占用，挥霍浪费，主动接受财政、审计等部门的监督。

四、行政事业单位的财务关系

（一）内部财务关系

行政事业单位内部的财务关系是指行政事业单位内部各部门之间的资金结算关系，同时，行政事业单位与其职工之间是按照《劳动法》规定的具有劳动合同关系的劳动报酬分配关系。具体包括行政事业单位与其内部各部门之间的财务关系、行政事业单位与其职工之间的财务关系等。

1. 行政事业单位与其内部各部门之间的财务关系

具体是指行政事业单位在进行预算管理、收入管理、支出管理、采购管理、资产管理、往来资金结算管理、现金及银行存款管理、财务监督等财务管理活动时，与内部各部门之间产生的财务关系。

行政事业经费是行政事业单位开展工作和进行业务活动，以及从事生产经营的财力保证。对于行政事业单位经费的安排，应当正确处理以下几个方面的关系：（1）正确处理行政性支出和业务性支出的关系。行政性支出，如办公费、邮电费、会议费等，一般都是属于消费性的支出。业务费是用于进行专业活动所必需的物质消耗，它与完成专业任务有直接的关系。为了保证专业任务的实现和贯彻厉行节约的原则，在安排经费支出预算时，应当尽量压缩行政性支出，支持业务性的活动。（2）正确处理维持与发展之间的关系，在各项事业支出中，一部分是用于维持原有事业规模的经费开支，另一部分是用于发展事业的费用。正确处理维持和发展之间的关系，就是对现有事业的维持费用必须首先给予保证，对于事业的发展经费，既要根据需要，也要考虑财力的可能妥善安排。（3）对于其他的经费开支，要注意重点和一般的关系，根据各项开支项目的轻重缓急，分别主次先后，加以妥善解决，可以不办或缓办的坚决不办或者缓办，可以压缩的必须大力压缩，需要办而且可能办的给予资金保证。这样才能把有限的资金用到最需要的地方，充分发挥资金的效用。

2. 行政事业单位与其职工之间的财务关系

具体是指行政事业单位与其职工之间按照劳动法规定具有劳动合同关系的劳动报酬分配关系。

（二）外部财务关系

行政事业单位外部财务关系主要包括行政事业单位与资金提供者的财务关系、行政事业单位与服务对象之间的财务关系、行政事业单位与债权人之间的财务关系以及行政事业单位与社会监督机构的财务关系。

1. 行政事业单位与资金提供者的财务关系

资金提供者主要是行政事业单位的拨款人、捐赠人、交费人等，从而形成所属关系或委托代理关系。

2. 行政事业单位与服务对象之间的财务关系

行政事业单位提供的是公共服务，各级行政事业单位承担着国家各项管理职能，服务对象是广大的人民群众，满足社会文化、教育、科学、卫生等方面需要，其履行的是执法监督和社会一些管理职能，行政事业单位必须按照行政事业单位的宗旨，为广大群众提供优良的服务。

3. 行政事业单位与债权人之间的财务关系

行政事业单位与债权人之间的财务关系是指行政事业单位通过购买政府债券、向债权人借入资金，并按合同的规定按时支付利息和归还本金所形成的经济利益关系。行政事业单位资金来源主要有四个渠道：财政拨款、民间捐赠、服务收费和外国援助。虽然看起来行政事业单位有多种渠道筹集资金，但是随着行政事业单位规模的不断扩大和社会责任的加重，对资金的需求也在增长，为弥补资金的不足，还要借入一定数量的资金，以满足行政事业单位快速发展的需要。行政事业单位利用债权人的资金，要按约定的利息率，及时向债权人支付利息；债务到期时，要合理调度资金，按时向债权人归还本金。因此，行政事业单位与债权人之间的关系是建立在契约之上的债务债权关系。

4. 行政事业单位与社会监督机构的财务关系

行政事业单位承担着广泛的社会责任，其资金主要来源于国家财政拨款，必须接受政府部门及社会的财务监督。主要包括以下几个方面的关系：（1）与国家财政的财务关系，即行政事业单位与国家财政之间的缴款、拨款以及财政监管的关系；（2）与国家税务的财务关系，即行政事业单位取得经营收入以及应税收入要按照税法规定依法纳税，与国家税务形成依法纳税关系，接受税务的监督检查；（3）与国家物价部门的财务关系，即行政事业单位收费按照国家物价部门核定的收费标准收取，接受国家物价部门的收费管理和监督检查；（4）与审计纪委监察的财务关系，即行政事业单位对财政下拨的专项资金，应当按照批准的项目，实行专款专用、单独核算，不得虚列、截留、挤占、挪用、浪费、骗取、套取、转移财政专项资金。审计、物价、监察、人民银行等有关部门应依据各自职责做好行政事业单位财务管理和监督工作；（5）与社会大众的监管关系。行政事业单位的财务收支必须接受社会公众的监督。

五、公司的财务关系

公司财务关系是指公司在组织财务活动过程中与有关各方面所发生的经济利益关系。公司的筹资活动、投资活动、经营活动与公司上下左右各方面有着广泛的联系。从现象上看，财务活动是资产（资金）的增减变动，实质上也反映出公司与内外部各利益相关者发生的经济利益关系，具体可分为内部财务关系和外部财务关系。

（一）内部财务关系

1. 公司内部各单位之间的财务关系

公司内部各单位之间的财务关系是指公司内部各单位之间在生产经营各环节中相互提供产品或劳务所形成的经济利益关系。公司在实行内部经济核算制和内部经营责任制的条件下，公司供、产、销各个部门以及各个生产单位之间，相互提供劳务和产品要计价结算。这种在公司内部资金使用中形成的权责关系、利益分配关系与内部结算关系，体现了公司内部各单位之间的经济利益关系。

2. 公司与经营者、职工之间的财务关系

公司与经营者、职工之间的财务关系是指公司向经营者、职工支付人力资源报酬过程中所形成的经济关系。经营者是公司特殊异质型的人力资本，通过其管理活动贯穿生产过程而产生经济效益。公司与经营者之间财务关系的核心是通过选择恰当的契约构造，使剩余控制权和剩余索取权尽量对称，体现经营者报酬与公司经营绩效相对应的分配关系，从而有效地发挥经营者的资源配置能力。职工是公司的一般劳动者，他们以自身提供的劳动作为参加公司分配的依据。公司根据劳动者的劳动情况，根据按劳分配的原则向职工支付薪酬，并按规定提取和交纳各种福利基金，如医疗保险金、养老保险金、失业保险金、生育保险金、工伤保险金等。公司与经营者、职工之间是以权、责、劳、绩为依据的在劳动成果上的分配关系。

3. 公司与董事会、监事会之间的财务关系

董事会决定公司的经营计划和投资方案，制定公司年度财务预决算、利润分配、弥补亏

损和增减注册资本等方案，公司要为董事会支付董事会经费，因此，公司与董事会之间发生经济利益关系。监事会负责检查公司财务，公司执行董事会决议的一切财务收支，都要接受监事会的检查监督，同时公司也要支付一部分监事会经费，因此，也与公司发生经济利益关系。

（二）外部财务关系

1. 公司与国家之间的财务关系

国家作为社会管理者，担负着维护社会正常秩序、保卫国家安全、组织和管理社会活动等任务，为公司生产经营活动提供公平竞争的经营环境和公共设施等条件。为此所发挥的“社会费用”，须从受益公司的生产费用中扣除，从而形成具有强制性的纳税义务。因此，国家以收缴各种税费的形式与公司之间产生财务关系，公司应照章纳税，是一种强制性分配关系。

2. 公司与投资者之间的财务关系

公司与投资者之间的财务关系是指投资者向公司投入资金，公司向其支付投资报酬所形成的经济关系。公司的投资者要按照投资合同、协议、章程的约定履行出资义务以便及时形成公司的资本，同时，拥有参与或监督公司经营、参与公司剩余权益分配的权利，并承担一定的风险；公司利用投资者投入的资本进行营运，对投资者承担资本保值、增值的责任，实现利润后，应该按照出资比例或合同、章程的规定，向投资者支付投资报酬。一般而言，投资者的出资不同，他们各自对公司承担的责任也不同，相应对公司享有的权利和利益也不相同。因此，公司与投资者之间的关系是风险与共和以资本保值、增值为核心的剩余权益分配关系，体现着一种经营权与所有权关系。

3. 公司与债权人之间的财务关系

公司与债权人之间的财务关系是指公司向债权人借入资金，并按借款合同的规定按时支付利息和归还本金所形成的经济关系。公司除利用资本进行经营活动外，还要借入一定数量的资金，以便降低公司资金成本，扩大公司经营规模。公司利用债权人的资金，要按约定的利息率及时向债权人支付利息；债务到期时，要合理调度资金，按时向债权人归还本金。因此，公司与债权人之间的关系是建立在契约之上的债务债权关系。

4. 公司与受资者之间的财务关系

公司与受资者之间的财务关系是指公司以购买股票或直接投资的形式向其他公司投资形成的经济利益关系，是体现所有权性质的投资与受资的关系。

5. 公司与债务人之间的财务关系

公司与债务人之间的财务关系是指公司将其资金以购买债券、提供借款或商业信用等形式出借给其他单位所形成的经济关系。公司将资金借出后，有权要求其债务人按约定的条件支付利息和归还本金。公司与债务人之间的关系也就是债权债务关系。

六、非营利组织的财务关系

同企业组织一样，非营利组织的财务活动也体现着非营利组织与各方面的财务关系。非营利组织的财务关系主要有以下两个方面：

（一）内部财务关系

非营利组织内部的财务关系是指非营利组织内部各部门之间的资金往来，是一种内部结算关系，同时，非营利组织与其员工之间是劳动雇佣条件下的劳动报酬分配关系。

（二）外部财务关系

1. 非营利组织与资金提供者之间的财务关系

资金提供者主要是非营利组织的拨款人、捐赠人、交费人等，从而形成所属关系或委托代理关系。

2. 非营利组织与服务对象之间的财务关系

服务对象是非营利组织提供社会公益服务的客体，非营利组织必须按照非营利组织的宗旨，免费或者按照规定收费为服务对象提供优良的服务，二者之间是一种服务关系。

3. 非营利组织与债权人之间的财务关系

为弥补财务资源的不足，非营利组织可能会有一定的负债，在日常的运营活动中也会产生一定的债务。非营利组织与债权人之间是一种普通的债权债务关系。

4. 非营利组织与社会监督机构的财务关系

非营利组织承担着广泛的受托责任，其财务资源来源于社会，必须接受政府部门及社会的财务监督。

七、家庭和个人的财务关系

（一）内部财务关系

家庭和个人的内部财务关系是指家庭及个人在将家庭收支进行计划和管理的各项活动中，满足内部家庭成员的日常开支、子女教育、养老规划、居住规划、个人投资、风险管理及保险规划、个人纳税等而形成的一种家庭收入分配关系，涉及家庭及个人生活的各个方面。

（二）外部财务关系

1. 与用人单位的财务关系

家庭和个人通过向用人单位有偿提供劳动，用人单位支付劳动报酬，是用人单位与劳动者之间产生的经济利益关系。

2. 与国家的财务关系

家庭和个人参与国民收入的再分配，并依法纳税。与国家和地方社会保险等机构之间因执行社会保险政策等而发生的经济利益关系，包括个人缴纳各类社会保险、住房公积金等，作为社会保障受益人享受养老、失业、医疗、工伤、生育以及住房等带来的权利，由此而产生了家庭和个人与国家之间的权益分配关系。

3. 与债权人的财务关系

为了弥补家庭和个人财务资源的不足，家庭或个人可能会向银行等金融机构或者其他个体借款，在日常生活中也可能产生一定的债务，从而产生一种债务债权关系。

4. 与债务人的财务关系

与债务人的财务关系是指家庭和个人将其资金以购买债券、提供借款等形式出借给其他个人或企业所形成的经济利益关系。家庭和个人将资金借出后，有权要求其债务人按约定的条件支付利息和归还本金。家庭和个人与债务人之间的这种关系也是债权债务关系。

5. 与受资者的财务关系

与受资者的财务关系是指家庭和个人以购买股票或直接投资的形式向个人或企业投资形成的经济利益关系，是体现所有权性质的投资与受资的关系。

第二节　公司财务关系的管理

一、公司内部财务关系的管理

（一）协调好公司内部各单位之间的财务关系

公司的采购部门是降低公司总体成本最有效的部门之一，财务管理人员不仅要参与到采购部门当中，充分了解采购存货情况，还要熟悉公司的实际生产经营方式，具备应对公司产销变化的能力，比如在公司所生产的产品保持很好销售势头的时候制定公司的战略规划，由于受到市场环境变化以及多方面因素的制约，公司经营的产品出现了滞销的现象，这时就不能按照之前的公司战略目标执行，一定要按照公司的真实发展状况不断地改变公司的发展目标，这样公司才能够得到进一步的发展。

除此之外，公司的财务管理人员还要参与到公司生产部门编制成本费用计划当中，制定完善的成本管理制度，根据公司强化成本责任的要求定期对公司的财务管理进行考核，积极配合销售部门催收货款，为公司的销售制定信用政策，使公司在社会上提高知名度，这样不仅可以有效地提高公司销售的回款率，而且还能够减少坏账等造成的经济损失。

（二）协调好公司与职工之间的财务关系

在公司内部，职工作为最主要的劳动者，对维持公司良好的财务关系起到至关重要的作用。一方面，对于公司的财务人员，要提高财务人员的专业素养，提高公司整体的财务管理水平；另一方面，对于公司的其他职工，虽然他们并没有直接参与公司的财务活动，但是仍能直接或者间接影响公司的财务状况。因此，需要提高其综合素质，加强财务培训，规避一些不必要的财务风险，降低公司的财务成本，从而促进良好财务关系的形成。在公司与职工之间，要按照按劳分配的原则将职工的具体收入和劳动成果整合在一起。因此要求财务管理者要参与到人事管理部门制定绩效考核制度当中，运用公司的激励机制和约束机制来协调好公司与职工之间的利益分配关系。

（三）协调好公司与经营者的财务关系

公司所有权与经营权的分离，形成了委托代理关系，所有者委托经营者经营公司。所有者期望经营者代表他们的利益工作，实现所有者财富最大化，而经营者则有其自身的利益考虑，二者的目标经常会不一致。通常而言，所有者支付给经营者报酬的多少，取决于经营者能为所有者创造多少财富。经营者和所有者的主要矛盾是经营者希望在创造财富的同时，能够获得更多的报酬，并避免各种风险；而所有者则希望以较小的代价（支付较少报酬）实现更多的财富。为了协调这一矛盾，通常采取以下解决方式。

1. 解聘

这是一种通过所有者约束经营者的办法。所有者对经营者予以监督，如果经营者未能使企业价值达到最大，就解聘经营者。为此，经营者会因为害怕被解聘而努力实现财务管理目标。

2. 接收

这是一种通过市场约束经营者的办法。如果经营者经营决策失误、经营不力，未能采取一切有效措施使企业价值提高，该公司就可能被其他公司强行接收或吞并，相应经营者也会被解聘。经营者为了避免公司被接收，必须采取一切措施提高股票市价。

3. 激励

激励即将经营者的报酬与其绩效挂钩，以使经营者自觉满足企业价值最大化的措施。激励有以下两种基本方式：

（1）股票期权。它是允许经营者以固定的价格购买一定数量的公司股票，当股票的价值高于固定价格时，经营者所得的报酬就越多。经营者为了获取更大的股票涨价益处，就必然会主动采取能够提高股价的行动。

（2）绩效股。它是公司运用每股利润、资产收益率等指标来评价经营者的业绩，视其业绩大小给予经营者数量不等的股票作为报酬。如果公司的经营业绩未能达到规定目标时，经营者将丧失部分原先持有的“绩效股”。这种方式使经营者不仅为了多得“绩效股”而不断采取措施提高公司的经营业绩，而且为了使每股市价最大化，会采取各种措施使股票市价稳定上升。

二、公司外部财务关系的管理

（一）协调好公司与政府部门的财务关系

政府部门作为公司的监督管理部门，公司需要经常与其进行交流沟通，第一时间获取与公司相关的资讯，对政府部门新出台的相关政策进行研究和调研，然后对公司的战略规划及时作出调整，使公司可以在政策允许范围内为自身谋取更多的利益，避免因国家政策改变而产生不必要的经营风险。同时，作为公司，需要按照税法的规定，依法向政府及时纳税，不得偷逃税；公司要能够及时掌握国家对企业的财政、税收政策的有关动态，这些对公司的发展来说是非常重要的，公司应当准确地向税务机关表述公司的经营行为和经营思想，很好地实现与税务机关的沟通，通过合法的途径，充分利用税收政策，实现公司的税务筹划，以形成公司利用国家税收环境的节税效应，这样才能有利于公司的长久发展。

（二）协调好公司与投资者之间的财务关系

公司与股东的财务关系是投资与被投资的关系。股东向企业投资，换取收益。在公司经营中，有时经营者的利益和股东利益不太一致，这时就容易产生不良的财务关系。公司的发展除了要有正确的发展方向以外，还要有充足的资金作为基础，而出资者也就是我们的公司职权管理者。一般职权管理者对公司是有绝对控制权的，职权管理者可以听取公司内部其他管理层的意见和建议，但是最终的结果还是由职权管理者决定。公司需完善自身的财务制度，依法真实有效披露公司的财务报告和经营状况，及时向股东传递公司的正确信息，维护股东的合理权益；对于大股东的不合理需求，不能随意变更其财务信息，出具虚假的财务报告，以免损害其他股东及公司的利益。公司还需根据股东的利益需求，结合公司的实际状况，建立合理的分配制度，既能满足股东的收益，又能使公司良性运作。另外，公司还要处理好投资者对公司短期、长期的发展关系，尽可能地将利润留存在公司的生产经营中，以促进公司的可持续发展。

（三）协调好公司与债权人之间的财务关系

债权人是公司资金的提供者，在我国，大多数公司不能完全依靠自身的资产进行运作，往往需要向金融机构融资，债权人资金占有很大的比例，因此处理好和债权人的关系就显得十分重要。对于公司的债权人，公司需要按时还债，与银行等金融机构保持良好的债务往来。如果公司不及时归还资金，则会影响公司的信用，也会加大以后借款难度。因此，公司需要严格按照合同规定，及时向债权人还款付息，维持自身良好的信用额度，与其建立良好的长期的合作关系。

公司的财务目标可能与债权人期望实现的目标发生矛盾。首先，公司可能要求经营者改变举债资金的原定用途，将其用于风险更高的项目，这会增大偿债的风险，债权人的负债价值也必然会实际降低。若高风险的项目一旦成功，额外的利润就会被所有者独享；但若失败，债权人就要与所有者共同负担由此而造成的损失。这对债权人来说风险与收益是不对称的。其次，所有者或股东可能未征得现有债权人同意，而要求经营者发行新债券或举借新债，致使旧债券或老债券的价值降低（因为相应的偿债风险增加）。为协调公司与债权人的上述矛盾，通常可采用以下两种方式：

（1）限制性借债。即在借款合同中加入某些限制性条款，如规定借款的用途、借款的担保条款和借款的信用条件等。

（2）收回借款或停止借款。即当债权人发现公司有侵蚀其债权价值的意图时，采取收回债权和不给予公司增加放款，从而保护自身的权益。

（四）协调好公司与债务人之间的财务关系

债务人是公司资金的占用者，因此要重视债务人的财务关系。为减少自身资金的占用，规避资金风险，公司需要制定合理的资金管理政策，和债务人保持良好的财务关系，这样才能更快地收回占用的资金，减少资金占用的风险和成本，避免坏账的产生。

复习思考题

1. 财务关系的概念是什么？分类有哪些？
2. 国家财务关系包括哪些方面？
3. 社会保障机构的财务关系有哪些？
4. 行政事业单位的财务关系有哪些？
5. 公司的财务关系有哪些？
6. 家庭和个人的财务关系有哪些？

思政思辨题

1. 在当前的国际形势下，我国应该如何处理好同各个国家及国际组织之间的财务关系？

2. 在当前的国内形势下，应该如何处理好中央和地方之间、中央和各个部委之间的财务关系？

3. 在现有的法律体系下，公司应该如何处理好内部和外部的财务关系？

附表 1

1 元复利终值系数表

1 元复利终值系数表

期数	1%	2%	3%	4%	5%	6%	7%	8%	9%	10%	11%	12%	13%	14%	15%
1	1. 01	1. 02	1. 03	1. 04	1. 05	1. 06	1. 07	1. 08	1. 09	1. 1	1. 11	1. 12	1. 13	1. 14	1. 15
2	1. 0201	1. 0404	1. 0609	1. 0816	1. 1025	1. 1236	1. 1449	1. 1664	1. 1881	1. 21	1. 2321	1. 2544	1. 2769	1. 2996	1. 3225
3	1. 0303	1. 0612	1. 0927	1. 1249	1. 1576	1. 191	1. 225	1. 2597	1. 295	1. 331	1. 3676	1. 4049	1. 4429	1. 4815	1. 5209
4	1. 0406	1. 0824	1. 1255	1. 1699	1. 2155	1. 2625	1. 3108	1. 3605	1. 4116	1. 4641	1. 5181	1. 5735	1. 6305	1. 689	1. 749
5	1. 051	1. 1041	1. 1593	1. 2167	1. 2763	1. 3382	1. 4026	1. 4693	1. 5386	1. 6105	1. 6851	1. 7623	1. 8424	1. 9254	2. 0114
6	1. 0615	1. 1262	1. 1941	1. 2653	1. 3401	1. 4185	1. 5007	1. 5869	1. 6771	1. 7716	1. 8704	1. 9738	2. 082	2. 195	2. 3131
7	1. 0721	1. 1487	1. 2299	1. 3159	1. 4071	1. 5036	1. 6058	1. 7138	1. 828	1. 9487	2. 0762	2. 2107	2. 3526	2. 5023	2. 66
8	1. 0829	1. 1717	1. 2668	1. 3686	1. 4775	1. 5938	1. 7182	1. 8509	1. 9926	2. 1436	2. 3045	2. 476	2. 6584	2. 8526	3. 059
9	1. 0937	1. 1951	1. 3048	1. 4233	1. 5513	1. 6895	1. 8385	1. 999	2. 1719	2. 3579	2. 558	2. 7731	3. 004	3. 2519	3. 5179
10	1. 1046	1. 219	1. 3439	1. 4802	1. 6289	1. 7908	1. 9672	2. 1589	2. 3674	2. 5937	2. 8394	3. 1058	3. 3946	3. 7072	4. 0456
11	1. 1157	1. 2434	1. 3842	1. 5395	1. 7103	1. 8983	2. 1049	2. 3316	2. 5804	2. 8531	3. 1518	3. 4785	3. 8359	4. 2262	4. 6524
12	1. 1268	1. 2682	1. 4258	1. 601	1. 7959	2. 0122	2. 2522	2. 5182	2. 8127	3. 1384	3. 4985	3. 896	4. 3345	4. 8179	5. 3503
13	1. 1381	1. 2936	1. 4685	1. 6651	1. 8856	2. 1329	2. 4098	2. 7196	3. 0658	3. 4523	3. 8833	4. 3635	4. 898	5. 4924	6. 1528
14	1. 1495	1. 3195	1. 5126	1. 7317	1. 9799	2. 2609	2. 5785	2. 9372	3. 3417	3. 7975	4. 3104	4. 8871	5. 5348	6. 2613	7. 0757
15	1. 161	1. 3459	1. 558	1. 8009	2. 0789	2. 3966	2. 759	3. 1722	3. 6425	4. 1772	4. 7846	5. 4736	6. 2543	7. 1379	8. 1371
16	1. 1726	1. 3728	1. 6047	1. 873	2. 1829	2. 5404	2. 9522	3. 4259	3. 9703	4. 595	5. 3109	6. 1304	7. 0673	8. 1372	9. 3576
17	1. 1843	1. 4002	1. 6528	1. 9479	2. 292	2. 6928	3. 1588	3. 7	4. 3276	5. 0545	5. 8951	6. 866	7. 9861	9. 2765	10. 7613
18	1. 1961	1. 4282	1. 7024	2. 0258	2. 4066	2. 8543	3. 3799	3. 996	4. 7171	5. 5599	6. 5436	7. 69	9. 0243	10. 5752	12. 3755
19	1. 2081	1. 4568	1. 7535	2. 1068	2. 527	3. 0256	3. 6165	4. 3157	5. 1417	6. 1159	7. 2633	8. 6128	10. 1974	12. 0557	14. 2318
20	1. 2202	1. 4859	1. 8061	2. 1911	2. 6533	3. 2071	3. 8697	4. 661	5. 6044	6. 7275	8. 0623	9. 6463	11. 5231	13. 7435	16. 3665
21	1. 2324	1. 5157	1. 8603	2. 2788	2. 786	3. 3996	4. 1406	5. 0338	6. 1088	7. 4002	8. 9492	10. 8038	13. 0211	15. 6676	18. 8215
22	1. 2447	1. 546	1. 9161	2. 3699	2. 9253	3. 6035	4. 4304	5. 4365	6. 6586	8. 1403	9. 9336	12. 1003	14. 7138	17. 861	21. 6447
23	1. 2572	1. 5769	1. 9736	2. 4647	3. 0715	3. 8197	4. 7405	5. 8715	7. 2579	8. 9543	11. 0263	13. 5523	16. 6266	20. 3616	24. 8915

续表

1 元复利终值系数表

期数	1%	2%	3%	4%	5%	6%	7%	8%	9%	10%	11%	12%	13%	14%	15%
24	1. 2697	1. 6084	2. 0328	2. 5633	3. 2251	4. 0489	5. 0724	6. 3412	7. 9111	9. 8497	12. 2392	15. 1786	18. 7881	23. 2122	28. 6252
25	1. 2824	1. 6406	2. 0938	2. 6658	3. 3864	4. 2919	5. 4274	6. 8485	8. 6231	10. 8347	13. 5855	17. 0001	21. 2305	26. 4619	32. 919
26	1. 2953	1. 6734	2. 1566	2. 7725	3. 5557	4. 5494	5. 8074	7. 3964	9. 3992	11. 9182	15. 0799	19. 0401	23. 9905	30. 1666	37. 8568
27	1. 3082	1. 7069	2. 2213	2. 8834	3. 7335	4. 8223	6. 2139	7. 9881	10. 2451	13. 11	16. 7386	21. 3249	27. 1093	34. 3899	43. 5353
28	1. 3213	1. 741	2. 2879	2. 9987	3. 9201	5. 1117	6. 6488	8. 6271	11. 1671	14. 421	18. 5799	23. 8839	30. 6335	39. 2045	50. 0656
29	1. 3345	1. 7758	2. 3566	3. 1187	4. 1161	5. 4184	7. 1143	9. 3173	12. 1722	15. 8631	20. 6237	26. 7499	34. 6158	44. 6931	57. 5755
30	1. 3478	1. 8114	2. 4273	3. 2434	4. 3219	5. 7435	7. 6123	10. 0627	13. 2677	17. 4494	22. 8923	29. 9599	39. 1159	50. 9502	66. 2118
31	1. 3613	1. 8476	2. 5001	3. 3731	4. 538	6. 0881	8. 1451	10. 8677	14. 4618	19. 1943	25. 4104	33. 5551	44. 201	58. 0832	76. 1435
32	1. 3749	1. 8845	2. 5751	3. 5081	4. 7649	6. 4534	8. 7153	11. 7371	15. 7633	21. 1138	28. 2056	37. 5817	49. 9471	66. 2148	87. 5651
33	1. 3887	1. 9222	2. 6523	3. 6484	5. 0032	6. 8406	9. 3253	12. 676	17. 182	23. 2252	31. 3082	42. 0915	56. 4402	75. 4849	100. 6998
34	1. 4026	1. 9607	2. 7319	3. 7943	5. 2533	7. 251	9. 9781	13. 6901	18. 7284	25. 5477	34. 7521	47. 1425	63. 7774	86. 0528	115. 8048
35	1. 4166	1. 9999	2. 8139	3. 9461	5. 516	7. 6861	10. 6766	14. 7853	20. 414	28. 1024	38. 5749	52. 7996	72. 0685	98. 1002	133. 1755
36	1. 4308	2. 0399	2. 8983	4. 1039	5. 7918	8. 1473	11. 4239	15. 9682	22. 2512	30. 9127	42. 8181	59. 1356	81. 4374	111. 8342	153. 1519
37	1. 4451	2. 0807	2. 9852	4. 2681	6. 0814	8. 6361	12. 2236	17. 2456	24. 2538	34. 0039	47. 5281	66. 2318	92. 0243	127. 491	176. 1246
38	1. 4595	2. 1223	3. 0748	4. 4388	6. 3855	9. 1543	13. 0793	18. 6253	26. 4367	37. 4043	52. 7562	74. 1797	103. 9874	145. 3397	202. 5433
39	1. 4741	2. 1647	3. 167	4. 6164	6. 7048	9. 7035	13. 9948	20. 1153	28. 816	41. 1448	58. 5593	83. 0812	117. 5058	165. 6873	232. 9248
40	1. 4889	2. 208	3. 262	4. 801	7. 04	10. 2857	14. 9745	21. 7245	31. 4094	45. 2593	65. 0009	93. 051	132. 7816	188. 8835	267. 8635
41	1. 5038	2. 2522	3. 3599	4. 9931	7. 392	10. 9029	16. 0227	23. 4625	34. 2363	49. 7852	72. 151	104. 2171	150. 0432	215. 3272	308. 0431
42	1. 5188	2. 2972	3. 4607	5. 1928	7. 7616	11. 557	17. 1443	25. 3395	37. 3175	54. 7637	80. 0876	116. 7231	169. 5488	245. 473	354. 2495
43	1. 534	2. 3432	3. 5645	5. 4005	8. 1497	12. 2505	18. 3444	27. 3666	40. 6761	60. 2401	88. 8972	130. 7299	191. 5901	279. 8392	407. 387
44	1. 5493	2. 3901	3. 6715	5. 6165	8. 5572	12. 9855	19. 6285	29. 556	44. 337	66. 2641	98. 6759	146. 4175	216. 4968	319. 0167	468. 495
45	1. 5648	2. 4379	3. 7816	5. 8412	8. 985	13. 7646	21. 0025	31. 9204	48. 3273	72. 8905	109. 5302	163. 9876	244. 6414	363. 6791	538. 7693
46	1. 5805	2. 4866	3. 895	6. 0748	9. 4343	14. 5905	22. 4726	34. 4741	52. 6767	80. 1795	121. 5786	183. 6661	276. 4448	414. 5941	619. 5847

续表

1 元复利终值系数表

期数	1%	2%	3%	4%	5%	6%	7%	8%	9%	10%	11%	12%	13%	14%	15%
47	1. 5963	2. 5363	4. 0119	6. 3178	9. 906	15. 4659	24. 0457	37. 232	57. 4176	88. 1975	134. 9522	205. 7061	312. 3826	472. 6373	712. 5224
48	1. 6122	2. 5871	4. 1323	6. 5705	10. 4013	16. 3939	25. 7289	40. 2106	62. 5852	97. 0172	149. 797	230. 3908	352. 9923	538. 8065	819. 4007
49	1. 6283	2. 6388	4. 2562	6. 8333	10. 9213	17. 3775	27. 5299	43. 4274	68. 2179	106. 719	166. 2746	258. 0377	398. 8813	614. 2395	942. 3108
50	1. 6446	2. 6916	4. 3839	7. 1067	11. 4674	18. 4202	29. 457	46. 9016	74. 3575	117. 3909	184. 5648	289. 0022	450. 7359	700. 233	1 083. 657
51	1. 6611	2. 7454	4. 5154	7. 391	12. 0408	19. 5254	31. 519	50. 6537	81. 0497	129. 1299	204. 867	323. 6825	509. 3316	798. 2656	1 246. 206
52	1. 6777	2. 8003	4. 6509	7. 6866	12. 6428	20. 6969	33. 7253	54. 706	88. 3442	142. 0429	227. 4023	362. 5243	575. 5447	910. 0228	1 433. 137
53	1. 6945	2. 8563	4. 7904	7. 9941	13. 2749	21. 9387	36. 0861	59. 0825	96. 2951	156. 2472	252. 4166	406. 0273	650. 3655	1 037. 426	1 648. 108
54	1. 7114	2. 9135	4. 9341	8. 3138	13. 9387	23. 255	38. 6122	63. 8091	104. 9617	171. 8719	280. 1824	454. 7505	734. 913	1 182. 666	1 895. 324
55	1. 7285	2. 9717	5. 0821	8. 6464	14. 6356	24. 6503	41. 315	68. 9139	114. 4083	189. 0591	311. 0025	509. 3206	830. 4517	1 348. 239	2 179. 622
56	1. 7458	3. 0312	5. 2346	8. 9922	15. 3674	26. 1293	44. 2071	74. 427	124. 705	207. 9651	345. 2127	570. 4391	938. 4104	1 536. 992	2 506. 566
57	1. 7633	3. 0918	5. 3917	9. 3519	16. 1358	27. 6971	47. 3015	80. 3811	135. 9285	228. 7616	383. 1861	638. 8918	1 060. 404	1 752. 171	2 882. 55
58	1. 7809	3. 1536	5. 5534	9. 726	16. 9426	29. 3589	50. 6127	86. 8116	148. 162	251. 6377	425. 3366	715. 5588	1 198. 256	1 997. 475	3 314. 933
59	1. 7987	3. 2167	5. 72	10. 115	17. 7897	31. 1205	54. 1555	93. 7565	161. 4966	276. 8015	472. 1236	801. 4258	1 354. 03	2 277. 122	3 812. 173
60	1. 8167	3. 281	5. 8916	10. 5196	18. 6792	32. 9877	57. 9464	101. 2571	176. 0313	304. 4816	524. 0572	897. 5969	1 530. 054	2 595. 919	4 383. 999

1 元复利终值系数表

期数	16%	17%	18%	19%	20%	21%	22%	23%	24%	25%	26%	27%	28%	29%	30%
1	1. 16	1. 17	1. 18	1. 19	1. 2	1. 21	1. 22	1. 23	1. 24	1. 25	1. 26	1. 27	1. 28	1. 29	1. 3
2	1. 3456	1. 3689	1. 3924	1. 4161	1. 44	1. 4641	1. 4884	1. 5129	1. 5376	1. 5625	1. 5876	1. 6129	1. 6384	1. 6641	1. 69
3	1. 5609	1. 6016	1. 643	1. 6852	1. 728	1. 7716	1. 8158	1. 8609	1. 9066	1. 9531	2. 0004	2. 0484	2. 0972	2. 1467	2. 197
4	1. 8106	1. 8739	1. 9388	2. 0053	2. 0736	2. 1436	2. 2153	2. 2889	2. 3642	2. 4414	2. 5205	2. 6014	2. 6844	2. 7692	2. 8561
5	2. 1003	2. 1924	2. 2878	2. 3864	2. 4883	2. 5937	2. 7027	2. 8153	2. 9316	3. 0518	3. 1758	3. 3038	3. 436	3. 5723	3. 7129
6	2. 4364	2. 5652	2. 6996	2. 8398	2. 986	3. 1384	3. 2973	3. 4628	3. 6352	3. 8147	4. 0015	4. 1959	4. 398	4. 6083	4. 8268
7	2. 8262	3. 0012	3. 1855	3. 3793	3. 5832	3. 7975	4. 0227	4. 2593	4. 5077	4. 7684	5. 0419	5. 3288	5. 6295	5. 9447	6. 2749
8	3. 2784	3. 5115	3. 7589	4. 0214	4. 2998	4. 595	4. 9077	5. 2389	5. 5895	5. 9605	6. 3528	6. 7675	7. 2058	7. 6686	8. 1573
9	3. 803	4. 1084	4. 4355	4. 7854	5. 1598	5. 5599	5. 9874	6. 4439	6. 931	7. 4506	8. 0045	8. 5948	9. 2234	9. 8925	10. 6045

续表

1 元复利终值系数表

期数	16%	17%	18%	19%	20%	21%	22%	23%	24%	25%	26%	27%	28%	29%	30%
10	4. 4114	4. 8068	5. 2338	5. 6947	6. 1917	6. 7275	7. 3046	7. 9259	8. 5944	9. 3132	10. 0857	10. 9153	11. 8059	12. 7614	13. 7858
11	5. 1173	5. 624	6. 1759	6. 7767	7. 4301	8. 1403	8. 9117	9. 7489	10. 6571	11. 6415	12. 708	13. 8625	15. 1116	16. 4622	17. 9216
12	5. 936	6. 5801	7. 2876	8. 0642	8. 9161	9. 8497	10. 8722	11. 9912	13. 2148	14. 5519	16. 012	17. 6053	19. 3428	21. 2362	23. 2981
13	6. 8858	7. 6987	8. 5994	9. 5964	10. 6993	11. 9182	13. 2641	14. 7491	16. 3863	18. 1899	20. 1752	22. 3588	24. 7588	27. 3947	30. 2875
14	7. 9875	9. 0075	10. 1472	11. 4198	12. 8392	14. 421	16. 1822	18. 1414	20. 3191	22. 7374	25. 4207	28. 3957	31. 6913	35. 3391	39. 3738
15	9. 2655	10. 5387	11. 9737	13. 5895	15. 407	17. 4494	19. 7423	22. 314	25. 1956	28. 4217	32. 0301	36. 0625	40. 5648	45. 5875	51. 1859
16	10. 748	12. 3303	14. 129	16. 1715	18. 4884	21. 1138	24. 0856	27. 4462	31. 2426	35. 5271	40. 3579	45. 7994	51. 923	58. 8079	66. 5417
17	12. 4677	14. 4265	16. 6722	19. 2441	22. 1861	25. 5477	29. 3844	33. 7588	38. 7408	44. 4089	50. 851	58. 1652	66. 4614	75. 8621	86. 5042
18	14. 4625	16. 879	19. 6733	22. 9005	26. 6233	30. 9127	35. 849	41. 5233	48. 0386	55. 5112	64. 0722	73. 8698	85. 0706	97. 8622	112. 4554
19	16. 7765	19. 7484	23. 2144	27. 2516	31. 948	37. 4043	43. 7358	51. 0737	59. 5679	69. 3889	80. 731	93. 8147	108. 8904	126. 2422	146. 192
20	19. 4608	23. 1056	27. 393	32. 4294	38. 3376	45. 2593	53. 3576	62. 8206	73. 8641	86. 7362	101. 7211	119. 1446	139. 3797	162. 8524	190. 0496
21	22. 5745	27. 0336	32. 3238	38. 591	46. 0051	54. 7637	65. 0963	77. 2694	91. 5915	108. 4202	128. 1685	151. 3137	178. 406	210. 0796	247. 0645
22	26. 1864	31. 6293	38. 1421	45. 9233	55. 2061	66. 2641	79. 4175	95. 0413	113. 5735	135. 5253	161. 4924	192. 1683	228. 3596	271. 0027	321. 1839
23	30. 3762	37. 0062	45. 0076	54. 6487	66. 2474	80. 1795	96. 8894	116. 9008	140. 8312	169. 4066	203. 4804	244. 0538	292. 3003	349. 5935	417. 5391
24	35. 2364	43. 2973	53. 109	65. 032	79. 4968	97. 0172	118. 205	143. 788	174. 6306	211. 7582	256. 3853	309. 9483	374. 1444	450. 9756	542. 8008
25	40. 8742	50. 6578	62. 6686	77. 3881	95. 3962	117. 3909	144. 2101	176. 8593	216. 542	264. 6978	323. 0454	393. 6344	478. 9049	581. 7585	705. 641
26	47. 4141	59. 2697	73. 949	92. 0918	114. 4755	142. 0429	175. 9364	217. 5369	268. 5121	330. 8722	407. 0373	499. 9157	612. 9982	750. 4685	917. 3333
27	55. 0004	69. 3455	87. 2598	109. 5893	137. 3706	171. 8719	214. 6424	267. 5704	332. 955	413. 5903	512. 867	634. 8929	784. 6377	968. 1044	1 192. 5333
28	63. 8004	81. 1342	102. 9666	130. 4112	164. 8447	207. 9651	261. 8637	329. 1115	412. 8642	516. 9879	646. 2124	806. 314	1 004. 3363	1 248. 8546	1 550. 2933
29	74. 0085	94. 9271	121. 5005	155. 1893	197. 8136	251. 6377	319. 4737	404. 8072	511. 9516	646. 2349	814. 2276	1 024. 0187	1 285. 5504	1 611. 0225	2 015. 3813
30	85. 8499	111. 0647	143. 3706	184. 6753	237. 3763	304. 4816	389. 7579	497. 9129	634. 8199	807. 7936	1 025. 9267	1 300. 5038	1 645. 5046	2 078. 219	2 619. 9956
31	99. 5859	129. 9456	169. 1774	219. 7636	284. 8516	368. 4228	475. 5046	612. 4328	787. 1767	1 009. 742	1 292. 6677	1 651. 6398	2 106. 2458	2 680. 9025	3 405. 9943
32	115. 5196	152. 0364	199. 6293	261. 5187	341. 8219	445. 7916	580. 1156	753. 2924	976. 0991	1 262. 1774	1 628. 7613	2 097. 5826	2 695. 9947	3 458. 3642	4 427. 7926
33	134. 0027	177. 8826	235. 5625	311. 2073	410. 1863	539. 4078	707. 7411	926. 5496	1 210. 3629	1 577. 7218	2 052. 2392	2 663. 9299	3 450. 8732	4 461. 2898	5 756. 1304
34	155. 4432	208. 1226	277. 9638	370. 3366	492. 2235	652. 6834	863. 4441	1 139. 656	1 500. 85	1 972. 1523	2 585. 8215	3 383. 191	4 417. 1177	5 755. 0639	7 482. 9696
35	180. 3141	243. 5035	327. 9973	440. 7006	590. 6682	789. 747	1 053. 4018	1 401. 7769	1 861. 054	2 465. 1903	3 258. 135	4 296. 6525	5 653. 9106	7 424. 0324	9 727. 8604

续表

1 元复利终值系数表

期数	16%	17%	18%	19%	20%	21%	22%	23%	24%	25%	26%	27%	28%	29%	30%
36	209. 1643	284. 8991	387. 0368	524. 4337	708. 8019	955. 5938	1 285. 1502	1 724. 1856	2 307. 707	3 081. 4879	4 105. 2501	5 456. 7487	7 237. 0056	9 577. 0018	12 646. 219
37	242. 6306	333. 3319	456. 7034	624. 0761	850. 5622	1 156. 2685	1 567. 8833	2 120. 7483	2 861. 5567	3 851. 8599	5 172. 6152	6 930. 0709	9 263. 3671	12 354. 332	16 440. 084
38	281. 4515	389. 9983	538. 91	742. 6506	1 020. 675	1 399. 0849	1 912. 8176	2 608. 5204	3 548. 3303	4 814. 8249	6 517. 4951	8 801. 19	11 857. 11	15 937. 089	21 372. 109
39	326. 4838	456. 298	635. 9139	883. 7542	1 224. 81	1 692. 8927	2 333. 6375	3 208. 4801	4 399. 9295	6 018. 5311	8 212. 0438	11 177. 511	15 177. 101	20 558. 845	27 783. 742
40	378. 7212	533. 8687	750. 3783	1 051. 668	1 469. 772	2 048. 4002	2 847. 0378	3 946. 4305	5 455. 9126	7 523. 1638	10 347. 175	14 195. 439	19 426. 689	26 520. 909	36 118. 865
41	439. 3165	624. 6264	885. 4464	1 251. 484	1 763. 726	2 478. 5643	3 473. 3861	4 854. 1095	6 765. 3317	9 403. 9548	13 037. 441	18 028. 208	24 866. 162	34 211. 973	46 954. 524
42	509. 6072	730. 8129	1 044. 827	1 489. 266	2 116. 471	2 999. 0628	4 237. 531	5 970. 5547	8 389. 0113	11 754. 944	16 427. 175	22 895. 824	31 828. 687	44 133. 445	61 040. 882
43	591. 1443	855. 0511	1 232. 896	1 772. 227	2 539. 765	3 628. 8659	5 169. 7878	7 343. 7823	10 402. 374	14 693. 679	20 698. 241	29 077. 697	40 740. 72	56 932. 145	79 353. 146
44	685. 7274	1 000. 41	1 454. 817	2 108. 95	3 047. 718	4 390. 9278	6 307. 1411	9 032. 8522	12 898. 944	18 367. 099	26 079. 784	36 928. 675	52 148. 121	73 442. 466	103 159. 09
45	795. 4438	1 170. 479	1 716. 684	2 509. 651	3 657. 262	5 313. 0226	7 694. 7122	11 110. 408	15 994. 69	22 958. 874	32 860. 528	46 899. 417	66 749. 595	94 740. 782	134 106. 82
46	922. 7148	1 369. 461	2 025. 687	2 986. 484	4 388. 714	6 428. 7574	9 387. 5489	13 665. 802	19 833. 416	28 698. 593	41 404. 265	59 562. 259	85 439. 481	122 215. 61	174 338. 86
47	1 070. 349	1 602. 269	2 390. 311	3 553. 916	5 266. 457	7 778. 7964	11 452. 81	16 808. 937	24 593. 436	35 873. 241	52 169. 373	75 644. 07	109 362. 54	157 658. 13	226 640. 52
48	1 241. 605	1 874. 655	2 820. 567	4 229. 16	6 319. 749	9 412. 3437	13 972. 428	20 674. 992	30 495. 86	44 841. 551	65 733. 411	96 067. 968	139 984. 05	203 378. 99	294 632. 68
49	1 440. 262	2 193. 346	3 328. 269	5 032. 701	7 583. 699	11 388. 936	17 046. 362	25 430. 24	37 814. 867	56 051. 939	82 824. 097	122 006. 32	179 179. 58	262 358. 9	383 022. 48
50	1 670. 704	2 566. 215	3 927. 357	5 988. 914	9 100. 438	13 780. 612	20 796. 562	31 279. 195	46 890. 435	70 064. 923	104 358. 36	154 948. 03	229 349. 86	338 442. 98	497 929. 22
51	1 938. 016	3 002. 472	4 634. 281	7 126. 808	10 920. 53	16 674. 541	25 371. 805	38 473. 41	58 144. 139	87 581. 154	131 491. 54	196 783. 99	293 567. 82	436 591. 45	647 307. 99
52	2 248. 099	3 512. 892	5 468. 452	8 480. 901	13 104. 63	20 176. 195	30 953. 602	47 322. 295	72 098. 732	109 476. 44	165 679. 34	249 915. 67	375 766. 81	563 202. 97	841 500. 39
53	2 607. 795	4 110. 084	6 452. 773	10 092. 27	15 725. 56	24 413. 195	37 763. 395	58 206. 422	89 402. 428	136 845. 55	208 755. 96	317 392. 9	480 981. 52	726 531. 83	1 093 950. 5
54	3 025. 042	4 808. 798	7 614. 272	12 009. 8	18 870. 67	29 539. 966	46 071. 341	71 593. 9	110 859. 01	171 056. 94	263 032. 51	403 088. 99	615 656. 35	937 226. 06	1 422 135. 7
55	3 509. 049	5 626. 294	8 984. 841	14 291. 67	22 644. 8	35 743. 359	56 207. 036	88 060. 496	137 465. 17	213 821. 18	331 420. 97	511 923. 01	788 040. 12	1 209 021. 6	1 848 776. 3
56	4 070. 497	6 582. 764	10 602. 11	17 007. 08	27 173. 76	43 249. 465	68 572. 584	1 083 14. 41	170 456. 81	267 276. 47	417 590. 42	650 142. 23	1 008 691. 4	1 559 637. 9	2 403 409. 3
57	4 721. 776	7 701. 833	12 510. 49	20 238. 43	32 608. 52	52 331. 852	83 658. 553	133 226. 73	211 366. 45	334 095. 59	526 163. 93	825 680. 63	1 291 124. 9	2 011 932. 9	3 124 432
58	5 477. 26	9 011. 145	14 762. 38	24 083. 73	39 130. 22	63 321. 541	102 063. 43	163 868. 87	262 094. 4	417 619. 49	662 966. 55	1 048 614. 4	1 652 639. 9	2 595 393. 4	4 061 761. 6
59	6 353. 622	10 543. 04	17 419. 61	28 659. 64	46 956. 26	76 619. 065	124 517. 39	201 558. 71	324 997. 05	522 024. 36	835 337. 85	1 331 740. 3	2 115 379. 1	3 348 057. 5	5 280 290. 1
60	7 370. 201	12 335. 36	20 555. 14	34 104. 97	56 347. 51	92 709. 069	151 911. 22	247 917. 22	402 996. 35	652 530. 45	1 052 525. 7	1 691 310. 2	2 707 685. 2	4 318 994. 2	6 864 377. 2

附表 2

1 元复利现值系数表

1 元复利现值系数表

期数	1%	2%	3%	4%	5%	6%	7%	8%	9%	10%	11%	12%	13%	14%	15%
1	0. 9901	0. 9804	0. 9709	0. 9615	0. 9524	0. 9434	0. 9346	0. 9259	0. 9174	0. 9091	0. 9009	0. 8929	0. 885	0. 8772	0. 8696
2	0. 9803	0. 9612	0. 9426	0. 9246	0. 907	0. 89	0. 8734	0. 8573	0. 8417	0. 8264	0. 8116	0. 7972	0. 7831	0. 7695	0. 7561
3	0. 9706	0. 9423	0. 9151	0. 889	0. 8638	0. 8396	0. 8163	0. 7938	0. 7722	0. 7513	0. 7312	0. 7118	0. 6931	0. 675	0. 6575
4	0. 961	0. 9238	0. 8885	0. 8548	0. 8227	0. 7921	0. 7629	0. 735	0. 7084	0. 683	0. 6587	0. 6355	0. 6133	0. 5921	0. 5718
5	0. 9515	0. 9057	0. 8626	0. 8219	0. 7835	0. 7473	0. 713	0. 6806	0. 6499	0. 6209	0. 5935	0. 5674	0. 5428	0. 5194	0. 4972
6	0. 942	0. 888	0. 8375	0. 7903	0. 7462	0. 705	0. 6663	0. 6302	0. 5963	0. 5645	0. 5346	0. 5066	0. 4803	0. 4556	0. 4323
7	0. 9327	0. 8706	0. 8131	0. 7599	0. 7107	0. 6651	0. 6227	0. 5835	0. 547	0. 5132	0. 4817	0. 4523	0. 4251	0. 3996	0. 3759
8	0. 9235	0. 8535	0. 7894	0. 7307	0. 6768	0. 6274	0. 582	0. 5403	0. 5019	0. 4665	0. 4339	0. 4039	0. 3762	0. 3506	0. 3269
9	0. 9143	0. 8368	0. 7664	0. 7026	0. 6446	0. 5919	0. 5439	0. 5002	0. 4604	0. 4241	0. 3909	0. 3606	0. 3329	0. 3075	0. 2843
10	0. 9053	0. 8203	0. 7441	0. 6756	0. 6139	0. 5584	0. 5083	0. 4632	0. 4224	0. 3855	0. 3522	0. 322	0. 2946	0. 2697	0. 2472
11	0. 8963	0. 8043	0. 7224	0. 6496	0. 5847	0. 5268	0. 4751	0. 4289	0. 3875	0. 3505	0. 3173	0. 2875	0. 2607	0. 2366	0. 2149
12	0. 8874	0. 7885	0. 7014	0. 6246	0. 5568	0. 497	0. 444	0. 3971	0. 3555	0. 3186	0. 2858	0. 2567	0. 2307	0. 2076	0. 1869
13	0. 8787	0. 773	0. 681	0. 6006	0. 5303	0. 4688	0. 415	0. 3677	0. 3262	0. 2897	0. 2575	0. 2292	0. 2042	0. 1821	0. 1625
14	0. 87	0. 7579	0. 6611	0. 5775	0. 5051	0. 4423	0. 3878	0. 3405	0. 2992	0. 2633	0. 232	0. 2046	0. 1807	0. 1597	0. 1413
15	0. 8613	0. 743	0. 6419	0. 5553	0. 481	0. 4173	0. 3624	0. 3152	0. 2745	0. 2394	0. 209	0. 1827	0. 1599	0. 1401	0. 1229
16	0. 8528	0. 7284	0. 6232	0. 5339	0. 4581	0. 3936	0. 3387	0. 2919	0. 2519	0. 2176	0. 1883	0. 1631	0. 1415	0. 1229	0. 1069
17	0. 8444	0. 7142	0. 605	0. 5134	0. 4363	0. 3714	0. 3166	0. 2703	0. 2311	0. 1978	0. 1696	0. 1456	0. 1252	0. 1078	0. 0929
18	0. 836	0. 7002	0. 5874	0. 4936	0. 4155	0. 3503	0. 2959	0. 2502	0. 212	0. 1799	0. 1528	0. 13	0. 1108	0. 0946	0. 0808
19	0. 8277	0. 6864	0. 5703	0. 4746	0. 3957	0. 3305	0. 2765	0. 2317	0. 1945	0. 1635	0. 1377	0. 1161	0. 0981	0. 0829	0. 0703
20	0. 8195	0. 673	0. 5537	0. 4564	0. 3769	0. 3118	0. 2584	0. 2145	0. 1784	0. 1486	0. 124	0. 1037	0. 0868	0. 0728	0. 0611
21	0. 8114	0. 6598	0. 5375	0. 4388	0. 3589	0. 2942	0. 2415	0. 1987	0. 1637	0. 1351	0. 1117	0. 0926	0. 0768	0. 0638	0. 0531
22	0. 8034	0. 6468	0. 5219	0. 422	0. 3418	0. 2775	0. 2257	0. 1839	0. 1502	0. 1228	0. 1007	0. 0826	0. 068	0. 056	0. 0462
23	0. 7954	0. 6342	0. 5067	0. 4057	0. 3256	0. 2618	0. 2109	0. 1703	0. 1378	0. 1117	0. 0907	0. 0738	0. 0601	0. 0491	0. 0402

续表

1 元复利现值系数表

期数	1%	2%	3%	4%	5%	6%	7%	8%	9%	10%	11%	12%	13%	14%	15%
24	0. 7876	0. 6217	0. 4919	0. 3901	0. 3101	0. 247	0. 1971	0. 1577	0. 1264	0. 1015	0. 0817	0. 0659	0. 0532	0. 0431	0. 0349
25	0. 7798	0. 6095	0. 4776	0. 3751	0. 2953	0. 233	0. 1842	0. 146	0. 116	0. 0923	0. 0736	0. 0588	0. 0471	0. 0378	0. 0304
26	0. 772	0. 5976	0. 4637	0. 3607	0. 2812	0. 2198	0. 1722	0. 1352	0. 1064	0. 0839	0. 0663	0. 0525	0. 0417	0. 0331	0. 0264
27	0. 7644	0. 5859	0. 4502	0. 3468	0. 2678	0. 2074	0. 1609	0. 1252	0. 0976	0. 0763	0. 0597	0. 0469	0. 0369	0. 0291	0. 023
28	0. 7568	0. 5744	0. 4371	0. 3335	0. 2551	0. 1956	0. 1504	0. 1159	0. 0895	0. 0693	0. 0538	0. 0419	0. 0326	0. 0255	0. 02
29	0. 7493	0. 5631	0. 4243	0. 3207	0. 2429	0. 1846	0. 1406	0. 1073	0. 0822	0. 063	0. 0485	0. 0374	0. 0289	0. 0224	0. 0174
30	0. 7419	0. 5521	0. 412	0. 3083	0. 2314	0. 1741	0. 1314	0. 0994	0. 0754	0. 0573	0. 0437	0. 0334	0. 0256	0. 0196	0. 0151
31	0. 7346	0. 5412	0. 4	0. 2965	0. 2204	0. 1643	0. 1228	0. 092	0. 0691	0. 0521	0. 0394	0. 0298	0. 0226	0. 0172	0. 0131
32	0. 7273	0. 5306	0. 3883	0. 2851	0. 2099	0. 155	0. 1147	0. 0852	0. 0634	0. 0474	0. 0355	0. 0266	0. 02	0. 0151	0. 0114
33	0. 7201	0. 5202	0. 377	0. 2741	0. 1999	0. 1462	0. 1072	0. 0789	0. 0582	0. 0431	0. 0319	0. 0238	0. 0177	0. 0132	0. 0099
34	0. 713	0. 51	0. 366	0. 2636	0. 1904	0. 1379	0. 1002	0. 073	0. 0534	0. 0391	0. 0288	0. 0212	0. 0157	0. 0116	0. 0086
35	0. 7059	0. 5	0. 3554	0. 2534	0. 1813	0. 1301	0. 0937	0. 0676	0. 049	0. 0356	0. 0259	0. 0189	0. 0139	0. 0102	0. 0075
36	0. 6989	0. 4902	0. 345	0. 2437	0. 1727	0. 1227	0. 0875	0. 0626	0. 0449	0. 0323	0. 0234	0. 0169	0. 0123	0. 0089	0. 0065
37	0. 692	0. 4806	0. 335	0. 2343	0. 1644	0. 1158	0. 0818	0. 058	0. 0412	0. 0294	0. 021	0. 0151	0. 0109	0. 0078	0. 0057
38	0. 6852	0. 4712	0. 3252	0. 2253	0. 1566	0. 1092	0. 0765	0. 0537	0. 0378	0. 0267	0. 019	0. 0135	0. 0096	0. 0069	0. 0049
39	0. 6784	0. 4619	0. 3158	0. 2166	0. 1491	0. 1031	0. 0715	0. 0497	0. 0347	0. 0243	0. 0171	0. 012	0. 0085	0. 006	0. 0043
40	0. 6717	0. 4529	0. 3066	0. 2083	0. 142	0. 0972	0. 0668	0. 046	0. 0318	0. 0221	0. 0154	0. 0107	0. 0075	0. 0053	0. 0037
41	0. 665	0. 444	0. 2976	0. 2003	0. 1353	0. 0917	0. 0624	0. 0426	0. 0292	0. 0201	0. 0139	0. 0096	0. 0067	0. 0046	0. 0032
42	0. 6584	0. 4353	0. 289	0. 1926	0. 1288	0. 0865	0. 0583	0. 0395	0. 0268	0. 0183	0. 0125	0. 0086	0. 0059	0. 0041	0. 0028
43	0. 6519	0. 4268	0. 2805	0. 1852	0. 1227	0. 0816	0. 0545	0. 0365	0. 0246	0. 0166	0. 0112	0. 0076	0. 0052	0. 0036	0. 0025
44	0. 6454	0. 4184	0. 2724	0. 178	0. 1169	0. 077	0. 0509	0. 0338	0. 0226	0. 0151	0. 0101	0. 0068	0. 0046	0. 0031	0. 0021
45	0. 6391	0. 4102	0. 2644	0. 1712	0. 1113	0. 0727	0. 0476	0. 0313	0. 0207	0. 0137	0. 0091	0. 0061	0. 0041	0. 0027	0. 0019
46	0. 6327	0. 4022	0. 2567	0. 1646	0. 106	0. 0685	0. 0445	0. 029	0. 019	0. 0125	0. 0082	0. 0054	0. 0036	0. 0024	0. 0016

续表

1 元复利现值系数表

期数	1%	2%	3%	4%	5%	6%	7%	8%	9%	10%	11%	12%	13%	14%	15%
47	0.6265	0.3943	0.2493	0.1583	0.1009	0.0647	0.0416	0.0269	0.0174	0.0113	0.0074	0.0049	0.0032	0.0021	0.0014
48	0.6203	0.3865	0.242	0.1522	0.0961	0.061	0.0389	0.0249	0.016	0.0103	0.0067	0.0043	0.0028	0.0019	0.0012
49	0.6141	0.379	0.235	0.1463	0.0916	0.0575	0.0363	0.023	0.0147	0.0094	0.006	0.0039	0.0025	0.0016	0.0011
50	0.608	0.3715	0.2281	0.1407	0.0872	0.0543	0.0339	0.0213	0.0134	0.0085	0.0054	0.0035	0.0022	0.0014	0.0009
51	0.602	0.3642	0.2215	0.1353	0.0831	0.0512	0.0317	0.0197	0.0123	0.0077	0.0049	0.0031	0.002	0.0013	0.0008
52	0.5961	0.3571	0.215	0.1301	0.0791	0.0483	0.0297	0.0183	0.0113	0.007	0.0044	0.0028	0.0017	0.0011	0.0007
53	0.5902	0.3501	0.2088	0.1251	0.0753	0.0456	0.0277	0.0169	0.0104	0.0064	0.004	0.0025	0.0015	0.001	0.0006
54	0.5843	0.3432	0.2027	0.1203	0.0717	0.043	0.0259	0.0157	0.0095	0.0058	0.0036	0.0022	0.0014	0.0008	0.0005
55	0.5785	0.3365	0.1968	0.1157	0.0683	0.0406	0.0242	0.0145	0.0087	0.0053	0.0032	0.002	0.0012	0.0007	0.0005
56	0.5728	0.3299	0.191	0.1112	0.0651	0.0383	0.0226	0.0134	0.008	0.0048	0.0029	0.0018	0.0011	0.0007	0.0004
57	0.5671	0.3234	0.1855	0.1069	0.062	0.0361	0.0211	0.0124	0.0074	0.0044	0.0026	0.0016	0.0009	0.0006	0.0003
58	0.5615	0.3171	0.1801	0.1028	0.059	0.0341	0.0198	0.0115	0.0067	0.004	0.0024	0.0014	0.0008	0.0005	0.0003
59	0.556	0.3109	0.1748	0.0989	0.0562	0.0321	0.0185	0.0107	0.0062	0.0036	0.0021	0.0012	0.0007	0.0004	0.0003
60	0.5504	0.3048	0.1697	0.0951	0.0535	0.0303	0.0173	0.0099	0.0057	0.0033	0.0019	0.0011	0.0007	0.0004	0.0002

1 元复利现值系数表

期数	16%	17%	18%	19%	20%	21%	22%	23%	24%	25%	26%	27%	28%	29%	30%
1	0.8621	0.8547	0.8475	0.8403	0.8333	0.8264	0.8197	0.813	0.8065	0.8	0.7937	0.7874	0.7813	0.7752	0.7692
2	0.7432	0.7305	0.7182	0.7062	0.6944	0.683	0.6719	0.661	0.6504	0.64	0.6299	0.62	0.6104	0.6009	0.5917
3	0.6407	0.6244	0.6086	0.5934	0.5787	0.5645	0.5507	0.5374	0.5245	0.512	0.4999	0.4882	0.4768	0.4658	0.4552
4	0.5523	0.5337	0.5158	0.4987	0.4823	0.4665	0.4514	0.4369	0.423	0.4096	0.3968	0.3844	0.3725	0.3611	0.3501
5	0.4761	0.4561	0.4371	0.419	0.4019	0.3855	0.37	0.3552	0.3411	0.3277	0.3149	0.3027	0.291	0.2799	0.2693
6	0.4104	0.3898	0.3704	0.3521	0.3349	0.3186	0.3033	0.2888	0.2751	0.2621	0.2499	0.2383	0.2274	0.217	0.2072
7	0.3538	0.3332	0.3139	0.2959	0.2791	0.2633	0.2486	0.2348	0.2218	0.2097	0.1983	0.1877	0.1776	0.1682	0.1594
8	0.305	0.2848	0.266	0.2487	0.2326	0.2176	0.2038	0.1909	0.1789	0.1678	0.1574	0.1478	0.1388	0.1304	0.1226
9	0.263	0.2434	0.2255	0.209	0.1938	0.1799	0.167	0.1552	0.1443	0.1342	0.1249	0.1164	0.1084	0.1011	0.0943

续表

1 元复利现值系数表

期数	16%	17%	18%	19%	20%	21%	22%	23%	24%	25%	26%	27%	28%	29%	30%
10	0. 2267	0. 208	0. 1911	0. 1756	0. 1615	0. 1486	0. 1369	0. 1262	0. 1164	0. 1074	0. 0992	0. 0916	0. 0847	0. 0784	0. 0725
11	0. 1954	0. 1778	0. 1619	0. 1476	0. 1346	0. 1228	0. 1122	0. 1026	0. 0938	0. 0859	0. 0787	0. 0721	0. 0662	0. 0607	0. 0558
12	0. 1685	0. 152	0. 1372	0. 124	0. 1122	0. 1015	0. 092	0. 0834	0. 0757	0. 0687	0. 0625	0. 0568	0. 0517	0. 0471	0. 0429
13	0. 1452	0. 1299	0. 1163	0. 1042	0. 0935	0. 0839	0. 0754	0. 0678	0. 061	0. 055	0. 0496	0. 0447	0. 0404	0. 0365	0. 033
14	0. 1252	0. 111	0. 0985	0. 0876	0. 0779	0. 0693	0. 0618	0. 0551	0. 0492	0. 044	0. 0393	0. 0352	0. 0316	0. 0283	0. 0254
15	0. 1079	0. 0949	0. 0835	0. 0736	0. 0649	0. 0573	0. 0507	0. 0448	0. 0397	0. 0352	0. 0312	0. 0277	0. 0247	0. 0219	0. 0195
16	0. 093	0. 0811	0. 0708	0. 0618	0. 0541	0. 0474	0. 0415	0. 0364	0. 032	0. 0281	0. 0248	0. 0218	0. 0193	0. 017	0. 015
17	0. 0802	0. 0693	0. 06	0. 052	0. 0451	0. 0391	0. 034	0. 0296	0. 0258	0. 0225	0. 0197	0. 0172	0. 015	0. 0132	0. 0116
18	0. 0691	0. 0592	0. 0508	0. 0437	0. 0376	0. 0323	0. 0279	0. 0241	0. 0208	0. 018	0. 0156	0. 0135	0. 0118	0. 0102	0. 0089
19	0. 0596	0. 0506	0. 0431	0. 0367	0. 0313	0. 0267	0. 0229	0. 0196	0. 0168	0. 0144	0. 0124	0. 0107	0. 0092	0. 0079	0. 0068
20	0. 0514	0. 0433	0. 0365	0. 0308	0. 0261	0. 0221	0. 0187	0. 0159	0. 0135	0. 0115	0. 0098	0. 0084	0. 0072	0. 0061	0. 0053
21	0. 0443	0. 037	0. 0309	0. 0259	0. 0217	0. 0183	0. 0154	0. 0129	0. 0109	0. 0092	0. 0078	0. 0066	0. 0056	0. 0048	0. 004
22	0. 0382	0. 0316	0. 0262	0. 0218	0. 0181	0. 0151	0. 0126	0. 0105	0. 0088	0. 0074	0. 0062	0. 0052	0. 0044	0. 0037	0. 0031
23	0. 0329	0. 027	0. 0222	0. 0183	0. 0151	0. 0125	0. 0103	0. 0086	0. 0071	0. 0059	0. 0049	0. 0041	0. 0034	0. 0029	0. 0024
24	0. 0284	0. 0231	0. 0188	0. 0154	0. 0126	0. 0103	0. 0085	0. 007	0. 0057	0. 0047	0. 0039	0. 0032	0. 0027	0. 0022	0. 0018
25	0. 0245	0. 0197	0. 016	0. 0129	0. 0105	0. 0085	0. 0069	0. 0057	0. 0046	0. 0038	0. 0031	0. 0025	0. 0021	0. 0017	0. 0014
26	0. 0211	0. 0169	0. 0135	0. 0109	0. 0087	0. 007	0. 0057	0. 0046	0. 0037	0. 003	0. 0025	0. 002	0. 0016	0. 0013	0. 0011
27	0. 0182	0. 0144	0. 0115	0. 0091	0. 0073	0. 0058	0. 0047	0. 0037	0. 003	0. 0024	0. 0019	0. 0016	0. 0013	0. 001	0. 0008
28	0. 0157	0. 0123	0. 0097	0. 0077	0. 0061	0. 0048	0. 0038	0. 003	0. 0024	0. 0019	0. 0015	0. 0012	0. 001	0. 0008	0. 0006
29	0. 0135	0. 0105	0. 0082	0. 0064	0. 0051	0. 004	0. 0031	0. 0025	0. 002	0. 0015	0. 0012	0. 001	0. 0008	0. 0006	0. 0005
30	0. 0116	0. 009	0. 007	0. 0054	0. 0042	0. 0033	0. 0026	0. 002	0. 0016	0. 0012	0. 001	0. 0008	0. 0006	0. 0005	0. 0004
31	0. 01	0. 0077	0. 0059	0. 0046	0. 0035	0. 0027	0. 0021	0. 0016	0. 0013	0. 001	0. 0008	0. 0006	0. 0005	0. 0004	0. 0003
32	0. 0087	0. 0066	0. 005	0. 0038	0. 0029	0. 0022	0. 0017	0. 0013	0. 001	0. 0008	0. 0006	0. 0005	0. 0004	0. 0003	0. 0002
33	0. 0075	0. 0056	0. 0042	0. 0032	0. 0024	0. 0019	0. 0014	0. 0011	0. 0008	0. 0006	0. 0005	0. 0004	0. 0003	0. 0002	0. 0002
34	0. 0064	0. 0048	0. 0036	0. 0027	0. 002	0. 0015	0. 0012	0. 0009	0. 0007	0. 0005	0. 0004	0. 0003	0. 0002	0. 0002	0. 0001
35	0. 0055	0. 0041	0. 003	0. 0023	0. 0017	0. 0013	0. 0009	0. 0007	0. 0005	0. 0004	0. 0003	0. 0002	0. 0002	0. 0001	0. 0001

续表

1 元复利现值系数表

期数	16%	17%	18%	19%	20%	21%	22%	23%	24%	25%	26%	27%	28%	29%	30%
36	0.0048	0.0035	0.0026	0.0019	0.0014	0.001	0.0008	0.0006	0.0004	0.0003	0.0002	0.0002	0.0001	0.0001	0.0001
37	0.0041	0.003	0.0022	0.0016	0.0012	0.0009	0.0006	0.0005	0.0003	0.0003	0.0002	0.0001	0.0001	0.0001	0.0001
38	0.0036	0.0026	0.0019	0.0013	0.001	0.0007	0.0005	0.0004	0.0003	0.0002	0.0002	0.0001	0.0001	0.0001	0.0000468
39	0.0031	0.0022	0.0016	0.0011	0.0008	0.0006	0.0004	0.0003	0.0002	0.0002	0.0001	0.0001	0.0001	0.0000486	0.000036
40	0.0026	0.0019	0.0013	0.001	0.0007	0.0005	0.0004	0.0003	0.0002	0.0001	0.0001	0.0001	0.0001	0.0000377	0.0000277
41	0.0023	0.0016	0.0011	0.0008	0.0006	0.0004	0.0003	0.0002	0.0001	0.0001	0.0001	0.0001	0.0000402	0.0000292	0.0000213
42	0.002	0.0014	0.001	0.0007	0.0005	0.0003	0.0002	0.0002	0.0001	0.0001	0.0001	0.0000437	0.0000314	0.0000227	0.0000164
43	0.0017	0.0012	0.0008	0.0006	0.0004	0.0003	0.0002	0.0001	0.0001	0.0001	0.0000483	0.0000344	0.0000245	0.0000176	0.0000126
44	0.0015	0.001	0.0007	0.0005	0.0003	0.0002	0.0002	0.0001	0.0001	0.0001	0.0000383	0.0000271	0.0000192	0.0000136	0.0000097
45	0.0013	0.0009	0.0006	0.0004	0.0003	0.0002	0.0001	0.0001	0.0001	0.0000436	0.0000304	0.0000213	0.000015	0.0000106	0.0000075
46	0.0011	0.0007	0.0005	0.0003	0.0002	0.0002	0.0001	0.0001	0.0001	0.0000348	0.0000242	0.0000168	0.0000117	0.0000082	0.0000057
47	0.0009	0.0006	0.0004	0.0003	0.0002	0.0001	0.0001	0.0001	0.0000407	0.0000279	0.0000192	0.0000132	0.0000091	0.0000063	0.0000044
48	0.0008	0.0005	0.0004	0.0002	0.0002	0.0001	0.0001	0.0000484	0.0000328	0.0000223	0.0000152	0.0000104	0.0000071	0.0000049	0.0000034
49	0.0007	0.0005	0.0003	0.0002	0.0001	0.0001	0.0001	0.0000393	0.0000264	0.0000178	0.0000121	0.0000082	0.0000056	0.0000038	0.0000026
50	0.0006	0.0004	0.0003	0.0002	0.0001	0.0001	0.0000481	0.000032	0.0000213	0.0000143	0.0000096	0.0000065	0.0000044	0.000003	0.000002
51	0.0005	0.0003	0.0002	0.0001	0.0001	0.0001	0.0000394	0.000026	0.0000172	0.0000114	0.0000076	0.0000051	0.0000034	0.0000023	0.0000015
52	0.0004	0.0003	0.0002	0.0001	0.0001	0.0000496	0.0000323	0.0000211	0.0000139	0.0000091	0.000006	0.000004	0.0000027	0.0000018	0.0000012
53	0.0004	0.0002	0.0002	0.0001	0.0001	0.000041	0.0000265	0.0000172	0.0000112	0.0000073	0.0000048	0.0000032	0.0000021	0.0000014	0.0000009
54	0.0003	0.0002	0.0001	0.0001	0.0001	0.0000339	0.0000217	0.000014	0.000009	0.0000058	0.0000038	0.0000025	0.0000016	0.0000011	0.0000007
55	0.0003	0.0002	0.0001	0.0001	0.00004	0.000028	0.0000178	0.0000114	0.0000073	0.0000047	0.000003	0.000002	0.0000013	0.0000008	0.0000005
56	0.0002	0.0002	0.0001	0.0001	0.00004	0.0000231	0.0000146	0.0000092	0.0000059	0.0000037	0.0000024	0.0000015	0.000001	0.0000006	0.0000004
57	0.0002	0.0001	0.0001	0.00005	0.00003	0.0000191	0.000012	0.0000075	0.0000047	0.000003	0.0000019	0.0000012	0.0000008	0.0000005	0.0000003
58	0.0002	0.0001	0.0001	0.00004	0.00003	0.0000158	0.0000098	0.0000061	0.0000038	0.0000024	0.0000015	0.000001	0.0000006	0.0000004	0.0000002
59	0.0002	0.0001	0.0001	0.00003	0.00002	0.0000131	0.000008	0.000005	0.0000031	0.0000019	0.0000012	0.0000008	0.0000005	0.0000003	0.0000002
60	0.0001	0.0001	0.00005	0.00003	0.00002	0.0000108	0.0000066	0.000004	0.0000025	0.0000015	0.000001	0.0000006	0.0000004	0.0000002	0.0000001

附表 3

1 元年金终值系数表

1 元年金终值系数表

期数	1%	2%	3%	4%	5%	6%	7%	8%	9%	10%	11%	12%	13%	14%	15%
1	1	1	1	1	1	1	1	1	1	1	1	1	1	1	1
2	2. 01	2. 02	2. 03	2. 04	2. 05	2. 06	2. 07	2. 08	2. 09	2. 1	2. 11	2. 12	2. 13	2. 14	2. 15
3	3. 0301	3. 0604	3. 0909	3. 1216	3. 1525	3. 1836	3. 2149	3. 2464	3. 2781	3. 31	3. 3421	3. 3744	3. 4069	3. 4396	3. 4725
4	4. 0604	4. 1216	4. 1836	4. 2465	4. 3101	4. 3746	4. 4399	4. 5061	4. 5731	4. 641	4. 7097	4. 7793	4. 8498	4. 9211	4. 9934
5	5. 101	5. 204	5. 3091	5. 4163	5. 5256	5. 6371	5. 7507	5. 8666	5. 9847	6. 1051	6. 2278	6. 3528	6. 4803	6. 6101	6. 7424
6	6. 152	6. 3081	6. 4684	6. 633	6. 8019	6. 9753	7. 1533	7. 3359	7. 5233	7. 7156	7. 9129	8. 1152	8. 3227	8. 5355	8. 7537
7	7. 2135	7. 4343	7. 6625	7. 8983	8. 142	8. 3938	8. 654	8. 9228	9. 2004	9. 4872	9. 7833	10. 089	10. 4047	10. 7305	11. 0668
8	8. 2857	8. 583	8. 8923	9. 2142	9. 5491	9. 8975	10. 2598	10. 6366	11. 0285	11. 4359	11. 8594	12. 2997	12. 7573	13. 2328	13. 7268
9	9. 3685	9. 7546	10. 1591	10. 5828	11. 0266	11. 4913	11. 978	12. 4876	13. 021	13. 5795	14. 164	14. 7757	15. 4157	16. 0853	16. 7858
10	10. 4622	10. 9497	11. 4639	12. 0061	12. 5779	13. 1808	13. 8164	14. 4866	15. 1929	15. 9374	16. 722	17. 5487	18. 4197	19. 3373	20. 3037
11	11. 5668	12. 1687	12. 8078	13. 4864	14. 2068	14. 9716	15. 7836	16. 6455	17. 5603	18. 5312	19. 5614	20. 6546	21. 8143	23. 0445	24. 3493
12	12. 6825	13. 4121	14. 192	15. 0258	15. 9171	16. 8699	17. 8885	18. 9771	20. 1407	21. 3843	22. 7132	24. 1331	25. 6502	27. 2707	29. 0017
13	13. 8093	14. 6803	15. 6178	16. 6268	17. 713	18. 8821	20. 1406	21. 4953	22. 9534	24. 5227	26. 2116	28. 0291	29. 9847	32. 0887	34. 3519
14	14. 9474	15. 9739	17. 0863	18. 2919	19. 5986	21. 0151	22. 5505	24. 2149	26. 0192	27. 975	30. 0949	32. 3926	34. 8827	37. 5811	40. 5047
15	16. 0969	17. 2934	18. 5989	20. 0236	21. 5786	23. 276	25. 129	27. 1521	29. 3609	31. 7725	34. 4054	37. 2797	40. 4175	43. 8424	47. 5804
16	17. 2579	18. 6393	20. 1569	21. 8245	23. 6575	25. 6725	27. 8881	30. 3243	33. 0034	35. 9497	39. 1899	42. 7533	46. 6717	50. 9804	55. 7175
17	18. 4304	20. 0121	21. 7616	23. 6975	25. 8404	28. 2129	30. 8402	33. 7502	36. 9737	40. 5447	44. 5008	48. 8837	53. 7391	59. 1176	65. 0751
18	19. 6147	21. 4123	23. 4144	25. 6454	28. 1324	30. 9057	33. 999	37. 4502	41. 3013	45. 5992	50. 3959	55. 7497	61. 7251	68. 3941	75. 8364
19	20. 8109	22. 8406	25. 1169	27. 6712	30. 539	33. 76	37. 379	41. 4463	46. 0185	51. 1591	56. 9395	63. 4397	70. 7494	78. 9692	88. 2118
20	22. 019	24. 2974	26. 8704	29. 7781	33. 066	36. 7856	40. 9955	45. 762	51. 1601	57. 275	64. 2028	72. 0524	80. 9468	91. 0249	102. 4436
21	23. 2392	25. 7833	28. 6765	31. 9692	35. 7193	39. 9927	44. 8652	50. 4229	56. 7645	64. 0025	72. 2651	81. 6987	92. 4699	104. 7684	118. 8101
22	24. 4716	27. 299	30. 5368	34. 248	38. 5052	43. 3923	49. 0057	55. 4568	62. 8733	71. 4027	81. 2143	92. 5026	105. 491	120. 436	137. 6316
23	25. 7163	28. 845	32. 4529	36. 6179	41. 4305	46. 9958	53. 4361	60. 8933	69. 5319	79. 543	91. 1479	104. 6029	120. 2048	138. 297	159. 2764

续表

1 元年金终值系数表

期数	1%	2%	3%	4%	5%	6%	7%	8%	9%	10%	11%	12%	13%	14%	15%
24	26. 9735	30. 4219	34. 4265	39. 0826	44. 502	50. 8156	58. 1767	66. 7648	76. 7898	88. 4973	102. 1742	118. 1552	136. 8315	158. 6586	184. 1678
25	28. 2432	32. 0303	36. 4593	41. 6459	47. 7271	54. 8645	63. 249	73. 1059	84. 7009	98. 3471	114. 4133	133. 3339	155. 6196	181. 8708	212. 793
26	29. 5256	33. 6709	38. 553	44. 3117	51. 1135	59. 1564	68. 6765	79. 9544	93. 324	109. 1818	127. 9988	150. 3339	176. 8501	208. 3327	245. 712
27	30. 8209	35. 3443	40. 7096	47. 0842	54. 6691	63. 7058	74. 4838	87. 3508	102. 7231	121. 0999	143. 0786	169. 374	200. 8406	238. 4993	283. 5688
28	32. 1291	37. 0512	42. 9309	49. 9676	58. 4026	68. 5281	80. 6977	95. 3388	112. 9682	134. 2099	159. 8173	190. 6989	227. 9499	272. 8892	327. 1041
29	33. 4504	38. 7922	45. 2189	52. 9663	62. 3227	73. 6398	87. 3465	103. 9659	124. 1354	148. 6309	178. 3972	214. 5828	258. 5834	312. 0937	377. 1697
30	34. 7849	40. 5681	47. 5754	56. 0849	66. 4388	79. 0582	94. 4608	113. 2832	136. 3075	164. 494	199. 0209	241. 3327	293. 1992	356. 7868	434. 7451
31	36. 1327	42. 3794	50. 0027	59. 3283	70. 7608	84. 8017	102. 073	123. 3459	149. 5752	181. 9434	221. 9132	271. 2926	332. 3151	407. 737	500. 9569
32	37. 4941	44. 227	52. 5028	62. 7015	75. 2988	90. 8898	110. 2182	134. 2135	164. 037	201. 1378	247. 3236	304. 8477	376. 5161	465. 8202	577. 1005
33	38. 869	46. 1116	55. 0778	66. 2095	80. 0638	97. 3432	118. 9334	145. 9506	179. 8003	222. 2515	275. 5292	342. 4294	426. 4632	532. 035	664. 6655
34	40. 2577	48. 0338	57. 7302	69. 8579	85. 067	104. 1838	128. 2588	158. 6267	196. 9823	245. 4767	306. 8374	384. 521	482. 9034	607. 5199	765. 3654
35	41. 6603	49. 9945	60. 4621	73. 6522	90. 3203	111. 4348	138. 2369	172. 3168	215. 7108	271. 0244	341. 5896	431. 6635	546. 6808	693. 5727	881. 1702
36	43. 0769	51. 9944	63. 2759	77. 5983	95. 8363	119. 1209	148. 9135	187. 1021	236. 1247	299. 1268	380. 1644	484. 4631	618. 7493	791. 6729	1 014. 346
37	44. 5076	54. 0343	66. 1742	81. 7022	101. 6281	127. 2681	160. 3374	203. 0703	258. 3759	330. 0395	422. 9825	543. 5987	700. 1867	903. 5071	1 167. 498
38	45. 9527	56. 1149	69. 1594	85. 9703	107. 7095	135. 9042	172. 561	220. 3159	282. 6298	364. 0434	470. 5106	609. 8305	792. 211	1 030. 998	1 343. 622
39	47. 4123	58. 2372	72. 2342	90. 4091	114. 095	145. 0585	185. 6403	238. 9412	309. 0665	401. 4478	523. 2667	684. 0102	896. 1984	1 176. 338	1 546. 166
40	48. 8864	60. 402	75. 4013	95. 0255	120. 7998	154. 762	199. 6351	259. 0565	337. 8824	442. 5926	581. 8261	767. 0914	1 013. 704	1 342. 025	1 779. 09
41	50. 3752	62. 61	78. 6633	99. 8265	127. 8398	165. 0477	214. 6096	280. 781	369. 2919	487. 8518	646. 8269	860. 1424	1 146. 486	1 530. 909	2 046. 954
42	51. 879	64. 8622	82. 0232	104. 8196	135. 2318	175. 9505	230. 6322	304. 2435	403. 5281	537. 637	718. 9779	964. 3595	1 296. 529	1 746. 236	2 354. 997
43	53. 3978	67. 1595	85. 4839	110. 0124	142. 9933	187. 5076	247. 7765	329. 583	440. 8457	592. 4007	799. 0655	1 081. 083	1 466. 078	1 991. 709	2 709. 247
44	54. 9318	69. 5027	89. 0484	115. 4129	151. 143	199. 758	266. 1209	356. 9496	481. 5218	652. 6408	887. 9627	1 211. 813	1 657. 668	2 271. 548	3 116. 633
45	56. 4811	71. 8927	92. 7199	121. 0294	159. 7002	212. 7435	285. 7493	386. 5056	525. 8587	718. 9048	986. 6386	1 358. 23	1 874. 165	2 590. 565	3 585. 129
46	58. 0459	74. 3306	96. 5015	126. 8706	168. 6852	226. 5081	306. 7518	418. 4261	574. 186	791. 7953	1 096. 169	1 522. 218	2 118. 806	2 954. 244	4 123. 898

续表

1元年金终值系数表

期数	1%	2%	3%	4%	5%	6%	7%	8%	9%	10%	11%	12%	13%	14%	15%
47	59.6263	76.8172	100.3965	132.9454	178.1194	241.0986	329.2244	452.9002	626.8628	871.9749	1 217.747	1 705.884	2 395.251	3 368.838	4 743.482
48	61.2226	79.3535	104.4084	139.2632	188.0254	256.5645	353.2701	490.1322	684.2804	960.1723	1 352.7	1 911.59	2 707.633	3 841.475	5 456.005
49	62.8348	81.9406	108.5406	145.8337	198.4267	272.9584	378.999	530.3427	746.8656	1 057.19	1 502.497	2 141.981	3 060.626	4 380.282	6 275.406
50	64.4632	84.5794	112.7969	152.6671	209.348	290.3359	406.5289	573.7702	815.0836	1 163.909	1 668.771	2 400.018	3 459.507	4 994.521	7 217.716
51	66.1078	87.271	117.1808	159.7738	220.8154	308.7561	435.986	620.6718	889.4411	1 281.299	1 853.336	2 689.02	3 910.243	5 694.754	8 301.374
52	67.7689	90.0164	121.6962	167.1647	232.8562	328.2814	467.505	671.3255	970.4908	1 410.429	2 058.203	3 012.703	4 419.575	6 493.02	9 547.58
53	69.4466	92.8167	126.3471	174.8513	245.499	348.9783	501.2303	726.0316	1 058.835	1 552.472	2 285.605	3 375.227	4 995.119	7 403.043	10 980.72
54	71.141	95.6731	131.1375	182.8454	258.7739	370.917	537.3164	785.1141	1 155.13	1 708.72	2 538.022	3 781.255	5 645.485	8 440.469	12 628.82
55	72.8525	98.5865	136.0716	191.1592	272.7126	394.172	575.9286	848.9232	1 260.092	1 880.591	2 818.204	4 236.005	6 380.398	9 623.134	14 524.15
56	74.581	101.5583	141.1538	199.8055	287.3482	418.8223	617.2436	917.8371	1 374.5	2 069.651	3 129.207	4 745.326	7 210.85	10 971.37	16 703.77
57	76.3268	104.5894	146.3884	208.7978	302.7157	444.9517	661.4506	992.264	1 499.205	2 277.616	3 474.419	5 315.765	8 149.26	12 508.37	19 210.34
58	78.0901	107.6812	151.78	218.1497	318.8514	472.6488	708.7522	1 072.645	1 635.134	2 506.377	3 857.606	5 954.657	9 209.664	14 260.54	22 092.89
59	79.871	110.8348	157.3334	227.8757	335.794	502.0077	759.3648	1 159.457	1 783.296	2 758.015	4 282.942	6 670.215	10 407.92	16 258.01	25 407.82
60	81.6697	114.0515	163.0534	237.9907	353.5837	533.1282	813.5204	1 253.213	1 944.792	3 034.816	4 755.066	7 471.641	11 761.95	18 535.13	29 219.99

1元年金终值系数表

期数	16%	17%	18%	19%	20%	21%	22%	23%	24%	25%	26%	27%	28%	29%	30%
1	1	1	1	1	1	1	1	1	1	1	1	1	1	1	1
2	2.16	2.17	2.18	2.19	2.2	2.21	2.22	2.23	2.24	2.25	2.26	2.27	2.28	2.29	2.3
3	3.5056	3.5389	3.5724	3.6061	3.64	3.6741	3.7084	3.7429	3.7776	3.8125	3.8476	3.8829	3.9184	3.9541	3.99
4	5.0665	5.1405	5.2154	5.2913	5.368	5.4457	5.5242	5.6038	5.6842	5.7656	5.848	5.9313	6.0156	6.1008	6.187
5	6.8771	7.0144	7.1542	7.2966	7.4416	7.5892	7.7396	7.8926	8.0484	8.207	8.3684	8.5327	8.6999	8.87	9.0431
6	8.9775	9.2068	9.442	9.683	9.9299	10.183	10.4423	10.7079	10.9801	11.2588	11.5442	11.8366	12.1359	12.4423	12.756
7	11.4139	11.772	12.1415	12.5227	12.9159	13.3214	13.7396	14.1708	14.6153	15.0735	15.5458	16.0324	16.5339	17.0506	17.5828
8	14.2401	14.7733	15.327	15.902	16.4991	17.1189	17.7623	18.43	19.1229	19.8419	20.5876	21.3612	22.1634	22.9953	23.8577
9	17.5185	18.2847	19.0859	19.9234	20.7989	21.7139	22.67	23.669	24.7125	25.8023	26.9404	28.1287	29.3692	30.6639	32.015

续表

1 元年金终值系数表

期数	16%	17%	18%	19%	20%	21%	22%	23%	24%	25%	26%	27%	28%	29%	30%
10	21.3215	22.3931	23.5213	24.7089	25.9587	27.2738	28.6574	30.1128	31.6434	33.2529	34.9449	36.7235	38.5926	40.5564	42.6195
11	25.7329	27.1999	28.7551	30.4035	32.1504	34.0013	35.962	38.0388	40.2379	42.5661	45.0306	47.6388	50.3985	53.3178	56.4053
12	30.8502	32.8239	34.9311	37.1802	39.5805	42.1416	44.8737	47.7877	50.895	54.2077	57.7386	61.5013	65.51	69.78	74.327
13	36.7862	39.404	42.2187	45.2445	48.4966	51.9913	55.7459	59.7788	64.1097	68.7596	73.7506	79.1066	84.8529	91.0161	97.625
14	43.672	47.1027	50.818	54.8409	59.1959	63.9095	69.01	74.528	80.4961	86.9495	93.9258	101.4654	109.6117	118.4108	127.9125
15	51.6595	56.1101	60.9653	66.2607	72.0351	78.3305	85.1922	92.6694	100.8151	109.6868	119.3465	129.8611	141.3029	153.75	167.2863
16	60.925	66.6488	72.939	79.8502	87.4421	95.7799	104.9345	114.9834	126.0108	138.1085	151.3766	165.9236	181.8677	199.3374	218.4722
17	71.673	78.9792	87.068	96.0218	105.9306	116.8937	129.0201	142.4295	157.2534	173.6357	191.7345	211.723	233.7907	258.1453	285.0139
18	84.1407	93.4056	103.7403	115.2659	128.1167	142.4413	158.4045	176.1883	195.9942	218.0446	242.5855	269.8882	300.2521	334.0074	371.518
19	98.6032	110.2846	123.4135	138.1664	154.74	173.354	194.2535	217.7116	244.0328	273.5558	306.6577	343.758	385.3227	431.8696	483.9734
20	115.3797	130.0329	146.628	165.418	186.688	210.7584	237.9893	268.7853	303.6006	342.9447	387.3887	437.5726	494.2131	558.1118	630.1655
21	134.8405	153.1385	174.021	197.8474	225.0256	256.0176	291.3469	331.6059	377.4648	429.6809	489.1098	556.7173	633.5927	720.9642	820.2151
22	157.415	180.1721	206.3448	236.4385	271.0307	310.7813	356.4432	408.8753	469.0563	538.1011	617.2783	708.0309	811.9987	931.0438	1 067.2796
23	183.6014	211.8013	244.4868	282.3618	326.2369	377.0454	435.8607	503.9166	582.6298	673.6264	778.7707	900.1993	1 040.3583	1 202.0465	1 388.4635
24	213.9776	248.8076	289.4945	337.0105	392.4842	457.2249	532.7501	620.8174	723.461	843.0329	982.2511	1 144.2531	1 332.6586	1 551.64	1 806.0026
25	249.214	292.1049	342.6035	402.0425	471.9811	554.2422	650.9551	764.6054	898.0916	1 054.7912	1 238.6363	1 454.2014	1 706.8031	2 002.6156	2 348.8033
26	290.0883	342.7627	405.2721	479.4306	567.3773	671.633	795.1653	941.4647	1 114.6336	1 319.489	1 561.6818	1 847.8358	2 185.7079	2 584.3741	3 054.4443
27	337.5024	402.0323	479.2211	571.5224	681.8528	813.6759	971.1016	1 159.0016	1 383.1457	1 650.3612	1 968.7191	2 347.7515	2 798.7061	3 334.8426	3 971.7776
28	392.5028	471.3778	566.4809	681.1116	819.2233	985.5479	1 185.744	1 426.5719	1 716.1007	2 063.9515	2 481.586	2 982.6443	3 583.3438	4 302.947	5 164.3109
29	456.3032	552.5121	669.4475	811.5228	984.068	1 193.5129	1 447.6077	1 755.6835	2 128.9648	2 580.9394	3 127.7984	3 788.9583	4 587.6801	5 551.8016	6 714.6042
30	530.3117	647.4391	790.948	966.7122	1 181.882	1 445.1507	1 767.0813	2 160.4907	2 640.9164	3 227.1743	3 942.026	4 812.9771	5 873.2306	7 162.8241	8 729.9855
31	616.1616	758.5038	934.3186	1 151.388	1 419.258	1 749.6323	2 156.8392	2 658.4036	3 275.7363	4 034.9678	4 967.9527	6 113.4809	7 518.7351	9 241.0431	11 349.981
32	715.7475	888.4494	1 103.496	1 371.151	1 704.11	2 118.0551	2 632.3439	3 270.8364	4 062.913	5 044.7098	6 260.6204	7 765.1207	9 624.981	11 921.946	14 755.976
33	831.2671	1 040.486	1 303.125	1 632.67	2 045.931	2 563.8467	3 212.4595	4 024.1287	5 039.0122	6 306.8872	7 889.3817	9 862.7033	12 320.976	15 380.31	19 183.768
34	965.2698	1 218.368	1 538.688	1 943.877	2 456.118	3 103.2545	3 920.2006	4 950.6783	6 249.3751	7 884.6091	9 941.621	12 526.633	15 771.849	19 841.6	24 939.899
35	1 120.713	1 426.491	1 816.652	2 314.214	2 948.341	3 755.9379	4 783.6447	6 090.3344	7 750.2251	9 856.7613	12 527.442	15 909.824	20 188.967	25 596.664	32 422.868

续表

1 元年金终值系数表

期数	16%	17%	18%	19%	20%	21%	22%	23%	24%	25%	26%	27%	28%	29%	30%
36	1 301. 027	1 669. 995	2 144. 649	2 754. 914	3 539. 009	4 545. 6848	5 837. 0466	7 492. 1113	9 611. 2791	12 321. 952	15 785. 577	20 206. 477	25 842. 877	33 020. 696	42 150. 729
37	1 510. 191	1 954. 894	2 531. 686	3 279. 348	4 247. 811	5 501. 2787	7 122. 1968	9 216. 2969	11 918. 986	15 403. 44	19 890. 828	25 663. 225	33 079. 883	42 597. 698	54 796. 947
38	1 752. 822	2 288. 226	2 988. 389	3 903. 424	5 098. 374	6 657. 5472	8 690. 0801	11 337. 045	14 780. 543	19 255. 299	25 063. 443	32 593. 296	42 343. 25	54 952. 03	71 237. 031
39	2 034. 274	2 678. 224	3 527. 299	4 646. 075	6 119. 048	8 056. 6321	10 602. 898	13 945. 566	18 328. 873	24 070. 124	31 580. 938	41 394. 486	54 200. 36	70 889. 119	92 609. 141
40	2 360. 757	3 134. 522	4 163. 213	5 529. 829	7 343. 858	9 749. 5248	12 936. 535	17 154. 046	22 728. 803	30 088. 655	39 792. 982	52 571. 998	69 377. 46	91 447. 964	120 392. 88
41	2 739. 478	3 668. 391	4 913. 591	6 581. 497	8 813. 629	11 797. 925	15 783. 573	21 100. 476	28 184. 715	37 611. 819	50 140. 157	66 767. 437	88 804. 149	117 968. 87	156 511. 75
42	3 178. 795	4 293. 017	5 799. 038	7 832. 981	10 577. 36	14 276. 489	19 256. 959	25 954. 586	34 950. 047	47 015. 774	63 177. 598	84 795. 645	113 670. 31	152 180. 85	203 466. 27
43	3 688. 402	5 023. 83	6 843. 865	9 322. 247	12 693. 83	17 275. 552	23 494. 49	31 925. 14	43 339. 058	58 770. 718	79 604. 773	107 691. 47	145 499	196 314. 29	264 507. 15
44	4 279. 547	5 878. 881	8 076. 76	11 094. 47	15 233. 59	20 904. 418	28 664. 278	39 268. 923	53 741. 432	73 464. 397	100 303. 01	136 769. 17	186 239. 72	253 246. 44	343 860. 3
45	4 965. 274	6 879. 291	9 531. 577	13 203. 42	18 281. 31	25 295. 346	34 971. 419	48 301. 775	66 640. 376	91 831. 496	126 382. 8	173 697. 84	238 387. 84	326 688. 9	447 019. 39
46	5 760. 718	8 049. 77	11 248. 26	15 713. 07	21 938. 57	30 608. 368	42 666. 131	59 412. 183	82 635. 066	114 790. 37	159 243. 33	220 597. 26	305 137. 43	421 429. 68	581 126. 21
47	6 683. 433	9 419. 231	13 273. 95	18 699. 56	26 327. 29	37 037. 126	52 053. 68	73 077. 985	102 468. 48	143 488. 96	200 647. 59	280 159. 52	390 576. 92	543 645. 29	755 465. 07
48	7 753. 782	11 021. 5	15 664. 26	22 253. 48	31 593. 74	44 815. 922	63 506. 49	89 886. 922	127 061. 92	179 362. 2	252 816. 96	355 803. 59	499 939. 45	701 303. 43	982 105. 59
49	8 995. 387	12 896. 16	18 484. 83	26 482. 64	37 913. 49	54 228. 266	77 478. 918	110 561. 91	157 557. 78	224 203. 75	318 550. 37	451 871. 55	639 923. 5	904 682. 42	1 276 738. 3
50	10 435. 65	15 089. 5	21 813. 09	31 515. 34	45 497. 19	65 617. 202	94 525. 279	135 992. 15	195 372. 64	280 255. 69	401 374. 47	573 877. 87	819 103. 08	1 167 041. 3	1 659 760. 7
51	12 106. 35	17 655. 72	25 740. 45	37 504. 25	54 597. 63	79 397. 814	115 321. 84	167 271. 35	242 263. 08	350 320. 62	505 732. 83	728 825. 9	1 048 452. 9	1 505 484. 3	2 157 690
52	14 044. 37	20 658. 19	30 374. 73	44 631. 06	65 518. 15	96 072. 355	140 693. 65	205 744. 76	300 407. 22	437 901. 77	637 224. 37	925 609. 89	1 342 020. 8	1 942 075. 8	2 804 998
53	16 292. 47	24 171. 08	35 843. 18	53 111. 96	78 622. 79	116 248. 55	171 647. 25	253 067. 05	372 505. 95	547 378. 21	802 903. 71	1 175 525. 6	1 717 787. 6	2 505 278. 7	3 646 498. 3
54	18 900. 26	28 281. 16	42 295. 96	63 204. 23	94 348. 34	140 661. 74	209 410. 64	311 273. 48	461 908. 38	684 223. 77	1 011 659. 7	1 492 918. 5	2 198 769. 1	3 231 810. 6	4 740 448. 8
55	21 925. 31	33 089. 96	49 910. 23	75 214. 03	113 219	170 201. 71	255 481. 98	382 867. 38	572 767. 39	855 280. 71	1 274 692. 2	1 896 007. 5	2 814 425. 4	4 169 036. 6	6 162 584. 5
56	25 434. 35	38 716. 26	58 895. 07	89 505. 7	135 863. 8	205 945. 07	311 689. 02	470 927. 87	710 232. 56	1 069 101. 9	1 606 113. 2	2 407 930. 5	3 602 465. 6	5 378 058. 2	8 011 360. 8
57	29 504. 85	45 299. 02	69 497. 18	106 512. 8	163 037. 6	249 194. 54	380 261. 6	579 242. 28	880 689. 38	1 336 378. 4	2 023 703. 6	3 058 072. 7	4 611 156. 9	6 937 696. 1	10 414 770
58	34 226. 63	53 000. 85	82 007. 67	126 751. 2	195 646. 1	301 526. 39	463 920. 16	712 469. 01	1 092 055. 8	1 670 473. 9	2 549 867. 5	3 883 753. 3	5 902 281. 9	8 949 629	13 539 202
59	39 703. 89	62 012	96 770. 06	150 834. 9	234 776. 3	364 847. 93	565 983. 59	876 337. 88	1 354 150. 2	2 088 093. 4	3 212 834. 1	4 932 367. 7	7 554 921. 8	11 545 022	17 600 964
60	46 057. 51	72 555. 04	114 189. 7	179 494. 6	281 732. 6	441 466. 99	690 500. 98	1 077 896. 6	1 679 147. 3	2 610 117. 8	4 048 171. 9	6 264 108	9 670 300. 9	14 893 080	22 881 254

附表 4

1 元年金现值系数表

1 元年金现值系数表

期数	1%	2%	3%	4%	5%	6%	7%	8%	9%	10%	11%	12%	13%	14%	15%
1	0.9901	0.9804	0.9709	0.9615	0.9524	0.9434	0.9346	0.9259	0.9174	0.9091	0.9009	0.8929	0.885	0.8772	0.8696
2	1.9704	1.9416	1.9135	1.8861	1.8594	1.8334	1.808	1.7833	1.7591	1.7355	1.7125	1.6901	1.6681	1.6467	1.6257
3	2.941	2.8839	2.8286	2.7751	2.7232	2.673	2.6243	2.5771	2.5313	2.4869	2.4437	2.4018	2.3612	2.3216	2.2832
4	3.902	3.8077	3.7171	3.6299	3.546	3.4651	3.3872	3.3121	3.2397	3.1699	3.1024	3.0373	2.9745	2.9137	2.855
5	4.8534	4.7135	4.5797	4.4518	4.3295	4.2124	4.1002	3.9927	3.8897	3.7908	3.6959	3.6048	3.5172	3.4331	3.3522
6	5.7955	5.6014	5.4172	5.2421	5.0757	4.9173	4.7665	4.6229	4.4859	4.3553	4.2305	4.1114	3.9975	3.8887	3.7845
7	6.7282	6.472	6.2303	6.0021	5.7864	5.5824	5.3893	5.2064	5.033	4.8684	4.7122	4.5638	4.4226	4.2883	4.1604
8	7.6517	7.3255	7.0197	6.7327	6.4632	6.2098	5.9713	5.7466	5.5348	5.3349	5.1461	4.9676	4.7988	4.6389	4.4873
9	8.566	8.1622	7.7861	7.4353	7.1078	6.8017	6.5152	6.2469	5.9952	5.759	5.537	5.3282	5.1317	4.9464	4.7716
10	9.4713	8.9826	8.5302	8.1109	7.7217	7.3601	7.0236	6.7101	6.4177	6.1446	5.8892	5.6502	5.4262	5.2161	5.0188
11	10.3676	9.7868	9.2526	8.7605	8.3064	7.8869	7.4987	7.139	6.8052	6.4951	6.2065	5.9377	5.6869	5.4527	5.2337
12	11.2551	10.5753	9.954	9.3851	8.8633	8.3838	7.9427	7.5361	7.1607	6.8137	6.4924	6.1944	5.9176	5.6603	5.4206
13	12.1337	11.3484	10.635	9.9856	9.3936	8.8527	8.3577	7.9038	7.4869	7.1034	6.7499	6.4235	6.1218	5.8424	5.5831
14	13.0037	12.1062	11.2961	10.5631	9.8986	9.295	8.7455	8.2442	7.7862	7.3667	6.9819	6.6282	6.3025	6.0021	5.7245
15	13.8651	12.8493	11.9379	11.1184	10.3797	9.7122	9.1079	8.5595	8.0607	7.6061	7.1909	6.8109	6.4624	6.1422	5.8474
16	14.7179	13.5777	12.5611	11.6523	10.8378	10.1059	9.4466	8.8514	8.3126	7.8237	7.3792	6.974	6.6039	6.2651	5.9542
17	15.5623	14.2919	13.1661	12.1657	11.2741	10.4773	9.7632	9.1216	8.5436	8.0216	7.5488	7.1196	6.7291	6.3729	6.0472
18	16.3983	14.992	13.7535	12.6593	11.6896	10.8276	10.0591	9.3719	8.7556	8.2014	7.7016	7.2497	6.8399	6.4674	6.128
19	17.226	15.6785	14.3238	13.1339	12.0853	11.1581	10.3356	9.6036	8.9501	8.3649	7.8393	7.3658	6.938	6.5504	6.1982
20	18.0456	16.3514	14.8775	13.5903	12.4622	11.4699	10.594	9.8181	9.1285	8.5136	7.9633	7.4694	7.0248	6.6231	6.2593
21	18.857	17.0112	15.415	14.0292	12.8212	11.7641	10.8355	10.0168	9.2922	8.6487	8.0751	7.562	7.1016	6.687	6.3125
22	19.6604	17.658	15.9369	14.4511	13.163	12.0416	11.0612	10.2007	9.4424	8.7715	8.1757	7.6446	7.1695	6.7429	6.3587
23	20.4558	18.2922	16.4436	14.8568	13.4886	12.3034	11.2722	10.3711	9.5802	8.8832	8.2664	7.7184	7.2297	6.7921	6.3988
24	21.2434	18.9139	16.9355	15.247	13.7986	12.5504	11.4693	10.5288	9.7066	8.9847	8.3481	7.7843	7.2829	6.8351	6.4338
25	22.0232	19.5235	17.4131	15.6221	14.0939	12.7834	11.6536	10.6748	9.8226	9.077	8.4217	7.8431	7.33	6.8729	6.4641

续表

1元年金现值系数表

期数	1%	2%	3%	4%	5%	6%	7%	8%	9%	10%	11%	12%	13%	14%	15%
26	22. 7952	20. 121	17. 8768	15. 9828	14. 3752	13. 0032	11. 8258	10. 81	9. 929	9. 1609	8. 4881	7. 8957	7. 3717	6. 9061	6. 4906
27	23. 5596	20. 7069	18. 327	16. 3296	14. 643	13. 2105	11. 9867	10. 9352	10. 0266	9. 2372	8. 5478	7. 9426	7. 4086	6. 9352	6. 5135
28	24. 3164	21. 2813	18. 7641	16. 6631	14. 8981	13. 4062	12. 1371	11. 0511	10. 1161	9. 3066	8. 6016	7. 9844	7. 4412	6. 9607	6. 5335
29	25. 0658	21. 8444	19. 1885	16. 9837	15. 1411	13. 5907	12. 2777	11. 1584	10. 1983	9. 3696	8. 6501	8. 0218	7. 4701	6. 983	6. 5509
30	25. 8077	22. 3965	19. 6004	17. 292	15. 3725	13. 7648	12. 409	11. 2578	10. 2737	9. 4269	8. 6938	8. 0552	7. 4957	7. 0027	6. 566
31	26. 5423	22. 9377	20. 0004	17. 5885	15. 5928	13. 9291	12. 5318	11. 3498	10. 3428	9. 479	8. 7331	8. 085	7. 5183	7. 0199	6. 5791
32	27. 2696	23. 4683	20. 3888	17. 8736	15. 8027	14. 084	12. 6466	11. 435	10. 4062	9. 5264	8. 7686	8. 1116	7. 5383	7. 035	6. 5905
33	27. 9897	23. 9886	20. 7658	18. 1476	16. 0025	14. 2302	12. 7538	11. 5139	10. 4644	9. 5694	8. 8005	8. 1354	7. 556	7. 0482	6. 6005
34	28. 7027	24. 4986	21. 1318	18. 4112	16. 1929	14. 3681	12. 854	11. 5869	10. 5178	9. 6086	8. 8293	8. 1566	7. 5717	7. 0599	6. 6091
35	29. 4086	24. 9986	21. 4872	18. 6646	16. 3742	14. 4982	12. 9477	11. 6546	10. 5668	9. 6442	8. 8552	8. 1755	7. 5856	7. 07	6. 6166
36	30. 1075	25. 4888	21. 8323	18. 9083	16. 5469	14. 621	13. 0352	11. 7172	10. 6118	9. 6765	8. 8786	8. 1924	7. 5979	7. 079	6. 6231
37	30. 7995	25. 9695	22. 1672	19. 1426	16. 7113	14. 7368	13. 117	11. 7752	10. 653	9. 7059	8. 8996	8. 2075	7. 6087	7. 0868	6. 6288
38	31. 4847	26. 4406	22. 4925	19. 3679	16. 8679	14. 846	13. 1935	11. 8289	10. 6908	9. 7327	8. 9186	8. 221	7. 6183	7. 0937	6. 6338
39	32. 163	26. 9026	22. 8082	19. 5845	17. 017	14. 9491	13. 2649	11. 8786	10. 7255	9. 757	8. 9357	8. 233	7. 6268	7. 0997	6. 638
40	32. 8347	27. 3555	23. 1148	19. 7928	17. 1591	15. 0463	13. 3317	11. 9246	10. 7574	9. 7791	8. 9511	8. 2438	7. 6344	7. 105	6. 6418
41	33. 4997	27. 7995	23. 4124	19. 9931	17. 2944	15. 138	13. 3941	11. 9672	10. 7866	9. 7991	8. 9649	8. 2534	7. 641	7. 1097	6. 645
42	34. 1581	28. 2348	23. 7014	20. 1856	17. 4232	15. 2245	13. 4524	12. 0067	10. 8134	9. 8174	8. 9774	8. 2619	7. 6469	7. 1138	6. 6478
43	34. 81	28. 6616	23. 9819	20. 3708	17. 5459	15. 3062	13. 507	12. 0432	10. 838	9. 834	8. 9886	8. 2696	7. 6522	7. 1173	6. 6503
44	35. 4555	29. 08	24. 2543	20. 5488	17. 6628	15. 3832	13. 5579	12. 0771	10. 8605	9. 8491	8. 9988	8. 2764	7. 6568	7. 1205	6. 6524
45	36. 0945	29. 4902	24. 5187	20. 72	17. 7741	15. 4558	13. 6055	12. 1084	10. 8812	9. 8628	9. 0079	8. 2825	7. 6609	7. 1232	6. 6543
46	36. 7272	29. 8923	24. 7754	20. 8847	17. 8801	15. 5244	13. 65	12. 1374	10. 9002	9. 8753	9. 0161	8. 288	7. 6645	7. 1256	6. 6559
47	37. 3537	30. 2866	25. 0247	21. 0429	17. 981	15. 589	13. 6916	12. 1643	10. 9176	9. 8866	9. 0235	8. 2928	7. 6677	7. 1277	6. 6573
48	37. 974	30. 6731	25. 2667	21. 1951	18. 0772	15. 65	13. 7305	12. 1891	10. 9336	9. 8969	9. 0302	8. 2972	7. 6705	7. 1296	6. 6585
49	38. 5881	31. 0521	25. 5017	21. 3415	18. 1687	15. 7076	13. 7668	12. 2122	10. 9482	9. 9063	9. 0362	8. 301	7. 673	7. 1312	6. 6596
50	39. 1961	31. 4236	25. 7298	21. 4822	18. 2559	15. 7619	13. 8007	12. 2335	10. 9617	9. 9148	9. 0417	8. 3045	7. 6752	7. 1327	6. 6605

续表

1 元年金现值系数表

期数	1%	2%	3%	4%	5%	6%	7%	8%	9%	10%	11%	12%	13%	14%	15%
51	39. 7981	31. 7878	25. 9512	21. 6175	18. 339	15. 8131	13. 8325	12. 2532	10. 974	9. 9226	9. 0465	8. 3076	7. 6772	7. 1339	6. 6613
52	40. 3942	32. 1449	26. 1662	21. 7476	18. 4181	15. 8614	13. 8621	12. 2715	10. 9853	9. 9296	9. 0509	8. 3103	7. 6789	7. 135	6. 662
53	40. 9844	32. 495	26. 375	21. 8727	18. 4934	15. 907	13. 8898	12. 2884	10. 9957	9. 936	9. 0549	8. 3128	7. 6805	7. 136	6. 6626
54	41. 5687	32. 8383	26. 5777	21. 993	18. 5651	15. 95	13. 9157	12. 3041	11. 0053	9. 9418	9. 0585	8. 315	7. 6818	7. 1368	6. 6631
55	42. 1472	33. 1748	26. 7744	22. 1086	18. 6335	15. 9905	13. 9399	12. 3186	11. 014	9. 9471	9. 0617	8. 317	7. 683	7. 1376	6. 6636
56	42. 72	33. 5047	26. 9655	22. 2198	18. 6985	16. 0288	13. 9626	12. 3321	11. 022	9. 9519	9. 0646	8. 3187	7. 6841	7. 1382	6. 664
57	43. 2871	33. 8281	27. 1509	22. 3267	18. 7605	16. 0649	13. 9837	12. 3445	11. 0294	9. 9563	9. 0672	8. 3203	7. 6851	7. 1388	6. 6644
58	43. 8486	34. 1452	27. 331	22. 4296	18. 8195	16. 099	14. 0035	12. 356	11. 0361	9. 9603	9. 0695	8. 3217	7. 6859	7. 1393	6. 6647
59	44. 4046	34. 4561	27. 5058	22. 5284	18. 8758	16. 1311	14. 0219	12. 3667	11. 0423	9. 9639	9. 0717	8. 3229	7. 6866	7. 1397	6. 6649
60	44. 955	34. 7609	27. 6756	22. 6235	18. 9293	16. 1614	14. 0392	12. 3766	11. 048	9. 9672	9. 0736	8. 324	7. 6873	7. 1401	6. 6651

1 元年金现值系数表

期数	16%	17%	18%	19%	20%	21%	22%	23%	24%	25%	26%	27%	28%	29%	30%
1	0. 8621	0. 8547	0. 8475	0. 8403	0. 8333	0. 8264	0. 8197	0. 813	0. 8065	0. 8	0. 7937	0. 7874	0. 7813	0. 7752	0. 7692
2	1. 6052	1. 5852	1. 5656	1. 5465	1. 5278	1. 5095	1. 4915	1. 474	1. 4568	1. 44	1. 4235	1. 4074	1. 3916	1. 3761	1. 3609
3	2. 2459	2. 2096	2. 1743	2. 1399	2. 1065	2. 0739	2. 0422	2. 0114	1. 9813	1. 952	1. 9234	1. 8956	1. 8684	1. 842	1. 8161
4	2. 7982	2. 7432	2. 6901	2. 6386	2. 5887	2. 5404	2. 4936	2. 4483	2. 4043	2. 3616	2. 3202	2. 28	2. 241	2. 2031	2. 1662
5	3. 2743	3. 1993	3. 1272	3. 0576	2. 9906	2. 926	2. 8636	2. 8035	2. 7454	2. 6893	2. 6351	2. 5827	2. 532	2. 483	2. 4356
6	3. 6847	3. 5892	3. 4976	3. 4098	3. 3255	3. 2446	3. 1669	3. 0923	3. 0205	2. 9514	2. 885	2. 821	2. 7594	2. 7	2. 6427
7	4. 0386	3. 9224	3. 8115	3. 7057	3. 6046	3. 5079	3. 4155	3. 327	3. 2423	3. 1611	3. 0833	3. 0087	2. 937	2. 8682	2. 8021
8	4. 3436	4. 2072	4. 0776	3. 9544	3. 8372	3. 7256	3. 6193	3. 5179	3. 4212	3. 3289	3. 2407	3. 1564	3. 0758	2. 9986	2. 9247
9	4. 6065	4. 4506	4. 303	4. 1633	4. 031	3. 9054	3. 7863	3. 6731	3. 5655	3. 4631	3. 3657	3. 2728	3. 1842	3. 0997	3. 019
10	4. 8332	4. 6586	4. 4941	4. 3389	4. 1925	4. 0541	3. 9232	3. 7993	3. 6819	3. 5705	3. 4648	3. 3644	3. 2689	3. 1781	3. 0915
11	5. 0286	4. 8364	4. 656	4. 4865	4. 3271	4. 1769	4. 0354	3. 9018	3. 7757	3. 6564	3. 5435	3. 4365	3. 3351	3. 2388	3. 1473

续表

1元年金现值系数表

期数	16%	17%	18%	19%	20%	21%	22%	23%	24%	25%	26%	27%	28%	29%	30%
12	5. 1971	4. 9884	4. 7932	4. 6105	4. 4392	4. 2784	4. 1274	3. 9852	3. 8514	3. 7251	3. 6059	3. 4933	3. 3868	3. 2859	3. 1903
13	5. 3423	5. 1183	4. 9095	4. 7147	4. 5327	4. 3624	4. 2028	4. 053	3. 9124	3. 7801	3. 6555	3. 5381	3. 4272	3. 3224	3. 2233
14	5. 4675	5. 2293	5. 0081	4. 8023	4. 6106	4. 4317	4. 2646	4. 1082	3. 9616	3. 8241	3. 6949	3. 5733	3. 4587	3. 3507	3. 2487
15	5. 5755	5. 3242	5. 0916	4. 8759	4. 6755	4. 489	4. 3152	4. 153	4. 0013	3. 8593	3. 7261	3. 601	3. 4834	3. 3726	3. 2682
16	5. 6685	5. 4053	5. 1624	4. 9377	4. 7296	4. 5364	4. 3567	4. 1894	4. 0333	3. 8874	3. 7509	3. 6228	3. 5026	3. 3896	3. 2832
17	5. 7487	5. 4746	5. 2223	4. 9897	4. 7746	4. 5755	4. 3908	4. 219	4. 0591	3. 9099	3. 7705	3. 64	3. 5177	3. 4028	3. 2948
18	5. 8178	5. 5339	5. 2732	5. 0333	4. 8122	4. 6079	4. 4187	4. 2431	4. 0799	3. 9279	3. 7861	3. 6536	3. 5294	3. 413	3. 3037
19	5. 8775	5. 5845	5. 3162	5. 07	4. 8435	4. 6346	4. 4415	4. 2627	4. 0967	3. 9424	3. 7985	3. 6642	3. 5386	3. 421	3. 3105
20	5. 9288	5. 6278	5. 3527	5. 1009	4. 8696	4. 6567	4. 4603	4. 2786	4. 1103	3. 9539	3. 8083	3. 6726	3. 5458	3. 4271	3. 3158
21	5. 9731	5. 6648	5. 3837	5. 1268	4. 8913	4. 675	4. 4756	4. 2916	4. 1212	3. 9631	3. 8161	3. 6792	3. 5514	3. 4319	3. 3198
22	6. 0113	5. 6964	5. 4099	5. 1486	4. 9094	4. 69	4. 4882	4. 3021	4. 13	3. 9705	3. 8223	3. 6844	3. 5558	3. 4356	3. 323
23	6. 0442	5. 7234	5. 4321	5. 1668	4. 9245	4. 7025	4. 4985	4. 3106	4. 1371	3. 9764	3. 8273	3. 6885	3. 5592	3. 4384	3. 3254
24	6. 0726	5. 7465	5. 4509	5. 1822	4. 9371	4. 7128	4. 507	4. 3176	4. 1428	3. 9811	3. 8312	3. 6918	3. 5619	3. 4406	3. 3272
25	6. 0971	5. 7662	5. 4669	5. 1951	4. 9476	4. 7213	4. 5139	4. 3232	4. 1474	3. 9849	3. 8342	3. 6943	3. 564	3. 4423	3. 3286
26	6. 1182	5. 7831	5. 4804	5. 206	4. 9563	4. 7284	4. 5196	4. 3278	4. 1511	3. 9879	3. 8367	3. 6963	3. 5656	3. 4437	3. 3297
27	6. 1364	5. 7975	5. 4919	5. 2151	4. 9636	4. 7342	4. 5243	4. 3316	4. 1542	3. 9903	3. 8387	3. 6979	3. 5669	3. 4447	3. 3305
28	6. 152	5. 8099	5. 5016	5. 2228	4. 9697	4. 739	4. 5281	4. 3346	4. 1566	3. 9923	3. 8402	3. 6991	3. 5679	3. 4455	3. 3312
29	6. 1656	5. 8204	5. 5098	5. 2292	4. 9747	4. 743	4. 5312	4. 3371	4. 1585	3. 9938	3. 8414	3. 7001	3. 5687	3. 4461	3. 3317
30	6. 1772	5. 8294	5. 5168	5. 2347	4. 9789	4. 7463	4. 5338	4. 3391	4. 1601	3. 995	3. 8424	3. 7009	3. 5693	3. 4466	3. 3321
31	6. 1872	5. 8371	5. 5227	5. 2392	4. 9824	4. 749	4. 5359	4. 3407	4. 1614	3. 996	3. 8432	3. 7015	3. 5697	3. 447	3. 3324
32	6. 1959	5. 8437	5. 5277	5. 243	4. 9854	4. 7512	4. 5376	4. 3421	4. 1624	3. 9968	3. 8438	3. 7019	3. 5701	3. 4473	3. 3326
33	6. 2034	5. 8493	5. 532	5. 2462	4. 9878	4. 7531	4. 539	4. 3431	4. 1632	3. 9975	3. 8443	3. 7023	3. 5704	3. 4475	3. 3328
34	6. 2098	5. 8541	5. 5356	5. 2489	4. 9898	4. 7546	4. 5402	4. 344	4. 1639	3. 998	3. 8447	3. 7026	3. 5706	3. 4477	3. 3329
35	6. 2153	5. 8582	5. 5386	5. 2512	4. 9915	4. 7559	4. 5411	4. 3447	4. 1644	3. 9984	3. 845	3. 7028	3. 5708	3. 4478	3. 333
36	6. 2201	5. 8617	5. 5412	5. 2531	4. 9929	4. 7569	4. 5419	4. 3453	4. 1649	3. 9987	3. 8452	3. 703	3. 5709	3. 4479	3. 3331

续表

1 元年金现值系数表

期数	16%	17%	18%	19%	20%	21%	22%	23%	24%	25%	26%	27%	28%	29%	30%
37	6. 2242	5. 8647	5. 5434	5. 2547	4. 9941	4. 7578	4. 5426	4. 3458	4. 1652	3. 999	3. 8454	3. 7032	3. 571	3. 448	3. 3331
38	6. 2278	5. 8673	5. 5452	5. 2561	4. 9951	4. 7585	4. 5431	4. 3462	4. 1655	3. 9992	3. 8456	3. 7033	3. 5711	3. 4481	3. 3332
39	6. 2309	5. 8695	5. 5468	5. 2572	4. 9959	4. 7591	4. 5435	4. 3465	4. 1657	3. 9993	3. 8457	3. 7034	3. 5712	3. 4481	3. 3332
40	6. 2335	5. 8713	5. 5482	5. 2582	4. 9966	4. 7596	4. 5439	4. 3467	4. 1659	3. 9995	3. 8458	3. 7034	3. 5712	3. 4481	3. 3332
41	6. 2358	5. 8729	5. 5493	5. 259	4. 9972	4. 76	4. 5441	4. 3469	4. 1661	3. 9996	3. 8459	3. 7035	3. 5713	3. 4482	3. 3333
42	6. 2377	5. 8743	5. 5502	5. 2596	4. 9976	4. 7603	4. 5444	4. 3471	4. 1662	3. 9997	3. 8459	3. 7035	3. 5713	3. 4482	3. 3333
43	6. 2394	5. 8755	5. 551	5. 2602	4. 998	4. 7606	4. 5446	4. 3472	4. 1663	3. 9997	3. 846	3. 7036	3. 5713	3. 4482	3. 3333
44	6. 2409	5. 8765	5. 5517	5. 2607	4. 9984	4. 7608	4. 5447	4. 3473	4. 1663	3. 9998	3. 846	3. 7036	3. 5714	3. 4482	3. 3333
45	6. 2421	5. 8773	5. 5523	5. 2611	4. 9986	4. 761	4. 5449	4. 3474	4. 1664	3. 9998	3. 846	3. 7036	3. 5714	3. 4482	3. 3333
46	6. 2432	5. 8781	5. 5528	5. 2614	4. 9989	4. 7612	4. 545	4. 3475	4. 1665	3. 9999	3. 8461	3. 7036	3. 5714	3. 4482	3. 3333
47	6. 2442	5. 8787	5. 5532	5. 2617	4. 9991	4. 7613	4. 5451	4. 3476	4. 1665	3. 9999	3. 8461	3. 7037	3. 5714	3. 4483	3. 3333
48	6. 245	5. 8792	5. 5536	5. 2619	4. 9992	4. 7614	4. 5451	4. 3476	4. 1665	3. 9999	3. 8461	3. 7037	3. 5714	3. 4483	3. 3333
49	6. 2457	5. 8797	5. 5539	5. 2621	4. 9993	4. 7615	4. 5452	4. 3477	4. 1666	3. 9999	3. 8461	3. 7037	3. 5714	3. 4483	3. 3333
50	6. 2463	5. 8801	5. 5541	5. 2623	4. 9995	4. 7616	4. 5452	4. 3477	4. 1666	3. 9999	3. 8461	3. 7037	3. 5714	3. 4483	3. 3333
51	6. 2468	5. 8804	5. 5544	5. 2624	4. 9995	4. 7616	4. 5453	4. 3477	4. 1666	4	3. 8461	3. 7037	3. 5714	3. 4483	3. 3333
52	6. 2472	5. 8807	5. 5545	5. 2625	4. 9996	4. 7617	4. 5453	4. 3477	4. 1666	4	3. 8461	3. 7037	3. 5714	3. 4483	3. 3333
53	6. 2476	5. 8809	5. 5547	5. 2626	4. 9997	4. 7617	4. 5453	4. 3478	4. 1666	4	3. 8461	3. 7037	3. 5714	3. 4483	3. 3333
54	6. 2479	5. 8811	5. 5548	5. 2627	4. 9997	4. 7617	4. 5454	4. 3478	4. 1666	4	3. 8461	3. 7037	3. 5714	3. 4483	3. 3333
55	6. 2482	5. 8813	5. 5549	5. 2628	4. 9998	4. 7618	4. 5454	4. 3478	4. 1666	4	3. 8461	3. 7037	3. 5714	3. 4483	3. 3333
56	6. 2485	5. 8815	5. 555	5. 2628	4. 9998	4. 7618	4. 5454	4. 3478	4. 1666	4	3. 8461	3. 7037	3. 5714	3. 4483	3. 3333
57	6. 2487	5. 8816	5. 5551	5. 2629	4. 9998	4. 7618	4. 5454	4. 3478	4. 1666	4	3. 8461	3. 7037	3. 5714	3. 4483	3. 3333
58	6. 2489	5. 8817	5. 5552	5. 2629	4. 9999	4. 7618	4. 5454	4. 3478	4. 1667	4	3. 8461	3. 7037	3. 5714	3. 4483	3. 3333
59	6. 249	5. 8818	5. 5552	5. 263	4. 9999	4. 7618	4. 5454	4. 3478	4. 1667	4	3. 8461	3. 7037	3. 5714	3. 4483	3. 3333
60	6. 2492	5. 8819	5. 5553	5. 263	4. 9999	4. 7619	4. 5454	4. 3478	4. 1667	4	3. 8462	3. 7037	3. 5714	3. 4483	3. 3333

主要参考文献

韦德洪 . 2011. 中国特色财务管理学科的构建：我的几点主张［J］. 会计之友（05 中）：4 – 8.

韦德洪，杨海燕 . 2011. 论中国特色财务管理学科的构建［J］. 中国大学教学（10）：32 – 35.

韦德洪，陈势婷，杨海燕 . 2022. 对把会计划分为财务会计和管理会计的思考——兼论财务管理学科的构建［J］. 财会月刊（01）：74 – 82.

韦德洪 . 2022. 如何利用财务指标对公司进行体检［J］. 会计之友（07）：75 – 86.

韦德洪 . 2012. 财务管理的“七 · 三论”和“一一 · 一二法则”［J］. 财会月刊（04 中）：91 – 93.

李永梅，张艳红，韦德洪 . 2009. 财务预测学［M］. 北京：国防工业出版社 .

韦德洪 . 2015. 财务决策学［M］. 北京：国防工业出版社 .

韦德洪，邹武平 . 2017. 财务预算学［M］. 北京：国防工业出版社 .

韦德洪，张星文 . 2009. 财务控制学［M］. 北京：国防工业出版社 .

韦德洪，章爱文，张荣艳，等 . 2009. 初级财务管理学［M］. 北京：国防工业出版社 .

中华人民共和国财政部 . 2008. 企业内部控制基本规范［EB/OL］. 北京：中华人民共和国财政部网站 .

中华人民共和国财政部，证监会，审计署，银监会，保监会 . 2010. 企业内部控制配套指引［EB/OL］. 北京：中华人民共和国财政部网站 .

刘玉廷 . 2010. 解读《企业内部控制配套指引》［EB/OL］. 北京：中华人民共和国财政部网站 .

中华人民共和国财政部 . 2012. 行政事业单位内部控制规范（试行）［EB/OL］. 北京：中华人民共和国财政部网站 .

陈汉文，杨道广，董望 . 2022. 审计（第 5 版 · 立体化数字教材版）［M］. 北京：中国人民大学出版社 .

陈汉文，韩洪灵 . 2020. 审计理论与实务［M］. 北京：中国人民大学出版社 .

陈俊，韩洪灵，陈汉文 . 2009. 审计质量的双维研究范式及其述评［J］. 会计研究（12）：76 – 84.

戴德明，林钢，赵西卜 . 2021. 财务会计学（第 13 版 · 立体化数字教材版）［M］. 北京：中国人民大学出版社 .

李晓慧 . 2021. 审计学：实务与案例（第 5 版）［M］. 北京：中国人民大学出版社 .

刘明辉 . 2007. 审计与鉴证服务［M］. 北京：高等教育出版社 .

刘明辉.2018. 高级审计研究 [M]. 大连：东北财经大学出版社.

企业内部控制编审委员会.2018. 企业内部控制：主要风险点、关键控制点与案例解析 [M]. 上海：立信会计出版社.

宋常，王玉涛.2022. 审计学（第9版·立体化数字教材版）[M]. 北京：中国人民大学出版社.

威廉·R. 斯科特（William R. Scott）著. 陈汉文，鲁威朝，黄轩昊，肖彪译.2018. 财务会计理论（第7版）[M]. 北京：中国人民大学出版社.

谢志华，崔学刚.2006. 风险导向审计：机理与运用 [J]. 会计研究（07）：15-20.

中国注册会计师协会.2017. 中国注册会计师执业准则2017 [M]. 北京：中国财政经济出版社.

中国注册会计师协会.2017. 中国注册会计师执业准则应用指南2017 [M]. 北京：中国财政经济出版社.

中国注册会计师协会.2018. 审计 [M]. 北京：中国财政经济出版社.

中国注册会计师协会. 中国注册会计师审计师准则. https://www.cicpa.org.cn/ztzl1/Professional_standards/xxzztx/zyzz/sjzz/.

刘贵生.1992. 国家财务分配论 [J]. 经济学家（05）：106-114.

张明明，陈玉菁.2008. 国际财务管理 [M]. 北京：高等教育出版社.

王曙光.2018. 财政学 [M]. 北京：科学出版社.

朱青.2008. 税收管理 [M]. 北京：中国税务出版社.

吴旭东.2003. 税收管理 [M]. 大连：东北财经大学出版社.

蔡昌.2021. 管理者必备的财税管控思维 [M]. 北京：中国铁道出版社有限公司.

张复英，孟昭东.1989. 行政事业单位财务与会计 [M]. 北京：中国财政经济出版社.

陈大杰.1987. 行政事业财务 [M]. 大连：东北财经大学出版社.

缪匡华.2013. 行政事业单位财务管理 [M]. 北京：清华大学出版社.

金哲峰.2012. 加强非营利组织财务管理研究 [J]. 管理视野（05）：150-151.

车峰.2015. 非营利组织管理 [M]. 北京：中央民族大学出版社.

张颖.2005. 个人理财基础 [M]. 北京：对外经济贸易大学出版社.

马永强.2021. 财务管理 [M]. 北京：高等教育出版社.

蔡维灿，林克明，巫圣义，陈由辉.2020. 财务管理 [M]. 北京：北京理工大学出版社.

唐跃文，杨晶.2017. 财务管理学 [M]. 上海：上海交通大学出版社.

张思强，卞继红，陈素琴.2012. 财务管理理论与实务 [M]. 北京：北京大学出版社.

顾晓安.2008. 财务管理学：原理·应用·案例 [M]. 上海：立信会计出版社.

李新建.2003. 企业薪酬管理 [M]. 天津：南开大学出版社.

李常青.2001. 股利政策理论与实证研究 [M]. 北京：中国人民大学出版社.

文科，朱延平.2010. 供应链成员企业相关利益分配研究 [J]. 商业研究（393）：50-52.

武贵振.2009. 股利分配中公司债权人利益之保护 [J]. 江西金融职工大学学报（03）：75-78.

干胜道.2014. 企业财务分配理论创建研究 [J]. 会计之友（20）：1-6.

申浩 .2002. 谈企业与债权人的利益分配关系 [J]. 陕西审计 (05): 31.

程养林 .2016. 银行借款资本成本计算优化方案研究 [J]. 会计之友 (06): 99 -100.

侯丽平 .2007. 债务资本成本计量模型的完善 [J]. 金融理论与实践 (331): 42 -43.

周显异，李洋 .2018. 基于效率与公平视角下的财务分配文献综述 [J]. 商业会计 (15): 18 -21.

杨镇 .2020.《行政单位财务规则》视角下规范行政单位的财务关系和财务活动研究 [J]. 中国管理信息化 (22): 24 -25.

刘志良 .2015. 公司财务关系研究 [J]. 会计师 (10): 30 -31.

张丹荠 .2008. 浅析高校现代和谐财务关系的创建 [J]. 天津电大学报 (03): 60 -61.

张吉馨 .2013. 浅谈不同视角下的财务关系 [J]. 时代金融 (514): 39.

姜宏蕾 .2016. 浅议财务管理者对企业财务关系的协调 [J]. 科学论坛 (02): 139.

American Institute of Certified Public Accountants (AICPA). 2014. Reimagining auditing in a wired world (White Paper) [EB/OL]. New York: American Institute of Certified Public Accountants.

CHEN J P, SU X, ZHAO R. 2010. An emerging market's reaction to initial modified audit opinions: evidence from the shanghai stock exchange [J]. Contemporary accounting research, 3: 429 -455.

International Ethics Standards Board for Accountants (IAASB). 2018. Handbook of the International Code of Ethics for Professional Accountants. IAASB Website.

LENNOX C, WU X, ZHANG T. 2016. The effect of audit adjustments on earnings quality: evidence from China [J]. Journal of accounting and economics, 2: 545 -562.

NATALIA K, WILLIAM F M. 2011. Strategic analysis and auditor risk judgments [J]. 5: 33 -46. dc.

WATTS R L, ZIMMERMAN J L. 1983. Agency problems, auditing, and the theory of the firm: some evidence [J]. The Journal of law and economics, 3: 613 -633.

WARREN J D, MOFFITT K C, BYRNES P. 2015. How big data will change accounting [J]. Accounting horizons, 2: 397 -407.